여성 문학과 담론, 그 경계와 지층들

호모 아토포스 라이브러리 04

여성 문학과 담론, 그 경계와 지층들

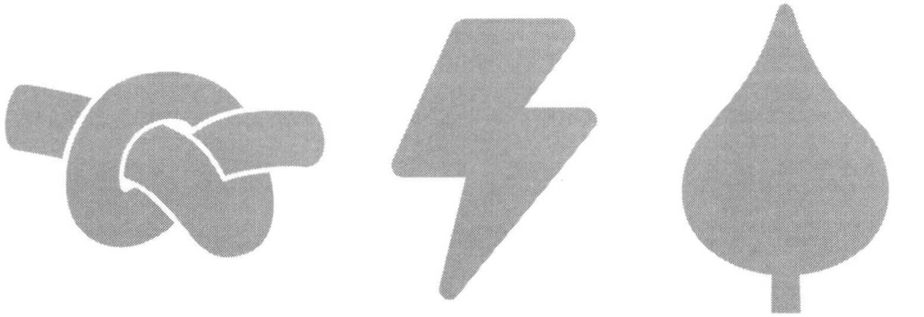

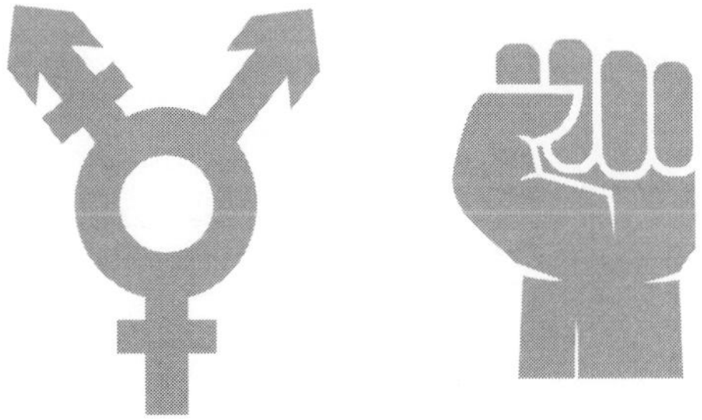

고지혜 · 박재연
성민경 · 이은우
이형대 · 장영은
최기숙 · 최빛나라
최은혜 · 허윤

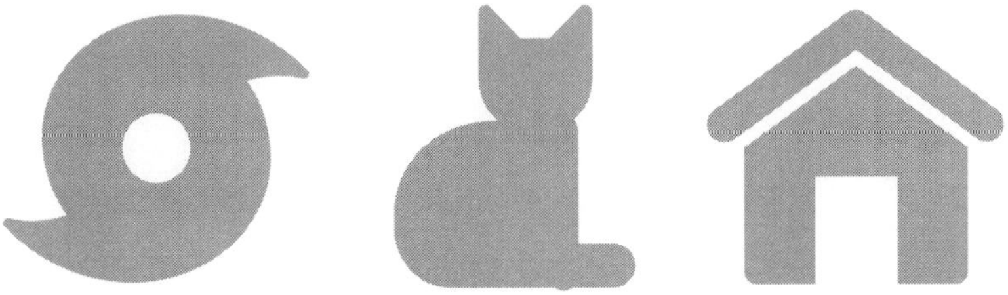

보고사
BOGOSA

호모 아토포스 라이브러리 발간사

고려대학교 민족문화연구원은 2022년 한국연구재단의 인문사회연구소지원사업에 선정되어 〈호모 아토포스의 인문학: 한국 문학/문화의 '이름 없는 자들'과 비정형 네트워크〉라는 주제의 연구를 시작했습니다. '호모 아토포스'라는 개념을 창안하고, 이를 하나의 인식틀로 삼아 한국 문학/문화 연구의 패러다임 전환을 시도하고자 하는 연구입니다. '호모 아토포스'란 희랍어 '토포스(Topos)'에 결여 혹은 부정의 접두사 '아(a)'가 결합한 말로서 어떤 장소에도 고정될 수 없거나 정체를 헤아릴 수 없는 존재 및 상태를 의미합니다. 요컨대 호모 아토포스는 시공간/국적/인종/종교/지역/성별의 경계를 성찰하게 하는 존재이며, 무수한 경계 안팎에 대한 예리한 시각을 소유한 존재라고 할 수 있습니다. 본 연구팀은 앞으로 젠더/섹슈얼리티, 장애/질병, 비인간 등을 교차하며 이들 존재를 여러 각도로 조명하여 그 구체적 형상을 그려보고자 합니다. 이 연구를 통해 그동안 우리 사회에서 쉽게 명명되지도, 명확하게 규정되지도 않아 왔던 호모 아토포스들이 가시화됨으로써 기존 질서와 체계를 반성적으로 사유하고 새로운 길을 모색할 수 있는 가능성이 확인될 수 있길 기대합니다.

포스트 팬데믹, 기후 위기, 국가 분쟁 등 현재 우리가 당면한 문제들은 더 이상 국지적인 차원에 한정되지 않습니다. 재난에 의해 '자리를 잃은 자'는 누구이며 어떻게 생겨나고 어떤 방식으로 살아가는가에 관한 고찰은 시대적 요청에 응답하는 일인 동시에 사회적 공통 의제를 제시하는 인문학 본연의 책무를 다하는 것이기도 합니다. 우리 사회의 빛과 그늘을 드러내는 중요한 존재로 호모 아토포스를 의미화하는 것 또한 조금이나마 시대적 책임을 짊어지는 일일 수 있다고 생각합니다. 〈호모 아토포스 라이브러리〉는 연구 성과들을 모은 총서로서 학술서·번역서·인문 교양서 등으로 구성됩니다. 이 총서를 접하는 많은 이들이 '호모 아토포스의 인문학'을 통해 우리 사회 속 '이름 없는 자들'의 자리와 몫에 대해 다시금 성찰해 볼 수 있길 희망합니다.

2024년 5월
연구책임자 이형대

책머리에

『여성 문학과 담론, 그 경계와 지층들』은 고려대학교 민족문화연구원 〈호모 아토포스의 인문학: 한국 문학/문화의 '이름 없는 자들'과 비정형 네트워크〉 연구팀의 3차년도 세부 주제인 '호모 아토포스×젠더'와 관련해 진행한 연구 성과물을 모은 연구서이다. '호모 아토포스'는 특정한 규범성으로 환원될 수 없는 존재들을 가리키는바, 이것을 젠더와 교차한 사유의 방식은 우리 사회 전반에 산재한 차이·권력·정치 등의 문제를 비판적으로 성찰하게 한다. 또한 비판에서 나아가 새로운 길을 모색하게 하는 통찰을 이끌어낸다. 이와 같은 문제의식 아래 본 연구팀은 페미니즘적 시각과 방법론으로 한국문학/문화 속 '호모 아토포스'를 발굴하고 의미화하거나, 혹은 반대로 그 존재들을 소외시키는 이데올로기적 구조를 발견하고 이를 비판적으로 검토하는 작업을 수행했다.

먼저 제1부에는 시가, 설화, 소설에서부터 영화, 대중가요에 이르기까지 문학/문화 속에 나타난 여성들의 목소리를 포착하는 연구들이 실렸다. 이형대의 「삼설기본 〈노처녀가〉의 서술 전략과 웃음의 기능」은 주동인물인 장애 여성 노처녀의 사회문화적 위치와 외부의 시선에 대한 탐색, 작품의 서술 전략과 웃음의 기능에 대한 상관성을 조명한 글이다. 가부장적 종법질서가 강화되어 가던 조선후기에 노처녀는 3중의 질곡에 놓여 있었으며, 그러한 가운데 최소한의 인간적 존재로 인정받기 위해 혼인에 대한 열망을 회화화로써 드러내고자 했다. 〈노처녀가〉는 진지함과 희극성이 교차되며 전개됨으로써 장애인에 대한 편견과 그로부터의 일탈을 동시에 보여주는 구조를 지니고 있다. 이형대는 그럼에도 그 낭만적 결구가 가부장적 가치체계로 편입되는 양상을 띰으로써 정상/비정상의 대립구도를 해체하는 장애 문제의 근본적 해결에는 미치고 있지 못하다는 점을 날카롭게 지적한다. 이은우의 「열녀와 좀비-〈향랑전〉과 〈서울역〉에서 드러나는 '집'의 장소성과 가부장제의 폭력성」은 17세기의 설화 〈향랑전〉과 21세기의 영화 〈서울역〉을 대상으로 두 작품의 주인공인 향랑과 혜선을 원초적 공간인 '집'에조차 소속되지 못한 사회적 약자로 조명하고 그들의 비극에 집중한다. 이은우는 향랑과 혜선이 어린 여성이라는 점, 그리고 그들의 행적이 줄곧 '집'이라는 장소를 향하고 있다는 점, 그러나 끝내 비극적인 죽음을 겪는다는 점, 그런데 열녀라는 평판과 좀비라는 신체로 부활한다는 점, 여기에는 서사의 배경이 되는 '선산'과 '서울역'이라는 공간의 특성이 영향을 미친다는 점을 점차 규명해낸다. 이 연구는 이러한 발견을 통해서 여성들이 가부장제가 갖는 폭력성으로부터 비극을 맞게 된다는 점을 지적하며, 이들에게 정당한 자리를 찾아주고자 시도한다는 점에서 중요한 의미를 지닌다. 최빛나라의 「전형적 인물의 비전형적 목소리-〈홍련(紅蓮)〉과 〈티 머우(Thị Mầu, 氏牟)〉를 중심으로」는 한국과 베트남의 대중가요 두 곡, 〈홍련〉과 〈티 머우〉에서 고전문학에 등장하는 여성인물이 새롭게 해석된 양상을 살핀 글이다. 2023년에 발매된 〈홍련〉과 〈티 머우〉는 「장화홍련전(薔花紅蓮傳)」과 「꽌 엄 티 낑(Quan Âm Thị Kính, 觀音氏敬)」 속 선악의 전형으로 대표되는 인물을 화자로 삼아 그들이 새로운 목소리로 현대의 향유자들에게 말할 수 있도록 했다. 악인의 모함으로 억울하게 죽은 선인은 처절하지만 기대가 가득한 목소리로 '복수'를 외칠 수 있게 되었고, 선인을 유혹하여 결국 죽음에 이르게 만든 악인은 '자기 욕망'을 발랄한 목소리로 긍정할 수 있게 된 것이다. 최빛나라는 이처럼 두 대중가요가 선악의 스테레오 타입에서 벗어난 화자의 목소리를 통하여 고전인물들의 전형성을 전복시키고, 나아가 그 새로운 목소리를 '–들'의 소리로 확장시킴으로써 현대 향유자들이 홍련'들'과 티 머우'들'을 새롭게 인식할 수 있다는 점을 새롭게 발견해냈다.

    제2부에서는 소설, 증언집, 자서전, 웹툰 등에서 행해진 여성들의 자기서사화에 주목하고 그러한 행위와 결과물이 어떤 정치성을 지닐 수 있는지에 대해 살폈다. 장영은의 「기지촌 여성의 자기서사와 반(反)역사—최현숙의 구술생애사를 중심으로」는 2000년대 이후 한국에 등장했던 기지촌 여성의 자기서사에 주목하여 증언의 정치적 수행성을 검토하는 한편 최현숙의 구술생애사 작업을 반(反) 역사의 관점으로 독해해낸다. 요양 방문사였던 최현숙은 80세 중반의 김미숙(가명)을 만나서 그에게 구술생애사 작업을 제안했고, 그 과정에서 김미숙이 미군을 대상으로 성매매를 한 기지촌 여성이었음을 알게 된다. 구술생애사의 사회적 효용성을 대항의 역사를 살려내는 기능에 있음을 역설한 최현숙은 김미숙의 생애를 미군을 상대로 성매매를 한 여성이 아니라 연고가 없는 남한 사회에서 홀로 아들을 목사로 키운 생활력 강한 어머니이자 성경을 윤리적 준거로 삼으며 자존감을 지키는 기독교인으로 복원한다. 장영은은 증언자의 목소리를 편견 없이 대하며 적극적으로 이해하는 청자가 행하는 이 과정을 자세히 살펴보며, 이것이 구술

생애사의 정치성을 드러내는 한 사례로 평가될 수 있다고 주장한다. 박재연의 「이다의 일상툰에 나타난 젠더적 자기재현과 자아정체성」은 이다(2da) 작가의 일상툰 『이다의 허접질』에서 여성이 자신의 소수성을 적극적으로 드러내면서 자아를 구성하고 자기를 재현하는 방식을 구명한다. 2000년대 초반 발표된 『이다의 허접질』은 생리와 생리통, 나체라는 '몸' 등에 기반해서 여성으로서 '나'의 정체성을 탐색하는데, 그렇다고 이렇게 구성된 정체성이 결코 단일한 것은 아니다. 이를 보여주기 위해 이 작품은 작중인물 '이다'와 이 작품을 창작하는 일상인 '정한별'을 분리해 등장시킨다. 즉 재현 대상(작중인물)과 경험주체(생활인)의 균열을 가시화함으로써 여성의 정체성이 가난이라는 계급 문제, 대학생이라는 세대 문제, 예술가라는 직업 문제가 교차하는 양상을 보여주는 것이다. 박재연의 연구는 비교적 주목 받지 못했던 초기 일상툰 『이다의 허접질』의 서사서사와 과정을 구체적으로 살피면서 이 작품이 던지는 정치적 메시지를 '지금-여기'를 위한 사유의 차원으로 끌어올리고자 한다는 점에서 유의미하다. 허윤의 「미군 '위안부' 재현과 자기서사의 틈새-안일순의 『뺏벌』(1995)·김연자의 『아메리카 타운 왕언니, 죽기 오 분 전까지 악을 쓰다』(2005)를 중심으로」는 안일순의 소설 『뺏벌』 속 석승자와 실제 미군 '위안부'였던 김연자의 삶을 겹쳐 읽으며 기지촌 여성을 재현하는 방식을 규명한 글이다. 반미 자주 운동의 자장에서 발표된 소설 『뺏벌』이 기지촌 여성을 저항하는 민중의 원형으로 소환한다는 이 연구의 발견은 미군 '위안부' 재현 서사에서 주목되는 지점이다. 김연자의 삶을 소설화한 『뺏벌』과 자서전에 드러난 김연자의 실제 삶을 겹쳐볼 때 이러한 지점은 더욱이 부각되는데, 소설은 '위안부' 여성들이 억압받는 민중에서 저항하는 투사로 거듭나는 리얼리즘적 해방 서사로서의 성격을 더 강하게 띠는 것이다. 허윤은 실제 김연자가 미군 폭력의 희생자에 머무르지 않고 미군 '위안부' 문제를 국제사회에서 증언하는 기지촌 활동가가 되었음에도 불구하고, 소설에서는 '위안부' 자신의 통합적 정체성에 대한 모색과 고민이 생략될 수밖에 없다는 점을 적절히 지적한다.

제3부는 조선후기에서부터 현재에 이르기까지 여러 서적과 매체에서 어떻게 여성을 다루었으며 그 의미와 한계가 무엇인지를 다룬다. 성민경의 「조선후기 여훈서의 아내 윤리와 '아내-주체' 구성의 가능성」은 조선 후기 여성이 맺었던 관계들 중 구체적 의지를 발휘할 수 있는 여지가 가장 큰 부부관계에서의 '아내'에 주목하여 『예기』와 『소학』의 아내 윤리, 그리고 조선 후기 사대부 여훈서의 아내 윤리를 살핀 글이다. 이를 통해 의복과 음식을 기본으로 하는 기능적 역할 수행, 분별 있고 공경하는 태도로 남편 섬기기, 남편에 대한 온유한 간언과 책선으로 구성된 아내 윤리를 확인할 수 있다. 나아가 이 연구는 이러한 규제적 실천이 그 대상인 여성들에게 미친 영향을 고찰할 수 있는 사례로 조선 후기 여성 김삼의당이 주어진 윤리 규범을 선택적으로 수용함으로써 '아내-주체'를 수행하는 양상을 실증한다. 삼의당은 여훈서의 아내 윤리가 제시하는 가정 내의 기능적 의무를 스스로의 역할로 정립하고 남편을 향한 간언과 책선을 도외시하지 않는 '아내-주체'를 수행하지만, 간언에서의 온유한 태도를 강조하는 여훈서의 아내 윤리는 수용하지 않는다. 이로부터 조선 후기 젠더규범이 갖는 이상과 실제의 균열을 포착해내는 것이 가능해진다. 최기숙의 「'일사/유사' 편집의 정치성과 젠더 정치의 무/의식-1916년 『매일신보』 연재 〈일사유사〉를 중심으로」는 1916년 『매일신보』의 「송재만필」란에 8개월

간 연재된 〈일사유사〉를 '편집'의 관점에서 분석하여 '일사'와 '유사'의 의미에 매개된 편집의 문화정치를 분석하고 그 과정에 매개된 젠더적 비대칭성을 논증한다. 〈일사유사〉에서는 신분, 지역성, 정치성 등의 사유로 배제되고 누락된 역사적 인물의 정체성과 삶, 역량이 가시화되었다. 그러나 그 방식과 방향성은 성별에 따라 달랐다. 남성 일사에 대해서는 유교 이념을 '벗어난' 그의 행보에 주목해 당대의 인정구조에서 소외된 다양한 역량을 부각했지만, 여성 일사에 대해서는 여전히 가족 관계 역할에 한정하거나 유교의 덕목에 부합하는 역량과 생애에 주목하는 제한성을 보인 것이다. 〈일사유사〉가 '일사'들을 배제해 온 여러 사회적 모순들을 성찰하고자 했지만, 젠더적 차원에서는 무/의식적 차원의 비대칭성이 전제됨으로써 한계를 가진다는 최기숙의 발견은 매체 이데올로기의 젠더성을 사유하는 데 여전히 중요한 참조가 될 수 있다. 죄은혜의 「식민지 조선 여성 사회주의자들의 여성해방론-역사 인식 양상과 주체의 방식을 중심으로」는 파편적으로 존재하던 식민지 여성 사회주의자들의 발화를 모으고 의미화함으로써 '식민지 조선여성 사회주의자의 여성해방론'을 일종의 사상으로 구축하고자 한다. 그동안 '식민지', '여성', '사회주의자'라는 위치성을 모두 시야에 넣고 이들의 글과 실천을 충분히 의미화한 경우는 매우 드물었으며, 더욱이 한국 근현대사상사에서 여성 사회주의자들은 아무런 자리를 부여받지 못했다. 그러나 본래 사상이 지적이고 정서적인 생각의 총화를 의미하고 세계를 바라보는 태도라는 자질에 의해서 존재의 의의를 가진다고 이해한다면, 식민지 여성 사회주의자들의 발화는 충분히 사상사에서 논의될 가치를 지닌다. 이 글은 여성 사회주의자들이 사회주의적 역사 인식에 입각해 현실을 파악하고 '여성이라는 계급'을 발견했다는 점, 나아가 '감각 해방', '교양 습득', '경제 독립' 등을 통해 조선 여성들이 주체화 방식을 꾀했다는 점을 규명했다는 점에서 당대를 젠더적으로 재발견·재구성할 가능성을 연다고 할 수 있다. 고지혜의 「젠더로 문학 교과서 읽기-여성작가 작품의 교과서 수록 역사와 현황」은 한국 문학교과서에서 여성작가 작품의 수록 양상을 통시적으로 분석하며, 젠더적 정전화 과정의 변화를 살핀다. 1980년대 문학교과서에서는 여성작가의 소설이 거의 배제되었으나, 1990년대 이후 박경리·박완서 등의 작품이 점차 포함되었다. 2000년대부터 여성작가 작품이 증가했지만 여전히 남성 중심 구조가 유지되었으며, 2015 개정 교육과정 이후 김숨·김애란·한강 등의 작품이 수록되면서 변화가 나타났다. 특히 2022 개정 교육과정에서는 김초엽의 SF 작품이 처음으로 포함되며 새로운 흐름이 형성되고 있다. 고지혜는 이러한 분석을 바탕으로 문학교과서가 젠더적 관점에서 더욱 균형 잡힌 문학교육의 장이 되어야 한다고 강조한다.

   지금까지 살핀 것처럼 이 책은 고전과 현대, 구비문학과 기록문학의 경계를 넘나드는 한편으로 시, 소설, 설화, 웹툰, 영화를 비롯해 서적, 잡지, 교과서 등을 다양하게 대상으로 삼아 한국 문학/문화 속에 잠재되어 있는 '호모 아토포스'의 존재 양상을 젠더적으로 포착하고 의미화하고자 했다. 이러한 작업이 차별로 가득한 사회구조 전반에 대한 새로운 통찰을 제공하고 향후 소수자 연구 및 젠더 연구 등에 기여할 수 있길 바란다.

2025년 5월
저자 일동

차례

호모 아토포스 라이브러리 발간사 … 5
책머리에 … 7

제1부
문학 속 여성들의 목소리

삼설기본 〈노처녀가〉의 서술 전략과 웃음의 기능 | 이형대   … 21
1. 들어가는 말 …………………………………………………… 21
2. 조선후기 장애인 노처녀의 사회적 위치와 외부의 시선 …………… 25
3. 주체의 욕망, 그리고 일탈과 저항으로서의 웃음 ………………… 30
4. 진지함과 희극성의 교차적 배치의 서술 전략 …………………… 42
5. 맺음말 …………………………………………………………… 50

열녀와 좀비 | 이은우   … 55
1. 서론 ……………………………………………………………… 55
2. 실패한 귀가: '살기' 위한 장소로서의 '집'의 장소성 ……………… 61
3. 가부장제의 폭력성 ……………………………………………… 83
4. 결론 ……………………………………………………………… 101

전형적 인물의 비전형적 목소리 | 최빛나라 ··· 105

  1. 들어가며: 변신하는 고전 ·········· 105
  2. 변신 ①: 같은 주체, 다른 목소리 ·········· 110
  3. 변신 ②: 새로운 주체, 같은 목소리'들' ·········· 121
  4. 나가며: '-들'의 신성(新聲) ·········· 134

제2부

여성-자기서사화의 정치성

기지촌 여성의 자기서사와 반(反) 역사 | 장영은 ··· 139

  1. 기지촌의 유산과 진실 ·········· 140
  2. 기지촌 여성의 자기서사와 증언 ·········· 145
  3. 구술생애사의 쓸모 ·········· 151
  4. 구술자의 자기 인식과 청자의 해석 ·········· 158

이다의 일상툰에 나타난
젠더적 자기재현과 자아정체성 | 박재연 ··· 163

  1. 일상툰의 두 변곡점과 잊혀진 선취 ·········· 163
  2. 초기 일상툰의 돌출점, 『이다의 허접질』 ·········· 168
  3. 여성의 몸으로 존재하는, 역사적인 '나' ·········· 173
  4. 균열하고 겹쳐지는, 교차적인 '나' ·········· 178
  5. 나가며 ·········· 180

미군 '위안부' 재현과 자기서사의 틈새 | 허윤 ··· 183
  1. 들어가며 ·········· 183
  2. 기지촌 재현의 대의와 증언의 소설화 ·········· 187
  3. 퀴어한 섹슈얼리티와 해방적 자기서사 ·········· 204
  4. 나가며 ·········· 215

제3부

젠더 정치 담론의 안과 밖

조선후기 여훈서의 아내 윤리와
'아내-주체' 구성의 가능성 | 성민경 ··· 221
  1. 머리말 ·········· 221
  2. 『예기(禮記)』와 『소학(小學)』의 아내 윤리 ·········· 225
  3. 조선후기 여훈서의 아내 윤리 ·········· 231
  4. '아내-주체' 구성의 실례 ·········· 244
  5. 맺음말 ·········· 253

'일사/유사' 편집의 정치성과 젠더 정치의 무/의식 | 최기숙 ··· 257
  1. 편집의 관점에서 본 〈일사유사〉 ·········· 257
  2. '일사'와 '유사'의 의미와 편집의 문화 정치 ·········· 262
  3. 편집된 '여성 일사'의 위치성과 수사적 문제 ·········· 278
  4. 근대 지식인의 젠더 이해와 정치적 무/의식 ·········· 298

식민지 조선 여성 사회주의자들의 여성해방론 | 최은혜 … 301

1. 문제제기: '사상'으로서의 식민지 여성해방론 … 301
2. 조선이라는 특수성 인식과 여성이라는 계급의 발견 … 306
3. 방법으로서의 감각 해방, 교양 습득, 경제 독립 … 317
4. 맺으며 … 328

젠더로 문학 교과서 읽기 | 고지혜 … 331

1. 들어가며: 교과서 정전과 젠더 … 331
2. 제5차~제7차 교육과정기
   : 여성작가의 저자성 승인과 '박완서'라는 정전의 발견 … 337
3. 2009~2015 개정 교육과정기
   : 동시대 여성작가의 작품 수용과 정전의 다변화 … 350
4. 나가며: 2022 개정 교육과정기를 시작하며 … 360

참고문헌 … 363
찾아보기 … 383
수록 논문 출처 … 388

제1부

문학 속
여성들의
목소리

삼설기본 〈노처녀가〉의 서술 전략과 웃음의 기능

이형대

1. 들어가는 말

이 글은 조선 후기에 방각본으로 출간된 한글 단편소설집 『삼설기』에 실린 〈노처녀가〉를 대상으로 작품의 서술 전략과 웃음의 기능을 분석해 보는 것을 목적으로 한다.

액자 형식의 서사가사인 이 작품은 나이 오십 줄에 접어든 중증 장애 여성이 가족, 친지 및 사회의 외면 속에서 본인이 열망하던 혼인의 꿈이 좌절되어가자, 급기야 스스로 혼사를 추진하고 집안의 도움으로 결혼에 성공하여 장애도 극복하고, 자손이 만당하며 공명이 이음차는 복락을 누렸다는 줄거리로 짜여 있다.

가부장 이데올로기의 억압과 부계 중심의 종법 질서가 강화되어가던 조선후기의 상황에서 이름 없는 어느 장애 여성의 욕망 실현을 위한 이 처절한 분투의 서사는 근래에 이르러 문학치료학의 분석틀에서

도 주목할 만한 작품으로 받아들여지고 있다.[1]

그러나 이 작품은 합리적 인과성이 결여된 사건의 전개, 중증 복합 장애 노처녀의 괴팍할 정도의 심리적 굴절, 개연성 없는 환상적·낭만적 결말처리 등 인물과 구성상의 파격으로 인해 몹시 불편한 작품으로 인지되었던 것도 사실이다.[2] 따라서 이에 대한 합리적 이해 방안을 도출하고자 타 장르, 즉 민속인형극, 영웅소설, 신화 등과의 상호텍스트성 또는 혼성텍스트로서의 면모를 검출하고자 하는 시도도 있었다.[3]

이 글에서는 이러한 선행연구의 성과들을 수렴하면서 다음과 같은 점을 좀더 집중적으로 해명해 보고자 한다. 우선, 주동 인물인 노처녀에 대해서 장애 여성으로서의 사회문화적 위치와 외부의 시선을 탐색해보고자 한다. 이 작품의 제목은 〈노처녀가〉이지만 사건의 발단이자 서사 진행의 핵심에는 주인공 여성의 장애 문제가 자리 잡고 있다. 세 자매 사이에서 둘째로 태어난 주인공이 언니는 19세에, 여동생은 20세에 순조롭게 혼인했음에도 불구하고 오십 줄에 이르도록 노처녀로 늙어가는 처지에 놓인 이유는 무엇이었던가? 바로 그녀가 심각한 장애를 지닌, 즉 손상된 몸의 소유자이기 때문이다. 선행연구에서 지적

---

[1] 손앵화, 「삼설기본 〈노처녀가〉의 치유 텍스트적 접근: 수용미학적 관점에서 바라본 감정적 유대를 중심으로」, 『한국언어문학』 105, 한국언어문학회, 2018; 고성혜, 「〈노처녀가〉에 드러난 우울과 애도: 감정의 치유 과정을 중심으로」, 『우리문학연구』 17, 우리문학연구회, 2021.

[2] 정환국, 「19세기 문학의 '불편함'에 대하여: 그로테스크한 경향과 관련하여」, 『한국문학연구』 36, 동국대 한국문학연구소, 2009.

[3] 전영민, 「〈노처녀가〉의 장르적 변환과 꼭두각시전」, 대전대 석사학위논문, 2000; 신희경, 「삼설기소재 〈노처녀가〉의 영웅 서사적 성격」, 『한국고전여성문학연구』 22, 한국고전여성문학회, 2011; 성무경, 「'노처녀' 담론의 형성과 문학양식들의 반향」, 『한국시가연구』 15, 한국시가학회, 2004.

되었던 괴팍할 정도의 심리적 굴절, 즉 희노애락이 극단적으로 교차하는 심리적 파동이나 우울증, 무기력증 등의 히스테릭한 증상들도 신체장애에서 발현된 것이며, 그녀가 그토록 갈망했던 혼사의 결정적 장애 또한 신체장애로 인한 외부의 차별적 시선에서 유발되었던 것으로 보인다. 또한 소망하던 결혼을 성취하자마자 "먹은 귀 밝아지고 병신 팔을 능히 쓰니 이 아니 희한한가"라는 감격 어린 언표에서 간취할 수 있듯이 이 작품의 서사 전개와 갈등 구조의 중핵에는 장애 문제가 자리 잡고 있다.[4] 따라서 이 작품의 분석에는 여성주의적 시각도 필요하지만 장애인 문학적 관점의 접근이 더욱 긴요하리라고 판단된다.

---

[4] 삼설기본 〈노처녀가〉의 장애 인식 문제를 집중적으로 다룬 정미숙,「『삼설기』〈노처녀가〉에 나타난 장애 인식과 그 의미」,『한국시가문화연구』 52, 한국시가문화학회, 2023, 16쪽에서는 '작품 속에 제시된 노처녀의 신체적 결함은 당대 사람들이 노처녀에게 가졌던 사회적 편견을 장애로 인식하여 비유적으로 표현한 것'으로 간주하였고, 본고의 심사위원 가운데 한 분은 '이 작품에서 장애는 노처녀에 이르게 된 원인이자 사회적 통과의례를 거치지 못한 자의 알레고리로 읽힐 수 있'다고 지적하였다. 이처럼 이 작품에 나타난 장애를 사회적 편견이 투사된 '비유'나 '알레고리'로 보는 주요 이유는 주인공이 결혼·출산과 더불어 장애가 사라지는, 합리적 인과성이 결여된 낭만적 결구 때문인 것으로 보인다. 그러나 다시금 생각해보면 작품의 주인공인 장애인 노처녀는 자신의 장애로 인한 혼사 지연에 대해서 '부모님도 야속ᄒ고 친척들도 무졍ᄒ다'고 한탄하며, '원슈로다 즁믹어미 날을안니 치워쥬고'라면서 장애인인 자신에 대해서만 무관심한 매파에 대해서도 원망하고 있다. 즉 작중에서 노처녀는 자신의 직접적인 체험을 통해서 장애를 구성하는 사회적인 편견이나 시각을 통렬하게 비판하고 있는 것이다. 이런 점에서 보자면 작품에 형상화된 장애를 굳이 비유나 알레고리로 볼 필요가 있을지 의문이다. 나아가 이 작품의 서사 전개나 갈등 구조, 심리 변화의 중심에는 '손상된 육체'의 문제가 자리 잡고 있고, 표현은 비록 과장되었지만, 장애의 상태가 생생하게 묘사되면서 작품을 이끌어 가는 현실적 기제와 동력이 되고 있다는 점을 간과할 수 없을 것이다. 이렇게 본다면 결말부의 장애 극복 대목은 육체적인 손상이 회복되었다기보다는 주인공 노처녀의 욕망 성취와 더불어 자신의 장애에 대한 스스로의 인식 체계에서 모종의 심리 기제가 작동한 결과로도 볼 수 있을 것이다.

조선후기 이름 없는 장애 여성의 섹슈얼리티와 정체성의 문제를 이 작품이 제기하고 있기 때문이다.

다음으로 작품의 서술 전략과 웃음의 기능을 집중적으로 해명해보고자 한다. 이 작품의 서술 방식과 관련하여 박일용 교수는 서술자가 서술 대상인 노처녀 장애인과 거리두기를 하고 있다면서, 그 이유는 서술 대상의 혼인 욕구에 대해서는 절실한 공감을 표현하면서도 그것을 직접적으로 표현했을 때의 부정적 효과를 의식하여 서술 대상을 희화화하여 그려내고 있다고 보았다.[5] 그러나 작품을 좀더 면밀하게 검토해보자면, 작품의 앞뒤에 붙어있는 서술자의 논평은 3인칭 전지적 작가의 시점에서 기술되고 있다. 그러나 "(노처녀가) 이쳐로 방황ᄒ더니 믄득 노릭를 지어 화챵ᄒ니 갈와시되" 이후로 서술되는 액자 내부의 서사가사는 서술자의 개입 없이, 철저하게 노처녀 장애인의 1인칭 자술적 시점에서 서술되고 있어, 화자 자신이 자신을 대상으로 하여 희화화를 시도하고 있는 것으로 판단된다.[6] 그렇다면 자기 자신을 희화화하여 독자들에게 웃음을 유발시키는 이 '자폭개그'의 작품 내적 기능은 무엇이며, 주제를 구현해가는 서사 전략과는 어떤 연관성이 있을지 궁금하지 않을 수 없다.

---

5 박일용, 「『삼설기』에 나타난 율문적 문체와 그 의미」, 『장르 교섭과 고전시가』, 김병국 외, 월인, 1999, 413쪽.
6 박상영 교수는 액자 부분에 등장하는 '이 언술행위의 주체는 노처녀의 상황을 서두에 설명하고 있을 뿐, 실제 노처녀가 겪는 작품 상황 속 주인공은 고스란히 '노처녀' 자신이라고 할 수 있'으며, '자신의 처지를 스스로 인식하고 이를 사설로 풀어낸다는 점에서는 지아지향이라고 할 수 있'고 보았는데 필자도 이와 견해를 같이한다. 박상영, 「〈노처녀가〉 이본의 담론 특성과 그 원인으로서의 '시선'」, 『한민족어문학』 73, 한민족어문학회, 2016, 411쪽.

2. 조선후기 장애인 노처녀의 사회적 위치와 외부의 시선

우리가 조선후기라는 시대 상황과 관련하여 삼설기본 〈노처녀가〉의 주인공인 장애인 노처녀의 사회적 위치와 존재론적 상황을 가늠해 본다면 그녀는 첫째 여성, 둘째 노처녀, 셋째 장애인이라는 3중의 질곡적 상황에 놓인 일종의 하위주체였다고 할 수 있다. 하나씩 검토해 보기로 하자.

성리학적 이데올로기를 국가의 중심 이념으로 삼은 조선사회에서 살아갔던 여성의 차별적 위상에 대해서는 이미 널리 알려져 있기에 이제는 상식화된 수준에 이르렀다고 할 만하다. 그런데 조선후기에 이르면 부계 중심의 종법 질서 강화에 따른 적장자 위주 상속체계의 정착, 친영제로 혼속 전환에 따라 여성들의 사회적 지위는 더욱 열악해져 갔다. 제사를 지내야 할 맏아들에게 상속재산이 집중됨에 따라 딸들은 아들보다도 훨씬 적은 재산을 상속받았으며 시집간 딸은 그나마도 제외되었다. 남존여비의 관념은 더욱 강해졌으며, 정절 이데올로기도 극단화되어 남편이 죽으면 따라 죽어야 열녀 축에 끼일 수 있었다. 이는 서민도 마찬가지였다.[7]

전래의 서류부가혼으로부터 신랑집에서 혼례를 거행하는 친영제로의 전환은 말할 것도 없이 남성 중심의 가부장 질서의 확립이라는 차원에서 추진되었다. 그러나 이는 의례적인 차원을 넘어 조선후기 여성들의 의식구조를 전변시키는 계기로 작동하였으니 이른바 '친영

---

[7] 권순형,「조선시대에도 이혼을 했을까」,『조선시대 사람들은 어떻게 살았을까 1: 사회·경제생활 이야기』, 한국역사연구회, 청년사, 1996, 30쪽.

적 의식'이 바로 그것이다. 실제로 누구의 집에서 혼례를 진행했는지의 여부와는 상관없이 이제는 딸보다는 며느리로서의 정체성을 강화하는 방향으로 규범과 규율 권력이 작동하였고, 여성들은 이를 내면화하였다.[8] 〈노처녀가〉의 주인공이 그토록 혼인을 열망했던 이유 가운데는 섹슈얼리티의 실현이라는 자신의 본원적 욕망 외에도 며느리로서의 정체성이 확보되지 않는다면 여성으로서의 존재가치를 실현하기 어렵다는 무언의 사회적 압력이 작용한 탓도 적지 않을 것이다.

다음으로는 노처녀 문제를 살펴보자. 조선후기 개혁 군주로 일컬어지는 영·정조가 펼친 노처녀 시집보내기 프로젝트와 노처녀 담론의 성행 현상에 대해서는 이미 선행연구에서 풍부하게 다루어졌으므로 새삼스럽게 재론할 필요는 없을 것이다.[9]

여성이 2·30세가 넘어도 결혼하지 않으면 그 주혼자를 처벌하고, 국가에서 노처녀를 구휼 대상으로 삼아 혼수를 제공하고 시집을 보냈던 이유는 다양하다. 주로 왕도정치의 구현이라는 유가국가로서의 책무, 노처녀의 원망이 가슴에 맺히면 旱害를 불러와서 和氣를 해치고 국가를 위태롭게 할 수 있으리라는 민간 신앙적 관념, 생산계층의 안정적인 확보로 인한 지속가능한 국가 질서의 확립 등이 그 이유로 거론된다.

조선왕조에서 〈노처녀가〉의 주인공처럼 나이든 노처녀는 특별 관

---

8 김기림, 「19세기 혼인 습속에 대한 고찰: 친영례 및 '친영적 의식' 중심으로」, 『한국고전여성문학연구』 26, 한국고전여성문학연구회, 2013, 99~119쪽.
9 고순희, 「〈노처녀가1〉 연구」, 『한국시가연구』 14, 한국시가학회, 2003; 성무경, 「'노처녀' 담론의 형성과 문학양식들의 반향」, 『조선후기 시가문학의 문화담론 탐색』, 보고사, 2004.

리 대상이었다. 이들은 獨女의 범주에 포함되는데, 독녀란 鰥寡孤獨 가운데 '獨'에 해당되는 여성들이다, 나이 들어서 남편도 없고 자식이 없어서 의지할 곳 없는 여자를 지칭한다고 한다.[10] 독녀의 개념과 범주는 역사시기에 따라 다소 변모되는 양상을 보인다. 〈노처녀가〉 주인공의 경우 아버지가 존재했기에 독녀와 비독녀의 경계에 있으나 독녀의 범주에 포함되는 시기도 많았던 것으로 밝혀지고 있다. 이 독녀들에게는 국가에서 구휼과 면세의 혜택을 제공하였는데, 독녀는 함께 묶여 언급되는 鰥·寡·孤와 동일한 위상이라기보다는 흔히 맹인·나쁜 병자·걸인과 같은 범주에 묶였다고 한다. 이는 독녀를 不成人, 곧 온전치 못한 존재로 보았기 때문이다. 이 독녀들은 시혜의 대상인 동시에 나쁜 일을 일으키거나 떠돌며 소요를 발생시킬 수 있는 위험인자들이었기 때문에 감시와 통제의 대상이기도 하였다. 따라서 독녀는 연민의 대상이기도 하였지만, 곧바로 불온과 의혹의 시선을 피하기도 어려웠다.

마지막으로 조선시대 장애인의 사회적 위상을 검토할 순서이다. 우리의 예상과는 달리 조선시대 장애인에 대한 복지수준은 매우 높았던 것으로 드러나고 있다.[11] 선행연구에 따르면 조선시대에는 장애의 정도에 따라 篤疾者, 廢疾者, 殘疾者로 분류하였는데, 장애 수준에 따라 구휼·면역·감형의 혜택이 주어졌고, 점복이나 의료는 물론 관상감이

---

10 정지영, 「조선시대 '독녀(獨女)'의 범주: '온전치 못한' 여자의 위치」, 『한국여성학』 32-3, 한국여성학회, 2016. 이하 독녀에 대한 논의는 이 성과에 의존한다.
11 정창권, 『역사 속 장애인들은 어떻게 살았을까』, 글항아리 2011; 정창권, 『세상에 버릴 사람은 아무도 없다』, 문학동네, 2005; 심승구, 「조선시대 장애의 분류와 사회적 처우」, 『한국학논총』 38, 국민대 한국학연구소, 2012.

나 관현악의 종사도 인정되었다고 한다.

　이들 장애인에 대한 당대인들의 시선은 어떠하였을까? 불성인, 즉 사람의 형태를 제대로 갖추지 못한 사람으로 통칭되었던 장애자의 몸은 당시에도 편견과 모멸의 대상이었던 것으로 보인다.[12] 삼설기본 〈노처녀가〉 주인공의 경우 조선시대의 분류 기준에 따르면 廢疾者에 해당한다. 그런데 그녀는 철저하게 규방에 차폐되어 고립된 존재로 표상되어 있어 그녀를 향한 외부의 시선은 확인하기 어렵다. 다만 그녀의 독백 가운데 '부모님도 보기 싫고 형님께도 보기 싫고 아우년도 보기 싫다 / 날다려 이른 말이 "불상하다" 하는 소리 / 더구나 듣기 싫고 눈물만 솟아나네.'라고 하는 대목으로 미루어 보면 적어도 가족들은 그녀를 동정과 연민의 시선으로 바라보았던 것으로 짐작할 수 있다. 그럼에도 불구하고 그녀는 왜 가족들에게 역정을 냈을까? 가족 구성원으로서 정당한 그녀의 자리를 인정하지 않고 철저하게 소외시켰기 때문이다. 나이 50에 가깝도록 가족 중에 누구도 그녀를 위해 혼사를 추진한 적이 없었다는 사실, 언니의 혼사로 '왼집안이 들렐 적에 빈방 안에 혼자 있어 창틈으로 엿'볼 정도로 가족 내에서 고립되어 있었다는 사실, 작품을 통틀어 그녀가 마음을 드러내고 대화를 나눈 상대는 그 집의 삽살개밖에 없었다는 사실 등에서 그녀는 존재감이 없는 그림자와 같은 처지였다고 할 수 있다.

　여성장애인에 대한 조선시대의 사료는 극히 부족하여 이들에 대한 타자의 시선을 객관적으로 규명하기는 어렵다. 다만 조선중기 인조

12　박희병, 「병신에의 시선: 전근대 텍스트에서의」, 『고전문학연구』 24, 한국고전문학회, 2003.

때 발발한 병자호란을 배경으로 한 역사소설 〈박씨전〉의 주인공 추녀 박씨를 대하는 주변의 시선을 참조할 만하다. 시아버지 상공이 아들 이시백과 함께 금강산에서 박씨를 데려오는 길에 여관에서 유숙하다가 그들은 처음으로 신부의 신체를 보게 된다. 신부가 나삼을 벗고 추한 모습을 드러내자 '상공과 신랑이 한 번 보매, 다시 볼 수 없어 간담이 떨어지는 듯하고 정신이 없어 두 눈이 어두'울 정도로 공포감을 느낀다. 다시 며칠 만에 시댁에 당도하니 일가친척이며 장안 대신 댁 부인들이 신부를 구경하려고 많이 모였다. 그리하여 신부가 방에 들어와서 나삼을 벗고 중당에 앉자 그 모습을 보고서 '한번 보매 비소하고 수군수군하다가 일시에 물결같이' 흩어져 버린다. 상공집 혼사의 하객으로서는 있을 수 없는 결례를 저지를 만큼 장애자를 대하는 외부인들의 태도는 불손하고, 그 시선 또한 싸늘하다.

> 부인이 미워하고, 시백이 또한 內房에 거처를 전폐하니 비복들도 박씨를 또한 박대하더라, 박씨는 獨婦가 되어 슬픔을 머금고, 매일 밥만 먹고 잠만 자며 매사를 전폐하니, 일가가 더욱 미워하며 꾸지람이 집안에 가득하되[13]

이처럼 추한 외모를 지닌 박씨는 남편은 물론 시댁 식구와 비복들, 그리고 주변의 일가친척과 타인들에게까지 모멸의 시선을 받으며 박대를 당해야 했다. 차이 나는 신체로 인해 차별받는 시선을 감당해야 했던 것이다. 박씨가 이 정도라면 박씨보다 훨씬 더 심각한 복합적

---

13 김기현 역주, 『박씨전 임장군전 배시황전』, 고려대 민족문화연구소, 1995, 155쪽.

중증 장애인이었던 노처녀의 경우 그 멸시의 정도는 충분히 짐작해볼 수 있을 것이다.

킴 닐슨은 장애인을 향한 혐오와 공포, 차별과 편견을 반영하는 이러한 태도를 비장애중심주의적 태도라고 규정한다. 이러한 태도는 사회구조 속에 축적되어 때로는 의도적으로, 때로는 우발적으로, 또 때로는 드러나지 않는 방식으로 조용히 작동한다고 한다.[14] 조선시대에는 장애인 예우라는 국가 시책과는 달리 생활 관습과 문화적 풍토 속에는 이러한 비장애중심주의적 태도가 꽤 견고하게 자리잡고 있었음을 알 수 있다. 이 두터운 차별의 장벽 속에서 〈노처녀가〉의 주인공이 자신의 삶을 추동해내기란 그리 만만치 않았을 것이다.

3. 주체의 욕망, 그리고 일탈과 저항으로서의 웃음

삼설기본 〈노처녀가〉의 파격성과 독자들의 곤혹스러움은 위에서 살펴본 바 3중의 차별과 억압을 감내해야 했던 주인공 장애인 노처녀가 당시의 통념과 크게 어긋나는, 자발적 혼사 추진이라는 기상천외한 사건을 일으키는 데서 비롯된다. 우선 그녀의 외모를 묘사한 대목부터 살펴보자.

  닉 비록 병신이나 남과 갓치 못할숀냐
  닉 얼골 얽다 마쇼 얽은 궁게 슬긔 들고

---

[14] 킴 닐슨 지음, 김승섭 옮김, 『장애의 역사』, 동아시아, 2022, 25쪽.

늬 얼골 검다 마쇼 분칠ᄒ면 아니 흴가
흔편 눈니 머러쓰나 흔편 눈은 밝아 잇늬
바늘 귀를 능히 쒸니 보션볼를 못 바드며
귀먹어다 나무러나 크게 ᄒ면 아라 듯고
쳔동쇼릭 능히 듯늬
오른숀으로 밥 먹으니 왼숀ᄒ여 무엇할고
왼편 다리 병신이나 뒤간 츌닙 능히 ᄒ고
코구명이 믹믹하나 늬음ᄉᆡ는 일슈 만늬
닙살리 푸르기는 연지빗흘 발나 보ᄉᆡ
엉덩쌔가 너르기는 ᄒᆡ산 잘 헐 징본이오
가삼이 뒤앗기는 즌일 줄 헐 긔골일ᄉᆡ
턱 아릭 거문 혹은 츄어 보면 귀격이오
목이 비록 옴쳐시나 만져보면 업슬손가
늬얼골 볼작시면 곱든 비록 아니ᄒ나
일등 슈모 불너다가 헌거롭게 단장ᄒ며
남듸듸 맛는 셔방 늰들 혈마 못마즐가

인용문에서 열거된 대로 노처녀의 장애를 짚어보면, 검은 얼굴의 곰보, 외꾸눈의 시각장애, 난청의 청각장애, 왼손과 왼 다리의 지체 장애, 후각장애 및 입술청색증, 엉덩뼈 이상, 척추후만증(곱추병), 턱 아래의 혹, 목이 짧은 경추 이상으로 장애의 종합병원이라 할 만하다. 이 장애가 선천성인지 혹은 후천적으로 생성된 것인지는 분명하지 않으나 독자들이 단숨에 그 인상을 떠올리기 어려울 정도의 기형적인 면모이다. 물론 이는 희극적 과장일 터여서 사실성은 매우 떨어진다.

그럼에도 불구하고 그녀는 '일등 슈모 불너다가 헌거롭게 단장ᄒ며 / 남듸듸 맛는 셔방 늰들 혈마 못마즐가'하는 당찬 포부를 지니고 있다. 그녀는 왜 그토록 서방을 맞이하고 싶을까? 우선, 작품 내에서 근거를 찾아보면 '남딕듸 맛는 셔방 늬 홀노 못 마즈니 / 엇지 아이 셔를숀가', '어룬인 체 ᄒᆞ쟈 ᄒᆞ니 머리 싸흔 어룬 업고 / 늬인이라 ᄒᆞ쟈 ᄒᆞ니 귀밋머리 그쪄 잇닉'[15]라는 대목에서 확인할 수 있듯이 남들과 동일한 정상적인 삶에 대한 갈망이다. 주지하다시피 '조선시대의 지배적 규범에서 여성의 삶의 조건은 三從之道'에 집약되어 있다. 이러한 조건을 충족시키기 위해서는 반드시 혼인을 해야 했고,[16] 그러지 못할 경우 不成人으로 간주되었다. 그러기에 조선 사회에서 독신 여성은 매우 드물었다. 이러한 규율권력의 훈육을 내면화하면서 성인에 이른 그녀에게 결혼이란 일종의 당위였다고 볼 수 있다.

다음으로, '곤충도 짝이 있고 금수(禽獸)도 자웅(雌雄) 있고 / 헌짚신도 짝이 있고 음양(陰陽)의 배합(配合)법을 낸들 아니 모를손가'라는 발언에서 유수할 수 있듯이 섹슈얼리티의 문제이다. 사실 인산의 본원적이고 보편적인 성적 욕망의 표상 형태는 남녀를 불문하고 조선시대의 애정전기소설이나 세태소설, 사설시조, 잡가 등 등 다양한 문예물에서 손쉽게 만나볼 수 있다. 사정이 이러하기에 조선후기에 이르면 '표층적으로 유교적 윤리 기제가 전 계층으로 확산되면서 지배력을 획득하지만, 일상의 영역에서 섹슈얼리티는 유교적 禮의 틀과 젠더 기제의 틈새를 뚫고 다양한 형식으로 발현되고 있다'[17]는 분석에

---

15 주지하다시피 성인식의 일종인 관례를 조선시대에는 남성의 경우 15~20세에 행하였지만, 여성의 경우 혼례식과 더불어 행하는 것이 일반적이었다. 노처녀는 혼인을 하지 않았기에 미성년자들처럼 아직까지도 땋은 머리를 하고 있는 것이다.
16 정지영, 「조선시대 혼인장려책과 독신여성: 유교적 가부장제와 주변적 여성의 흔적」, 『한국여성학』 20-3, 한국여성학회, 2004, 7쪽.

우리는 동의할 만하다. 오늘날 장애 여성의 섹슈얼리티에 관한 연구를 참조하면 장애 여성의 섹슈얼리티는 장애라는 조건으로 인하여 비장애 여성과는 다른 방식으로 발현되지만 장애 여성 스스로는 성적 욕망도 있고, 성에 대한 관심도 있다고 한다. 다만 외부의 시각이 장애 여성을 무성적 존재라고 추측하거나 단정할 뿐이다.[18] 조선사회에서도 크게 다르지 않았을 것이다.

〈노처녀가〉의 주인공과 같은 장애 여성의 섹슈얼리티를 합법적으로 실현할 수 있는 공간은 혼인이라는 제도를 통해 부부로서의 승인을 얻었을 때 마련된다. 따라서 주인공 노처녀가 혼인의 길을 모색하는 것은 당연한 수순이다.

그러나 조선의 현실에서 장애 여성이 이를 성취할 수 있는 길은 거의 폐쇄되어 있다고 단정해도 과언이 아니다. 우선 규범의 영향력을 들 수 있다. 조선시대 여성 교육을 위한 규범서로 널리 읽혔던 소혜왕후의 『內訓』〈혼례상〉을 살펴보너라도, 혼례 내상으로 취하지 않은 여성의 유형 다섯 가운데 '대대로 나쁜 병이 있으면 취하지 않'는다는 조목이 있으며, 부인이 내쫓기는 일곱 가지 경우 중에도 '나쁜 질병이 있으면 쫓겨'난다는 조항이 있다.[19] 전근대적 관념에서 장애인은 신체에 병이 든 자로 간주되었기에 이 조항의 적용에는 무리가 없을 것이다.

혼례의 과정에서 이 규범이 관철되었음은 앞서 사례를 들었던 〈박

---

17 서지영, 「규범과 욕망의 틈새: 조선시대 소설 속의 섹슈얼리티」, 『한국고전연구』 15, 한국고전연구학회, 2007, 268쪽.
18 이은미, 「장애여성의 섹슈얼리티: 여성주의적 고찰」, 『아시아여성연구』 44-1, 숙명여대 아시아여성연구원, 2005, 100~116쪽.
19 소혜왕후 저, 이경하 주해, 『내훈』, 한길사, 2011, 152~153쪽.

씨전〉에서도 발견된다. 나중에야 며느리 박씨가 추녀라는 사실을 발견한 상공은 "사람이 이같이 추비하니 응당 규중에서 늙힐지언정 남의 집에 출가치는 아니할 터이로되 …"라고 하면서 여성 측의 주혼자인 박처사를 타박하는 대목이 바로 그러하다. 장애 여성은 〈노처녀가〉의 주인공처럼 규방에서 그저 홀로 늙어가야 하는 것이 숙명이었던 것이다.

둘째는 주혼자의 문제이다. 주혼자란 '정혼의 합의를 비롯한 혼인의 성립과 의식에 관한 일체에의 사항을 주관하고 이에 따른 책임을 부담하는 자'를 말하는데 조선시대의 혼인법에는 주혼자의 순위와 책임의 범위가 엄격하게 정해져 있었다. 이에 따르면 주혼자는 혼인 당사자가 될 수는 없고, 대개는 조부모 〉 부모 〉 백숙부모 〉 형과 누이 〉 외조부모 〉 족친 기타 가장의 순으로 그 순서가 정해져 있었다고 한다. 따라서 주혼사가 있음에도 불구하고 스스로 혼인을 추신할 경우 법에 따라 혼인은 무효화되고 당사자는 처벌을 받았다.[20] 〈노처녀가〉처럼 장애인 노처녀가 스스로 자신의 혼사를 주도적으로 추진하는 일은 조선사회에서는 용납될 수 없는 것이다.

〈노처녀가〉의 갈등은 이처럼 노처녀의 혼인이라는 당위적 이상과 이를 허용하지 않는 현실적 제약 사이에서 발생한다. 만일 주인공 장애 여성이 지극히 이성적으로 사유하고 합리적인 판단 능력을 갖췄다면, 결혼은 언감생심 꿈도 꾸지 말았어야 한다.

당위적 이상과 제약적 현실, 욕망과 규범이 팽팽하게 긴장을 이루

---

20 김성숙, 「조선시대 혼인법의 주혼자제도에 관한 연구: 조선왕조실록을 중심으로」, 『가족법연구』 25-2, 한국가족법학회, 2011, 36-48쪽.

는 상황에서 혼사를 실현하는 길은 규범으로부터의 일탈이나 저항을 꾀할 수밖에 없을 터인데, 그 방법은 두 가지 정도가 상정된다. 하나는 이성적, 의지적 저항이다. 말하자면 장애인을 차별하는 당대의 규범과 관습, 제도 등에 대하여 항의하고 시정을 요구하는 일일 터인데 이는 쉽지 않은 일이다. 나아가 의지적으로 저항한다면 이 경우는 살갗 깊숙이 파고들었던 규율권력으로부터의 탈주를 감행하는 일인데, 사회로부터 배덕자라는 낙인이 찍히는 일이며, 규율권력으로 훈육된 다중들로부터 공감이나 지지를 구하기는 어려울 터이다. 다른 하나의 방법은 일종의 분열자 모델로서 스스로 풍수가 되어 규범의 경계를 횡단하는 것이다. 이를 용이하게 실현해 주는 것이 웃음이라는 희극적 요소이다. 〈노처녀가〉에서는 이 전략을 선택한 것으로 보인다.

〈노처녀가〉에서 희극적 과장의 골계적 웃음은 누구보다도 자기 자신을 대상으로 하여 실현되는데 주인공의 지적 능력과 행위 양상 등 여러 측면의 과장적인 묘사에서 발견된다.

> 얼골모냥 그만두고 시족 힝실 웃듬이니
> 닉 본시 춍명키로 무슨 노릇 못 할숀냐
> 기억 ㅈ 나냐 즈를 십년 만의 ᄭᅵ쳐 닉니
> 효힝녹 열녀젼을 무슈히 숙독ᄒᆞ민
> 모를 힝실 바이 업고 구고보양 못 홀숀가
> 줌인니 모힌 곳의 방구 쒸여 본 일 업고
> 밥쥬걱 업허 노와 니를 쥭여 본 일 업닉
> 장독 쇼리 볏겨 닉여 뒤몰 그릇 흔 일 업고
> 양치디를 잡어 닉여 츄목허여 보 일 업닉
> 이닉 힝실 이만ᄒᆞ면 어디 가셔 못 살숀가

밋친증이 뒤발ᄒ여 벌쩍 이러 안지면셔
닙은 치마 다시 츳고 신은 버션 쏘 츠즈며
방츄돌을 엽희 끼고 짓는 기을 ᄯ릴 다시
와당퉁탕 닙들 젹의 업져지락 곱더지락
바람벽의 이마 밧고 문지방의 코를 끼며
면경 셕경 셩젹홈를 낫낫치 다 끼치고
흔슘 지면 ᄒ는 말이
앗갑고 앗가올ᄉ 이닉 쑴이 앗가올ᄉ
눈의 암암 귀의 징징
그 모양 그 거동을 엇지 다시 ᄒ여보리

희극성의 기제를 이론적으로 고찰하는 자리에서 고정희 교수는 희극성이 성립되는 두 가지 측면을 제시한 바 있다. 첫째는 독일의 희극 이론가 칼하인츠 슈티어레의 주장, 즉 "희극적인 것은 웃는 주체가 개별화된 심급이 아닌 사회적인 심급으로서 영향을 끼치는 사회적인 현상으로 파악된다"는 주장을 인용하면서, 웃음은 개인의 심리적 차원의 문제가 아니라 집단적이고 사회적인 것이라고 보는 것이다. 둘째는 희극성은 수용자의 지적인 능력이 요구되기에 텍스트가 생산되던 환경에 대한 많은 선험적 지식이 필요하다는 것이다.[21] 이를 염두에 두고 인용문을 살펴보자.

인용문 상단은 노처녀가 자신의 총명성과 정숙한 행실이 정상인과 다를 바 없음을 자랑하는 대목이다. 즉 자신의 총명성과 정숙성을 과시하는 것이 노처녀의 의도이다. 그러나 이후 진술로 미루어 보면 오

---

21 고정희, 「조선시대 규범서를 통해 본 사설시조의 희극성」, 『국어국문학』 159, 국어국문학회, 2011, 33~38쪽.

히려 의도와는 상반된 의미가 독자들의 지식체계에 포착됨으로써 웃음을 자아내는 것이다. 기역 자 나냐 자를 십 년 만에 깨쳤다는 진술은 한글에 대한 학습경험이 있는 독자들이라면 총명성이라기보다도 오히려 아둔함에 가까운 것으로 인지되면서 웃음을 터트릴 것이다.[22] 효행록과 열녀전을 무수히 숙독했다는 그녀가 "부모님도 보기 싫고 형님께도 보기 싫고 아우 년도 보기 싫다"라고 진술했던 사실을 기억하는 독자들은 그 모순된 언술과 행위의 낙차를 떠올리며 배시시 웃을 것이다. 나아가 으뜸 행실을 과시한 대목에서도 청결해야 할 장독 뚜껑으로 뒷물 그릇 한 적이 없다거나 밑씻개인 양치대로 양치질을 한 적이 없다는 자랑질에 이르면 독자들은 박장대소를 터트리지 않을 수 없다. 으뜸 행실이기는커녕 아무리 용렬하더라도 최소한의 인지 능력을 갖춘 인간이라면 하지 않을 행위들이기 때문이다.

인용문 하단은 그녀가 지닌 행동거지의 경망스러움과 상황에 대한 유연한 대처 능력의 부재에서 발현되는 희극성이다. 이는 김도령과의 달콤한 혼인을 이루고 있던 춘몽이 개 짖는 소리에 놀라 깨어나게 되는 장면에서 뚜렷하게 드러난다. 그녀는 갑자기 역정을 내면서 광폭한 행동을 하는데, 거의 슬랩스틱 코미디와 유사하다. 작자 스스로도 미친증이 대발했다고 서술했거니와 정상에서 벗어나는, 충동적이면서도 제어되지 않는 행위들의 연쇄가 우스꽝스러우면서도 기이한 상황을 구성하는 것이다. '방츄돌을 엽히 끼고 짓는 기을 쯔릴 다시 /

---

22 '삶의 속도'라는 측면에서 보자면 장애인과 비장애인은 차이가 존재한다. 특정한 활동과 이에 대한 수행 능력이 비장애인에 비해 더딜 수 있기 때문이다. 그럼에도 불구하고 이 대목이 우리를 웃게 만드는 이유는 화자가 '본시 총명'하다고 강변하고 있기 때문이다.

와당퉁탕 닙들 적의 업져지락 곱더지락 / 바람벽의 이마 밧고 문지방의 코를 씨며 / 면경 석경 성젹홈를 낫낫치 다 씨치고' 하는 행위들은 꿈속의 장면들이 노처녀에게는 무척이나 소중했다고 하더라도 한갓 헛된 꿈에 지나지 않은 것을 상실한 대가로는 너무나 경망스럽고도 신경질적이다. 조선시대의 여성규범서에 따르면 발걸음의 보폭까지도 제어하면서 정숙한 몸가짐을 유지해야 하는 것이 규방여성의 당연한 도리인데 이러한 통념에서 벗어나는 일탈적 행위가 웃음을 자아내는 것이다.

그러나 이처럼 푼수끼 넘치는 그녀의 어리숙한 판단 능력과 좌충우돌하면서 자아내는 우스꽝스러운 행위들의 연쇄는 서사 전개와 서술 전략상 오히려 영리한 기획일 수 있다. 앞서도 얘기했지만 조선후기의 혼속을 둘러싼 완강한 규범의 경계를 거침없이 횡단하기 위해서는 스스로 모지린 인간, 독자들이 보기에 그런 짓을 해도 눈감아 줄 법한 바보스러운 인물이 될 필요가 있기 때문이다. 이러한 주인공을 우리 문학사의 전통에서 보면 민담형 인간, 들뢰즈식의 어법을 빌면 아버지의 법을 무력화시키는 분열자적 존재라고 이를 만하다.

다시 한번 생각해 보자. 앞서 얘기했듯이 아무리 노처녀 장애 여성이라 할지라도 조선시대의 혼인법에 따르면 혼인 당사자가 스스로의 혼사를 추진할 수는 없다. 그러나 이러한 행위를 하는 주체가 사회적 규범에 대한 정상적인 인지 능력을 갖추지 못한 경우라면 사정은 다를 것이다. 마치 우리가 어린 아이들의 소꿉놀이를 보면서 규범에 의거한 판단을 내리지 않는 것과 마찬가지이다. 이제 노처녀의 행위는 더욱 과감해지고 거침이 없다. 어차피 덜 떨어진 사람으로 간주된다면 남에게 피해를 끼치지 않는 한 무슨 행위인들 관계가 있겠는가.

남이 알가 붓그리나 안 슬푼 일 ᄒ여 보쟈
홍독기의 ᄌ를 미여 갓 쓰오고 옷 입히니
ᄉ람 모양 거의 갓다 쓰다듬어 셰워 노코
시 져고리 긴 치마을 호긔있게 썰쳐 입고
머리 우희 팔을 드러 졔법으로 졀을 ᄒ니
눈물리 죵횡ᄒ여 입은 치마 다 젹시고
흔슘이 복발ᄒ여 곡셩이 날듯ᄒ다

위의 인용 부분은 꿈속의 달콤한 혼인이 깨지자 노처녀가 난리법석을 피운 후에 새롭게 추진한 일을 묘사한 것이다. 노처녀는 슬며시 남이 알까 부끄럽다고 너스레를 떨지만 이어지는 행위는 그야말로 가관이다. 꿈이란 깨고 나면 허무하고 슬프기 마련이니 이번에는 아예 현실 속에서 모의 혼례를 진행해 보는 것이다. 긴 홍두깨를 세우고 여기에 짧은 자를 가로로 매어 갓을 씌우고 옷을 입히면 얼추 신랑의 모습과 유사한 형상이 만들어진다. 그녀 자신 또한 새 저고리와 긴 치마를 입어 신부의 모습을 갖춘 후에 이 허수아비 신랑을 향하여 정성껏 큰절을 올려 본다. 이 장면을 읽어 내려가는 독자들의 일차적인 반응은 이 어이없는 상황이 자아내는 헛웃음일 것이다.

그러나 '눈물리 죵횡ᄒ여 입은 치마 다 젹시고 / 흔슘이 복발ᄒ여 곡셩이 날듯ᄒ다'에 이르면 반응이 달라질 법도 하다. 무심한 독자라면 이 장면 또한 그저 노처녀가 벌이는 해프닝 가운데 하나로 간주할 것이다. 그러나 좀더 예민하고 장애감수성이 있는 독자라면 다른 느낌으로 다가올 수도 있다. 장애감수성이란 장애인과 비장애인의 차이를 인지하고 장애인의 관점에서 문제를 바라볼 수 있는 능력을 말한다. 장애인에 대한 당대 사회·문화적인 관습의 차별적 체계와 혼사

장애가 얼마나 높았기에 노처녀는 이 해괴한 모의 혼례에서 치마를 다 적실 정도로 눈물을 흘리고 있을까. 그 과정에서 한숨이 복발했다면 그녀 스스로도 이 의식 자체가 달콤한 춘몽처럼 허무한 일이라는 것을 알고 있지 않았을까. 신체의 차이로 인해서 이처럼 애달픈 일을 벌여야 한다면 현재의 관습과 제도는 합리적이라고 할 수 있을까 등등의 사념들이 떠오를 수 있을 것이다.

베르그송의 관찰에 따르면 희극성의 원천은 사람이다. 즉 '웃음을 불러일으키는 모든 것, 즉 소재와 형식, 원인과 계기를 부여하는 것이 바로 사람 자신'이라는 것이다. 그렇다면 어떤 사람이 웃음을 불러일으키는가? '세심한 융통성과 민첩한 유연성이 요구되는 상황에서의 어떤 기계적인 경화'에 함몰된 사람이 웃음을 야기시킨다고 본다.[23] 세상은 끊임없이 변화하는데 이 변화에 유연하게 적응하지 못하고 경직된 태도를 보이는 사람이 희극성의 주인공이다. 〈노처녀가〉의 주인공이 벌이는 자폭 개그도 이러한 관점에서 이해할 수 있다. 그녀는 그야말로 중증 장애인인데 정상인과 다름없는 신체 능력과 활동 역량을 지니고 있다고 바득바득 우기는 과장적인 언어, 그리고 통념을 뛰어넘는 도발적인 행위 등이 웃음을 자아내는 것이다.

그러나 우리가 만일 장애감수성을 갖고서 장애인 노처녀의 관점에서 작중의 사태를 판단해 본다면 그녀의 항변에도 일리가 없는 것은 아니다. 맨 처음에 인용했던 그녀의 신체 묘사 대목을 상기해 보자. 곰보의 얽은 구멍에도 슬기가 들어있다는 그녀의 강변은 물론 터무니

---

[23] 앙리 베르그송 저, 정연복 역, 『웃음: 희극성의 의미에 관한 시론』, 세계사, 1999, 18~19쪽.

없고 우스꽝스러운 언술이지만, 전반적인 그녀의 신체 능력이 생활하는 데는 큰 지장이 없다는 주장에는 동의할 만한 요소가 없지 않다. 그러나 재자가인의 이상적 인간형에 대한 당대의 문화적 통념은 그녀의 몸을 수치스럽게 하고 사회에서 낙인을 찍는 고정관념과 편견으로 독자들을 훈육하였다. 이런 점에서 보자면 그녀의 희극적 언술과 행위는 거꾸로 독자들의 이러한 고정관념에 파문을 일으킬 수도 있을 것이다. 어째서 그런가?

앞서 우리가 〈박씨전〉과 소혜왕후의 『내훈』을 통해 장애 여성에 대한 조선시대의 사회적·문화적 편견을 살펴보았듯이, 장애를 가진 여성은 결혼의 범주에서 제외될 뿐만 아니라, 존재 자체가 일상의 영역 밖으로 밀려나 여성이라는 개념 속에서도 사라져 버리는 것이다. 〈노처녀가〉의 장애인 노처녀는 가족 내부의 역할이나 위상을 전혀 부여받지 못한 채, 항상 그녀의 '빈 방안의 혼즈' 차폐되어 있는 존재였다. 가족 행사에서도 철저하게 소외되어 있었다. 육체적으로는 존재하되 사회·문화적으로는 존재하지 않는, 기이한 존재인 것이다. 이런 점에서 보자면 자신의 존재와 역량, 그리고 욕망과 행위 등을 과장적, 희화적 어투에 담아 서사를 끌어가고 있는 장애인 노처녀의 언술은 자신 또한 이 사회의 정당한 일원이며, 의미 있는 존재, 그리고 결혼에 대한 열망도 품고 있는 여성이라는 존재로서의 인정욕구의 발현으로 볼 수도 있을 것이다. 그렇다면 이 장애 노처녀를 무성적 존재로 간주하고 일말의 관심조차 보이지 않았던 무심한 독자들이 거꾸로 희극성의 주인공이 될 수 있으리라 본다. 나아가 고정관념과 편견이라는 기계적인 경화에 빠진 독자들의 사유체계에 대한 교정의 효과도 불러일으킬 수 있을 것이다. '그녀도 여성이었으며 비장애인과 동일한 방식의 삶을 추구하고 있구나'라는 열린 생각을 추동해내는 것이다. 〈노쳐녀가〉에 나타난 희극성의 코드는 이처럼 읽기에 따라서 복합적으로 작동하고 있다고 여겨진다.

4. 진지함과 희극성의 교차적 배치의 서술 전략

〈노처녀가〉가 시종일관 이러한 희극성만의 나열로 짜인다면, 혼인의 주체적 성사라는 장애인 노처녀의 기획은 실패로 돌아갈 확률이 높다. 그저 우스운 일로만 치부될 수 있기 때문이다. 화자는 스스로를 희화화하면서 독자들과 소통력을 높이고, 포용적 공감을 조성하였기에 이제는 좀더 무거운 얘기를 꺼낼만한 기반을 마련한 셈이다. 따라서 때로는 진지하게 주인공을 둘러싼 문제적 상황과 억압적인 규율의 무게 아래 고통받는 자신의 처지를 토로하기도 한다.

> 남 모로는 이런 셔름 쳔지간의 또 어이 잇쓰리오
> 밥이 업셔 셜워할가 옷시 업셔 셜워할ᄀ
> 이 셔름를 어이 풀니 부모님도 야속ᄒ고
> 친쳑들도 무졍ᄒ다
> 닉 본시 둘지 쏠노 쓸ᄃ업다 허려니와
> 닉 나흘 혜여 보니 오십쥴에 드러고나
> 먼져 느흔 우리 형님 십구 셰의 시집 가고
> 셧지의 아오 년는 이십의 셔방 마즈
> 틱평으로 지닉는딕
> 불상ᄒ 이 닉 몸은 엇지 그리 이러ᄒ고
> 어닉덧 늙어지고 츠릉군이 되거고나

나도 아니 져러ᄒ랴 츠례로 할작시며
닉 안니 둘지런가 형닝을 치워시니
나도 져러 할거시라
이쳐로 졍훈 마음 마음딕로 안이 되어
괴약훈 아오 년이 먼져 츌가 훈단말가
ᄭᅮᆷ결에나 싱각ᄒ며 의심이나 잇슬손가
도릭쎡이 안팟업고 후싱목이 웃독ᄒ다
원슈로다 원슈로다
즁믹어미 날을 안니 치워 쥬고
ᄉ쥬단ᄌ 의양단ᄌ 오락가락 ᄒ올 젹의
닉 비록 미련ᄒ나 눈치좃ᄎ 업슬손가
용심이 졀노나고 화증이 복발ᄒ다

위 인용문 상단은 작품의 도입부로서 오십 줄에 들 때까지 결혼하지 못하여 서러움이 골수에 찬 노처녀 장애인의 신세 자탄 대목이다. 무정한 가족과 친지들에 대한 원망감 토로에 이어서, 그 원인으로서 비장애인 주인공의 자매들이 20세 무렵에 시집을 간 데 비해 자신은 노처녀로 쓸데없이 늙어가면서 쓸모없는 인간이 되어가고 있다고 자탄하고 있다.

인용문 하단은 과거의 형님 혼인식을 회상하면서 다음은 자신의 차례라고 한껏 기대했던 낙관적 전망이 아우의 결혼으로 인해 송두리째 무너지면서 화증이 복발한 상황을 서술하고 있다. 보편적 관행에 따르면 태어난 순서대로 진행되었을 혼인이 장애의 유무에 따라 전복되는 상황을 목격하면서 독자들은 이제 노처녀 장애인의 처지와 고통에 좀더 공감하고 연민의 정감을 자아냈을 법도 하다.

이상에서 살펴본바, 이 대목에서 우리는 노처녀의 독백에서 가벼운 언어유희나 푼수끼 어린 골계적 어법을 발견하기는 힘들다. 조목조목 사리를 따져가면서 부조리한 현실 상황을 짚어내고 있기에 적어도 인간주의적 관점에서는 반박하기 어렵다. 나아가 차별적인 현실 질서에서 유발되는 주인공의 고통에 동조하게 된다. 이를 잠정적으로 진지성의 발현이라고 명명해 본다. 그렇다면 작품 전체의 서사단락에서 진지성과 희극성은 어떻게 배치되고 있을까. 서사전개에 따른 작품의 구성을 요약적으로 제시해 보면 다음과 같다.

① 오십줄에 들었어도 결혼 못한 신세 자탄　　　　(진지성)
② 자신의 외모·행실·재주·음식솜씨 자랑　　　　(희극성)
③ 불성인으로서의 현실적 처지와 고통　　　　　　(진지성)
④ 자매들의 혼인식 회상을 통한 기대와 실망　　(희극성+진지성)
⑤ 죽음 충동과 고립 속의 무기력함 토로　　　　(진지성+희극성)
⑥ 주체적, 자발적 혼인 추진의 결단　　　　　　(진지성+희극성)
⑦ 쇠침의 점괘와 혼인 대상의 선정　　　　　　　(희극성)
⑧ 춘몽 속의 혼사 실현과 각몽 이후의 참담함　(희극성+진지성)
⑨ 가족의 조력으로 혼인성사와 행복한 결혼생활　　(진지성)

이처럼 〈노처녀가〉 전체의 서사 전개 구조에는 진지성과 희극성이 교차 배치되어 있다. 발단에 해당하는 ①부분에서는 50줄에 들고서도 결혼하지 못한 장애 노처녀의 설움과 탄식이 진지한 어조로 토로되고 있다. 화자의 언술에 따르면 그 서러움이란 인간만사 가운데에서도 비견할 수 없고 천지간에도 다시 없을 정도로 커다란 것인데, 늙어가도록 독수공방을 해야 하는 노처녀의 비애를 말하는 것이다. 이러한 설움이란 혼사의 좌절에서 오는 비교적 단순한 것이다. 따라서 이를 장황하게 늘어놓는다면 독자들은 쉽사리 지치고 흥미를 잃을 수도 있을 것이다. 따라서 화자는 ②에 이르러 자신의 외모에서부터 음식솜씨에 이르기까지의 자랑을 희극적, 과장적 어조에 실어 분위기를 전환하고 있다. 앞에서 살펴보았듯이 푼수끼 다분한 화자의 입담은 대번에 분위기를 희극적으로 전환하며 구절구절마다 폭소를 자아내게 한다. 예컨대 청대콩은 삶지 말고 모닥불에 구워 먹으라는 대목에 이르면, 이것이 음식솜씨 자랑인지 주전부리 타령인지 가늠조차 할 수 없고, 화자의 어리숙함에 폭소를 자아내지 않을 수 없게 된다.

③, ④에 이르면 ①에서 개괄적으로 제시되었던 미혼 노처녀의 설움이 구체적으로 열거된다. 혼인을 하지 못한 채 머리는 희어지고 주름살은 늘어가고 있다. 관례를 올리지 못해 땋은 머리가 소녀처럼 여태껏 남아 있는 상황이다. 육체는 50줄에 이른 성년이되 사회문화적으로는 미성년자이니 이 양자의 부조화에서 오는 고통은 고스란히 주인공의 설움이 된다. 형님 결혼할 때의 왁자지껄 흥청거렸던 잔치 분위기와 풍신 좋은 신랑의 모습을 바라보면서 다음 순서인 내 차례가 되면 나도 신랑을 맞이할 수 있으리라 기대했지만 고약한 아우 년이 먼저 출가하는 바람에 허무하게 사라진 꿈이 되고 말았다. 상황의 변화에 따른 정감의 기복과 내면 묘사의 섬세함이 진지한 어조로 전달되고 있기에 독자들은 그녀의 설움에 충분히 공감하게 된다.

⑤의 죽음 충동을 묘사한 대목에서는 어둡고도 비장한 분위기를 골계적인 웃음으로 차단하면서 비극적 파멸로 귀결될 수 있는 분위기를 새롭게 전환한다. 간수 먹고 죽자 하니 목 쓰림을 견딜 수 없고, 비상 먹고 죽자 하니 그 독한 냄새를 감당할 수 없다. 독자들은 이같은 아이러니한 사태를 천연덕스럽게 구술해내는 화자의 입담에 절로 웃음을

쏟아내다가도 밤중에도 잠 못 이루고 온갖 생각에 나날이 초췌해지는 화자의 모습에 연민의 정감이 일지 않을 수 없다. ⑥은 서사 전개상 일종의 반전에 해당하는 대목이다. 그녀는 어느 날 부모나 동생 등 가족들에게만 자신의 혼사를 의존하다가는 '서방맛'이 망연해지리라는 생각이 불현듯 떠오르며, '내가 결단 못할쏜가'라는 당찬 결정을 내리게 된다. 그들이 비록 주혼자일지라도 혼인을 맺어줄 의사가 없다면 노처녀의 결혼은 불가능할 터이기 때문이다. 이 혼사의 추진은 일신의 중대사이니만큼 진지함이 수반되다가 ⑦에 이르러 쇠침의 점괘에서 수망으로 치던 김도령이 꼽히자 돌연 밝고 희망찬 분위기로 전환된다. 단지 점괘에 불과했지만 이미 서방을 얻은 듯 기뻐 날뛰는 모습이 50줄에 든 노처녀로서는 너무도 잔망스럽기에 웃음을 자아낸다.

⑧에서는 들뜬 분위기에 살포시 잠든 노처녀가 꿈속에서 김도령을 맞아 혼사를 치르는 중 개 짖는 소리에 꿈을 깨고서 허망해 하다가, 홍두깨를 세워 옷을 입히고 의사 혼례를 진행하던 중에 다시 설움이 폭발하는 대목이다. 기상천외의 행동에 웃음을 쏟다가도, 오죽했으면 이런 행동까지 할까 하는 마음에 독자들은 가슴이 짠해지는 느낌을 갖지 않을 수 없다. ⑨는 재반전과 행복한 결말에 해당하는 부분이다. 혼사를 향한 그녀의 집요한 노력은 결국 가족의 마음을 움직여 정상적인 절차를 통해 혼인을 성사시키니 '평싱 쇼원 다 풀니고 온갖 시름 바히 업'는 행복한 가정생활로 이어졌다는 것이다.

정리해보자면 〈노처녀가〉 서사전개 구조는 진지함/희극성, 설움/기쁨, 비장/골계의 주기적인 반복구조라고 할 수 있다. 이미 검토해 보았듯이 진지한 내면을 토로한 대목에서는 부조리한 현실에서의 좌절감과 죽음 충동으로까지 내몰려버린 절망감을 표출한다. 이처럼 비장한 내면 표출은 애틋한 마음을 자아내게 한다. 그러나 이러한 비극적 정서의 지속은 독자들의 심리적 압박감을 가중시키며 장애인 노처녀가 마주한 현실의 장벽을 실감케 한다. 그러나 이러한 긴장감을 끝까지 강요할 수는 없다. 이제 희극성으로 전환할 차례이다. 화자는 웃음기 어린 농담같은 자폭개그를 던지면서 몰입된 비극의 국면에서 독자들을 해방한다. 그리고 스스로를 가벼운 존재로 희화화시켜 가면서 현실 감각이 모자란 어리숙한 존재의 일탈적 상상력과 바보스런 행동들을 슬며시 펼쳐보는 것이다. 그것이 비록 현실의 질서와 상치되고 반규범적인 행위라고 할지라도 어차피 좀 모자란 이의 욕망 표출이기에 그녀의 위반과 횡단은 어느 정도 용인해 줄 만한 사안이 되는 것이다.

이처럼 〈노처녀가〉의 구성이 희극성과 진지함의 주기적, 반복적 교차구조로 이루어졌다는 사실은 서사 전개의 인과성이나 결말의 합리적 처리에 대한 부담을 완화시켜 준다. 우리는 이미 희극성의 대목에서 가벼운 말놀음, 농담같은 진실, 일탈적인 상상력 등을 확인하였으며, 그것이 서사 전개의 과정에서 요긴한 기능을 수행하고 있음을 알 수 있었다.

　　　　이러틋시 쉬온 일을 엇지ᄒ여 지완턴고
　　　　신방의 금침 펴고 부뷔 셔로 동침ᄒ니
　　　　원앙은 녹슈의 놀고 비취는 연니지의 길드림 갓튼니
　　　　평싱 쇼원 다 풀니고 온갓 시름 바히 업닉
　　　　이젼의 잇던 수암 이계록 싱각ᄒ니
　　　　도로혀 츌몽갓고 닉가 혈마 그러하랴
　　　　이계는 괴탄업다 먹은 귀 발아지고
　　　　병신 팔을 능히 쓰니 이 안니 희훈ᄒ가

혼닌호지 십 삭만의 옥동즈를 슌슌호니
쌍티를 어니 알니 즐겁기 층양업닉
긔긔이 영쥰이오 문직가 비상호다
부부의 금슬 죷코 즈숀이 만당호며
가산니 부요호고 공명이 이름츠니
이 안니 무던호가

    가족들이 합심하여 혼사를 추진하니 장애 노처녀가 꿈꾸었던 혼례는 생각보다 쉽게 이루어진다. 이 혼사와 더불어 모든 문제가 해결된다. 그녀의 억압된 섹슈얼리티는 원앙이 녹수에서 놀 듯이 해소되고, 온갖 시름들은 흔적 없이 사라진다. 이미 지적되었듯이 '먹은 귀 발아지고 병신 팔을 능히 쓰'는 정도까지 나아가는 것은 다소 지나친 낭만적 결말처리라고 할 수 있겠다.
    왜 이러한 결말로 귀결되었을까. 이를 장애학적 관점에서 추론해 보고자 한다. 오늘날 장애인 여성들을 대상으로 심층 면접을 진행하거나 또는 장애 여성들이 쓴 자기서사를 분석하여 그녀들의 결혼관을 살펴본 연구성과는 이 부분을 해명하는데 시사하는 바가 적지 않다.[24] 대체로 장애 여성들의 장애에 대한 인식은 이중적이라고 한다. 한편으로는 자신이 장애인임을 인식하고 장애 있는 자신을 무가치하고 무의미한 존재로 여기는 것이다. 이 경우 결혼에 대한 인식은 부정적이

---

[24] 김경화, 「장애여성의 육체와 정체성의 형성」, 『한국여성학』 15-2, 한국여성학회, 1999, 185~217쪽; 조주희, 「장애의 사회문화적 고찰: 여성장애인의 장애 경험에 관한 내러티브적 분석」, 『교육인류학연구』 24-1, 한국교육인류학회, 2021, 97~128쪽. 이하 장애여성의 결혼에 대한 인식의 태도는 이 두 논문에서 발췌하여 기술하였다.

며 결혼을 포기하는 경우로 이어진다. 다른 한편으로는 자신의 장애를 거부하며, 자신을 비장애의 세계에 연결시키기를 열망한다는 것이다. 이럴 경우 자신의 몸에서 장애가 있는 부분을 분리해내고 이를 자신의 몸의 일부로 인정하지 않으려 한다는 것이다. 이 경우는 오히려 결혼을 동경하며, 불행했던 가족관계에 대한 보상심리로 오히려 비장애인과의 결혼을 선망한다고 한다.

비장애인인 김도령과의 결혼에 성공했던 〈노처녀가〉 주인공의 경우는 후자의 인식이 훨씬 강했던 것이다. 그녀는 결혼을 통해서 당대 사회에서 요구되었던 며느리로서의 정체성을 획득하고 싶었을 뿐만 아니라 정상적인 삶을 보장받고 싶었다. 그리고 마침내 성공했다. 그리하여 "이제는 긔탄업다 먹은 귀 발아지고 / 병신 팔을 능히 쓰니 이 안니 희흔흔가"라고 외쳤다. 여기서 먹은 귀가 밝아지고 병신 팔을 능히 쓴다는 진술을 곧이곧대로 손상된 육체의 회복으로 받아들여서는 곤란하리라고 본다. 바로 앞에서 "이제는 긔탄업다"라고 토로하였듯이 이는 심리적 현상으로 보아야 할 터이기 때문이다. '긔탄(忌憚)없다'는 의미는 말 그대로 어렵게 여겨서 꺼리는 바가 없다는 것인데, 자신의 장애에 대한 열등감이나 강박관념이 해소되었다는 의미일 것이다.

그녀가 소망하던 바 결혼의 성취로 인하여 모든 문제가 해소되었다는 사실은 일견 오늘날의 장애학자들이 주장하는 장애 개념의 사회구성주의적 측면을 떠올리게 한다. 즉 장애는 신체가 지닌 병리적 생물학적 상태에서 탄생하는 것이 아니라 특정한 사회문화적 환경에서 발생한다는 사실이 다시금 환기되는 것이다.[25] 그럼에도 불구하고 〈노처녀가〉의 결말이 미심쩍은 이유는 이것이 진정한 장애 여성으로서의 주체적인 목소리인가에 대한 의구심이 들기 때문이다. 이후 서술에서 간취할 수 있듯이 그녀는 남아선호와 부귀공명이라는 기성의 가부장제적 가치체계로의 편입, 즉 당대의 정상적인 사회적 규범에 맞추려고 하였을 뿐, 정상과 비정상의 경계 허물기에서는 진전을 보였다고 판단되지는 않는다. 그럼에도 불구하고 사회를 향해 장애에 대한 관심을 환기시켰다는 점은 평가받아 마땅하다.

5. 맺음말

이 글은 다소 기형적인 서사양식으로 간주되어 온 삼설기본 〈노처녀가〉를 대상으로 텍스트의 내적 질서를 해명해 보자는 차원에서 수행되었다. 이를 해명하는 핵심 장치는 희극성이다. 곰더 깊이 있는 분석이 필요하지만 당시로서는 상상을 초월한 결말구조와 도발적인 메시지의 실현을 가능하게 했던 것이 웃음의 기능이다. 그런 점에서 작품의 말미에 붙은 '이 말이 가장 우습고 희한하기로 기록하노라'라는 서술자의 논평은 이 작품의 서술 전략에 대한 귀띔이자 전승가치를 언급한 것이라고 판단된다.

논의를 요약하여 결론으로 삼는다. 이 글은 〈노처녀가〉의 주동인물인 노처녀의 장애 여성으로서의 사회문화적 위치와 외부의 시선에 대

---

25 수전 윈델, 강진영·김은정·황지성 옮김, 『거부당한 몸: 장애와 질병에 대한 여성주의 철학』, 그린비출판사, 2021, 48~49쪽; 김도현, 『장애학의 도전』, 오월의 봄, 2022, 204~208쪽.

한 탐색, 작품의 서술 전략과 웃음의 기능에 대한 상관성 해명을 집중적으로 조명하고자 작성되었다.

삼설기본 〈노처녀가〉의 주인공인 장애인 노처녀의 존재론적 상황을 살펴보면 그녀는 첫째 여성, 둘째 노처녀, 셋째 장애인이라는 3중의 질곡적 상황에 놓인 하위주체였다고 할 수 있다. 조선후기의 여성은 부계 중심의 종법 질서 강화에 따른 적장자 위주 상속체계의 정착과 친영제로의 혼속 전환에 따라 이전 시기보다 사회적 처지는 더욱 열악하였으며, '친영적 의식'의 내면화에 따라 며느리로서의 정체성 확보가 무엇보다도 시급해졌다. 노처녀는 조선왕조에서 특별관리 대상이었다. 그녀들은 불성인(不成人)으로 간주되었기에 구휼과 면세의 혜택이 주어진 연민의 대상이면서도 위험시되었기에 불온과 의혹의 시선을 동시에 받아야 했다. 복지수준이 높았던 조선사회에서 장애인은 그 수준에 따라 다양한 복지혜택이 있었지만, 사회적 시선은 여전히 차가웠다. 불성인으로 간주되었기에 상애사의 몸은 당시에도 편견과 모멸의 대상이었다. 〈박씨전〉을 통해 여성 장애인에 대한 외부적 시선을 유추해보면 가족은 물론 타인들에게서까지 모멸의 시선과 박대를 받아야 했던 것으로 보인다.

〈노처녀가〉의 핵심적인 문제 상황은 이처럼 3중의 차별과 억압을 받았던 노처녀가 당대의 통념과 크게 어긋나는 자발적 혼사를 추진하는 데 있다. 주인공 노처녀는 조선의 기준으로 본다면 폐질자에 해당하는 복합중증장애인이다. 그럼에도 불구하고 그녀가 결혼에 집착하는 이유는 첫째는 남들과 같은 정상적인 삶에 대한 갈망인데, 삼종지도로 표상되는 이러한 삶은 반드시 혼인을 해야 가능했기 때문이다. 둘째는 섹슈얼리티의 실현이다. 그러나 조선사회에서 장애인은 혼사

실현은 그야말로 장애가 많았으니 소혜왕후의 『내훈』과 같은 규범서에도 장애인은 혼인에서의 배제적 조건에 포함되었던 것이다. 다음으로는 조선시대의 혼인법상 주혼자의 문제인데 집안 어른으로 구성되는 주혼자들은 장애인들의 혼사에 소극적이었으며, 장애 당사자는 주혼자가 될 수 없었기에 제도적 차원에서 장애 여성이 혼사를 실현하는 길은 거의 불가능에 가까웠다고 할 수 있다.

그러나 이를 실현 가능하게 하는 장치가 웃음이다. 〈노처녀가〉의 주인공처럼 스스로 푼수 또는 바보스런 분열자가 되어 규범의 경계를 횡단하는 것이다. 희극적 과장의 골계적 웃음이 이러한 횡단과 탈주를 용이하게 해주는 것이다. 〈노처녀가〉의 웃음은 스스로를 희화화하는 자폭 개그로서 사회적 통념의 장벽을 완화하는 한편 독자들의 경화된 고정관념과 편견에도 넌지시 교정적인 관심을 환기한다. 물론 이를 살 포착하기 위해서는 독자 스스로가 어느 정도의 장애감수성을 갖추어야 할 것이다.

〈노처녀가〉의 서술 전략 또는 서사적 전개 구조는 진지함과 희극성의 교차적, 주기적 반복이라는 형식으로 구성되어 있다. 9개의 서사단락으로 나누어 살펴본 결과 그 교차적 전개 과정이 선명하게 드러난다. 요약하자면 진지함/희극성, 설움/기쁨, 비장/골계의 주기적 반복 구조라고 할 수 있다. 이러한 구조는 자칫 장애 여성의 신세 한탄으로 인해 지루해질 수도 있는 서사 전개에 웃음과 활력을 불어넣기도 하며, 통념과 어긋나는 일탈적 상상력을 웃음을 통해 실현하기도 한다. 결국 장애 여성주인공의 혼사 실현도 자발적 혼사 추진이라는 탈주 과정에서 비롯되어 가족들의 조력으로 성사될 수 있었으며, 이를 용이하게 했던 것이 웃음의 전략이었다고 여겨진다. 주지하다시피 혼사와 더불어 모든 문제 상황이 해결되고 장애까지 치유되었다는 끝맺음은 다소 지나친 결말처리라고 할 만하다. 다시금 생각해 보면 이 작품의 서사 전개는 사건들의 유기적, 인과적 구성에 의존하기보다는 주인공 장애 여성의 존재 현실에 대한 내면 토로에 의해 전개된다는 점도 낭만적인 결말처리와 상관성이 있으리라 여겨진다. 그리고 장애학적 관점에서 볼 때 이러한 결말은 당대의 정상적인 것, 즉 가부장적 가치체계로의 편입일 뿐, 정상과 비정상의 경계 허물기라는 장애 문제의 근본적 해소에는 미치지 못한다는 점에서 한계가 자명하다고 할 수 있다.

열녀와 좀비

⟨향랑전⟩과 ⟨서울역⟩에서 드러나는 '집'의 장소성과 가부장제의 폭력성

이은우

1. 서론

향랑은 경상도 선산 지역의 평민 여성이다. 17살에 혼인하나 남편의 학대를 견디다 못해 본가로 돌아온다. 이후 잇따르는 가족과 친척들의 개가 권유에 반대하며 ⟨산유화⟩라는 노래를 남기고 강물에 투신해 스스로 목숨을 끊었다. 1702년 숙종 28년의 일이었다. 당대 많은 사대부들이 향랑에게 평민임에도 불구하고 죽음으로 개가를 거부한 열녀라는 칭송을 하며 그녀와 관련한 다양한 기록을 전한다. 시문과 소설 등을 남긴 것이 20여 명 30여 편에 이르고, 실록을 비롯한 공식 문서나 개인의 문집에 남겨진 기록도 다수이다. 이름 없는 평민이자 여성을 두고 수십 명의 사대부 남성 문인들이 적극적으로 관심을 표현한 예는 흔치 않은 일로 평가된다.[1]

향랑에 대한 연구는 박옥빈[2] 이후 다양하게 시도되어 왔다. 하나는

향랑에 대한 관심에서 시작하여 소설이라는 장르로 확장시킨 〈삼한습유〉를 대상으로 하는 연구들이 있다. 조혜란[3]을 비롯한 이들의 성과가 기여한 바가 적지 않으나, 삼한습유는 저자 김소행의 변개 의식이 짙게 투영되어 향랑의 서사와의 간극이 크다. 향랑이 죽기 전에 남겼다고 알려진 〈산유화〉에 주목한 연구도 다수 있으나 이들 연구는 백제의 노래로 알려진 〈산유화〉나 후대의 민요, 현대시와 함께 계열과 전승에 집중한 연구가 주를 이룬다. 향랑과 관련한 주목할 만한 논의는 강명관과 정출헌에 의해 이루어졌다. 강명관[4]은 조선의 유교식 가부장제의 강화가 열녀를 탄생시켰고, 향랑 역시 가부장제의 강요에 의해 희생된 인물로 향랑에 대한 서사는 열녀담의 유통을 이해할 수 있는 예시가 된다고 규명하였다. 정출헌[5]은 향랑을 열녀로 '만들어낸' 메카니즘을 당시 사대부들이 자신의 입장을 향랑에 투영하며 그녀를 열녀로 '만늘어낸' 메카니즘에 주목하였다. 그리하여 향랑서사는 선산 지역 중심 사대부들은 선산 출신 성현인 길재의 감화로, 때로는 불우한 사대부들의 비극성의 이입물로 기능했다는 점을 밝혔다. 열의 이데올로기를 떠나 향랑의 죽음이 갖는 비극성에 주목한 연구도 다수이다. 박혜숙[6]은 향랑은 '열'을 지키기 위해 자살했다기보다는 어떤 주체적 삶

1 서신혜, 『열녀 향랑을 말하다』, 보고사, 2004, 13~15쪽.
2 박옥빈, 「향랑고사의 문학적 연변」, 성균관대학교 석사학위논문, 1982.
3 조혜란, 「"삼한습유" 연구」, 이화여자대학교 박사학위논문, 1994.
4 강명관, 『열녀의 탄생: 가부장제와 조성 여성의 잔혹한 역사』, 돌베개, 2010.
5 정출헌, 「〈향랑전〉을 통해 본 열녀 탄생의 메카니즘: 선산지방의 향낭이 "국가 열녀"로 환생하기까지의 보고서」, 『한국고전여성문학연구』 3, 한국고전여성문학회, 2001.
6 박혜숙, 「남성의 시각과 여성의 현실: 서사한시의 경우」, 『민족문학사연구』 9, 민

의 가능성도 없는 데에 좌절해서 자살한 측면이 더 크다고 보아야 한다라고 향랑의 죽음을 진단하였다. 최지녀[7]는 향랑을 죽음으로 이끈 본질적이고 핵심적인 계기는 주체적인 선택의 길이 차단된 상황과 그로 인한 '격절감(隔絶感)'으로 밝혔다. 향랑의 죽음이 갖는 비극성의 본질을 지적하고, 연구의 범주를 향랑 전설로까지 확장시킨 의의를 갖는다. 그러나 이를 '고독'과 '비련'이라는 개인적이고 낭만적인 정서로 서술하는 것은 향랑을 죽음으로 몰아넣은 가부장제의 횡포라는 사회적 폭력을 간과한 것이라는 한계가 있다.

〈서울역〉은 연상호 감독의 작품이다. 2016년 7월 개봉하여 천만 관객을 동원하며 큰 인기를 끈 〈부산행〉의 프리퀄 작품으로, 〈부산행〉 흥행의 여세를 몰아 한 달 뒤인 2016년 8월에 개봉하였다. 작품은 〈부산행〉의 전반부, 서울역에서 출발하는 부산행 KTX 열차에 올라타 승객들을 공격하고, 이들이 좀비로 변하면서 재난을 촉발하는 원인으로 역할하는 '가출소녀'의 서사로 이루어진다.[8]

〈서울역〉에 대한 직·간접적인 연구성과는 2023년 7월 현재 11편이 검색된다. 2016년에 개봉된 작품이지만 최근까지도 논의가 이어지고 있어 현재성을 확보한다. 논의의 분야도 다양해서 정신분석학적 분석, 게임/웹툰 등의 타 장르로의 활용 가능성, 사회해석학적 분석 등이 시도되었다. 다수의 선행연구가 〈부산행〉이나 〈반도〉와 같은 연상호

족문학사학회·민족문학사연구소, 1996.
7   최지녀, 「향랑을 형상화하는 두 가지 방식: 향랑전과 향랑전설」, 『국문학연구』 19, 2009.
8   〈부산행〉에서 '가출소녀'로 특별출연한 배우 심은경이 〈서울역〉에서도 '혜선'의 더빙을 맡아 연기하여 연속성을 이어간다.

감독의 다른 작품을 함께 묶어서 범위를 취하는 경향이 강하다. 세 작품을 좀비물이라는 장르적 특성에 주목하거나, 연상호 감독이 빚어내는 세계관을 작가론의 시선에서 분석하는 경우가 다수이다.[9] 〈서울역〉에 투영된 가부장제의 영향에 대해 지적한 연구를 소개하면 다음과 같다. 박명진은 경찰을 포함한 사회 구성체가 가족을 보호하지 않는다며 '부권의 상실이 재현'되고 있다고 평가한다. 복도훈[10]은 '빚짐'에 주목하였다. 무능력한 상징적 아버지는 채무자가 되고, 채권자인 외설적 아버지는 좀비로 그려진다고 서술하며 자본의 신이 지배하는 한국 사회에서 '아버지'는 한낱 비루한 빚쟁이일 따름으로 '좀비민국'에서의 가부장 남성의 몰락은 모든 인간관계를 빚의 도착적 유대로 묶어 놓는 자본주의의 특징으로 규명했다. 박명진[11]은 연상호의 작품 〈지옥〉을 주요 텍스트로 선정하고 작품에서 파국이 "아버지다운 부권을 보여주시 못"하고, "국민을 보호해야 할 국가, 아버지, 공권력의 권위가 붕괴"된 것을 원인으로 꼽고 있다. 이들 연구 모두 자본주의와 가부장제라는 키워드를 포착하고 작품을 해석하였지만 이들이 서술하는 가부장제는 아버지의 보호로 이루어지는 가족 공동체라는 긍정적이고 전통적의

---

9 김형식,「한국사회의 예외상태의 지속과 회복되지 않는 일상: 연상호론, 〈부산행〉과 〈서울역〉을 중심으로」,『대중서사연구』23(2), 대중서사학회, 2017.
최수웅,「좀비 서사의 장르 유동성 연구: 연상호 감독의 좀비 시리즈를 중심으로」,『리터러시 연구』12(3), 한국 리터러시 학회, 2021.

10 복도훈,「빚짐의 도착적인 유대, 또는 속죄의 판타지 (없)는 '좀비민국'의 아포칼립스: 연상호 감독의 〈부산행〉(2016)과 〈서울역〉(2016)을 중심으로」,『문학과 영상』18, 문학과영상학회, 2017.

11 박명진,「지옥에 나타난 파국적 상상력과 실재의 일상화」,『우리문학연구』76, 우리문학회, 2022.

가치가 남아 있는 제도로 보인다. 한영현[12]은 작품에서 재현된 좀비는 자본주의의 권력을 상징하며, 이들은 여성을 '비-장소'로 내몰고 있다며 영화가 기술하는, 장소에 얽힌 남성의 폭력성을 비판하였다. 두 작품과 관련한 선행 연구의 성취를 인정하고 그것이 짚어내지 못한 점에 주목하고자 한다.

스스로 낙동강에 몸을 던지기까지 18세기의 향랑은 아버지의 집, 남편과 시아버지의 집, 외삼촌의 집 등 가부장 남성들의 집을 전전하였다. 그런데 사후에는 사대부들이라는 가부장 남성들의 대표 집단으로부터 자살열녀로 부활하여 칭송과 정려를 받기에 이른다. 21세기의 혜선은 아버지의 집을 가출한 이래 포주 '아빠'의 술집(창녀촌)을 거쳐 남친과의 여인숙 동거 중 결국 가짜 '집'인 아파트 모델하우스에서 죽는다. 그리고 좀비로 부활하여 '아빠'를 죽이고 부산행 열차를 파국으로 몰아넣는다.

이 글은 〈향랑전〉과 〈서울역〉의 두 주인공 향랑과 혜선의 공통점에 주목하였다. 그녀들은 어린 여성이라는 점, 그리고 그들의 서사 중 행적이 줄곧 '집'이라는 장소를 향하고 있는 점, 그러나 끝내 비극적인 죽음을 겪는다는 점, 그런데 열녀라는 평판과 좀비라는 신체로 부활한다는 점을 공유한다는 특징을 밝히고, 나아가 그녀들이 겪은 비극의 원인이 가부장제가 갖는 폭력성에 있다는 것을 규명하고자 하였다.

이같은 논의를 위해 〈향랑전〉은 실제 향랑의 서사에 집중하기 위해 『일선읍지』, 『숙종실록』, 「열녀향낭도기」와 같은 향랑의 죽음 직후

---

12 한영현, 「절멸의 공포와 탄생의 이중주: 재난 영화 속 여성 재현의 사회 문화적 함의」, 『여성문학연구』 54, 한국여성문학학회, 2021.

쓰여진 산문 기록들을 중심에 두고, 필요에 따라 민간 향유층의 바램이 투영된 향랑설화를 보조자료로 활용한다. 또 '집'이라는 장소의 특성을 해명하기 위해 에드워드 렐프, 이-푸 투안, 마르크 오제의 공간과 장소에 대한 이론을 빌린다.

논의는 두 가지 방향으로 전개한다. 하나는 '집'이라는 장소가 갖는 특성을 규명한다. 집이라는 장소는 사실 인간 존재의 토대이며 모든 인간활동에 대한 맥락뿐 아니라 개인과 집단에 대한 안전과 정체성을 제공한다.[13] 가부장제 아래에서 '집'은 아버지로 대표되는 남성이 주인인 장소이다. 주인 남성은 미성년이거나 미혼의 여성을 돌보아야 하는 책임과 이에 기반한 권력을 소유한다. 향랑과 혜선이 '집'에 돌아가지 못하고 죽음을 맞이하는 데에는 그녀들이 생존할 수 있는 안전한 장소를 제공하지 못한 무능한 아버지들의 책임이 절대적이다. 이어서 '아버지'로 환유되는 가부장제의 폭력성을 부양자와 포식자를 넘나드는 권력의 경계, '집'의 구원자로서의 어머니의 부재와 사회의 구원자로서의 국가와 종교의 방임이라는 차원에서 분석한다. 우위의 가장이 열위의 구성원을 부양하는 수혜자-시혜자의 관계는 손쉽게 포식자-피식자의 먹이사슬로 전락한다. 이 끔찍한 비극을 막아줄 수 있는 '집'의 성인 여성 구성원 어머니의 존재는 두 작품 모두에서 부재한다. 죽은 어머니와 성상으로만 조각된 성모상으로 이상화된 허상으로만 등장할 뿐이다. 그녀들의 실질적, 상징적 영역에서의 최종 보호자 격인 국가와 종교마저도 아버지의 폭력으로부터 보호하지 못했다는 책

---

13 에드워드 렐프, 김덕현·김현주·심승희 옮김, 『장소와 장소상실』, 논형, 2005, 100쪽.

임에서 자유로울 수 없었다는 점을 규명하고자 한다.

2. 실패한 귀가: '살기' 위한 장소로서의 '집'의 장소성

에드워드 렐프는 "'장소'는 인간 실존이 외부와 맺는 유대를 드러내는 동시에 인간의 자유와 실재성의 깊이를 확인하는 방식으로 인간을 위치시킨다"라는 하이데거의 주장을 인용한다. 이를 통해 인간이 세계를 경험하는 심오하고도 복잡한 측면에서 이해되어야 하는 것이 장소라고 말하며 장소의 중요성을 역설(力說)한다. 그러면서 렐프는 공간을 추상이나 개념으로, 장소는 사실과 경험의 관계로 이해하였다.[14] 이-푸 투안은 공간은 추상적이며 움직임이 허용되는 곳으로, 장소는 이동 중 정지가 일어나는 공간과 장소라 하였다. 또 장소는 허기, 갈증, 휴식, 출산 같은 생물학적 욕구가 충족되는 가치의 중심지라고 정의했다.[15] 작품에서 등장하는 이들 거점은 주인공의 생물학적 욕구를 채워주며 머무름이 일어나는 곳이므로 '장소'로 보아야 할 것이다. 게다가 이곳들은 출생과 성장을 일어난 집이자, 남편/남자친구와 결혼/동거를 통해 세대를 이루게 된 집, 친척의 집처럼 가장 친밀한 공간인 '집'으로 대표되는 장소이다. 그러나 향랑과 혜선의 장소는 머무름을 지속시키지 못하고 이동을 유발한다. '장소'이어야 할 곳들이 '공간'으로 기능하는 비극으로 인해 향랑과 혜선은 그녀들이 머무를 수

---

14 위의 책, 39~40쪽; 287쪽.
15 이-푸 투안, 윤영호·김미선 옮김, 『공간과 장소』, 사이, 2022, 58쪽.

있는 '집'을 찾기 위해 이동한다. '살기' 위한 필사적인 도망이다. '살다'라는 말은 '생존'과 '거주'의 의미를 함축한다. 그렇기에 향랑과 혜선의 이동은 필연적으로 '집'이라는 장소에 귀결되며, 이들의 여정은 일종의 귀갓길의 성격을 갖는다. 그러나 이들이 집으로 가는 길은 오히려 '집'이라는 장소의 허구와 결핍을 인지하게 하는 역설의 여정이며, 결국 죽음이라는 파멸로 끝나고 만다.

향랑은 경상도 선산 지역의 평민 여성이다. 계모의 박대에 순종하며 살다가 17살에 같은 지역의 칠봉과 혼인하지만 남편의 학대를 견디다 못해 본가로 돌아온다. 계모는 향랑을 받아들이지 않았고, 외삼촌[16]의 집으로 거처를 옮긴다. 얼마 뒤 외삼촌은 향랑에게 개가를 권유하고 그녀가 이를 거부하자 구박한다. 향랑은 다시 시가로 돌아가지만 남편의 학대는 계속되었고, 시부는 개가를 권유한다. 향랑이 이를 거절하며 집 한 켠에 몸을 의탁하기를 애걸하였지만 시부는 허락하지 않았다. 돌아갈 곳이 없던 향랑은 죽기로 결심하고 낙동강 지주연(砥柱淵)을 향한다. 이곳에서 만난 초녀(樵女)에게 자신의 불행한 삶을 전한 뒤 〈산유화〉를 부르고는 강물에 투신하여 목숨을 끊었다. 1702년 숙종 28년의 일이었다. 앞서 서술했듯 당대 많은 사대부들이, 평민임에도 불구하고 죽음으로 개가를 거부한 열녀라는 칭송을 하며, 시문·소설 등을 지어 남기고, 실록을 비롯한 공식문서나 개인의 문집에 향랑과 관련한 다양한 기록을 전한다.

---

16 대부분의 원문에서 숙(叔), 숙부(叔父)로 표기된다. "작은 아버지"라고 번역한 경우도 있지만, 문맥상 아버지가 다른 형제의 집으로 내치는 것보다는 죽은 엄마의 형제에게 맡기는 것이 자연스러우며, 외삼촌으로 번역한 사례가 없지 않아 이 글에서는 외삼촌으로 독해한다.

〈서울역〉의 주인공 혜선은 가출 청소년으로 성매매 업소를 전전하다 탈출하여 남자친구 기웅과 서울역 주변 여인숙에서 동거중이다. 그러나 방세는 밀려 쫓겨나기 직전이고, 원치 않는 원조교제를 강요하는 기웅과도 크게 다툰 채 서울역 주변을 배회하다 근방에 출몰한 감염자[17]들에 쫓기게 된다. 노숙자와 시민의 도움으로 감염자의 공격과 군인들의 총격에 몸을 피해 모델하우스에 도착한다. 한편 기웅은 성매매 글을 보고 연락한 석규와 만나 혜선의 행방을 찾다가 모델하우스에서 조우한다. 그러나 자신을 혜선의 아빠라고 소개했던 석규는 과거 혜선이 탈출했던 성매매 업소의 포주였다. 정체를 드러낸 석규는 기웅을 죽이고, 이어 혜선을 잡아 강간을 시도하다가 감염자로 변한 혜선에게 죽임을 당한다.

〈향랑전〉과 〈서울역〉에서 드러나는 서사의 전개는 장소의 이동으로 치환해도 무방하다. 주인공 향랑과 혜선의 이동은 아래와 같다.

장　　소: 본가 → 시가 → 본가 → 외가 → 시가 → 지주연 → 죽음
이동원인:　　 계모학대/혼인　 남편학대　 계모학대　 외삼촌학대　 남편/시부학대
〈향랑의 이동〉

장　　소: 집 → 술집(성매매업소) → 여인숙 → 모델하우스 → 죽음
이동원인:　　 아버지의 무능　　 아버지(포주)의 착취　　 남친의 착취
〈혜선의 이동〉

---

17 극중 인물이나 장소 등을 지칭할 때는 작품에 등장하는 호칭과 엔딩 크레딧에 소개되는 명칭을 우선적으로 사용한다. '감염자', '시민', '지구대', '여인숙' 등의 명칭이 그러하다.

이처럼 그녀들은 '살기' 위한 장소를 찾기 위해 끊임없이 이동한다. 그러나 아버지와 남편으로 대표되는 '집'을 구성원은 끝내 그녀들에게 장소를 내어주지 않았고, 결국 향랑과 혜선은 죽는다.

렐프는 진정한 장소감이란 개인으로서 그리고 공동체의 일원으로 나의 장소에 속해 있다는 느낌인데[18], 이것이 결여되고 의미 있는 장소를 가지지 못한 환경과 장소가 가진 의미를 인정하지 않는 잠재적인 태도를 무장소라고 명명하였다.[19] 한편 오제는 공간을 인류학적 장소와 비장소로 구분하였다. 인류학적 장소는 사람의 실천적 행위가 풍부하게 발생하고 개개인의 경험에 의해 매개되는 곳이며, 비장소는 관계성과 역사성, 정체성의 부재라는 특징을 가지며 텍스트나 이미지에 의해 매개되는 곳으로 규정하였다.[20] 향랑과 혜선이 거치는 '집'이지만 '집'이 되지 못하는 모순은 이들 장소가 진정한 장소감을 주지 못하는 부장소이자 비장소이기 때문이다.

두 작품은 모두 서사의 배경이 되는 지역 공간과 긴밀한 연관을 맺는다. 〈서울역〉이 '서울역'이라는 장소의 특성을 전면에 내세우는 것처럼, 향랑의 서사는 배경이 되는 '선산'이라는 공간에 대한 이해를 요구한다. 향랑의 향랑에 대한 기록은 당시 선산 부사였던 조구상에 의해 세상에 알려지게 된다. 선산 및 영남의 사족들이 향랑의 열녀화 작업에 앞장을 선 이유는 17세기 이후 사림의 중심지가 선산에서 안동으로 이동하면서 선산 지방의 성세가 쇠퇴하는 것에 대한 위기의식

---

18 에드워드 렐프, 앞의 책, 150쪽.
19 위의 책, 290쪽.
20 마르크 오제, 이상길·이윤영 옮김, 『비장소: 초근대성의 인류학 입문』, 인문과 지혜, 2023.

에서 비롯한다. 향촌사회에 대한 지배력을 유지·강화하려는 의도에서 평민 향랑의 죽음 속에 지주비(砥柱碑) 등과 같이 선산이 낳은 선현(先賢)인 길재의 흔적을 새겨넣었다. 이러한 작업을 통해 향랑의 죽음 '국가 열녀'라는 이름으로 재탄생하기에 이른다.[21]

1) 〈향랑전〉의 경우

향랑은 태어나고 자란 장소인 '집'에서 혼인을 사유로 시가로 이주한다. 혼인이 향랑의 의사에 의한 것이 아니었음을 물론이다. 중세 가부장제 질서에서 혼인은 '집안 어른'들의 결정에 따르는 행위이다.[22] 향랑의 혼인이 좋지 못한 결정이었음은 남편의 학대로 곧 드러난다. 향랑이 이런 결혼을 해야했던 이유는 "그 후모가 심히 모질었지만 향랑은 항상 그 뜻을 따랐다. 그리고 시집을 갔는데 남편이 불량하여 원수와 같이 미워하였다."[23]라는 문면에 암시된다. 설혹 일부러 좋지 못한 혼처를 고른 것은 아니라 할지라도, 계모의 박대로 인해 향랑이 본가에서 화목하게 거주하는 것은 불가능했던 것이다. 본가에서 시가로 이어지는 향랑의 첫 번째 이동 역시 이후 다른 행보처럼 비자발적으로 쫓겨나다시피 일어난다.

각각의 장소는 '주인'인 가부장이 있으며, 장소를 이동할 때마다 주인공은 새로운 관계를 맺는다. 본가에서 향랑은 딸로서 장소의 주인과 부모-자식의 관계를 맺는다. 혼인 후 시가에서는 남편-아내,

---

21 정출헌, 앞의 논문, 148쪽; 152~157쪽.
22 오늘날에도 신랑 신부의 부모(특히 아버지)를 가리켜 '혼주(婚主)'라고 칭한다.
23 其後母甚嚚 娘常順其志 及嫁夫不良 嫉之如仇 『일선읍지』 3책 69좌(이하 『일선읍지』로 표기한다.)

시아버지-며느리의 관계를, 그리고 피난을 갔던 외가에서는 외삼촌-조카의 관계에 놓인다. 렐프가 참된 장소성을 느끼기 위해서는 공동체의 일원으로서의 '나'가 중심이 될 수 있어야 한다고 주장했던 부분과, 오제가 비장소에 대비되는 인류학적 장소가 갖는 특징 중 하나인 관계성의 확보를 같은 맥락에서 연결시킬 수 있다. 향랑이 기거하는 장소에서 참된 장소성을 느끼기 위해서는 각각의 집의 주인에게 그녀는 각각의 관계에 걸맞는 환대를 받을 수 있어야 한다. 환대hospitalité는 그 어원-주인과 손님을 동시에 의미하는 hôte-에서부터 장소와의 관계를 함축한다.[24] 환대는 타자에게 자리를 주는 행위, 혹은 사회 안에 있는 그의 자리를 인정하는 행위이다. 환대받음에 의해 우리는 사회의 구성원이 된다.[25] 그러나 가부장제에서 나이 어린 여성, 미혼에서 이제 막 혼인을 하여 출산을 하지 않은 여성은 가족과 친족 관계에서 상대적이고 동등한 위치에 놓이지 못하고 절대적인 열위에 놓인다. 장소의 주인이 내쫓는다면 내쫓길 수밖에 없는 처지로 전락한다. 결국 향랑은 인간이 조성한 장소가 아니라 자연 그대로의 공간이며 주인이 없는 곳인 낙동강 지주연으로 이동한다. 그리고 이곳에서 처음으로 그녀는 자기와 동등하거나 열위에 놓인 인물, 초녀를 만난다. 향랑이 쫓겨나지 않고 환대받을 수 있는 유일했던 공간은 낙동강 지주연으로, 결국 이곳에서 그녀는 긴 여정을 마무리하고 머무를 수 있었다. 부가(父家), 부가(夫家)/구가(舅家), 외가(外家) 등 향랑이 소속된 집[家]은 많아 보이지만, 스무살의 향랑이 몸을 누일 수 있는 공간은 차

---

24 김현경, 『사람, 장소, 환대』, 문학과지성사, 2022, 68쪽.
25 위의 책, 207쪽.

디찬 물 속밖에 없었다.

향랑의 피난을 당대 남성 사대부들은 평민임에도 불구하고 개가를 거부하고 죽음으로 지킨 열행으로 평가했다. 그렇다면 시아버지와 외삼촌 등 가족 내 남자 어른들이 향랑에게 개가를 권유하는 이유는 무엇일까? 불행한 첫 혼인을 털어내고 향랑의 행복한 새출발을 기원하는 의도가 아니라는 것은 당대의 가치관과 서사 내 인물들의 행위를 미루어 분명하다. 문면에는 "향랑이 계모에게 받아들여지지 못하고 남편에게 버림받자 숙부와 시아버지가 그녀를 불쌍히 여겨 다른 곳에 시집가기를 권하였다[26][27]"라는 이유가 기술되어 있다. 향랑이 불쌍한 이유는 "향랑을 원수같이 미워하는[28]" 남편의 학대[29]와 "사나운 계모가 아침 저녁으로 욕하며[30]" 구박하는 것도 견디기 힘들었겠지만, "받아들여지 못하고" "버림받"아 당장 돌아갈(머무를) 곳이 없는 것이 향랑의 "불쌍함"의 이유일 것이다. 그러나 불쌍히 여긴다는 그들이 제시한 방법은 돌봄이 아니라, 새로 갈 곳을 찾아 나서라는 개가이다. 존재하지 않는 장소이자, 결코 '나'의 '집'은 될 수 없는 또다른 부가(夫家)이자 구가(舅家)를 미지의 좌표로 제시하는 셈이다. 그러나 집은 회귀적인 장소이다. 오제의 용어를 빌리자면 "역사성"을 갖는 곳이다. 집

---

26 娘其不得於繼母 又爲夫所棄 其叔父與舅憐之勸適他 『일선읍지』.
27 번역문은 원문을 확인 후 서신혜(2004)의 『열녀 향랑을 말하다』의 번역을 기본으로 필요시 수정하여 기재한다.
28 嫉之如仇, 『일선읍지』.
29 그(향랑의) 지아비가 성행이 괴팍하여 까닭 없이 미워하면서 욕을 하고 구타하여 못할 짓이 없었다. 其夫性行乖悖 無端疾視 叱辱毆打 無所不至 『숙종실록』 39권, 숙종 30년(1704) 6월 5일(이하 『숙종실록』으로 표기한다).
30 父有後妻甚惡, 朝夕詬罵曰 『숙종실록』.

은 '돌아가는' 곳이지 새롭게 헤쳐나가는 곳이 아니다. 향랑에게 개가를 권하는 것은 실상은 유기의 다름 아니다.

향랑을 유기하는 남성 가부장들이 개가를 권하는 노골적인 이유는 "너는 이미 시집을 갔다가 다시 왔는데 어찌 먹여 살리겠느냐?"[31]라는 계모, 즉 아버지의 후처의 입을 빌어 드러난다. 개가를 권하던 외삼촌의 속내도 마찬가지였다. "내가 어찌 한없이 너를 먹여줄 수 있겠느냐"[32]라는, 그녀를 내침으로써 '입을 하나 덜어' 부양비용을 줄이고자 하는 의도가 드러나는 것이다. 먹는 '입'의 개수, 즉 '식(食)'으로 환유되는 부양비용이 아깝기 때문이다. 같은 지붕 아래 '거주'하지만 향랑을 장소의 성원으로 받아들이지 않는 것이다.

외삼촌에게 버림받은 향랑은 이미 한 번 쫓겨나다시피 떠나온 남편과 시아버지의 집, 시가로 돌아간다. 향랑은 "아버님께서 만약 울타리 밖에 움집을 지어 저를 받아주신다면 저는 마땅히 그곳에서 평생을 마치겠습니다"[33]라고 시아버지에게 간청한다. 이제 그녀는 더 이상 가

---

31 아비에게 후처가 있어 매우 사나와 아침 저녁으로 욕하기를, '너는 이미 시집을 갔다가 다시 왔는데 어찌 먹여 살리겠느냐?' 하였다. 父有後妻甚惡, 朝夕詬罵曰: "汝旣嫁復歸, 何以養爲?" 『숙종실록』; 내 어머니는 낳아주신 분이 아니라 계모이시다. 평소에도 내게 자애롭게 대해 주시지 않으셨다. 내가 쫓겨온 것을 보더니 노하여 꾸짖으며 말씀하시길 '이미 시집 보냈는데도 또 다시 돌아왔구나. 내가 왜 너를 먹여야 한단 말이냐?' 하시며 날마다 욕하고 모욕을 주시는것이 사람의 도리로 차마 감당할 수 없을 정도였다. 我不得已還我家 則我母非生母 而乃後母也 常時待我不慈 見我怒責日: '旣爲嫁遣 而又復還來, 吾何以畜汝乎?' 日日叱辱, 有非人理之所堪者. 조구상, 「열녀향랑도기(烈女香娘圖記)」, 『유헌집』(이하 「열녀향랑도기」로 표기한다).
32 吾何以百年養汝乎, 「열녀향랑도기」.
33 舅父若造土宇於籬外以容我, 則我當終身於其中矣. 「열녀향랑도기」.

족으로의 성원권을 요구하지 못한다. 고작 '울타리 밖 움집'이라는 최소한의 장소를 요구할 뿐이다.

'나'와 가족이 거주하는 '집'과 불특정 타인이 지나치는 공간인 '길'의 경계면을 요구하지만 (시)아버지는 외면한다. '집'은 개인으로서 그리고 한 공동체의 구성원으로서의 우리 정체성의 토대, 즉 존재의 거주 장소이다. 집은 단순히 우리가 어쩌다 우연히 살게 된 가옥이 아니다. 그것은 어디에든 있는 것이나 교환될 수 있는 것이 아니라, 무엇으로도 대체될 수 없는 의미의 중심인 것이다.[34] '집'을 잃음으로서 존재로서의 의미를 부정당한 것은 삶을 부정하는 것과 마찬가지의 선고이다. 시아버지는 이미 향랑이 더 이상의 갈 곳이 없고 죽음 끝 벼랑에 내몰린 것을 짐작하고 있다.

> "시아버지께서는 허락하지 않으시고 늘 집안을 더럽히지 말라고 경계하셨다. 아마 내가 자결할까봐 염려하셨던 것 같다. 이런 이유로 그 집에서 죽지 못하고 물에 빠져 죽을 결심을 했다."[35]

죽을 공간조차 나누어받지 못한 향랑은 물가로 나선다. 향랑에게 개가의 반대말은 수절이 아니라 생존이었다. 중세 가부장제의 자장에서 평범한 젊은 여성이 독립된 '집'이라는 장소를 확보하고 '가부장'이 없이 독립하여 생존한다는 것은 불가능에 가까운 일이었다.[36] 향랑이 요

---

34 에드워드 렐프, 앞의 책, 97쪽.
35 舅父不聽, 常戒我以勿汚家內. 盖慮我之自經也. 是以不能決於家, 而投水之計決矣. 「열녀향랑도기」.
36 박혜숙은 남편을 잃거나 버림받은 평민여성을 주변에서 억지로 개가시키려 할

구했던 것은 개가라는 이름의 새로운 타인의 관계 맺기, 새로운 거주장소의 물색이 아니다. 그녀가 소속되었던 '집'의 구성원으로 남성 가부장에게 딸, 아내, 며느리, 조카라는 정당한 자격을 인정받고 함께 거주하는 것을 원했던 것에서 출발하였다. 바람이 거절당하자 향랑은 가부장제 내의 관계성 복구를 포기한다. 마지막까지 포기할 수 없는 간청은 '나'라는 존재가 생존, 혹은 죽을 수 있는 최소의 공간으로서의 '집'이다. 사람이라는 것은 사람으로 인정된다는 것은 물리적으로 말해서 사회는 하나의 장소이기 때문에 사람의 개념 또한 의존적이다.[37]

2) 〈서울역〉의 경우

오제는 장소를 '인류학적 장소'와 '비장소'로 구분할 것을 제안한다. 사람들의 실천적 행위가 풍부하게 발생하고 개개인의 경험에 의해 매개되는 인류학적 장소와 달리, 비장소는 관계성과 역사성, 정체성의 부재라는 특징을 지닌다. 비장소는 '장소가 없는 곳'이 아니라, '전통적(인류학적) 장소가 아닌 곳'이라는 것이다. 비장소는 어떠한 역사도 존재하지 않고 지금 이 순간만이 존재하는 현재성의 지배를 받는 공간이다. 많은 경우 비장소로 예시되는 공간들은 소비라는 행위와 결부되어 등장하며, 따라서 비장소에서의 자유를 누리기 위해서는 소비를 위한 기본 요건을 구비하여야 한다. 그 점에서 비장소는 얼핏 보아 모두에게 열려 있는 것처럼 보이지만 실제로는 그렇지 않은 공

경우 저항할 방법이 별로 없었다며, 수절하기 위해서는 시가나 친정에서 받아주는 절차가 필요하다고 지적하였다. (박혜숙, 앞의 논문, 40쪽.)
37 김현경, 앞의 책, 57쪽.

간이기도 한다.[38] 소비와 교통의 공간이 대표적인 비장소의 사례인데, 영화 〈서울역〉은 제목에서 드러나듯 다양한 비장소를 배경으로 서사가 전개된다.

혜선이 현재 거주하는 곳은 서울역 근처의 여인숙으로, 가출 생활을 하다 만난 또래의 남자친구와 동거중이다. 비좁은 여인숙 바닥에는 먹고 사는 흔적은 빈 술병과 담배꽁초로 대치된다. 감염으로 좀비가 되어버린 누군가가 습격하는 으르렁거림과 습격당하는 비명소리가 들리지만 "여기 사는 사람들 다 그래요. 왜 놀라시고 그러세요?"[39]라고 태연하게 웃는 공간이다. 누군가가 먹고 먹히는 폭력과 위험이 일상이 되어버린 공간이다. 그러나 이 허름한 여관방은 혜선에게 '집'과 다름없는 의미를 갖는다. 가족과 다름없는 남자친구 기웅이 함께 하는 장소이기 때문이다. 혜선이 성매매를 거부하자 기웅은 "야, 너 오늘 집으로 올 생각하지 마"라며 혜선을 협박한다. 유사 가족의 관계인 혜선과 기웅이 모두 여인숙을 돌아갈 장소이자, 집으로 여기고 있음을 알 수 있다.

그나마의 거처를 유지하기 위해서는 방값을 내야 한다. 그 방값은 혜선의 의지와 관계없이 성매매와 사기, 절도 등(몸을 팔거나, 몸을 팔 것처럼 하다가 돈을 훔치는 것)의 불법 행위로 밖에 마련할 방법이 없다.

---

38 정현목, 『마르크 오제, 비장소』, 커뮤니케이션북스, 2016, 39~43쪽.; 마르크 오제, 이상길·이윤영 옮김, 『비장소: 초근대성의 인류학 입문』, 인문과지혜, 2023, 68~72쪽.
39 혜선을 찾아 여인숙에 도착한 기웅이가 석규에게 말하는 대사.

혜선: 나 이제 (성매매)하기 싫다고 했잖아.
기웅: 아니, 그럼 어떡해? 아하, 야 그럼 이제 그냥 밖에서 잘까? 저기 서울역 가서 자면 되겠다. 어? 가가지고 아저씨들한테 '아저씨, 저 오늘부로 거지 됐으니까 손잡고 잡시다' 이러면 되겠다, 그렇지?…아이씨! 그래, 그래 너 잘났다, 씨바. 야, 너 오늘 집으로 올 생각하지마. …야, 너 옛날에 창녀촌 도망 나와가지고 노숙하고 그랬잖아.

기웅은 그녀를 '집'으로 올 생각을 말라며 "저기 서울역 가서 자면 되겠다"라고 말한다. 여인숙과 대비되는 공간은 서울역이다. 여인숙은 '나'와 거주를 전제로 한 '안'이고 '여기'이다. 그리고 가족과 함께 할 수 있는 안전한 장소이다. 그렇지만 서울역은 '남'이 전제된 '밖'이며 '저기'이다. "손잡고 자자"라는 말이 역설적으로 암시하듯 성적 착취가 아무렇지도 않게 일어날 수 있는 위험한 공간이다. 서울역은 애초에 이동을 위해 조성된 공간이다. 그곳에 기생하듯 머무는 사람은 "아저씨들"로 표기된 '노숙자(露宿者)'들 뿐이다. '홈리스Homeless'라는 단어가 직시하듯, 그들은 최소한의 머무를 장소인 '집'을 갖지 못해 이슬을 맞으며 자야하는 최하위 존재들이다. 작품에서 여인숙은 서울역과 지리적으로도 위계적으로도 맞닿아 있는 곳이다. 그렇지만 '집'이라고 부를 수 있는 마지막 한계점으로 존재한다. 혜선과 기웅은 성매매로 삶을 이어가는 가출청소년들이지만 남친, 여친이라는 유사 가족이 있고, 거주할 '방'이 있다는 점에서 서울역의 노숙자들과 자신들을 경계짓는다.

작품에서 서울역이 화면에 등장할 때는 반드시라고 해도 좋을 정도로 노숙자가 함께 등장한다. 영화의 도입부에서 서울역 광장에서 보편적 복지의 필요성에 대해 논의하던 대학생들이 피를 흘리며 비틀거리는 노인을 도와주기 위해 다가왔다가, 노인이 풍기는 냄새에 코를 싸쥐고 노숙자라며 돌아선다. 노숙자는 개인의 선의이든 국가의 복지이든 도움을 줄 필요가 없는 존재이며, 후각이라는 감각에 의해 본능적으로 거부되는 존재로 그려지는 것이다. 이러한 장면은 지구대에서 반복적으로 재현된다. 혜선과 서울역에서 살아남은 노숙자들이 도움을 청하기 위해 경찰서에 뛰어들었을 때, 경찰은 이들에게 냄새가 난다며 길거리로 몰아내려 한다. 그리고 감염자들의 습격을 "노숙자들이 폭동을 일으키고 일반인들을 공격하고 있다"라고 규정하고 총을 겨눈다. 혜선은 노숙자들과 함께 도망쳐왔지만 총을 겨눈 경찰 앞에서 "아저씨 전 노숙자 아니에요. 저 좀 살려주세요"라고 선을 긋는다. 그러나 혜선이 신발을 잃고 맨발로 있는 것을 보고 그녀를 같은 노숙자로 간주하고 총으로 재차 위협한다.

노숙자는 이성으로 인지하기 이전에 본능적인 감각으로 느껴지는 존재이다. 그들은 불결한 '냄새를 맡거나', 신발이 없는 맨발을 '보는' 등 후각과 시각 등 인간의 감각으로 즉각적으로 판별된다. 노숙자의 감각적 인지는 곧바로 불쾌라는 감정을 유발하고 이것은 욕설, 내쫓음, 격리 등의 혐오 행위로 이어진다. 살기 위해 차벽을 넘다가 군인들의 총을 맞고 숨을 거두는 노숙자 김 씨는 "애초에 도망갈 곳이 있었으면 서울역에 이러고 있지도 않았겠지"라고 마지막 말을 남긴다. 이는 '살고(생존하다/거주하다)' 싶지만 도망갈 곳도 없는 존재들이 모이는 곳이 서울역임을 시사한다. 개인적으로는 집과 가족이 없으며, 사회적으로는 국가 복지와 경찰의 보호로부터 보호받을 수 없는 존재인 노숙자들이 모여 사는 공간이 바로 서울역으로 소개되는 것이다.

쉼터 역시 노숙자들의 공간이다. 그러나 쉼터는 잠잘 수 있는 "이층 침대"로 상징되는, 임시로나마 거주가 허락된 장소이다.[40] 본래는 더 약한 사람을 위한 곳이라 이곳을 관리하는 자원봉사자는 회복된 노숙자를 내보내고, 다쳐서 피를 흘리는 노숙자 노인에게 "침대"를 제공할 것을 지시한다. 그러나 이곳도 힘(폭력)의 논리가 지배하는 곳이다. 내 몰리게 된 노숙자는 힘으로 위협해서 이를 막고 침대를 양보하지 않는다. 노숙자들에게도 힘의 위계가 있으며 그에 따라 장소도 서열화된다.

〈서울역〉의 중심이 되는 사건은 서울역 지하도에서 생활하는 노인 노숙자가 좀비 바이러스에 감염되기 시작하면서부터 시작된다. 이곳 지하도는 서울역을 둘러싼 주변 공간 중 가장 위계가 낮은 공간이다. 좀비 바이러스는 정착하지 않고 이동하며 '전염'을 시킨다는 것이 공포의 핵심이다. 아무도 돌보아주지 않는 노숙자들에 의해 좀비 바이러스는 전염을 일으키기 시작한다. 복지기관(쉼터), 의료기관(약국), 안전기관(지구대 경찰)과 같은 사회의 공공기관은 도움이 필요한 노숙자 노인을 외면하였고 결국, '집'이 없어 정착할 수 없는 홈리스처럼, 좀비 바이러스도 머물지 않고 끝없이 이동하며 사회를 '전염'시킨다. 숙주를 임시 거처 삼아 머물지 않고 이동하는 좀비 바이러스는 홈리스, 즉 '집'을 잃은 자들의 생물학적 알레고리이다. 영화 마지막, 남친 기

---

40 영화에서 지하도에서 잠을 청하는 노숙자들이 별도의 침구 없이 종이박스나 돗자리에 의지해 잠을 자며, 낮이 되면 그것들을 현수막이나 광고판 뒤에 보이지 않게 숨긴다는 점에서 차이점은 명확하다. 또한 이는 향랑이 시아버지에게 '집'의 경계 밖에 '움집'이라는, 몸을 누일 수 있는 최소한의 공간을 요구하는 것도 공간의 위계라는 같은 맥락에서 이해할 수 있을 것이다.

웅이 죽고, '아빠' 석규를 죽인 혜선은 이제 더 이상 돌아갈 장소를 잃는다. 그리고 결국 다음 작품 〈부산행〉에서 '혜선'이라는 이름, 즉 정체성마저 잃어버린 채 '가출소녀'라는 인물로 서울역이라는 비장소에 소속된 감염자로 변신하여 KTX에 올라타 또다른 이들을 감염시키고 말면서 알레고리는 계승된다.[41]

혜선이 원하는 것은 향랑이 그랬듯 역시 생존하고 거주할 수 있는 장소, 즉 '집'으로의 귀환이다. 영화에서도 이 점은 반복적으로 제시된다. 먼저, 기웅이 방값을 구한다는 명목으로 혜선에게 원조교제를 시키려 하자 혜선은 완강히 거부한다. 혜선은 말다툼 끝에 이제 정말 끝이라고 이별하고 돌아서는 기웅이를 보며 울면서 "아빠! 아빠, 미안해"라고 말한다. 집처럼 여기는 여인숙에서 쫓겨날 처지에서 가족처럼 여기는 기웅과 헤어지는 처지가 되자, 자신이 두고 온 진짜 집과 진짜 가족을 찾는 혜선이 모습에서 혜선이 그리워하는 대상이 무엇인지 드러난다.

둘째, 감염자들의 습격에서부터 겨우 지구대를 빠져나온 혜선이 함께 탈출한 노숙자 김 씨와 지하철로를 걸으며 나누는 대화이다.

> 혜선: 아저씨, 아저씨는 어른 맞죠? 아저씨, 저 집에 가고 싶어요. 집 나오고 무서운 사람만 만났어요. 술집에서요. 저한테 필요한

---

41 두 영화 사이에 계절이나 병증 등 몇 가지 세부적인 차이는 있겠지만 〈서울역〉을 선, 〈부산행〉을 후로 연결되는 두 작품의 연결 고리가 뚜렷하다. 배우 심은경이 '혜선'과 '가출소녀'를 도맡아서 연기를 하고 있으며, 흰줄무늬 상의 차림이나 다리를 물린 설정, 서울역을 기반으로 출몰한 점 등을 고려하면 〈서울역〉의 '혜선'과 〈부산행〉의 '가출소녀'는 동일한 인물임이 틀림없다.

줄… 흑흑 기웅이가요, 기웅이가 제 남친인데요 밖에서 아빠랑 저 찾고 있대요.
김씨 : 멀리가야 돼야. 아주 멀리 가야 돼야. (앞만 보고 걸으며 같은 말 반복)
혜선 : 아저씨, 저 집에 가야 돼요. 집에 가고 싶어요.
김씨 : 집?(앞만 보고 걷던 시선을 들어 뒤돌아 혜선이를 바라보며 울먹이면서) 나도 집에 가고 싶다. (크게 울며) 근데 나는 집이 없어. (집에 가고 싶다며 둘이 함께 목놓아 운다.)

노숙자 김 씨는 혜선의 안타까운 과거 회상에도 아무런 반응 없이 그저 조금이라도 더 먼 곳으로 탈출하는 것밖에 생각이 없는 와중이지만, '집'이라는 단어에는 반응한다. 아돌프 프로트만은 동물과 곤충을 세심히 관찰한 결과 이들은 안전한 장소에 대한 애착을 보이는데, 그 애착이 매우 강력해서 이런 장소를 집으로 이해하는 것이 좋겠다고 하였는데, 렐프는 이것에 기인해서 우리가 항상 별 생각없이 행동하고 움직이는 본능적이고 무의식적인 행위의 공간을 원초적 공간이라 정의했다.[42] 집은 대표적인 원초적 공간이다. 스스로 집을 나온 가출 청소년이든 이미 집을 떠난 지 오래된 홈리스이든 극한의 위기에서 인간이 가장 (돌아)가고 싶어하는 장소는 집인 것이다. 혜선이 노숙자보다 사정이 나은 이유는 명확하다. 노숙자에게는 돌아갈 집이 추상적인 공간으로 존재하지만, 혜선에게는 구체적인 장소로 존재한다는 것이다. 둘은 "집에 가고 싶다"라는, 현재의 공포와 집이라는 안전한 과거로의 장소로 돌아가고 싶어하는 감정을 공유하면서 동질감

---

[42] 에드워드 렐프, 앞의 책, 40쪽.

을 느끼고 위기를 극복할 연대를 형성한다.

셋째, 기웅이 혜선의 아빠를 자처하는 석규와 아파트 모델하우스에서 혜선과 재회한다. 모델하우스는 그 자체로 '집'을 비유하는 공간이다. 그러나 동시에 결코 '집'이 될 수 없는 공간이기도 하다. 렐프는 산업화로 인해 점차 획일적으로 변해가는 경관에 대한 분석을 바탕으로 전통적 장소 정체성과 분리된 '장소상실'이라는 상태에 대해 논의한다. 아파트라는 공간이 그 예시가 될 것이다. 산업화와 자본화에 의해 생겨난 아파트는 몰개성하고 정체성 없는 경관을 형성한다.

〈서울역〉에서 아파트는 혜선과 노숙자 김 씨가 탈출을 위해 시청역에 뛰어들 때에도 역내 벽면 광고로 등장한다. 광고에는 빽빽하게 들어찬 대규모 아파트 단지의 사진인지 그림인지 구별이 안되는 조감도를 배경으로 "누구나 원하는 오피스텔!! 불로소득의 꿈", "꿈의 신도시!!! 용산 아파트 분양 시작!!!"이라는 홍보 문구가 쓰여진 광고판이 설치되어 있다. 작품에서 불로소득은 스스로 생산하지 않고 약자를 착취하여 얻는 이익에 다름 아니다. 또 용산, 신도시, 아파트라는 광고판의 단어는 자연스럽게 멀지 않은 과거에 있었던 용산 대참사를 연상시킨다. 개발이라는 이름으로 시행된 강제철거 작업으로 원주민들은 순식간에 집을 잃고 홈리스로 전락한 것이다. 노숙자가 탄생하는 사회적 기제의 한 예시를 제시하는 장면이다. 제일 먼저 모델하우스에 도착한 혜선은 기웅에게 전화해서 자신이 위치한 곳을 "다림아파트 다림건설 모델하우스"라고 알리는데, 실제 용산 참사와 관련된 용산 4구역의 아파트 건설을 맡은 3개의 시공업체[43] 중 한 곳을 떠오르게 하는 작명은 장소를

---

[43] 「용산 참사 뒤엔 시공 3사가 있었다」, 한겨레신문, 2009.02.08.(2009.04.02.수정).

매개로 영화의 서사가 현실과 조우하게끔 한다.

그러한 역사성을 매립하고 이전 장소와의 연계성을 단절한 채 새롭게 들어선 아파트를 다시 한 번 모조품으로 재현한 것이 모델하우스이다. 모델하우스는 렐프가 진정성 없는 장소라고 규정한 '키치'의 맥락 아래 놓인다.

> '키치'라는 용어에 대해 아브라함 몰은 다음과 같이 설명하고 있다. "… 키치라는 말 속에는 원래 '윤리적으로 부정함', '진품이 아님'의 의미가 포함되어 있었다. … 키치란 조악한 물건을 가리키며, 백화점은 … 기차역과 마찬가지로 키치의 신성한 성전이다. 키치와 예술은 서로 분리될 수 없는 관계로 묶여 있다. 그것은 참과 거짓의 관계이다. 키치는 시민사회의 문명이 발전하는 과정에서 격렬한 기세로 등장했으며, 그 시기는 사회가 풍요로워지기 시작한 시기와 일치한다."[44]
>
> 키치는 특히 인간과 사물의 관계에서 성립되는데, 여기서 사물은 오직 대중의 소비를 위해서만 창조되고 생산된다. … 사실 키치는 장소가 물건으로 취급되는 진정하지 못한 태도이다. 이 경우 대개 인간은 장소로부터 소외되고, 하찮은 것이 중요하게 되고 중요한 것이 하찮게 되며, 환상적인 것이 현실이 되고, 진정한 것이 평가 절하되고, 비용, 색깔, 모양 같은 피상적인 특성을 가지고 가치를 거의 전적으로 평가한다.[45]

판매(소비)를 위해 만들어진 가짜 '집'인 모델하우스는 '가짜' 소품[46]

---

https://www.hani.co.kr/arti/society/society_general/337592.html
44 몰, 엄광현 옮김, 『키치란 무엇인가?』, 시각과 언어, 1994, 9~11쪽.; 에드워드 렐프, 앞의 책, 183쪽 재인용.
45 에드워드 렐프, 앞의 책, 183~184쪽.
46 모델하우스에 진열된 가구나 가전제품의 대부분은 공간을 크게 보이게 할 목적으

으로 가득 차 있다. 동시에 모델하우스는 오제가 말한 비장소의 성격을 띤다. 감염자 무리의 습격과 피아를 구별하지 않고 실탄을 발포하는 군인의 공격을 피해 필사적으로 도망치다 모델하우스에 입성한 혜선은 처음에는 이곳을 누군가가 살고 있는 '집'인 줄로만 알고 도움을 청한다. 그러나 가구의 한 귀퉁이에 위치한 원산지, 가격을 표시한 부착물을 보고서야 '진짜 집'이 아니라 가짜 집, 모델하우스임을 인지한다. 똑같이 생겨 구별되지 않는 여러 개의 문이 미궁같이 배치된 로비 공간은 "112㎡(34평)A, 112㎡(34평)B, 277㎡(84평)" 등의 표지를 인식된다. 이 역시 이미지나 텍스트에 의해 상호작용이 매개되는 비장소의 특징이다.

키치의 전형과도 같은 모습은 모델하우스 내 가장 큰 면적의 84평의 공간에서 명확히 나타난다. 집의 면적을 표기하는 숫자는 가격의 숫자와 비례한다. 가장 큰 집은 가장 비싼 집이고, 모델하우스는 이를 호사스러운 실내 장식으로 가시화한다. 실내에 늘어선 그리스풍의 금박 기둥과 바로크 풍의 샹들리에, 벽난로, 가구와 소품들로 메꾸어진 모델하우스는 장소에 대한 진정성과 정체성 없이 화려한 겉모습만을 본뜬 모조품으로 가득찬 키치의 공간이자 장소상실의 한 예시가 된다.

모델하우스는 이렇게 비장소인 '가짜 집'의 면모를 갖지만, 때로는 혜선이 가진 적 없는, 실존하지 않는 이상적인 모델로서의 '집'을 재현한다. 혜선이 '집'으로 여기던 여인숙과 모델하우스가 재현되는 이상적인 '집'은 확연히 다른 장소라는 것이 몇몇 공간과 가구로 가시화된다.

로 사이즈를 작게 만든 제품이거나, 비용을 절감하기 위해 외관은 실물과 같지만 실제로는 작동하지 않게 만들어진 '가짜'들이다.

그 중 하나가 식탁이다. 우연히 들어온 이 공간에서 잘 정돈된 거실과 부엌이 혜선이 눈에 들어온다. 이 장면은 도입부 여관에서 낮잠을 자다 눈을 뜬 혜선의 눈에 들어온 여인숙의 모습과 대조된다. 여인숙은 별도의 공간 구획 없이 최소한의 가구가 놓였고, 바닥에는 굴러다니는 빈 술병과 과자봉지, 담배꽁초가 굴러다닌다. 식탁은 화목하고 이상적인 가정의 모습을 상징하는 가구이자 공간으로 기능한다. 부엌/거실이라는 가족을 위한 집 안 공간에서 '가족'들이 둘러 앉아 '음식'을 나누어 먹는 행위가 일어나는 가구이자 일종의 공간을 나타내기 때문이다. 혜선과 기웅은 함께 살고 때로는 서로를 의지하지만 가출 중인 원조교제로 생활을 꾸리는 미성년자의 동거는 가족이라고 인정받기에는 경제적으로도 사회적으로도 미흡하다. 석규와 혜선과 기웅이 살던 여인숙에서 진정한 '집'은 그림의 떡과 같은 허상이다. 마치 여인숙 복도에 사과와 커피잔이 놓여진 식탁 그림이 걸려진 것처럼 말이다.

모델하우스에서 이상화된 '집'을 느끼게 하는 또 하나의 사물은 책상이다. 거실에 있던 혜선은 방으로 들어간다. 평범한 가정이었다면 혜선이쯤 되는 자녀가 사용했을 법한 방이다. 방에는 침대와 책상이 있다. 침대가 고정된 잠자리로 최소한의 거주 공간을 보여준다면[47], 책상은 혜선이가 누리지 못하는 평범한 또래 청소년으로의 정체성을 보여준다. 공책이 펼쳐진 책상을 쓰다듬으며 한숨을 내쉬는 혜선의 모습에서도 혜선이 상실감을 인지하고 있음을 알 수 있다. 여기서 혜선은 그토록 찾았던 기웅과 재회한다. 기웅은 눈물을 흘리며 이제 우리 괜찮다고 안심시키며 "우리 이제 집에 가면 돼"라고 말한다. 그들

---

[47] 앞서 서술했듯 여인숙의 침대와 쉼터의 이층침대가 그러하다.

이 '집'을 돌아갈 안전한 공간으로 인식하지만, '우리'가 갈 수 있는 '집'은 어디인지 명확하지 않다. 그들이 함께 동거하는(불완전한 상태로 거주하는) 현재의 '집'인 서울역 근처의 여인숙일지 아니면 두고 온 책상이 있는 저마다가 따로 살던 과거의 '집'일지 알 수 없다. 혜선의 '아빠'가 등장했는데 기웅과 혜선은 여전히 동거할 수 있을지도 의문스럽다. 가부장제의 '집'의 주인은 '아빠'이기 때문에 '아빠'의 허락을 통해서만 구성원의 유입이 이루어질 수 있기 때문이다. 그들에게 미래의 '집'이 존재하는 것은 여러모로 요원해 보인다.

혜선이 기웅에게 아빠의 안부를 물으며 손을 잡고 거실로 나온다. 거실은 대표적인 가족의 공용공간이다. 손을 마주잡고 거실에 나와 아파트 현관을 바라보는 그들의 모습은 마치 아빠의 귀가를 웃음으로 맞이하는 이상적인 단란한 가정처럼 보인다. 아파트 현관문이 열리고 아빠가 귀가하시는 모습을 웃음으로 마중한다. 그러나 이 가상의 행복은 석규가 거실을 향해 몸을 돌리며 얼굴을 드러내는 순간 산산이 부숴진다. '아빠'인 줄만 알았던 석규는 혜선이 도망쳤던 술'집'의 포주였기 때문이다.

혜선: 실장님[48], 제발 부탁이에요. 저 좀 그냥 집에 보내주세요, 예? 집에 가고 싶어요.

혜선은 두 손을 모아 빌며 '아빠'에게 집으로 보내줄 것을 간절히

---

[48] '아빠'라고 불리우는 석규의 정식 명칭이 '실장', 즉 공간을 관할하는 우두머리라는 점도 인물과 공간/장소의 상관관계를 읽을 수 있다.

부탁한다. 혜선이 바라는 것은 '집'으로의 귀가라는 점이 명확하게 드러난다. 그러나 바람은 이루어지지 못한다. 기웅과 석규는 식탁에 놓여 있던 식칼을 들고 실랑이를 펼치다 이내 기웅이 죽임을 당한다. 행복한 '집'이었다면 가족들이 둘러앉아 식사를 했을 식탁에서, 포주 아빠와 원조교제를 알선하는 동거 남친으로 이루어진 '가짜 가족'은 칼부림 끝에 죽음을 맞이하는 대비가 이루어진다. 평화를 찾은 듯한 서사 가운데서 고조되는 불안과 갑자기 들이닥친 파멸은 모델하우스라는 진정성 없는 허구의 공간을 배경으로 한 것에서 비롯된 서사이기도 하다.[49]

기웅을 죽인 석규를 피해 달아나던 혜선과 그녀를 추격하는 석규는 84평의 공간에서 마주한다.

> 석규: (사방을 두리번거리며)난 언제 이런데서 한 번 살아보나. (큰 침대가 있는 방에 들어와서)이 방 봐라, 이 방 봐. 별게 다 있구만. 어우 이런 데서 그냥 떡 한 번 쳐봐야되는데 말이야, 어? 혜선아, 야, 네가 돈 떼어먹고 뻔뻔하게 나오는 데 언제 이런 데서 한 번 살아보냔 말이야, 어?

석규는 가장 넓고 가장 비싼 이 공간을 보며 "난 언제 이런데 한 번 살아보나"라고 감탄한다. 석규에게도 모델하우스는 간절한 종착지이자 이상적인 '집'으로 여겨지는 것이다. 그러나 석규가 바라는 집은 관계와 정체성이 누적된 과거형으로의 '돌아갈' 곳이 아니다. 현재의

---

[49] 한영현은 이에 대해 "석규에 의해 행해지는 폭력은 표면적으로는 매춘녀에 대한 것이지만 그곳이 아파트 모델 하우스라는 점에서 가정 내 여성에 대한 폭력의 알레고리로도 읽힌다"라고 지적한 바 있다. 한영현, 앞의 논문, 377쪽.

내가 누리고 싶은 목표로의 지점이다. 그렇기 때문에 가장 크고 비싼 84평 모델하우스에 반응한다. 석규는 '크고 비싼'이라는 소비적인 가치를 동경한다. 여기서도 '침대'라는 집의 부속품이 가구의 비유가 성립된다. 혜선에게 있어 침대는 나를 안전하게 생존하게끔 하는 '집'이라는 장소를 대표하지만, 석규가 동경하는 침대는 비싸고 으리으리해 보이며 누군가를 성적으로 착취하는 현장이다. 석규가 바라는 섹스가 부부나 연인 등의 누적된 유대 관계를 기반으로 한 것이 아니라는 것은 "떡 한 번 쳐봐야되는데"라는 대사와 이후 이 침대에서 혜선을 강간하려는 행위로 명백하게 드러난다. 이렇듯 모델하우스가 재연하는 '집'은 삶과 충전을 위한 '나의' 장소가 아니라 소비를 위한 가짜의 공간이며 결국 인물들은 이곳에서 죽음을 차례로 죽음을 맞이하게 된다.[50]

3. 가부장제의 폭력성

1) 부양자와 포식자의 경계

18세기 향랑의 서사는 남편과 아버지들의 유기로 점철되었다. 향랑을 내쫓는 이들은 '아버지', '지아비', '시아버지', '아버지의 후처', '외삼촌'[51]이 그것이다. 21세기 혜선의 서사는 남친과 아빠들의 착취로 점철된다. 가부장제에서 남성은 호주(戶主)[52]로서 '한집안의 주인'이라

---

50 렐프의 무장소성과 오제의 비장소의 차이에 대한 서술은 정현목의 책 61~62쪽을 인용하였다.
51 외삼촌을 가리키는 숙부(叔父)라는 단어에도 '아버지'(父)가 드러난다.
52 표준국어대사전의 정의를 따르면 호주는 "호적법에서, 한집안의 주인으로서 가족

는 법적 대표자의 권리를 갖는다. 호주는 '가족을 거느리'는 권리와 '부양하는' 의무를 동시에 갖는다. 다른 가족은 호주에 복속된 구성원으로 존재하며, 호주의 부양에 의지하는 피부양자의 지위를 갖게 된다. 김현경이 지적했듯 이 경우 피부양자-비대표자는 부양자-대표자에게 쉽게 인격적으로 종속되며, 집주인=남자만 온전한 사람의 지위를 누리고 나머지 구성원은 그의 소유물과 비슷한 처지로 취급된다. 한편, 집의 주인인 가부장 남성은 부양의 의무를 짊어지고 있는 만큼 경제적 능력을 상실하게 되면 가정은 붕괴의 위기를 겪게 된다.[53] 향랑과 혜선의 비극의 중심에 무능한 부양자로서의 아버지가 놓인다. 그리고 무능한 부양자는 구성원의 포식자로 전락한다.

앞서 1장에서 살펴보았듯, 성질이 불량한 남편에게 시집을 보낸 것, 학대를 참고 돌아온 향랑을 다시 외가로 내쫓은 것과 같은 두 번에 걸친 유기 행위의 표면적 주체는 계모로 보이지만, 그 이면에는 실질적 주체는 아버지이다. 계모에게 '어머니'의 지위를 부여한 책임과 향랑의 수난에 개입하지 않은 방임의 책임을 면하기 어렵기 때문이다. 시가에서 고난을 겪던 향랑이 도망쳐서 가장 먼저 '돌아온' 곳도 본가이지만, 향랑은 집에 받아들여지지 않는다. 아버지에게서 자리를 부정당한 향랑이 지아비와, 다른 '아버지들'에게 받아들여지지 않을

을 거느리며 부양하는 일에 대한 권리와 의무가 있는 사람을 이르던 말"이다.
53 김현경은 이러한 지적과 아울러 "한국 가족은 구성원들 간의 유대가 물건에서 비롯되는 만큼, 경제 위기에 매우 취약하다. 가장의 실직은 쉽게 가정불화, 폭력, 이혼, 자녀유기로 이어진다. 돈을 벌어오지 못하면 아버지가 아니라고 사람들이 말하고, 아내가 말하고, 무엇보다 그 자신이 그렇게 생각하기에, 일자리를 잃은 아버지들은 초라해지고 그만큼 난폭해지기도 한다."라고 성찰한 바 있다. 김현경, 앞의 책, 184~188쪽.

것이라는 것은 자명하다. 향랑이 겪은 최초의 유기이자 결정적 유기는 본가의 가장, 친아버지에 의해 이루어지는 것이다.

혜선이 '사는' 장소는 '집'이 되고, 그 집의 남성은 자연스레 가장으로 인식된다. '(친)아빠', '남친', '(포주)아빠'가 그들이다. 혜선의 (친)아빠는 한 번도 등장하지 않는다. 오로지 혜선과 석규의 발화를 통해서만 등장하고, 그는 줄곧 '아픈 몸'으로 서술된다.

> 혜선: 아빠 진짜 괜찮아?
> 기웅: 응.
> 혜선: 아, 몸이 많이 안 좋았는데.
> 기웅: 괜찮아. 완전 건강하셔.
> 혜선: 휴, 다행이다. 정말 다행이야.

모델하우스에서 혜선과 기웅이 재회한 후 주고받는 대화이다. 혜선은 진짜 아빠의 안부를 물으며 줄곧 건강을 염려하고, 기웅은 가짜 아빠의 안부인 줄로만 알고 건강하다고 답한다.

> 석규: 혜선아, 야, 너 자꾸 집에 간다, 집에 간다 하는데 야, 내가 재밌는 얘기 하나 해줄까, 어? 너 도망가고 말이야 너한테 빌려준 돈 받아야 되니까 너희 집 찾아갔었지. 야, 너희 아빠 많이 아프더라. … 내가 돈 받아서 도망간 얘기. 그러니까 당신 딸이 빚진 돈을 갚아줘야겠단 얘기를 다 했단 말이야. 그랬더니 너희 아빠가 그냥 딱 일주일만 기다려달라는 거야. 일주일이면 돈 갚아주겠다고. … 근데 일주일이 지났는데 안 오는 거야. 그래서 다시 집을 찾아갔거든. … 너 자꾸 너희 집, 집 그러는데 말이야, 어? 야, 내가 일주일 후에 집에 찾아가 봤더니 네 아픈, 아픈 아빠 도망가고

없더라고. 하하하하하 그게 너희 아빠야, 씨발. 야, 딸년은 남의
돈 떼어먹고 도망가고, 어? 아빠 새끼는 씨발 그런 딸년 버리고
도망가고. 잘한다, 이씨. 혜선아, 네가 돌아갈 집 한참 전에 없어
졌어.

　모델하우스에서 석규가 혜선을 쫓으면서 하는 대사이다. 혜선의
(친)아빠는 그를 목격한 두 사람에게 "몸이 많이 안 좋고" "많이 아픈"
사람으로 존재한다. 아픈 몸은 일하지 못하는 몸이고, 경제적으로 무
능한 몸이다. 혜선이가 '집'을 나온 이유가 직접적으로 등장하지는 않
지만, 분명 그 중 하나는 아픈 몸을 가진 (친)아빠의 경제적 무능함
때문임은 분명하다. 석규의 대사에서 이런 점은 뚜렷하게 명시된다.
빚을 갚지 못하는 경제적 무능함은 가장으로서의 무능함으로 치환된
다. 혜선의 (친)아빠는 딸을 버리고 도망갔으며, 그럼으로 혜선이 돌
아갈 장소 '집'을 소멸시켰기 때문이다.

　무능한 향랑의 아버지가 향랑을 핍박하는 계모의 악행 뒤에 숨고
가장의 자리를 내어준 것처럼, 무능한 혜선의 (친)아빠는 혜선을 착취
하는 (포주)아빠 석규의 악행 뒤에 숨어 가장의 자리를 내어준다. 석규
는 자신을 혜선의 아빠라고 자처하고, 기웅은 아무 의심 없이 석규를
혜선의 아빠로 믿는다. '집'처럼 여겨지는 모델하우스의 현관문을 열고
들어오는 석규의 실루엣은 혜선에게조차 마치 '아빠'처럼 보인다.[54]

54　한영현도 이 부분에 주목해서 "석규에 의해 행해지는 폭력은 표면적으로는 매춘녀
　　에 대한 것이지만 그곳이 아파트 모델하우스라는 점에서 가정 내 여성에 대한
　　폭력의 알레고리로도 읽힌다. 따라서 근본적으로 석규는 예외적인 자본 계급이라
　　기보다는 남성 가부장 권력 일반의 폭력성을 드러내는 존재로 인식될 필요가 있다."
　　라고 지적한 바 있다. 한영현, 앞의 논문, 377쪽.

(기웅과 혜선이 손을 잡고 모델하우스 현관문을 열고 들어오는 석규를 마중한다)

기웅: (모델하우스 현관문을 열고 들어오는 석규를 바라보며) 어, 저기 오신다. 아저씨!

혜선: 아빠! …

석규: (현관에서 거실로 들어서며) 혜선아, 우리 혜선아! 우리 혜선이 여기 있었구나! 혜선아! 이씨, 이제, 이제야 찾았네, 이게. 야, 이년아, 너 오늘 찾느라고 죽을 뻔했잖아, 이 썅년아!

혜선: 저 사람은 아빠가 아니야.

기웅: 뭐?

혜선: 내가 일하던 곳 포주야.

석규: 야, 야, 남의 돈을 갖다 썼으면 끝까지 돈을 갚아야지, 어? 야, 너 그러고 도망가면 내가 어떻게 하냐? … 썅! 야! 내 인생 어떻게 할거야? 어? …

기웅: 아저씨, 왜 이러세요? 아빠라면서요?

석규: 이 개새끼야, 그래, 어? 얘네 일하던 데에서는 이년들 다 나보고 아빠라고 불렀어. 허허허허 허허 (혜선에게) '아빠' 해 봐, 씨. 가, 빨리 아빠랑 가자.

석규는 모델하우스라는 가상의 '집'에서 당당하게 아빠 행세를 한다. 가짜 아빠 석규는 술'집'의 '포주'로 혜선이들에게 '집'을 제공함으로 부양하는 것으로써 진짜 아빠가 '집'의 '호주' 역할을 하는 것을 대체하고 혜선이들을 '딸'로 삼는다. 가부장제에서 가장의 '부양'은 딸에게 '빚'으로 대체된다. 그리고 이 과정에서 부양과 피부양의 관계의 본질이 채권과 채무의 관계로 드러나면서 호주는 포주로 변신한다. 그리고 이 관계는 먹고 먹히는 좀비 세계를 배경으로 포식자(호주)-피식자(구성원)의 관계로 구현된다.

기웅 역시 가부장제의 남성으로, '예비 호주'로 기능한다. 혜선과 동거중인 '남친' 기웅은 일견 서로 사랑하여 스스로 선택한 대등한 관계로 보이지만, 좀비로 둘러싸인 유치장에서 "기웅아, 나 큰일났어. 어떡해, 기웅아"라고 기웅이를 찾으며 독백하거나, 회현역에서 기웅이와 전화가 연결되자 "기웅아, 기웅아, 나 살려줘. 빨리 데리러 와줘."라고 도움을 요청하는 등 혜선이 기웅에게 의지하는 모습이 영화 곳곳에서 등장한다. 기웅도 혜선의 부양자를 자처한다.

> 기웅: (석규를 혜선과 동거하는 여인숙으로 인도하면서) 혜선이 저 아니었으면 지금쯤 큰일났을 것에요, 진짜로. 그동안 제가 혜선이 보호자 같은 일종의…

그러나 기웅과 석규는 혜선이의 부양자이자 포식자의 역할을 한다는 점에서 서로 닮아있다. 기웅은 혜선의 사진을 인터넷에 원조교제를 할 사람을 구한다는 글을 올린다. 석규는 술'집'이라는 공간을 갖고 있지만, '집'을 확보하지 못한 기웅은 인터넷이라는 가상의 공간에서 석규의 포주 역할까지도 고스란히 이어받는다. 그리고 기웅과 석규는 피식자 혜선의 몸을 공유하면서 만남이 이루어진다.

> 기웅: (서울역 주변 도로에 차를 대고 서있는 석규에게 다가서며) 어 안녕하세요, 사장님. 오래 기다리셨죠? 아까 저한테 전화 주신 분 맞죠? 꽃이 오늘 너무 예뻐가지고 많이 기다려주셔야 될 것 같은데. 아, 이 앞에 모텔 있거든요? 거기서 좀만 기다리고 계시면 제가 얼른…

기웅과 석규는 혜선에게 성매매를 시키고 그 돈을 착취한다. 부양의 의무를 이행하고 이를 기반으로 권리을 누리던 가장은 경제적으로 무능해지면서 가장으로서의 권력도 붕괴된다. 그리고 권력의 붕괴를 인정하지 않기 위해 혹은 아직도 건재함을 확인하기 위해 구성원에게 물리적으로 무력을 행사하거나 유기, 착취하는 등 폭력적으로 변화한다.

> 기웅: (원조교제를 거부하는 혜선과 다투며) 너 혹시 기억하냐? 너 옛날에 창녀촌 도망나와가지고 노숙하고 그랬잖아. 너 그때, 내가 널 발견하고 나서 믿음, 소망, 사랑, 씨바, 어미와 같은 마음으로 널 보듬어 안아줬는데 이제 와서 돈 떨어지니까 생까냐?

기웅도 방값이 밀려 당장 방을 빼야하는 경제적 위기에 내몰리자 혜선의 머리를 때리거나 밀치며 폭력을 행하고, "네 몸뚱이가 그렇게 귀하냐"라고 모욕하고 혜선의 자기 결정을 부정하며, 성매매를 강요하며 착취하려하고, 그렇지 않으면 집을 나가라며 유기한다. 자기 결정권 없이 부모의 뜻에 의해 칠봉과 결혼을 했던 향랑의 시대와 달리, 기웅은 혜선이 스스로의 의사로 선택한 남친이지만 기웅의 가부장적 행태는 이전 시대와 크게 다르지 않다.

주저 없이 감염자들을 죽여버리는 상위 포식자 석규는 먹고 먹히는 좀비 세계에서 유능해보이기까지 하다. 하위 포식자 기웅은 곧 "죽여요, 죽여!"라며 동화된다. 기웅은 혜선을 지키기 위해 석규와 맞서 싸우기도 하지만, 결국 상위포식자 석규에게 죽임을 당한다. 우열을 가르는 위계를 바탕으로 피라미드식 먹이사슬에서는 포식자인 기웅조차 안전하지 않다. 상위 포식자인 석규 앞에서는 하위 포식자 기웅도 피식자로 전환된다. 포식자-피식자로 존재하는 생태계에서 공생(共生)의 삶은 없다.

　재앙의 피난길에서 혜선이가 가장 의지하는 사람은 노숙자 김 씨이다. 남자친구와 아버지에게 착취당하던 혜선은 '집' 갖지 못한 자이자 사회경제적으로 최약자라 할 수 있는 김 씨를 "어른"으로 인정하며 함께 도우며 아비규환 속을 탈출하려 한다. 향랑이 12살의 초녀에게 자신의 서사를 털어놓듯, 혜선은 노숙자 김 씨에게 자신의 서사를 털어놓고 신뢰한다. '집'과 '가족'을 잃은 그녀들에게 피식자-피식자라는, 또다른 사회적 약자들과 연대를 통해 위로를 받는다는 점은 의미가 크다.

2) 구원의 아이러니: 어머니, 국가, 종교

(1) 어머니

　'집'의 어른 여성은 어머니이다. 성인, 기혼, 출산을 거치면서 유교식 가부장제에서 어른으로 인정받은 존재이다. 아버지(아버지, 시아버지), 남편, 형제(어머니의 남자형제, 즉 외삼촌) 등 향랑의 서사에서 기본적인 가족 체계의 주요한 남성 가족은 모두 등장한다 해도 과언이 아니다. 그러나 각 '집'의 어른으로써, 난관에 처한 향랑을 도와주는 어머니는 존재하지 않는다. 아버지의 아내이자 향랑의 친어머니는 일찍 죽어서 서사에 등장하지 않는다. 이모나 고모, 시아버지의 아내 시어머니나 외삼촌의 아내 외숙모도 존재가 있는지조차 모를 공백으로 남겨진다. 향랑이 죽음을 각오한 집 밖의 사회에서 만난 여성은 아직 어른이 되지 않은 '초녀'이다. 그녀의 죽음을 말려줄 수 있는 여성 어른은 사회에서도 존재하지 못한다. 어머니의 부재를 일견 외가(外家)

에서 외삼촌의 자격으로 메꾸어지는 듯 보인다. 그러나 외가를 대표해 등장한 외삼촌은 어머니의 부재로 인한 상실감과 고독감을 배가시키는 존재이다. 어머니의 '남자 형제'라는 점에서 외삼촌은 결국 가부장제의 또 다른 남성 중 한 명이다.

향랑의 서사에서 유일한 여성 어른의 존재는 계모뿐이다. 그러나 계모는 향랑이 겪는 고난의 근원처럼 묘사된다. 애초에 계모는 아버지와의 혼인을 통해서야 비로소 자녀의 '(새)어머니'라는 지위를 확보할 수 있다. 계모가 악인이었다면 이를 간파하지 못한 아버지의 무능한 안목에 책임이 있다. 또 계모가 '집'에서 저지르는 악행을 가족을 통솔하는 가장으로서 이를 저지하지 못하고 방기하는 무능한 통치력도 문제시된다. 국가는 후일 관련한 죄상을 파악한 뒤 시아버지, 남편, 계모는 처벌을 하지만, 향랑의 아버지에 대해서는 묵인한다.[55] 향랑조차 이러한 묵인에 동조한다. 향랑은 "자신의 죽음이 부모에 대한 죄이니 나타날 면목이 없다"라며 "시신을 찾던 아비가 돌아간 뒤에야 물 위로 떠오른다."[56] 타살에 가까운 비극적 죽음을 '열'과 더불어 중세 가부장제를 지탱하는 '효'의 윤리로 전환시켜 불효한 죄인을 자처함으로서 아버지에게 일종의 면죄부를 준 것이다. 결국 계모의 악행이 심화될수록 가장의 치가 능력 부재로 인해 야기된 아버지의 무능함과 가부장제의 치외법권적 옹호도 강화된다.[57]

---

55 道臣聞其狀, 罪其舅, 夫, 繼母, 以聞于朝『숙종실록』.
56 "吾爲父母之罪人, 雖來尋吾屍, 吾無面可現."… 父往尋其屍, 十四日而無得. 父纔歸而屍卽出. 『숙종실록』.
57 이윤경은 "중요한 것은 가장권의 약화를 비판하는 이면에는 가장권이 약화된 것에 대한 우려가 자리잡고 있으며, 그러한 우려는 가장권을 강화하는 쪽으로 나아가고

향랑의 서사가 민간의 설화로 전해지는 각편에서 계모의 악행은 더욱 강화된다. 구비 전승되는 설화의 특성상 갈등의 양상이 집약적이고 단순화되면서 시아버지나 외삼촌 등의 인물은 등장하지 않고 본가에서의 계모의 학대와, 시가에서의 남편의 학대로 갈등의 서사가 확장되는 경향이 뚜렷하다.

> 그러니 그의 가정은 말그대로 웃음 속에서 살아가는 아주 행복스런 가정이였다.
> 그런데 어느 해인가 갓 마흔에 들어선 그의 아버지가 그냥 홀아비로만 있을 수가 없어 후처를 맞아들이게 되였다. 그러자 그때로부터 그처럼 행복스럽던 그의 가정에 불화의 씨가 심어질 줄 그 누가 알았으랴. 그의 계모는 성질이 남달리 강포한데다가 인정마저 없어 어린 향랑을 종처럼 막 부리고 학대하였다.
> 향랑은 계모의 학대를 반다못해 열일곱살 나던 해 아버지의 외사대로 그 마을에 사는 한 농군에게 시집을 갔다.[58]

본래 행복한 가정이었지만 계모가 들어오면서부터 불화가 시작되

있다는 것이다. 이러한 일련의 과정은 계모를 악인으로 형상화함으로써 가능한 일이다. 가장의 치가 능력 부재로 인해 야기된 가정의 와해 및 전실자식의 희생이 계모에게 전가됨으로써, 가장은 비판의 시선을 벗어날 수 있게 되며 전실자식은 자신의 희생에 대한 분풀이를 할 수 있게 되는 것이다."라며 계모를 악인으로 형상화함으로써 가장의 무능을 불식시키고 가장권을 강화하려는 시도에 대해 지적한 바 있는데, 이는 향랑의 서사에도 유용하게 적용할 수 있을 것이다. (이윤경, 「계모형 고소설 연구: 계모설화와의 관련성을 중심으로」, 성신여자대학교 대학원 박사학위논문, 2004, 171쪽.)

58 윤영·조정현·최웅범 편, 「향랑연」, 『조선민간전설』, 흑룡강조선민족출판사, 1990, 84쪽.

었으며, 향랑의 결혼이 계모의 학대를 피하기 위한 방책으로 서술되고 있다. 또 다른 설화에서는 어머니가 향랑을 남기고 숨을 거두자 향랑이 품팔이로 아버지를 공경하며 재취를 권하고, 이렇게 들어온 계모가 향랑을 학대하자 집을 떠나 결혼을 하는 것으로, 마치 심청[59]의 서사를 연상시키는 서사가 진행되기도 한다.

> 난폭한 남편에게 버림을 받고, 또한 친가에서마저 냉대를 당하니 갈 곳이 없었다.
> "어머니! 어머니!"
> 향랑은 죽은 어머니를 입 속으로 불러보며 눈물을 흘렸다. 살 길이 막연한 향랑은 마침내 죽기로 결심을 했다.
> '이렇게 살아선 뭣하나. 차라리 어머니가 계신 곳으로 가자.'
> 향랑은 무거운 발걸음을 한 발자국씩 데며 마을 앞 연못으로 나갔다. 연못에 이른 향랑은
> "아버지 용서하세요. 저는 먼저 가겠사오니 부디 행복하게 사시다가 오세요."
> 하고, 울먹이면서 친정집을 향해 절을 했다. 이윽고 향랑은 치마를 머리에 뒤집어쓰고 연못으로 뛰어들었다.[60]

지주연에서 뛰어내리는 향랑의 모습은 인당수에 뛰어드는 심청과 명확하게 중첩된다. 서사는 이 과정에서 향랑이 죽음을 선택하는 이유, 즉 지주연에 뛰어드는 것을 "어머니가 계신 곳"으로의 이동으로 묘사한다. 이러한 점은 "나는 죽어서 지하에서 내 어머니를 만나 온갖

---

59 실제로 "심청이가 다시 살아온 것 같아요"라는 직접적인 서술이 드러나기도 한다.
60 박영준 편, 「향랑비와 향랑연」, 『한국의 전설』 7, 한국문화도서출판사, 1972.

슬픈 이야기를 다 할 것이다"며 앞서 살펴본 초기 기록인 조구상의 「열녀향랑도기」에서도 공통되게 드러난다.

향랑의 사후 부여된 개가를 거부하는 열녀로서의 모습은 제거되었지만, 그 자리는 심청이와 같은 지극한 효녀의 모습으로 대체된 것이다. 향랑을 선(善)으로, 계모를 악(惡)으로 대비하여 향랑의 비극성을 부각시키지만, '향랑 대 계모' 혹은 '친어머니 대 계모'라는 단순화한 대립 구도는 이른바 '여적여(여자의 적은 여자)'의 구도로 변질되어 가부장제의 폭력성을 왜곡하고 '아버지들'에 대한 면죄부를 제공한다. 아버지, 시아버지, 외삼촌 등 가족 내 남성 어른의 존재는 사라지거나 미약해지고, 계모에게 학대를 당하는 향랑의 가여움이 강조되면서 남편의 학대마저도 가여움의 연장선상에 놓이게 된다. 게다가 향랑에게 부여한 '효녀'로서의 면모는 치가에 무능한 가장인 '아버지'에 대한 징치를 불가능해지면서 향랑의 억울한 죽음을 소명할 활로를 차단하게 된다.

혜선의 서사에서도 어머니는 존재하지 않는다. 작품 전체에서 향랑을 제외하고 발화하는 여성이 등장하는 경우는 총 다섯 차례이다. 방값을 재촉하다 감염자 숙박객에게 습격당해 죽는 여인숙 주인, 서울역에서 노숙자를 상대로 3천원에 매춘을 권하는 여성 노숙자, 동료를 살리기 위해 찾아온 노숙자를 하대하는 약사, 쉼터에서 노숙자들을 관리하는 자원봉사자, 시청역에서 우연히 만나 일행을 놀래키는 여성 노숙자가 그들이다.

이들 중 긍정적인 인물로 그려지는 경우는 쉼터에서 방을 내주려는 자원봉사자 여성 한 명뿐이다. 그러나 그녀의 지시도 힘의 논리를 강요하는 노숙자들에 의해 묵살된다. 실제적인 발언권과 권력을 갖지 못했다는 점에서 '앳되어 보이는' 그녀는 '어른'이 될 수는 없다.

〈서울역〉 중 발화하는 여성이 등장하는 스틸컷들

특히 시청역 지하철 역사에서 등장하는 여성 노숙자는 한쪽 귀에 착용한 꽃모양의 귀걸이가 이른바 '머리에 꽃을 단' 광인을 연상시키며 분노와 조롱, 웃음과 울음을 쏟아낸다.

> 40대 노숙자(여): 으아! 이 썩을 놈들! 둘이서 시끄럽게 지랄들이야! 썩을 놈들이! 야, 둘이 하겠니? 아아, 하하 썩었어, 다 썩었어, 썩었어, 씨이! 으하하하(미친듯한 웃음) 세상이 다 썩었는데 살아서 뭐하겠어? 에에, 죽어, 다 죽어! (웃음) 엄마, 엄마 어디 갔어? (울먹이며) 엄마, 또 나 놔두고 어디 갔어? 엄마! (울음소리)

기이한 옷차림과 화법은 그녀의 몸은 '어른'이지만 '미성숙한' 인물임을 드러낸다. 세상이 썩었다고 분노하다가 문득 김 씨와 혜선을 바라보며 "둘이 하겠니?"라며 성적인 관계를 연상시키는 조롱을 하는 것에서 "썩은 세상"은 보호자/남자 어른이 잠재적인 성적 착취자로 존재하는 곳이라는 생각을 은연중에 드러낸다. 또 그녀의 불행 혹은 착란이 엄마의 반복적인 유기, 혹은 부재에서 비롯되었음을 암시한다.

두 작품 모두에서 어머니로 대표되는 여자 어른의 자리는 공백에 가깝다. 아버지와 견줄 만한 부양자로서의 어머니의 자리는 주어지지 않은 것이다. 향랑은 부재한 '어머니'의 공석을 '죽은 어머니'의 형태로 소환하며, 혜선은 모델하우스의 옷장 속에서 발견한 성모상(聖母像)에서 '신으로서의 어머니'에게 의지한다. 결국 이상적인 어머니는 죽은 어머니거나 완벽하지만 관념으로만 존재하는 어머니로, 양쪽 모두 현재(現在)하지 않는 어머니이며, 어머니의 공백을 통해 모성을 이상화하는 이러한 방식은 결국 여성에 대한 또 하나의 억압이 될 뿐이다.

(2) 국가/종교

중세 유교식 가부장제에서 국가는 수신제가치국평천하(修身齊家治國平天下)라는 가치하에 '집'의 연장선에서 존재한다. 군사부일체의 위계에서 국가는 '집'을 돌보아야할 책임이 있다. 향랑의 사건을 들추어 계모와 남편에게 벌을 내리고 향랑을 열녀로 정려한 것도 국가의 개입으로 이루어진다. 그러나 국가의 적극적인 개입은 역설적으로 적극적인 방임이기도 하다. 최초이자 결정적 유기에 책임이 있는 향랑의 아버지에 대한 처벌은 이루어진 바 없기 때문이다. 계모서사에서 치가에 무능했던 아버지가 개심하여 계모를 처벌하는 심판자로 변신하듯, 국가는 심판자처럼 등장하지만 사실 방관자에 불과하다.

> 좌의정 이여(李畬)가 말하기를, "향랑은 무식한 시골 여자로서 두 남편을 섬기지 않는다는 의리를 알아 죽음으로 스스로를 지켰고, 또 죽음을 명백하게 하였으니, 비록 《삼강행실(三綱行實)》에 수록된 열녀라도 이보다 낫지는 않습니다. 마땅히 정표(旌表)를 더하여 풍화(風化)를 닦아야

합니다." 하였으므로[61]

"… 비록 그렇지만 죽은 것이 명백하지 않으면, 내 부모나 시부모가 반드시 내가 몰래 도망하여 다른 이에게 갔다고 의심할 것이니 어찌 매우 원통하지 않겠는가. 오늘 너를 만나 내가 죽었음을 증명하게 되었으니 이것이 이른바 하늘이 주신 기회라고 하는 것이다. 또 비록 사람을 만났다 해도 남자 아이였으면 함께 말할 수 없었을 것이요, 여자 어른이었으면 반드시 내가 죽는 것을 말렸을 것이다. 너는 나이는 어리지만 지혜로워서, 내가 죽지 못하도록 끌어당길 힘은 없어도 반드시 내 말을 우리 아버지께 전할 수는 있을 테니 이 또한 하늘의 도우심이 아니랴."
하고는 아이의 손을 잡고 지주비[야은 길재의 비이다] 있는 곳 못 위에 이르렀다. 다릿머리를 풀고 치마와 신발을 벗어 묶어서 아이에게 주며 말했다.
"이것을 가져다가 내 부모님께 전해드려서 내가 죽은 것이 확실함을 증명해 주렴. 또 그분들이 못에서 내 시신을 찾게 하여라. 그러나 나는 죽으면 부모님께 죄인이 되는 것이다. 비록 죽더라도 무슨 면목으로 부모님을 다시 뵐 수 있겠느냐. 내 시신은 반드시 물 밖으로 나오지 않을 것이다. 나는 죽어서 지하에서 내 어머니를 만나 이 온갖 슬픈 이야기를 다 할 것이다."
말을 마치고 통곡하였다.[62]

향랑은 개가의 오명을 피하기 위해 자신이 "죽었음을 증명"해야만 했다. 마치 17살의 부바네스와리 바두리가 자신의 죽음이 불법적인 정열의 결과가 아님을 입증하기 위해 생리가 시작되기를 기다린 후에

---

61 『숙종실록』.
62 「열녀향랑도기」.

야 자살을 할 수 있었던 것과 같다. 부바네스와리는 자신의 육체를 여성/글쓰기의 텍스트로 바꿈으로써 '말하기'를 시도했지만, 토착 가부장적 '역사'가 그녀의 장례식 기록만을 남기고자 하며 식민 역사는 그녀를 부수적인 도구로서만 필요로 했다.[63] 향랑의 죽음의 방식과 기록은 서발턴의 그것과 같다. 향랑은 자신의 죽음을 입증하기 위해 초녀를 증인으로 채택하고, 다릿머리, 의복, 신발을 증거품으로 남겼다. 초녀는 증언을 할 수 있되 저지할 수는 없는 자격을 충족시켜서 선택된 인물이다. 향랑의 진실은 다른 여성이자 미성년인 약자, 초녀에 의해서만 쓰여질 수 있는 것이다. 그리고 다릿머리와 의복, 신발을 죽음의 증거품으로 남기고 끝내 시신을 드러내지 않겠노라는 향랑의 다짐은 일차적으로는 아버지를 대한 면죄부로 읽히지만 동시에 '말하기'를 허락받지 못한 서발턴의 '침묵'이자, 그 자체가 침묵이라는 발화로 성립된다. 향랑의 죽음은 그녀의 뜻과는 별개로 기록되있다. 권력을 가진 사대부들에게는 성현의 교화가 빚은 평민 열녀의 절행으로 칭송하였고, 권력을 갖지 못한 사대부들에게는 입전자의 울울한 심사를 표출하기 위한 문학적 상관물로 차용되었다.[64]

가부장제로 인한 그녀의 불행한 죽음은 국가에 의해 가부장제가 아내에게 요구하는 가치인 열행(烈行)의 이상적 모델로 추앙된다. 향랑의 서사 안에 등장하는 '아버지'들은 그녀에게 개가를 강요하고, 사대부와 국가라는 서사 밖의 '아버지'들은 그녀가 개가하지 않음을 치

---

63 가야트리 차크라보르티 스피박 외, 로절린드 C. 모리스 엮음, 태혜숙 옮김, 『서발턴은 말할 수 있는가? 서발턴 개념의 역사에 관한 성찰들』, 그린비, 2022, 136쪽.
64 정출헌, 앞의 논문, 158~160쪽.

하한다. 향랑의 죽음은 모순적인 이중의 강요에서 표류한다. 국가가 수호하고자 했던 것은 향랑이 아니라 열과 효로 무장한 '남편'과 '아버지', 즉 가부장제 그 자체이기 때문이다.

〈서울역〉의 경우도 지구대(경찰)와 군인으로 드러나는 국가 공권력의 개입이 뚜렷하다. 상위 포식자 석규도 최상위 포식자인 국가 앞에서는 무력해보인다. 한편, 경찰/군인으로 대표되는 국가의 개입은 한국의 좀비물의 장르적 특성이기도 하다. 게임과의 친연 관계에서 확립된 좀비 퇴치의 장르적 문법은 총포류를 통한 신체의 파괴이다. 우리나라에서 총기를 자유롭게 다룰 수 있는 집단은 군대로 대표되는 국가가 유일하므로 총기로 무장한 병력의 개입은 필수적이라 할 만큼 자주 등장한다.

영화에서 경찰은 살기 위해 지구대에 들어온 노숙자들을 폭도들로 규정한다. 총을 든 경찰과 군인은 감염자와 생존자를 구별하지 않고 총을 난사한다. 개인이 아니라 집단으로 존재하며, 생명의 가치에 대한 고민 없이 명령에 대한 무조건적인 복종으로 모든 시민을 좀비로 간주하고 발포하는 군인들은 식욕이 이끄는대로 식인하는 좀비와 다르지 않은 존재이다.

〈서울역〉에는 유교적 가부장제의 질서와 함께 서구의 기독교의 흔적이 투영된다.[65]

영화 타이틀이 올라가고 첫 장면. 여인숙에서 낮잠을 자다 일어나는 혜선의 머리 위로 "뜨인돌 교회"라는 이름이 새겨진 달력이 보인다. 석규와 기웅이 찾아온 여관방에서 "오늘, 내일을 준비하라"는 문

---

[65] 이는 연상호 감독의 다음 작품 〈사이비〉로 이어진다.

〈서울역 스틸컷〉

구와, 안개 낀 호수, 끊어진 다리 등이 그려진 달력의 윗면이 드러난다. 탈출구가 없는 절망스러운 현세를 비유하는 듯한 달력의 디자인은 '죽음'을 향해 재촉하듯 불길해 보인다.

영화 후반부, 혜선은 석규의 추적을 피해 숨은 모델하우스 벽장에서 성모자상을 발견한다. 성모가 아이를 안고 있는 모습의 조각상은 약한 자를 지켜주는 신의 모습으로 혜선이는 자신의 절박한 상황으로 인해 더욱 구원자로서의 신의 존재에 몰입한다. 조각상을 꼭 끌어안고 머리를 조아리며 기도하다가 이를 무기 삼아 석규에게 반격한다. 기독교는 아버지-아들로 이어지는 신의 계보를 가지며 신을 '아버지'라 호칭하는 종교이다. 하늘에 계신 '아버지' 하나님께 문 밖에 '아버지(석규)'를 죽이고 목숨을 구해줄 것을 기도했지만 혜선은 결국 석규에게 제압당한다. 석규는 언제 이런 데서 살아보냐며 감탄하고 열망하던 모델하우스의 드넓은 침대에서 혜선을 강간하고, 혜선은 끝내 숨진다. 예수도 '아버지('하나님')'의 뜻으로 죽음을 맞이한 존재이다. 혜선의 기도는 끝내 이루어진다. '죽은 자 가운데서 다시 살아나는' 기독교의 기적이 행하여진다. 죽었던 혜선이 감염자로 부활한 것이다. 그리고 부활한 혜선은 아버지를 잡아먹는다. '아버지' 석규가 그녀를 착취하며 비유적으로 '먹어왔다면' 이제 좀비로 부활한 혜선은 석규를 말그대로 '먹음'으로 복수를 한다. 좀비가 갖는 포식성과 전복성이 종교적 신성과 맞물리며 드러난다.

4. 결론

'집'은 인간의 근원적 장소이고 모든 여정의 귀환점이다. 그러나 18세기 〈향랑전〉의 주인공 향랑과 21세기 〈서울역〉의 주인공 혜선은 끝내 귀가하지 못하고 죽음을 맞이한다. 죽음을 담보로 신체를 버리고 이념으로 생존하는 '열녀'와 이념을 버리고 신체로 생존하는 '좀비'는 다른 듯하면서도 닮아 있다.

본 연구는 〈향랑전〉과 〈서울역〉의 두 주인공 향랑과 혜선이 어린 여성이라는 점, 그리고 그들의 서사 중 행적이 줄곧 '집'이라는 장소를 향하고 있는 점, 그러나 끝내 비극적인 죽음을 겪는다는 점, 그런데 열녀라는 평판과 좀비라는 신체로 부활한다는 점을 공유한다는 특징에 주목하였다. 향랑과 혜선은 장소를 갖지 못한 존재라는 점에서 호모아토포스라고 명명할 수 있는데, 그녀들이 겪은 비극의 원인이 가부장제가 갖는 폭력성에 있다는 것을 규명하고자 하였다.

논의는 두 가지 방향으로 전개하였다. 하나는 '집'이라는 장소가 갖는 특성을 규명한다. 집은 인간이 '살기', 즉 생존과 거주가 가능한 장소이지만, 가부장제하에 '집'은 아버지로 대표되는 남성이 주인인 장소이다. 주인 남성은 미성년이거나 미혼의 여성을 돌보아야 하는 책임과 이에 기반한 권력을 소유한다. 향랑이 유기되고 혜선이 착취되어 '집'에 돌아가지 못하고 죽음을 맞이하는 데는 그녀들에게 생존할 수 있는 안전한 장소를 제공해주지 못한 무능한 아버지들의 책임이 절대적이다.

이어서 '아버지'로 환유되는 가부장제의 폭력성을 부양자와 포식자를 넘나드는 권력의 무경계성, '집 안'의 구원자로서의 어머니의 부재와 '집 밖'의 구원자로서의 국가와 종교의 방임이라는 차원에서 분석한다. 우위의 가장이 열위의 구성원을 부양하는 수혜자−시혜자의 관계는 공생 없는 포식자−피식자의 먹이사슬로 전락한다. 이 끔찍한 비극을 막아줄 수 있는 '집'의 성인 여성 구성원 어머니의 존재는 두 작품 모두에서 부재한다. 죽은 어머니와 성상으로만 조각된 성모상으로 이상화된 허상으로만 등장할 뿐이다. '계모'로 대체되거나 '죽은 어머니'나 '성모'와 같은 이상화된 허상으로 등장할 뿐이다. 향랑과 혜선의 실질적 영역과 상징적 영역에서의 각각 최종 보호자 역할을 수행하는 국가와 종교마저도 아버지의 폭력으로부터 보호하지 못했다는 책임에서 자유로울 수 없었다.

오딧세우스는 생사를 넘나드는 모험 끝에 20년 만에 귀가에 성공한다. 그에게는 돌아갈 수 있는, 실재하는 장소로서의 '집'이 있었다. 그리고 그 집에는 굳은 의지와 한결같은 사랑으로 그를 기다리는 아내 페넬로페와, 아버지의 부재에도 불구하고 훌륭하게 성장한 아들 텔레마코스가 기다리고 있었다. 고단한 행보였지만 그의 귀가는 영웅의 서사시로 기록되었다. 그러나 향랑과 혜선의 귀가는 끝내 실패한다. 집은 장소로서의 실재성을 상실하였고, 가족은 학대자로 기능하며 그녀들을 쫓아내었다. 그녀들의 비극적인 여정은 각기 열녀와 좀비라는 이름으로 부활하지만, 평민 열녀/효녀라는 추앙과 포식자를 잡아먹는 또 다른 포식자로의 변신은 그녀들에게 가해지는 또다른 폭력일 뿐이다. 비극적인 죽음에 이르게 한 극한의 불행과 원치 않는 부활을 작동시키는 추력은 다름 아닌 가부장제가 가진 폭력성 때문일 것이다. 원초적 공간인 '집'에조차 소속되지 못한 호모아토포스인 향랑과 혜선의 비극을 규명하고 정당한 자리를 찾아주는 것이 이 글의 목적이다.

전형적 인물의 비전형적 목소리

〈홍련(紅蓮)〉과 〈티 머우(Thị Mầu, 氏牟)〉를 중심으로

최빛나라

> 못 들었니? 이 구역의 미친년은 나야!
> Haven't you heard? I'm the crazy bitch around here
> 〈가십걸(Gossip Girl) 시즌1〉(2007-2008) 18화 中

1. 들어가며: 변신하는 고전

이 연구는 한국과 베트남의 대중가요 두 곡, 〈홍련(紅蓮)〉[1]과 〈티

---

[1] 2023년 8월 5일 발매된 〈홍련〉은 안예은 작곡·작사·노래의 곡이다. 편곡은 스트로베리바나나클럽(Strawberrybananaclub)이 맡았다. 안예은은 '사람이 음악만으로 공포를 느낄 수 있을까?'라는 호기심에서 "납량곡전" 기획하여 〈능소화(凌霄花)〉(2020), 〈창귀(倀鬼)〉(2021), 〈쥐〉(2022)에 이어 〈홍련〉을 선보였다[박세연, 「안예은, 음악으로 느끼는 공포⋯⋯ 납량곡전 '홍련'」, 『매일경제』, 2023.7.28. (https://www.mk.co.kr/news/musics/10795593)]. 발매사는 지니뮤직(Genie Music), 기획사는 DSP미디어(DSPmedia). 괄호 안의 링크에서 뮤직비디오를 확인할 수 있다

머우(Thị Mầu, 氏牟))²를 중심으로 고전 속 여성 인물이 현대에 와서 새롭게 해석되는 양상을 살피는 데에 목적이 있다. 전형성을 띠고 있다고 인식되어 온 고전문학의 등장인물들이 시대와 매체의 변화 속에서 어떠한 신성(新聲)을 부여받고 있는지를 탐구하고자 하는 것이다. 이는 현대 문화콘텐츠가 고전을 새롭게, 그리고 다시 읽는 방법을 확인함으로써 옛 문학이 '전형(典型)'에 갇혀 있지 않고 유동(遊動)의 생명력이 충만함을 되새기는 작업이기도 하다.

문학이 시대와 매체를 넘나들며 교섭하는 양상은 자연스러운 현상이다. 고전문학 또한 고정불변의 것이 아니며 오히려 다양한 전환이 가능한, 적층과 개방의 문화 산물이라고 보아야 옳다. 그런 의미에서 고전을 원천으로 하는 현대 콘텐츠는 이윤경·조현설·이정원이 언급한 것처럼 형식을 달리한 '이본(異本)'의 하나라고도 할 수 있다.³ 이 글에서 집중해 살펴볼 〈홍련〉과 〈티 머우〉 역시 고전의 전환을 통해

  (www.youtube.com/watch?v=39LSrOUWJOI).
2 2023년 3월 5일에 발매된 〈티 머우〉는 응우옌 호앙 퐁(Nguyễn Hoàng Phong)이 작곡·작사하고 호아 민지(Hòa Minzy)가 노래한 곡이다. 호아 민지는 이 곡을 통해 베트남 전통 연희의 아름다움을 일깨우고 싶다는 포부를 밝히기도 하였다[Như Võ, 「'Thị Mầu' và màn tái xuất ấn tượng của Hòa Minzy」, 『Báo Thanh Niên』, 2023.3.6.(thanhnien.vn/thi-mau-va-man-tai-xuat-an-tuong-cua-hoa-minzy-185230306010324033.htm)]. 괄호 안의 링크에서 뮤직비디오를 확인할 수 있다(www.youtube.com/watch?v=0yHtYPeK2Jg)
3 이윤경, 「고전의 영화적 재해석: 고전의 영화화 양상과 그에 대한 국문학적 대응」, 『돈암어문학』 17 암어문학회, 2004, 101~102쪽; 조현설, 「고소설의 영화화 작업을 통해 본 고소설 연구 과제: 고소설 〈장화홍련전〉과 영화 〈장화, 홍련〉의 사례를 중심으로」, 『고소설연구』 17, 한국고소설학회, 2004, 57~58쪽; 이정원, 「영화 〈장화, 홍련〉에서 여성에 대한 기억과 실제」, 『한국고전여성문학연구』 15, 한국고전여성문학회, 2007, 75쪽 참조.

문학의 본질적 기능인 '향유'의 기운을 북돋고 있다.

〈홍련〉과 〈티 머우〉는 한국과 베트남의 현대 대중가요 작품이다. 2023년 음원 발매된 두 곡은 각국의 고전문학 작품을 차용하였다는 공통점이 있다. 〈홍련〉은 한국의 고전소설 「장화홍련전(薔花紅蓮傳)」[4]을, 〈티 머우〉는 베트남 전통 연희 「꽌 엄 티 낑(Quan Âm Thị Kính, 觀音氏敬)」[5]을 원천으로 삼았다.[6] 곡의 제목인 '홍련'과 '티 머우'는 주지하다시피 「장화홍련전」과 「꽌 엄 티 낑」의 서사를 견인하는 주요 등장인물의 이름이다. 또한 '홍련'과 '티 머우'는 현대 대중가요라는 새로운 매체에 와서 새로운 목소리의 주체가 된 존재들이기도 하다.

곡을 접하는 한국과 베트남의 대중은 노래에 담긴 목소리가 누구의 것인지, 이러한 목소리가 어떤 사연을 배경으로 하고 있는지 쉽게 파악이 가능하다. 「장화홍련전」과 「꽌 엄 티 낑」은 누구나 그 이야기를 안다고 해도 과언이 아닐 만큼 오래도록 향유되어 온 한·베의 고전문학 작품이기 때문이다. 주지하다시피 「장화홍련전」은 장화·홍련 자매와 계모 허 씨 사이에 벌어지는 갈등을 그린 작품이다. 홍련의 언니 장화는 계모에 의해 부정을 저지르고 낙태하였다는 누명을 쓰고 죽는

---

[4] 이 글에서는 전규태 편, 「장화홍련전」, 『한국고전문학대계: 소설집 I』, 명문당, 1991을 이용한다.

[5] 이 글에서는 Hà Văn Cầu(Chủ biên), 「Quan Âm Thị Kính」, 『Kịch bản chèo』 quyển 1, Hội văn nghệ dân gian Việt Nam, Nxb. Khoa học Xã hội, 2014를 이용한다.

[6] 「꽌 엄 티 낑」은 원래 쯔놈으로 기록된 운문소설을 째오(Chèo)로 각색한 작품이다 (최귀묵, 『베트남 문학의 이해』, 창비, 2010, 115쪽). 현대 가요 〈티 머우〉는 째오를 직접적 원천으로 삼고 있으므로, 이 글에서 언급하는 원천으로서의 고전은 째오 「꽌 엄 티 낑」이다.

다. 이야기의 실질적 주인공이라 할 수 있는 동생 홍련 또한 사라진 언니를 찾아 헤매다 장화가 죽은 연못에 투신하여 목숨을 끊는다. 이후 원귀(冤鬼)가 된 장화·홍련은 새로 부임한 부사를 통해 억울함을 풀게 된다.

베트남의 「꽌 엄 티 낑」도 '누명에 의한 원통한 죽음', '사후 명예 회복'이라는 유사한 이야기를 전한다. 주인공 티 낑(Thị Kính, 氏敬)은 남편과 시부모에게서 버림받은 후, 남장(男裝)한 모습으로 불가(佛家)에 귀의하여 낑 떰(Kính Tâm, 敬心)이라는 법명을 얻는다. 낑 떰이 여자인 줄 모르고 수작을 걸던 악녀 티 머우는 자신의 마음을 받아주지 않는 젊은 승려를 원망하여 그가 자신을 임신시켰다고 모함한다. 낑 떰은 절에서 파문당하고, 태어난 티 머우의 아이까지 유리걸식하며 양육하다가 죽음에 이른다. 낑 떰의 시체를 염하는 과정에서 그가 여성인 사실을 알게 된 사찰과 마을의 사람들은 티 머우를 재판하여 낑 떰, 즉 티 낑의 명예를 회복시키고자 한다.

「장화홍련전」의 홍련, 그리고 「꽌 엄 티 낑」의 티 머우는 송사(訟事)와 신원(伸冤)을 다루는 서사 속에서 선악의 전형을 보여주는 여성 인물들로 인식되어 왔다. 홍련이 악인의 흉계로 인하여 원통하게도 죽음을 선택한 선인이라면, 티 머우는 선인을 모함하여 죽음에 이르게 만든 악인의 전형이라고 할 수 있다. 고전의 서사 속에서 홍련은 끝까지 '선하게', 티 머우는 끝까지 '악하게' 남는다.

선한 인물은 악인의 극악무도한 행위에 피해를 입고서도 그 불만이나 반감을 '가해자'에게 직접적으로 표출하지는 않는다. 사회의 요구와 기대에 부응하는 부덕유순(婦德柔順)의 선한 여성은 이야기의 결말에서 결국 명예를 회복하여 '승리'하지만, 이는 어디까지나 규범 안에서 '착하게' 행동한 결과로 성취된다. 가해자에 대한 복수와 징치는 선인의 '손'을 벗어나 있다.

　도덕적인 면에서 극단적 위치에 놓여 있는 악한 인물에게는 긍정적인 면이 전혀 없다. 양심의 가책 없이 '나쁘게' 행동하는 악인의 탐욕에서는 본받아 배울 만한 점이라고는 찾아볼 수가 없다. 악인의 비도덕적 의식과 행위는 참작의 여지가 없는, 오직 사회적 규범에 의해 징치되어야 하는 '죄'일 뿐이다.

　그러나 이 선인과 악인은 이제 새로운 방식으로 자기 목소리를 내고 있다. 여기에는 시대적·사회적 차이에 따라 창작의 기제는 물론, 대중의 작품 향유 기제 또한 변화를 맞이하였다는 배경이 자리한다. 과거와 현재의 교섭을 보여주는 〈홍련〉과 〈티 머우〉는 그러한 변화를 반영하고 있다. 2023년의 '홍련'과 '티 머우'는 현대 대중가요라는 새로운 매체를 통해 고전 인물이 지닌 전형성을 전복시킨다. 〈홍련〉과 〈티 머우〉의 화자는 자기감정을 자기의 목소리로 말한다. 사회적 굴레에 억눌려 있던 목소리는 이제 거리낌 없이 자유롭게 표출된다. 그리고 '나'와 함께 목소리 낼 또 다른 '홍련'과 '티 머우'를 불러들인다.

　스테레오 타입에서 벗어난 '홍련'과 '티 머우'의 목소리는 고전문학 작품과 현대 대중가요 사이의 비교는 물론, 〈홍련〉·〈티 머우〉의 노랫말과 뮤직비디오를 아울러 살펴볼 때 더욱 뚜렷하게 확인할 수 있다. 곡의 노랫말이 홍련과 티 머우에 의해 발화된 '새로운 목소리'의 내용이라면, 뮤직비디오는 영상화된 서사를 통해 기존의 전형적 목소리가 '새로운 목소리'로 전환된 맥락을 보완해주기 때문이다. 이에 이 글의 2장에서는 「장화홍련전」과 〈홍련〉, 「꽌 엄 티 낑」과 〈티 머우〉의 내용을 비교하여 고전문학 속 전형적 인물이 현대 매체를 통해 전달하는 비전형 목소리를 확인하고자 한다. 이어서 3장에서는 〈홍련〉과 〈티 머우〉의 노랫말과 뮤직비디오를 함께 살펴 비전형의 신성이 홍련·티 머우 혼자만의 목소리가 아닌, 홍련'들'·티 머우'들'의 목소리로 확산되는 양상을 확인해보도록 한다.

2. 변신 ①: 같은 주체, 다른 목소리

〈홍련〉과 〈티 머우〉를 부른 가수 안예은(1992~)과 호아 민지(1995~)는 30대 초반의 젊은 여성 가수들로 한국과 베트남에서 인기리에 방영되었던 오디션 프로그램을 통해 데뷔하였다는 공통점이 있다. 안예은은 2015년부터 2016년에 걸쳐 방영된 〈K팝 스타 시즌 5〉에서 준우승을, 호아 민지는 2014년 방영된 〈스타 아카데미 2014(Học viện ngôi sao 2014)〉에서 우승을 차지하며 처음 이름을 알렸다.

비슷한 나이대나 데뷔 과정 외에도 두 사람은 전통적 요소를 현대 가요에 접목한 곡들을 다수 발표하였다는 공통점을 가지고 있다. 안예은의 경우 그동안 한국의 옛 설화를 재해석하여 직접 곡을 작사·작곡하고, 타령·판소리 등 국악 창법으로 노래를 불러 그 음악 세계가 독보적이라는 평가를 받아 온 가수이다. 호아 민지는 베트남 북부·중부·남부의 전통 음식에 대해 노래한 〈무엇을 먹을까?(Ăn gì đây)〉(2015), 역사 속 실존 인물인 남 프엉(Nam Phương, 南芳)의 비극적 사연을 담은 〈평생 함께 할 수는 없어(Không Thể Cùng Nhau Suốt Kiếp)〉(2020) 등을 통해 '베트남적' 음악을 추구하는 '국민' 가수로 주목받았다.

이러한 두 사람이 2023년, 한·베의 고전문학 작품을 오늘날의 관점에서 새롭게 해석한 〈홍련〉과 〈티 머우〉를 대중 앞에 내놓았다. 그동안의 작업처럼 고전의 요소를 활용하면서도, 그 전형성을 전복시킨 새로운 홍련과 티 머우를 통해서이다. 두 곡은 고전문학 속 인물을 화자로 내세워 기존 '선악' 틀에서 벗어나 그 감정을 자기 목소리로 말할 수 있도록 하였다.

1) '홍련'의 목소리

「장화홍련전」의 홍련은 사회적 규범을 벗어나지 않는 '착한 여성'으로 억울하게 죽임을 당하지만 폭력적으로 복수를 시도하지 않는다. 「장화홍련전」을 송사소설(訟事小說), 신원소설(伸冤小說)이라고 정의하는 점에서도 알 수 있듯이, '착한 여성'은 시비·선악을 판결해줄 관부/원님/위정자에 의지하여 가해자가 공적으로 처벌받도록 함으로써, 자신에게 씌워진 누명 또한 공식적으로 벗게 된다. 그러나 〈홍련〉의 화자 홍련은 '남의 손'을 빌리지 않고 "내 손으로" 복수하겠다고 선언한다. 홍련은 흐느껴 울지 않으며 자기의 원통함을 처절하게 부르짖는다. 또한 가해자에 대한 잔인한 복수가 자신에게는 "축제"가 될 것이라고 기대한다.

> 하루는 흉녀가 나가고 없거늘 이에 장쇠를 불러 달래며 장화의 거취를 탐문하니, 장쇠 감히 기이지 못하여 장화의 전후 사연을 토파하는지라. 그때야 홍련이 제 형이 애매하게 죽은 줄 알고 깜짝 놀라 기절하였다가 겨우 인사를 차려 형을 부르짖으며 가로되, "어여뿔싸 형님이여 불측할사 흉녀로다. 잔잉한 우리 형님 이팔청춘 꽃다운 시절에 불측한 누명을 몸에 싣고 창파에 몸을 던져 천추원혼되었으니 뼈에 색인 이 원한을 어찌하여 풀어볼꼬. 참혹할사 우리 형님 가련한 이 동생을 적막한 공방에

외로이 남겨 두고 어디 가서 아니 오시는가." … 아무리 형의 죽은 곳을 찾아가고자 하나 규중처녀의 몸으로 문밖 길을 모르거든 어찌 그곳을 능히 찾아가리오. 침식을 전폐하고 주야로 한탄할 뿐일러라. 하루는 청조 한 마리가 날아와 백화 만발한 사이로 오락가락하거늘, 홍련이 심중에 헤아리되, "내 형님의 죽은 곳을 몰라 주야로 궁금하여 한이 되매 저 청조 비록 미물이나 저렇듯 왕래하니, 나를 데려가려 옴이로다."[7]

「장화홍련전」에서 홍련은 언니 장화가 죽은 줄 한참을 모른다. 그러다 외가에 간다던 언니가 오래도록 돌아오지 않자 변고가 생겼음을 직감하고, 결국 계모 소생인 장쇠의 증언으로 언니가 물에 빠져 죽었다는 사실을 알게 된다. 그러나 "규중처녀 몸으로 문밖 길을 모르"는 홍련은 언니가 죽은 장소를 어떻게 찾아가야 할지 막막하다. 언니를 찾고자 하는 마음은 간절하나 규중 밖으로 나가 스스로 일을 해결할 수 없는 홍련에게는 두려움이 더 크다. 언니 장화가 죽은 장소로 길 안내를 도와줄 신비로운 "청조"가 등장하기 전까지, 홍련은 주체적으로도 과감하게 행동하지도 못하고 밤낮으로 한탄만 할 뿐이었다.

   하늘로 솟았나 (이 위에는 없다)
   땅으로 꺼졌나 (그 아래는 없다)
   검은 숲에 있나 (이 안에는 없다)
   불꽃 되어 갔나 (잿가루도 없다)
   연못 속에 있나 (바로 거기 있다, 바로 여기 있다)
   그 옛날 사람처럼 울던 왜가리와
   피로 가득 채워진 우물이

---

7 전규태 편, 앞의 책, 438쪽.

또 나무 밑에 무리 지은 수만 마리 개구리들
그리고 절 문 넘어 들어오는 배
그렇게 나라가 멸망했지

그러나 현대 대중가요 〈홍련〉 속 홍련은 "문밖"으로 스스로 나간다. 홍련은 죽은 언니가 지금 어디에 있는지, 직접 여기저기에 묻고 확인한다. 「장화홍련전」처럼 "장쇠"의 증언이나 "청조"의 도움은 없다. 남의 도움을 필요로 하지 않는 홍련은 "하늘·땅·검은 숲·불꽃"에까지 탐문하고 결국 "연못"이라는 장소를 찾아낸다.

언니의 죽음을 직접 확인한 홍련은 이제 "그 옛날"의 사건을 언급하며 피의 복수가 시작될 것임을 암시한다. 우는 소리가 마치 '으악'하고 지르는 사람의 비명소리 같다고 해서 '으악새'라고 불리는 "왜가리"와 함께 언급되는, 사람이 마실 수 없는 "피로 가득 채워진 우물", 나무에 모여드는 "수만 마리 개구리들", 그리고 "절 문으로 넘어 들어오는 배"는 『삼국유사(三國遺事)』에 기록된 백제 멸망의 징조들이다.[8] 홍련은

---

8 5년 경신(庚申) 봄 2월(660)에는 왕도의 우물물이 핏빛이 되었고, …… 사비수의 물이 핏빛이 되었다. 4월에는 개구리 수만 마리가 나무 위에 모여들었고, 왕도의 백성들이 이유 없이 놀라서 달아나니 마치 누가 잡으러 오는 것처럼 보였는데, 이때 놀라 자빠져 죽는 자가 백여 명이나 되었고 재물을 잃은 자는 수를 헤아릴 수 없었다. 6월에는 왕흥사(王興寺)의 모든 승려들이 배가 큰 물결을 따라서 절 안으로 들어오는 것 같은 광경을 보았다. … 귀신 하나가 궁에 들어와서 큰 소리로 부르짖기를 "백제는 망한다. 백제는 망한다." 하고는 땅 속으로 들어갔다[五年庚申春二月王都井水血色, … 泗沘水血色. 四月蝦蟆數萬集於樹上, 王都市人無故驚走如有捕捉, 驚什死者百餘, 亡失財物者無數. 六月王興寺僧皆見如舡楫隨大水入寺門. …… 有一鬼入宮中大呼曰, 百濟亡百濟亡, 即入地].『三國遺事』卷第一 紀異 太宗春秋公(db. history.go.kr/common/compareViewer.do?levelId=sy_001r_0020_0360_0080&type=ancient)

세상이 뒤집어졌던 변고들을 차례차례 나열하면서, 이 징조들이 "멸망"의 예고였던 것처럼 자신도 잔인하고 전면적인 복수를 수행하리라 선언한다.

"형님은 전생에 무슨 죄로 나를 두고 이곳에 와 외로이 있사옵고 내 형님을 버리고 혼자 살 길 없사오니, 한가지로 돌아다니고자 하나이다." … "비나이다 비나이다 빙옥 같은 우리 형님 천추에 몹쓸 누명 설원하여 주옵소서. 황천 후로는 이 홍련의 지원극통한 한을 밝게 굽어 살피소서." 하고 방성대곡 슬피 울 제 공중에서 홍련을 부르는 소리에 더욱 비감하여 우수로 나삼을 휘어잡고 나는 듯이 물속에 뛰어드니, 슬프고 애달프도다. 일광이 무색하고 그 후로는 물위의 안개 자옥한 속으로 슬피 우는 소리 주야로 연속하여 계모의 모해로 애매하게 죽음을 사설하니, 이는 원근 사람을 다 알게 함이러라.[9]

「장화홍련전」의 장화는 "혼자 살 길 없사오니" 언니를 따라 자신도 죽겠다고 하였다. 이후, 신임 부사 앞에서는 "구차히 살았다가 또 흉계에 빠질까 두려워" 마침내 언니가 죽은 곳에 자신도 투신한 것이라고도 밝혔다. 죽은 홍련은 연못 주변에서 흐느껴 울며 억울함을 "사설(辭說)"할 뿐이다. 그러나 〈홍련〉에서는 혼자 사는 것이 버겁고 두려워서가 아니라, '복수'하기 위해서 장화와 함께 한다. 또한 억울함을 그저 푸념처럼 늘어놓을 뿐 아니라 직접적인 '복수'를 도모한다. 부덕유순의 착한 여성에게는 결코 허용되지 않을 폭력성이, 오히려 홍련을 능동적으로 움직이게 만든다.

---

9 전규태 편, 「장화홍련전」, 『한국고전문학대계: 소설집 1』, 명문당, 1991, 439쪽.

"이제 천행으로 밝으신 사또를 맞자와 감히 원통한 원정을 아뢰오니, 사또는 소녀의 슬픈 혼백을 어여삐 여기사 천추의 원한을 풀어 주옵시고 형의 누명을 벗겨 주옵소서." … "소녀 등은 일월같이 밝으신 사또를 만나 뼈에 사무친 한을 풀옵고 또 해골까지 거두어 주옵시며, 아비의 죄를 용서하여 주옵시니, 그 은혜는 태산이 낮삽고 황해가 옅사온지라 명명지중이라도 결초보은하오리다. 미구에 관작이 도도오리니, 두고 보옵소서."[10]

「장화홍련전」의 홍련은 새로 부임한 부사를 찾아가 원통함을 풀어달라 애원한다. 결국 「장화홍련전」에서 장화·홍련의 복수는 장화도 홍련도 아닌, 명관(名官)에 의한 공식 재판을 통해 이루어진다. 악인의 횡포로 누명을 썼을 뿐 아니라 죽음에 이르기까지 하였음에도 불구하고 고전 속 홍련은 원수에 대해 직접적이고 사적인 방식으로 복수를 시도하지 않는다. 오직 공적 명예회복을 통해 신원되기를 바랄 뿐이다. 폭력적 행위는 규중에서 정숙(貞淑)과 은인자중(隱忍自重)을 체현한 '선녀(善女)'에게 요구되는 바가 아니기 때문이다. 그러나 시비를 옳게 가려준 명관에게 은혜를 갚는 일만큼은 잊지 않고 적극적으로 수행한다. 폭력성은 선한 여성의 것이 될 수 없지만, 은인에게 보답하는 의리와 도덕성은 그야말로 '선인'이 마땅히 보존하고 수호해야 할 자기 전형성이기 때문이다.

나 억울하오, 너무 분하오
이대로 저승에 얌전히 가는 건 말도 안 되지

---

[10] 전규태 편, 앞의 책, 441쪽, 444쪽.

…
온 우주의 부랑 고혼 모이면
장승님도 길을 열어주시네
찾으리라 짚신을 훔쳐내고
삼족을 멸하리라 (내 손으로)

나 원통하오, 참 한스럽소
그대가 이승에 멀쩡히 남는 건 말도 안 되지
두 손을 모아 엎드려 비시오
어느 날 해가 서쪽에서 비칠 때까지 영원토록

너의 모가지를 든 채 광장을 돌며 춤을 추리라
아, 소리 내어 마음껏 웃게
지옥의 불을 크게 지펴 타오르세, 축제로다

그러나 〈홍련〉의 홍련은 달리 말한다. 구슬프게 흐느껴 울며 말하지 않고, "억울"하고 "원통"하고 "한스럽다"라고 소리 높여 울부짖는다. 홍련은 가해자들이 "이승에 멀쩡히 남는" 것은 부당하다고 분노한다. "얌전"은 착한 여성의 덕목이겠으나 자신은 "얌전히" 저승에 갈 수 없다고 말한다. 홍련은 야광귀(夜光鬼)처럼 짚신을 훔쳐내 그 주인에게 재앙을 내리고[11], 나아가 삼족(三族)을 멸하겠다고 굳게 다짐한다. 또한 이러한 되갚음은 신비로운 청조나 올곧은 명관에 의지해서

---

11 야광이라는 이름의 귀신은 밤에 인가에 들어와 신을 훔쳐가기 좋아한다. 주인은 이를 불길하게 여기고 아이들은 겁을 먹어 신을 감추고 불을 끄고 일찍 잔다(鬼名夜光夜入人家喜偸鞋 鞋主不吉小兒畏之藏鞋滅燈早宿). 유득공(진경환 옮김), 「원일(元日)」, 『서울의 풍속과 세시를 담다: 完譯 京都雜誌』, 민속원, 2021, 116쪽.

가 아니라, 오직 "내 손으로" 이루겠다고 강조한다.

홍련은 복수 대상을 향하여 자기 앞에 "두 손을 모아 엎드려" 빌라고 소리친다. 그렇다고 해서 그 사죄를 받아들이겠다는 의미는 아니다. 자비와 관용 역시 선인의 덕목이겠으나 홍련은 그러한 '선인'이 되리라는 마음이 없다. "어느 날 해가 서쪽에서 비칠 때까지", 즉 "영원토록" 홍련의 용서는 이루어지지 않는다. 착한 행위에 반하는 잔인한 복수는 홍련을 "지옥의 불"로 인도하게 될지도 모른다. 그러나 홍련은 "지옥불"을 반갑게 받아들여 그 앞에서 가해자의 "모가지"를 든 채 즐겁게 춤추며 "축제"를 열겠다고 말한다. 복수자 홍련의 목소리를 '악인'의 것이라고 말할 수는 없다. 그러나 〈홍련〉의 '흑화'한 목소리는 「장화홍련전」 속 가련하고 애처로운 그것과는 분명 다르다. 〈홍련〉의 홍련은 비전형적 목소리와 선언을 통해 스스로 '탈(脫)선인'·'반(反)선인'이 되고 있다.

2) '티 머우'의 목소리

〈티 머우〉의 비전형성은 〈홍련〉과는 다른 방식으로 구현된다. 「꽌 엄 티 낑」 속 티 머우는 승려에 대한 성적 욕망을 거리낌 없이 드러내거나 자신이 낳은 아이를 쉽게 유기하는 등, 사회 규범에 어긋난 행동을 일삼는 비도덕적 인물이다. 게다가 「꽌 엄 티 낑」의 주인공이자 선인인 '티 낑=낑 떰'은 티 머우에 의해 젊은 남자 승려가 여염의 여자를 임신시켰다는 누명을 쓴다. 불가에서 파문당한 '티 낑=낑 떰'은 사회의 비난을 받으며 티 머우가 낳은 아이를 홀로 기르다가 결국 고생 끝에 죽음에 이른다. 그러나 시체를 염하는 과정에서 티 낑이 여자라는 사실이 밝혀지고, 이에 따라 티 머우의 악행도 처벌받게 된다.

위아래 동서(東西)의 동네 사람들, 이웃 사람들, 부잣집 딸 티 머우가 사사로운 마음을 가지더니, 배가 불러오네 남녀노소 모두 공회당으로 가서 재판 벌입시다	Chiềng làng chiềng chạ, thượng hạ Tây Đông Con gái Phú Ông tên là Mầu Thị Tư tinh ngoại ý, mãn nguyệt có Mời già trẻ, gái trai ra đình mà ăn khoán

현대 가요 〈티 머우〉가 원천으로 삼고 있는 「꽌 엄 티 낑」은 베트남 전통 연희인 째오(Chèo) 작품이다. 〈티 머우〉는 노래의 본격적인 시작에 앞서 째오 「꽌 엄 티 낑」의 한 구절을 직접 삽입함으로써 이 곡이 고전 작품을 원천으로 삼고 있음을 분명하게 드러내고 있다. 삽입된 구절의 내용 또한 주목할 만하다. 이 부분은 티 머우가 미혼의 몸으로 임신한 사실이 발각되자, 마을 사람들이 티 머우의 부정을 두고 재판을 벌이기 위해 공회당(公會堂)에 소집되는 장면이다. 베트남어 '딩(Đình, 亭)'은 한국어로 공회당 정도로 번역할 수 있는 특수한 공간이다. 이곳은 베트남 전통 사회에서 지역의 신을 모신 신성한 공간이자 마을의 회의나 재판이 이루어진 공식 장이기도 하였다. 송사와 신원의 서사가 전개되는 「꽌 엄 티 낑」 속에서도 이 '딩' 즉 '공회당'은 매우 주요한 공간으로 설정되어 있다. 티 머우가 주인공인 티 낑에게 공식적으로 누명을 씌우고, 또한 자신의 악행에 대해 징치를 받게 되는 규범 장소가 바로 이곳이기 때문이다.

티 머우 (나와서 말한다) 저기, 언니 동생들~ 오늘은 14일이고요 내일은 보름이에요 제사떡 먹고 싶은 분은 종종 절에 올라가세요 언니 동생들, 절에는 언제 올라가나요?	**Thị Mầu** (ra nói) Này chị em ơi! Nay mười tư mai đã là rằm Ai muốn ăn oản thì năng lên chùa. Chị em lên chùa từ bao giờ nhỉ?

전형적 인물의 비전형적 목소리   119

끼어드는 소리
14일, 보름!

티 머우
나 티 머우, 발랑 까졌다고 욕들 하지만
금기의 뱃노래를 부르죠, 13일부터 절에 올라
가서!

...

저기요, 작은 스님!
공회당 마당에 떨어진 사과 같은 스님
저는 입덧하는 여자처럼,
새콤한 그것을 노리고 있고요
저기요, 작은 스님!

낑 떰
나무아미타불!

Tiếng Đế
Mười tư, rằm!

Thị Mầu
Thế mà Thị Mầu tôi mang tiếng lẳng
lơ
Đò đưa cấm giá, tôi lên chùa từ mười
ba.
...
Này thầy tiểu ơi!
Thầy như táo rụng sân đình
Em như gái rở,
đi rinh của chua.
Ấy mấy thầy tiểu ơi!

Kính Tâm,
Nam mô A di đà Phật!

째오의 직접 삽입 구절 이후, 〈티 머우〉는 「꽌 엄 티 낑」 중에서도 특히 「티 머우가 절에 올라간다(Thị Mầu lên chùa)」[12] 대목을 차용하여 본격적으로 '티 머우'의 말하기를 시작한다. 「티 머우가 절에 올라간다」는 째오 가운데서 가장 유명한 대목으로[13] 티 머우가 남장하여 절에서 승려로 있던 티 낑 즉, 낑 떰을 만나 적극적으로 수작 거는 모습을 그리고 있다. 베트남에서는 보름날인 음력 15일과 그 전날인 14일에 부처님께 공양물을 올리고 기도 드리기 위해 절에 방문하는 풍습이 있다. 그러나 티 머우는 13일부터 절에 올라가 "금기의 뱃노래(Đò đưa cấm giá)"를 부르겠다고 말한다. 여기서 "뱃노래"는 남녀가 함께 부르는 사랑의 노

---

12 「티 머우가 절에 올라간다」는 Hà Văn Cầu(Chủ biên), 앞의 책, tr. 272~276 và 317~320에 채록된 판본을 이용하여 번역한다.

13 최귀묵, 앞의 책 111쪽.

래로, 애정의 대상으로 여겨서는 안 될 비구승(比丘僧)을 향하고 있다. 또한 "공회당 마당에 떨어진 사과"에 승려를 비유하고 자신은 "입덧하는 여자처럼 새콤한 그것을 노리고 있다"라며 노골적으로 추파를 던지기까지 한다. 티 머우는 자기 열망을 부끄러워하지 않는다. 욕망을 마음속에 숨기기는커녕 오히려 "언니 동생들"을 향하여 크게 선언한다.

내 이름은 티 머우, 부웅의 딸이랍니다. 내 나이는 아직 어려서 아직 보름달처럼 여물지도 않았어요 어, 여기! 언니 동생들! 오늘은 14일이고, 내일은 15일이에요! 제사떡 먹으러 갈 사람, 나랑 절에 올라가요~ 나는 13일부터 절에 갔답니다~ 나는 15일에도 절에 갈 거랍니다~ 저기요, 작은 스님~ 나는 티 머우랍니다. 나는 아무것도 몰라용~ 나를 책임지세요 어머니를 부르고 아버지께 말씀드리고 온 마을에다 떼쓸 거예요. 당신을 남편 삼게 해달라고! … 동네 사람들! 도오오옹네 사람들!! 아하하하, 하하하	Tự xưng em là Thị Mầu, í, là con gái Phú Ông Tuổi em chứ còn bé lắm, cũng chưa đến trăng rằm Ơ này chị em ơi, nay tư, mai đã mười lăm Ai muốn đi ăn oản thì lên chùa với em Em lên chùa từ mười ba Em lên chùa ngày mười lăm Này Thầy Tiểu ơi, em là Thị Mầu Em không biết đâu, em cứ bắt đền Gọi mẹ thưa cha, ăn vạ cả làng Cho em lấy chàng … Bớ làng nước ơi! B-B-Bớ làng nước ơi! Á-ha-ha-ha, ha-ha-ha

"발랑 까졌다(lẳng lơ)"라는 부정적 평판에 한 치 어긋남이 없어 보이는 「꽌 엄 티 낑」 속 티 머우는 현대 대중가요에서도 수정 없이 그대로 수용되었다. 「꽌 엄 티 낑」 속 티 머우는 분명한 '악녀'이다. 그러나 〈티 머우〉는 티 머우를 '악녀'로 그리지 않는다. 〈티 머우〉 속 티 머우는

유쾌·발랄한 목소리로 자기감정을 말한다. "도오옹네 사람들~! (B-B-Bờ làng nước ơi!)"에게 떼를 써서라도 사랑을 쟁취하고 말겠다는 티 머우의 욕망은 탈규범적이면서도 자기긍정적이다.

과거 째오의 관객들이 음란하고 부도덕하다고 여겼던 「꽌 엄 티 낑」 속 티 머우의 목소리가 〈티 머우〉에도 그대로 유지되었다. 그러나 현대 대중가요의 청자는 이를 '악'으로 받아들이지 않는다. 티 머우의 목소리는 「꽌 엄 티 낑」과 동일하지만 오늘날에 와서 '새로운 목소리'로 여겨지게 된다. 시대·사회의 변화와 함께 향유자의 인식 또한 전환을 맞이하여 선악을 구분하고 규정하는 낡은 기준이 깨뜨려졌기 때문이다. 티 머우는 더 이상 본받을 것이 전혀 없는 '악인'의 전형이 아니다. 오히려 비전형적인 목소리와 선언을 통해 적극적으로 사랑을 쟁취하고자 하는, 본받아야 할 주체적 '탈(脫)악인'·'반(反)악인'이 되고 있다.

3. 변신 ②: 새로운 주체, 같은 목소리 '들'

1) 홍련 '들'의 목소리

〈홍련〉에는 홍련의 목소리 외에 다른 목소리 '들'이 함께 있다. 그 목소리들은 홍련 자매와 마찬가지 처지에 있는 존재들이다. 홍련은 그들, 즉 홍련 '들'과 함께 복수 연대를 수행할 것이라 노래한다.

> 하늘로 솟았나 (이 위에는 없다)
> 땅으로 꺼졌나 (그 아래는 없다)
> 검은 숲에 있나 (이 안에는 없다)

불꽃 되어 갔나 (잿가루도 없다)
연못 속에 있나 (바로 거기 있다, 바로 여기 있다)
…

사랑하는 우리 언니 장화야
온몸이 젖은 친구들과 있었네
참 반갑구나 원한으로 핏발 서린 눈동자들
그리고 뭍으로 올라오는 두 발
(두 발, 두 발, 수백, 수천, 수만의 발)
(두 발, 두 발, 우리를 봐)

앞서 살펴보았듯, 〈홍련〉 속 홍련은 직접 언니가 어디에 있는지 누군가에게 묻고 확인해 연못이라는 장소를 찾아낸다. 이때 홍련의 '물음'에 대답하는 자는 '장쇠'도 아니며 '청조'도 아니다. 대답하는 자들은 익숙하게 죽은 채로 하늘·땅·검은 숲·연못 속에서 '(괄호 안의 목소리)'로 존재한다. 이 존재들은 "바로 거기 있다, 바로 여기 있다"라고 '대답'하는 목소리로써 홍련의 '언니 찾기'를 적극적으로 돕는다. 홍련은 언니 장화와 함께 있는 "온몸이 젖은 친구들", 그들의 "원한으로 핏발 서린 눈동자들"을 발견하고 "반갑다"라고 말한다. 이들은 장화·홍련과 마찬가지로 억울한 처지에 놓여 있는 존재들이기 때문이다. 홍련이 찾고자 한 장화, 장화와 함께 있던 목소리들은 모두 복수를 함께 하게 될 또 다른 홍련'들'이라고 할 수 있다.

홍련의 목소리에 응답한 목소리'들'은 물속을 벗어나 뭍으로 올라온다. 귀퉁이에서 숨죽이고 있다 뭍으로 향하기 시작한 이들은 한둘이 아니다. 그들의 입을 다물게 한 가해자들의 세상으로 "수백, 수천, 수만의 발"들이 향하고 있다. 이 존재들은 복수를 다짐한 홍련과 함께 홍련'들'이 되어 "우리를 봐!"라고 강하게 소리지른다.

> 나 억울하오, 너무 분하오
> 이대로 저승에 얌전히 가는 건 말도 안 되지
> 오라를 받고 죄 갚으시오
> 세상의 모든 귀퉁이가 마를 때까지 하염없이
> 오라를 받고 죄 갚으시오
> **세상의 모든 귀퉁이가 마를 때까지 하염없이**
>
> **우린** 초점 없이 내다보고, 손등으로 박수치고
> 그대 혼절하면 빛이 있고, 깨어나면 어둠이라
> 얼씨구 (씨구씨구)
> 절씨구 (씨구씨구)
> 허리 꺾어 산을 타고 **눈물 모아 잔치하네,**
> **좋다!**

홍련'들'은 처연하게 울지 않는다. "나 억울하오, 너무 분하오!" 처절하게 부르짖으며 "우린" "이대로 저승에 얌전히" 갈 수 없다고 말한다. 세상의 중심이 아닌 "귀퉁이"에 이름도 없이 억울하게 죽어 있던 존재들은 이제 가해자에게 "죄 갚으라" 말한다. 물에 빠져 죽은 이들의 원한이 다 "마를 때까지", '죄 갚음'은 하염없이 요구된다. 이는 장화 홍련만의 복수가 아니라, 그 물에 빠져 죽었을 억울한 원혼들의 복수 연대를 의미한다.

홍련'들'에게 피의 복수는 "얼씨구 절씨구"가 소리가 날 만큼 흥겨운 행위이다. 이제 "초점 없이 내다보고, 손등으로 박수치는" 기괴한 형상의 존재들은 복수의 완성을 기대하며 흘리는 수백, 수천, 수만의

눈물을 모아 "잔치"한다. 연못에 갇혀 숨죽이던 존재들이 '복수 연대'를 통해 "좋다!"라고 소리칠 수 있게 된 것이다.

〈홍련〉의 노랫말에 보이는 전형적 인물의 비전형적 목소리, 그리고 이 목소리'들'의 연대는 뮤직비디오를 통해 보다 뚜렷하게 확인할 수 있다. 뮤직비디오는 시청각 매체를 함께 활용하여 복수 연대의 '서사적 맥락'을 보완하기 때문이다. 홍련의 목소리를 노래하는 가수 안예은은 뮤직비디오에서도 홍련으로 분하여 홍련'들'을 불러들인다. 뮤직비디오의 각 장면을 전개 순서대로 나열하여 홍련의 목소리가 홍련'들'의 목소리로 확산되는 양상을 살펴보면 다음과 같다.

① 뮤직비디오는 '붉은 선' 안에 갇혀 얌전히 앉아있는 홍련의 모습으로 시작한다. 붉은 선의 영역 안팎으로는 여러 종류의 그릇에 담긴 '정화수(井華水)'가 놓여 있다. 붉은 선은 홍련을 마음껏, 주체적으로 움직이지 못하게 하는 사회 규범과 억압을 상징한다. 이 굴레 안에서 홍련은 정화수에 기도 올리는 '소극적·비활동적' 행위만을 수행할 수 있을 뿐이다.

② 홍련은 언니가 죽은 연못을 찾는다. 음산한 분위기의 연못가에는 뜻밖에도 언니 외의 다른 존재들이 함께 있다. 장화처럼 억울하게 죽은 이름 모를 '물귀신'들이다. 활기를 잃고, 세상으로부터 얼굴을 돌린 귀신들은 그저 연못만 가만히 바라볼 뿐이다.

③ 이때 홍련은 언니 장화를 부른다. 장화는 자신을 '불러주는' 소리에 고개 방향을 돌려 얼굴을 보인다. 장화를 찾아낸 홍련과 물귀신이 된 장화는 다시 인간과 비인간의 경계에서 마주보게 된다.

④ 홍련과 장화는 이제 함께이다. 연못가의 물귀신들을 바라보며 홍련의 자매가 '주문'인 듯 '수화'인 듯 모를 동작을 취한다. 이 손짓은 여전히 연못을 향해 고개를 돌린 "온몸이 젖은" 친구들을 '너도 함께 하자', 불러들이는 행위이다.

⑤ 홍련의 부름에 물귀신들은 반응을 보이기 시작한다. 죽어 있던 손은 차츰 손가락을 움찔거리며 살아나기 시작한다. 이는 일어나 뭍으로 향할 수많은 "두 발"들이 홍련'들'이 되어 복수를 시작할 조짐이다.

⑥ 뮤직비디오 시작 장면인 ①에서 보였던 정화수 그릇은 모두 뒤엎어져 버린다. 복수의 연대를 시작함에 따라 홍련'들'이 더 이상 침묵과 기도와 흐느낌으로 억울함을 중얼거리기만 하지 않겠다고 각성하였기 때문이다.

⑦ 홍련'들'은 자신들을 물에 빠져 죽게 만든 장본인이 버젓이 살고 있는 뭍으로 올라온다. 그리고 축축하고 음산한 연못을 벗어나 마른 땅으로, 들판으로, 햇빛 아래로 뛰어나와 활보한다. 이제 가해자들이 홍련'들'을 두려워하고 죄를 빌어야 할 때가 온 것이다.

⑧ 홍련'들'의 복수 연대는 "잔치·축제"가 된다. 이 새로운 목소리 '들'은 "얼씨구 절씨구" 흥겨워하며 자신들을 태워버릴지도 모를 "지옥 불" 주변을 함께 춤추며 돌고 있다.

⑨ 이제 ①에서 홍련과, 그리고 홍련'들'을 억압하고 있었을 '붉은 선'은 새로운 목소리'들'이 피워올린 '불길'에 의해 태워져 없어진다. 뮤직비디오의 마지막 부분에서는 ⑧과 ⑨의 장면이 여러 차례 교차한다. 이는 홍련'들'의 지옥 불 잔치가 흥겨워질수록 붉은 선이 점차 불에 타 끊어지는 모습을 강조하기 위한 설정이다. 홍련의 새로운 목소리에 응답한 홍련'들'이 그동안의 '금기·규범'을 벗어나 신성을 더욱 확산시킬 것임을 상징한다고 볼 수 있다.

〈홍련〉을 작사·작곡하고, 또한 홍련의 목소리를 노래한 가수 안예은은 유튜브를 통해 새로운 목소리에 담긴 의도를 직접 설명하기도 한다.[14] '일타 강사' 안예은은 본격적인 강의에 앞서 〈홍련〉에 대한 이해와 적극적인 청취를 시청자에게 당부한다. 그리고 〈홍련〉이 고전 「장화홍련전」을 변용한 곡이라는 해설과 함께 노랫말에 담긴 의미를 하나씩 분석한다. 이후 강의 영상의 말미에서는 '특강 자유과제'로 댓글 달기와 토론하기를 제시한다.

---

14 〈홍련이란 무엇인가?: 일타강사 안예은의 납량곡전 해설 강의〉(www.youtube. com/watch?v=bJtDwl3H9rw&t=201s)

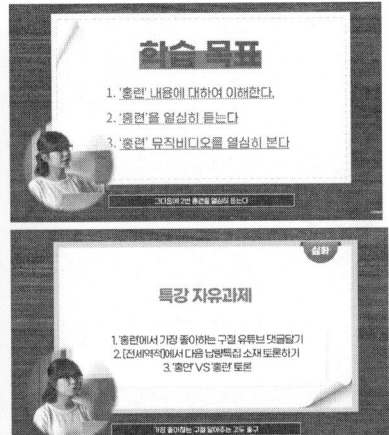

이러한 '해설 강의'는 불특정의 시청자를 향하여 〈홍련〉에 대한 이해와 호응을 구하는 행위라고 할 수 있다. 실제로 많은 시청자들이 이 영상 아래 댓글란을 이용하여 〈홍련〉에 대한 개인적 감상과 토론거리들을 제시하고 있다. 노래를 듣고 "통쾌했다"라거나 "눈물을 흘렸다"라고 적은 댓글이 심심찮게 보인다. 이러한 반응은 홍련'들'에 대한 공감과 연대의 표현이라고 할 수 있다. 〈홍련〉에 담긴 전형적 인물의 비전형적 목소리가 현대 향유자'들'의 것으로도 확산된 현상을 확인할 수 있는 지점이다.

2) 티 머우'들'의 목소리

〈홍련〉에 홍련 외 다른 목소리'들'이 함께 있었던 것처럼 〈티 머우〉에도 다른 목소리'들'의 존재가 포착된다. 〈홍련〉의 목소리'들'이 노랫말 전면에 드러나 있는 것과는 다른 양상으로 티 머우'들'은 존재한다. 앞서 「짠 엄 티 낑」의 티 머우가 그 욕망과 행위, 그리고 목소리 그대로 〈티 머우〉 속 목소리의 주체가 되었던 양상을 살펴보았다. 이제 티 머우 '들'의 존재를 포착하기 위해서도 다시 째오 「꽌 엄 티 낑」으로 돌아갈 필요가 있다.

티 머우
제 이름말이죠?
티 머우랍니다. 부잣집 딸이죠.
나이는 이제 막 이팔청춘으로
아직 남편은 없어요, 작은 스님~
아직 남편은 없답니다!
…
사람이 어쩜 저렇게 별똥별처럼 아름다울까?

끼어드는 소리
누가 스님을 그렇게 칭찬해? 머우야!

티 머우
예쁘면 사람들이 칭찬하잖아 뭐 어때?
…

끼어드는 소리
머우야, 너네 집에 자매가 몇 명있니?

티 머우
우리 집에 아홉 자매가 있는데,
오직 나만 농익었지!

끼어드는 소리
참 천박하다, 머우야!
…
왜 저렇게 발랑 까졌을까, 머우 아가씨야!

티 머우
까져도 안 닳구요,
정숙한 사람들도
예배를 위해서 연지를 바르고 온 것은 아닐 걸요?

Thị Mầu
Tên em ấy à?
Là Thị Mầu, con gái phú ông
Tuổi vừa đôi tám,
chưa chồng đấy thầy tiểu ơi!
Chưa chồng đấy nhá!
…
Người đâu mà đẹp như sao băng thế nhỉ?

Tiếng Đế
Ai lại đi khen chú tiểu thế cô Mầu ơi!

Thị Mầu
Đẹp thì người ta khen chứ sao!
…

Tiếng Đế
Mầu ơi nhà mày có mấy chị em?

Thị Mầu
Nhà tao có chín chị em,
chỉ có mình tao là chín chắn nhất đấy!

Tiếng Đế
Dơ lắm! Mầu ơi!
…
Sao lẳng lơ thế, cô Mầu ơi!

Thị Mầu
Lẳng lơ đây cũng chẳng mòn
Chính chuyên cũng
chẳng sơn son để thờ

베트남 전통 연희 째오에서는 여러 등장인물 못지않게 '끼어드는 소리(Tiếng Đế)'가 주요한 역할을 담당한다. '끼어드는 소리'는 작품에 직접 등장하는 무대 위 인물이 아니지만, 무대 바깥에서 무대 위의 인물과 대화를 주고받기도, 작중 상황을 전개·중단·평가하기도 한다. 그야말로 끼어드는 '소리' 즉 '목소리'로 존재한다.[15] 「꽌 엄 티 낑」 중 「티 머우가 절에 올라간다」 대목에서는 "언니 동생들"의 목소리가 '끼어드는 소리'로 설정되어 있다. "언니 동생들"의 목소리는 티 머우와 대척점에 서서 비도덕적 행위를 일삼는 '악녀'를 나무라고 비판한다. "천박하다"라거나 "발랑 까졌다"라는 비난은 "언니 동생들"과 티 머우 사이에 서로 간의 이해나 동화(同化)가 불가능할 것임을 알 수 있게 한다. 또한 '끼어드는 소리'는 관객의 입장을 대변하는 측면도 있다는 점에서 「꽌 엄 티 낑」의 오랜 향유자들이 티 머우를 추악한 음녀(淫女)로 인식해 왔다는 사실도 짐작할 수 있다.

티 머우는 고전 속 인물이 가진 성격 그 자체로 현대 가요 속에 들어왔다. 그러나 현대 대중가요 〈티 머우〉 속 티 머우는 "언니 동생들"과의 동화 가능성을 열고 있다. 여기에 '전환'의 특별함이 보인다. 〈티 머우〉의 노랫말에서 확인할 수 있었듯, 티 머우는 "언니 동생들"에게 "나랑 절에 올라가요(lên chùa với em)"라고 권한다. 티 머우에게

---

15 이러한 점에서 째오의 '끼어드는 소리'는 그리스 비극의 '코로스(choros)'와 유사하며, 작품 내 비중도 등장인물 못지않게 크다고 할 수 있다. 코로스에 대해서는 오스카 브로케트, 김윤철 옮김, 『연극개론 *The Theatre an introduction*』, 평민사, 2009[1966], 109쪽; 이만희, 「그리스 코러스 기능의 전복: 솔로르사노의 『신의 손』을 중심으로」, 『이베로아메리카연구』 20(1), 2009, 2쪽; 강대진, 『비극의 비밀』, 문학동네, 2013, 22~26쪽 참조.

'절에 간다'는 행위에는 젊고 아름다운 남자 승려를 만나러 간다는 성애적 의미가 내포되어 있다. 규범에 얽매이지 않는 이 적극적 애정 활동을 티 머우는 자기를 비난하였던 고전문학 속 목소리'들'에게 함께 하자고 제안한다. 현대 매체에서 새롭게 수정·추가된 존재가 아니라, 고전문학 속에서 이미 노골적인 표현으로 악녀를 비난하던 목소리들에게 '함께 하자' 요청한 점은 주목할 만하다. '끼어드는 소리'는 작품의 향유자를 대변하는 존재이기도 하므로, 티 머우는 '악녀'라 비판받던 자신의 행위가 〈티 머우〉를 듣는 청자들에게도 확산되기를 기대하고 있는 것이라 볼 수 있기 때문이다. 티 머우의 요청에 대한 "언니 동생들"의 응답은 뮤직비디오 안팎에서 구현된다.

① 뮤직비디오 첫 장면에서는 째오 「꽌 엄 티 낑」에서 티 머우 역할을 맡게 된 젊은 배우의 모습이 등장한다. 오랫동안 티 머우 역할로 사랑을 받아온 중견 배우[16]는 이제, 후배에게 그 역할을 물려주려고 교육한다. 그러나 이 후배 배우는 악녀 티 머우에 감정을 이입할 수 없어 배역을 제대로 소화하지 못한다.

---

16 뮤직비디오에서 중견 배우 역할을 맡은 투 후이옌(Thu Huyền)은 실제로 째오 「꽌 엄 티 낑」에서 티 머우 역할을 맡아 인기를 얻은 인물이다. 베트남 정부로부터 2007년에 우수 예술가(Nghệ sĩ ưu tú.)의 칭호를, 2023년에는 인민 예술가(Nghệ sĩ nhân dân)의 칭호를 받았다.

② 배우는 째오 연습을 끝내고 집으로 돌아가는 중에도 계속해서 한숨 쉬고 고민한다. 부도덕·몰염치하고 탐욕적인 티 머우는 자신이 전혀 이해할 수 없는 인물이기 때문이다. 이러한 걱정을 안고 길을 걷는 중에 갑자기 공중에서 정체를 알 수 없는 웃음소리와 목소리가 들려온다. 배우는 두려움에 떤다.

③ 공중에서 들려오는 목소리는 계속해서 노래한다. 거기에는 "나는 발랑 까진 티 머우랍니다"로 시작해서 "언니 동생들", "저랑 같이 가요"라는 노랫말도 물론 포함되어 있다. 공중의 목소리는 이제 '그림자'로도 등장한다. 목소리와 그림자는 젊은 배우의 내면에 이미 존재하였지만, 인정 혹은 인식하지 못하였던 티 머우이다. 티 머우의 그림자는 배우의 형상과 같아지기도 달라지기도 한다. 둘은 겹쳐졌다가 분리되기를 반복하다가 결국에 하나가 된다.

④ 배우와 티 머우는 동화되어 티 머우'들'이 된다. 티 머우'들'은 전통 복식으로 전환된 티 머우의 의상을 입고 현대 베트남의 시장 거리를 돌아다닌다. 티 머우'들'은 노래하고 춤추며, 노상에서 쌀국수를 먹고 있는 젊은 남성에게 수작을 걸기도 하며 자기 욕망을 거리낌 없이 표출한다.

⑤ 티 머우'들'은 이제 배우의 모습으로 돌아온 상태에서도 자유롭게 길거리를 누비며 티 머우의 노래를 부르고 춤출 수 있게 된다. 뮤직

비디오는 ④의 전통 복식을 입은 티 머우와 ⑤의 현대 복식을 입은 배우의 모습을 거듭 교차해서 보여줌으로써 두 인물이 '같은 목소리'를 내는 티 머우'들'임을 확인시켜준다.

⑥ 티 머우에 동화된 배우는 작품 속 티 머우가 임신한 것처럼 배가 불러오기 시작한다. 극중의 분장이 아니라, 실제로 배가 불러옴을 느끼면서 배우는 놀란다. 무대 안팎의 구분 없이 배우가 티 머우 그 자체가 되었음을 알 수 있게 하는 장면이다.

⑦ 임신해 부푼 배를 놀란 얼굴로 감싸는 ⑥의 마지막 장면과 마찬가지로 임신한 배를 감싼 티 머우의 모습으로 전환된다. ⑦에서 티 머우는 더욱 거리낌이 없어진다. 티 머우는 자신을 둘러싼 여러 무용수의 놀란 표정 앞에서 임신한 배를 부끄러워하기는커녕 오히려 뻔뻔하고 도도한 표정으로 응수한다. 그리고 배를 가리키며 비난하는 여러 무용수를 뿌리치고 크게 팔을 벌리면서 "아하하하, 하하" 간드러지는 목소리로 크게 웃기까지 한다.

⑧ 배우는 째오 무대 위에 오른다. 티 머우에 감정 이입할 수 없었던 과거의 자신은 온데간데없다. 젊은 배우는 완벽한 티 머우가 되어 요염하게 젊은 승려 낑 떰을 유혹하고, 마을 사람들에게 뻔뻔하게 떼를 쓰기도 한다. 배우는 자신이 맡은 배역을 이해하는 데 그치지 않고, 티 머우의 욕망 자체를 자기화함으로써, 나아가 본디 자신에게 있었을 티 머우의 욕망을 인정함으로써 관객은 물론, 중견 배우가 고개를 끄덕여 인정하는 티 머우가 된다. 이렇듯 뮤직비디오는 향유자들에게서 비난·배척받은 탕녀 티 머우의 욕망이 '–들'의 것으로 인정·확장될 가능성을 엿보게 한다.

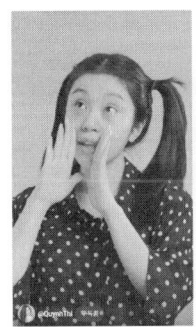   

티 머우'들'의 목소리는 〈티 머우〉의 노랫말과 뮤직비디오 안에만 한정되지 않는다. 실제로 〈티 머우〉의 목소리는 대중으로 확산되어 '–들'의 목소리가 되는 경향을 보인다. 〈티 머우〉 뮤직비디오는 2023년 3월 처음 공개된 이후, 2023년 12월 시점에 4천만 뷰를 달성하였다. 또한 틱톡(TikTok)·릴스(Reels)·쇼츠(Shorts) 등 최근 빠른 속도로 '대세 매체'로 자리잡은 숏폼(Short-form) 콘텐츠를 통해서는 '티 머우 챌린지'가 확산되기도 하였다.[17] 틱톡 챌린지의 내용은 다음과 같다. 위의 사진처럼, 우울한 모습의 여자가 점차 티 머우에 동화되면서 자기를 긍정하게 되고, 자신감을 찾은 그 정점에서 '임신한 배'를 보여준다.[18] 물론 〈티 머우〉의 노랫말에 맞추어서다. 수많은 틱톡 유저들이 이 챌린지에 참여해 티 머우의 목소리는 더욱 많은 티 머우'들'을 견인할 수 있게 되었다. 이는 전형적 인물의 비전형적 목소리가 새로운 시대, 새로운 요구에 부응하는 신성으로서 확산되는 현상이라 볼 수 있다. 현대와 교섭하는 고전의 충만한 생명력을 확인하게 하는 지점이다.

4. 나가며: '-들'의 신성(新聲)

이상에서 한국과 베트남의 대중가요 두 곡, 〈홍련〉과 〈티 머우〉를 중심으로 고전문학의 등장인물이 현대에 와서 새롭게 해석되는 양상을 살펴보았다. 전형성을 띠고 있다고 인식되어 온 고전 속 인물들이 시대와 매체의 변화 속에서 '새 목소리'를 부여받은 양상을 확인하고 그 의미를 궁구해보고자 한 것이다. 이러한 작업을 통해 한국과 베트남의 옛 문학이 오늘날 새롭게 재창작·향유되는 방식을 확인함은 물론, 고전이 지닌 충만한 생명력도 되새길 수 있었으리라 본다.

고전문학은 납작하거나 단조롭지 않다. 수많은 이본의 존재가 이를

---

17 Hoang Nguyen, 「Viral video creates new TikTok trends」, 『VnExpress International』, 2023.5.17.(e.vnexpress.net/news/arts/viral-video-creates-new-tiktok-trends-4582571.html)

18 대표적으로 베트남의 유명 틱톡 스타인 '꾸인 티(Quỳnh Thi)'의 챌린지 영상을 살펴볼 수 있다(www.tiktok.com/@msquynhthie/video/7208133863170706715)

증명한다. 고전문학은 시대에 따라, 향유자의 의식 변화에 따라 다시 해석될 수 있는 맥락과 의미들을 담고 있다. 고전은 그 자체로 재해석됨으로써, 혹은 지금 이 시대의 이본으로 재생성됨으로써 '향유되는 문학'으로서의 가능성과 잠재성을 표출한다.

선악의, 특히 선한 여성과 악한 여성의 표상을 만든 동아시아의 오랜 사회 규범은 오늘날 급격하게 붕괴하고 변화하고 있다. 그 과정에서 문학의 향유자는 고전 속 전형적 인물들의 '목소리'에 대하여 그 의미와 방향을 다시 묻고, 다른 대답을 요구하게 되었다. 무엇을 '선'이라 여길지, 무엇에 '함께'할지 현대의 향유자는 보다 적극적인 '-들'로서 고전의 재해석에 동참하고자 한다.

〈홍련〉과 〈티 머우〉를 통해 살펴본바, 전환의 틈새에는 이전에 없던 통쾌한 복수와 자각된 욕망이 채워졌다. 또한 전형적 목소리를 비전형적 목소리로 바꾸는 이러한 시도는 작품 안팎으로 연대·연결을 모색하기도 하였다. 고전을 읽는 오늘날의 향유자가 홍련과 티 머우의 욕망이 새로운 목소리로 발화되도록 요구하기 때문이다. 이는 옛이야기를 통하여 마주하는 등장인물들의 삶의 분투가 변화하는 세상 속에서 새롭게 인식된 결과이다.

〈홍련〉과 〈티 머우〉는 「장화홍련전」과 「꽌 엄 티 낑」에서 선악의 전형으로 대표되는 인물을 화자로 삼아 그들이 새로운 목소리로 현대의 향유자들과 만날 수 있도록 하였다. 이에 홍련의 원한은 분노로 말할 수 있게 되고, 티 머우의 성적 욕망은 자기긍정적 목소리로 들릴 수 있게 되었다. 전복된 전형성은 작품 안팎으로 확장되어 향유자 스스로 그 비전형성을 강화하는 주체로 연결되기에 이르렀다. 댓글로, 틱톡으로 목소리를 재확산하는 향유자 역시 '-들'의 하나이며 고전을 재생산하는 또 다른 주역이기 때문이다.

  이제 홍련과 티 머우의 목소리는 그들만의 것이 아니다. 홍련'들', 티 머우'들'의 목소리이기도 하다. 고전에서 연원하는 홍련·티 머우의 목소리가 현대의 이본으로 새롭게 향유되기까지, 그 여정에 깊게 동참한다면 고전이 가진 폭넓음과 복잡함을 이해할 수 있게 된다. 홍련과 티 머우의 목소리에 귀를 기울일 때, 향유자는 그 속에 담긴 생명력을 감지할 수 있을 것이다.

  이상에서 살펴본바, 현대의 창작자가 〈홍련〉과 〈티 머우〉을 새롭게 해석하고, 향유자가 이에 크게 호응한 현상은 주목할 만하다. 앞으로 고전의 전환을 꾀하는 시도가 더욱 활발해질 것이라는 기대를 품게 하기 때문이다. 고전의 전환과 확산이 보다 다양한 매체를 통해, 보다 다양한 방식으로 이루어지는 데에 이번 연구가 기여하는 바가 있기를 바란다.

제2부

여성-자기서사화의 정치성

기지촌 여성의 자기서사와 반(反) 역사

최현숙의 구술생애사를 중심으로

장영은

> 타자의 증언을 듣는다는 것,
> 이는 단순히 어떤 사건의 '정보'가 당사자로부터 타자에게 전달되는
> 것이 아니다.
> -오카 마리[1]

> 구술사 작업은 보여주고, 들여다보고, 내다보는 작업이다. 한 사람이 살아온 기억을 풀어놓는 작업을 통해 스스로 그 아픔과 한계를 정리하고 객관화하며 재해석하는 과정이다.
> -최현숙[2]

---

1 오카 마리, 이재봉·사이키 가쓰히로 옮김, 『그녀의 진정한 이름은 무엇인가』, 현암사, 2016, 217쪽.
2 최현숙, 『천당허고 지옥이 그만큼 칭하가 날라나?』, 이매진, 2013, 16쪽.

1. 기지촌의 유산과 진실

2023년 6월, 『전쟁 같은 맛』의 한국어 번역본을 출간한 그레이스 조는 한국어판 서문에서 기지촌 여성들의 사법 투쟁을 적극적으로 지지하며 자기 자신을 기지촌의 역사적 유산을 물려받은 '딸'로 소개했다.[3] 그 내용의 일부는 다음과 같다. "기지촌 여성들이 집단적으로 목소리를 내고 한국 정부를 상대로 소송을 제기하기 전에 돌아가셨지만, 나는 어머니의 혼이 이 여성들과 연대하는 모습을 상상한다. 이분들은 국가와 전 세계에서 가장 강력한 군대를 상대할 만큼, 또 가부장적

---

[3] 미군 위안부 국가배상 소송 과정은 다음과 같이 진행되었다. 2011년부터 미군 위안부를 대표하는 생존자 122명과 두레방, 새움터, 햇살사회복지회, 여성인권센터 쉬고, 미군범죄근절운동본부, 한소리회 등이 미군 위안부 국가 배상 소송 준비에 착수했고, 기지촌 여성단체들과 기지촌여성인권연대, 민주사회를 위한 변호사 모임 등이 소송 준비에 동참했다. 2014년 3월, 기지촌여성인권연대와 새움터는 원고들의 증언 채록 및 수합을 진행했다. 2014년 6월 25일, 122명의 기지촌 피해 생존자들은 국가를 상대로 미군 위안부 국가배상청구 소송을 제기했다. 2017년 1월, 1심 재판부는 미군 위안부 피해 여성들에게 일부 승소 판결을 내렸다. 2018년 2월 8일 2심 재판부인 서울고등법원은 미군 위안부 국가 배상 소송 항소심에서 기지촌을 능동적으로 운영 관리한 주체인 국가가 원고들의 인격권과 인간의 존엄성을 침해했음을 인정하며, 원고 117명에게 총 6억 4700만 원의 손해배상 위자료를 국가가 지급할 것을 판결했다. 2022년 9월 29일, 대법원은 '기지촌 미군위안부 국가손해배상청구 소송'에서 최종판결을 내렸다. 국가가 기지촌을 조성해 적극적으로 성매매를 조장하고 강제적 성병관리 등의 위법 행위를 자행했음이 대법원의 판결로 확정되었다. 2022년 '기지촌 미군위안부 국가손해배상청구 소송'의 대법원 최종판결 관련해서는 「판결-대법원, '미군 기지촌 성매매' 국가 배상 책임 인정」, 『법률신문』, 2022년 9월 29일, https://www.lawtimes.co.kr/news/182048?serial=182048&kind=&key= 참조. 소송의 주체가 된 원고들의 증언이 사법 투쟁을 승리로 이끈 원동력이었음을 역설한 박정미의 논의와 관련해서는 박정미, 「"국가 없는 애국자들"의 승리」, 웹진 『결』, 일본군'위안부'문제연구소, https://kyeol.kr/ko/node/497 참조.

가족제도의 성 규범에서 벗어난 여성이라는 낙인을 감수할 만큼 용감했다. 또 그러한 세력에 맞서 진실을 말했고, 여러 해를 버텼으며, 마침내 승리했다. 나는 그중 한 사람의 딸로서 내 유산을 자랑스럽게 생각한다."[4] 2008년에 어머니의 죽음을 갑작스럽게 겪으며 애도의 글쓰기를 시작한 그레이스 조에게 어머니의 생애를 회고하는 과정은 어머니에게 붙은 "온갖 꼬리표를 넘어서는 존재였던 그분의 모습을 기억"하려는 "개인적 여정의 일환"이자 "어머니와 닮은 사람들을 기리고 애도하는 데 실패한 한미 사회에 대한 정의 회복 프로젝트"이기도 했다.[5] 아감벤의 통찰에 기대어 법률의 궁극적 목표가 판결의 산출임을 상기할 때, 법의 기판력으로만 정의를 확립하고 진실을 입증해낼 수 없다는 것은 명백한 사실이다.[6] 같은 맥락에서 정의 회복을 위해 회고록을 집필했다는 그레이스 조의 고백에 일정 정도 수긍하게 된다.

하지만, "타락한 여자라는 꼬리표에도 불구하고 명예로운 삶을 살았고, 정신병자라는 꼬리표에도 불구하고 이성적이었던 어머니"[7]의

---

[4] 그레이스 M. 조, 주해연 옮김, 『전쟁 같은 맛』, 글항아리, 2023, 11쪽. 『전쟁 같은 맛』의 한국어판 출간의 의미와 관련해서는 장영은, 「회고록 너머의 진실 혹은 정의(正義): 그레이스 M. 조의 전쟁 같은 맛 한국어판 읽기」, 『문학인』 2024 여름호, 2024, 350~359쪽 참조. 『전쟁 같은 맛』의 한국어판 서문에 관한 논의는 장영은, 위의 논문에서 일부 발췌했음을 밝힌다. 어머니의 죽음을 애도하는 딸의 글쓰기에 관해서는 피에르루이 포르, 유치정 옮김, 『어머니와 딸, 애도의 글쓰기』, 문학과지성사, 2024 참조.

[5] 그레이스 M. 조, 주해연 옮김, 『전쟁 같은 맛』, 글항아리, 2023, 6~7쪽.

[6] 조르조 아감벤, 정문영 옮김, 『아우슈비츠의 남은 자들: 문서고와 증인』, 새물결, 2012, 23~26쪽 참조. 데리다는 법의 특징을 계산 가능하며 공평무사하고 언제나 동일하게 적용될 수 있다는 점으로 분석한 반면 정의의 특징을 계산 불가능하며 언제나 새롭게 질문되어야 한다는 점으로 규정한 바 있다. 이와 관련해서는 자크 데리다, 진태원 옮김, 『법의 힘』, 문학과지성사, 2004 참조.

생애를 복원하는 과정은 한국에서도 미국에서도 순탄하지 못했다. "어머니의 삶을 애도하지 못하게 했던 세력은 어머니를 죽인 세력과 동일"하다고 규정했을 만큼 그레이스 조는 자신의 글쓰기를 저지하려고 했던 사람들을 향해 강력한 적대감을 표출했다. 그 세력들 가운데 오빠 가족도 포함되어 있었다.

2021년 미국에서 『전쟁 같은 맛』이 출간된 이후부터 그레이스 조회고록의 사실 진위여부를 둘러싼 거친 논쟁이 벌어졌다. 오빠 가족은 물론이고 아마존의 독서 플랫폼인 굿리즈(Goodreads) 등에서도 의문이 제기되었다. 2023년 한국어판 출간 직전부터 출간 이후까지 한국에서도 비슷한 상황은 반복되었다.[8] 한국어판 담당 출판 편집부는 저작권사와 저자에게 사실 확인을 요청했다. 그레이스 조는 논란의 핵심적인 사항들에 대해 문서 기록 등을 제출해 검증 절차를 마치고 책 내용의 사실성을 증명했다. 그레이스 조의 오빠는 '어머니가 기지촌에서 일했고, 그곳에서 성 노동 또는 기타 노동을 하다 아버지를 만났다. 어머니가 조현병을 앓았다. 저자가 어머니에게 요리를 해주었다. 저자와 오빠의 생물학적 부친이 다르다.'는 회고록의 내용이 사실과 전혀 다르다며 동생을 공격했다. 반면, 그레이스 조는 자신이 침묵하기를 원하는 오빠의 요구에 응하지 않았다. 어머니의 삶을 글로 쓰는 행위를 중단할 의사가 없음을 회고록 출간으로 표명한 것이었다. 올케 또한 시어머니가 칵테일을 나르는 일을 했을 뿐 성노동자가 아

---

7 그레이스 M. 조, 주해연 옮김, 『전쟁 같은 맛』, 글항아리, 2023, 10쪽.
8 이와 관련해서는 「『전쟁 같은 맛』 내용의 사실관계에 관해 알립니다」, 글항아리 편집부, http://geulhangari.com/archives/12147?ckattempt=1&fbclid=IwAR3oL1XBeFXzkd6lIEoeNs5N25W4dTOg2h93EeGyj8_qY96CFBy4aoefG3w, 참조.

니었다는 말로 시누이를 설득하려 했지만, 그레이스 조는 어머니의 생애를 '수정'하지 않았다.

그레이스 조의 회고록을 둘러싼 의혹은 한국 사회에서 기지촌이라는 공간의 경계성을 확인시켜 준다.[9] 기지촌은 여전히 한국 사회에 존재하고 있지만, 어쩌면 그렇기 때문에 공간적으로는 한반도 밖에서 시간적으로는 과거에 존재했던 일본군 위안소 및 위안부처럼 사회적

---

9 미군 위안부의 기억과 재현에 대한 논의가 일본군 위안부 운동처럼 사회적 주목을 받지 못하는 이유를 미군 기지촌의 로컬리티 문제로 접근한 백일순의 연구에 주목하게 된다. 백일순은 기지촌의 대표적인 장소로 꼽히는 경기도 파주 용주골의 로컬리티를 분석하며 클럽과 숙소, 시장과 목욕탕 등의 공간을 통해 미군 위안부에게 가해지는 폭력과 감시가 공간적으로 구조화되었음을 논증했다. 그와 같은 공간적 특성과 로컬리티가 미군 위안부에 대한 기억을 정형화하고 의도적으로 삭제하는 것에 영향을 미쳤음을 주장한 바 있다. 한편, 지워지고 재현되지 못했던 것이 되살아나는 장소를 기억의 공간으로 명명했던 알라이다 아스만은 서사화될 수 없는 트라우마의 경험이 말과 문자를 넘어 하나의 장소가 재조직되며 표현되지 않았던 의미들과 트라우마로 인해 잊혀졌던 것들이 새롭게 살아나는 방식에 주목했다. 이와 관련해서는 백일순, 「왜 미군 위안부는 잊혀져야 했는가?: 기지촌의 로컬리티와 기억의 정치」, 『로컬리티 인문학』 25, 2021, 39~76쪽, 알라이다 아스만, 채연숙·변학수 옮김, 『기억의 공간: 문화적 기억의 형식과 변천』, 그린비, 2011 참조. 장나윤은 공식적인 역사적 연속성에 도전하는 개인의 저항을 반(反)기억으로 규정한 푸코의 개념을 차용해 기지촌 여성들을 반기억의 방식으로 재현한 예술 작품의 수행성을 강조했다. 특히, 정은영 작가의 〈좁은 슬픔〉(2008)에 주목하며, 성노동자들이 거주하는 입구인 좁은 문들의 사진 시리즈와 영상을 통해 일반 성인이 겨우 지나갈 수 있는 어둡고 좁은 길로 이어지는 문 뒤에 살았거나 지금도 살고 있는 수많은 여성들의 삶에 대해 생각하도록 유도하는 작품의 의미를 적극적으로 해석한 바 있다. 이와 관련해서는 Nayun Jang, Capturing Shadows of the Wars: Memories of Camp Town Women in South Korea and Japan, *Photographies*, Vol.14(1), Abingdon: Routledge, 2021, pp.119~131 참조. 필리핀, 한국, 오키나와의 미군 기지촌 여성의 삶을 구술 채록한 작업으로는 산드라 스터트반트·브렌다 스톨츠퍼스, 김윤아 옮김, 『그들만의 세상: 아시아의 미군과 매매춘』, 잉걸, 2003 참조.

의제로 논의되지 못하고 있다. 그레이스 조의 회고록 출간을 둘러싼 논쟁을 통해 기지촌의 역사가 한국 사회에서 매우 복잡한 형태로 봉인되어 있음을 다시 한 번 확인하게 되었다.[10] 기지촌 여성이었던 어머니의 삶을 어머니 대신 증언한 딸의 글쓰기는 왜 미국과 한국에서 혹독한 검증을 받을 수밖에 없었을까?

남매의 치열한 진실 공방을 검증하는 것은 이 글의 목표를 넘어서는 일이다. 그럼에도 불구하고 『전쟁 같은 맛』을 둘러싼 논란을 언급하는 이유는 다음과 같은 문제들을 생각해보기 위함이다. 기지촌 여성으로 일했던 어머니의 삶을 기록하기 위해 분투하는 딸과 자신의 어머니는 기지촌 여성이 아니었다고 항변하는 아들 사이의 첨예한 대립은 왜 지속되는 것일까? 그들 사이의 입장 차이는 왜 좁혀지지 않는 것일까? 어머니를 대신해 어머니의 삶을 증언하고 있는 사람은 누구인가? 한 사람이 진실을 증언하고 있다면 다른 한 사람은 진실을 은폐하거나 왜곡하고 있는 것일까? 혹은 그들은 서로 다른 방식으로 각자가 간직하고 있는 조각난 진실에 매달려 있는 것일까? 이와 같은 의문들은 역설적이게도 오직 그레이스 조의 '어머니'만이 남매의 상반되

---

10 박정미는 한국전쟁 직후부터 1995년까지 한국 기지촌 성매매정책의 법적 구조를 탐색해 기지촌 성매매정책의 핵심이 기지촌 여성의 육체에 대한 적극적인 개입임을 규명한 바 있다. 기지촌 성매매정책은 행정부가 독자적으로 제정할 수 있는 다양한 명령, 규칙, 조례가 반드시 국회를 통과해야 하는 법률을 압도하는 특징을 가지고 있을 뿐만 아니라, 금지정책과 관리정책은 헌법에 보장된 국민의 기본권을 유예하고 부정했다. 박정미는 기지촌 성매매정책을 아감벤의 예외상태에 부합하는 모델로 분석하며, 1953년부터 1995년까지 한국의 주권은 기지촌 여성을 "미군을 위해 살리거나 미군에 의해 죽도록 내버려두는" 권력으로 비판했다. 이와 관련해서는 박정미, 「한국 기지촌 성매매정책의 역사사회학, 1953-1995년: 냉전기 생명정치, 예외상태, 그리고 주권의 역설」, 『한국사회학』 49(2), 2015, 1~33쪽 참조.

는 주장 가운데 무엇이 진실인지를 밝혀낼 수 있음을 알려준다. 그렇다면 한 사람의 생애는 오로지 그 자신에 의해서만 이야기될 수 있는 것일까? "어떤 일을 끝까지 겪어낸 사람, 어떤 사건을 처음부터 끝까지 경험했고 그래서 그 일에 대해 증언할 수 있는 사람"만이 증인이 될 수 있다면, 오직 살아남은 사람만이 증언할 수 있는 것일까?[11] 왜 기지촌 여성의 자기서사는 거의 대부분 증언의 형태로 이루어진 것일까? 앞서 언급한 질문들을 이 글에서 모두 해명하기는 불가능하므로 오히려 질문의 방향을 조금 달리해 논의를 이어가고자 한다. 미군 위안부의 자기서사가 증언과는 다른 방식으로 이루어진 사례는 없는가? 이에 앞서 2000년대 이후에 한국에서 등장했던 기지촌 여성의 자기서사에 주목하며 증언의 정치적 수행성부터 검토해보고자 한다.

2. 기지촌 여성의 자기서사와 증언

2000년대 이후 기지촌 여성이 자서전, 증언록, 구술생애사 등 지식 생산자로 등장하는 현상에 주목한 김미덕은 기지촌 여성의 자기서사는 "기록되지 않았던 이들의 역사 복원뿐만이 아니라 그들의 발화와 쓰기 자체가 참 지식/앎에 대한 권위를 갖는다는 전제"에서 출발하고 있음을 환기시켰다.[12] 김미덕의 주장처럼 기지촌 여성의 자기서사는

---

11 조르조 아감벤, 정문영 옮김, 『아우슈비츠의 남은 자들: 문서고와 증인』, 새물결, 2012, 22쪽.
12 2005년에 출간된 김연자의 자서전 『아메리카 타운 왕언니 죽기 오분 전까지 악을 쓰다』와 2013년에 '미군 위안부 기지촌여성 최초의 증언록'이라는 부제로 발간된

"자신이 현재 구성하고자 하는 생애를 재구성하는 작업"[13]이기 때문에 기지촌 여성이 자신의 삶을 직접 이야기할 때 작동되는 정치적 맥락 또한 섬세하게 고려될 필요가 있다.[14]

2013년에 발간된 김정자·김현선의 『미군 위안부 기지촌의 숨겨진 진실-미군 위안부 기지촌여성 최초의 증언록』은 김정자의 기지촌 이동 경로를 따라 진행된 대화를 '그대로' 옮긴다는 원칙을 지키며 기지촌 역사를 기록했다. 이 증언록에서 구술적 대상을 시각적 대상으로 변화시키는 녹취문의 특징은 일부 해체된다.[15] 김정자의 증언록을 읽는 독자는 마치 생존자의 녹음된 목소리를 듣는 것 같은 경험을 하게 된다.[16] 차미령은 김정자 증언록의 수행성을 서발턴 여성의 말하기 즉

김정자·김현선의 『미군 위안부 기지촌의 숨겨진 진실』 등이 있다

[13] 김미덕, 「주한미군 기지 정치(Base Politics) 연구에 대한 검토」, 『아태연구』 21(1), 2014, 132쪽. 김미덕은 과거 성 산업에 종사했고 캠프타운에 거주하고 있는 30여 명의 여성을 인터뷰한 결과, 기지촌 여성들이 사회가 자신들을 어떻게 호명하는지 잘 알고 있지만 성과 노동의 이분법으로 자신들의 생애를 정리하지 않고 있음을 확인할 수 있었다고 한다. 김미덕의 연구에 따르면, 기지촌 여성들은 일생에 걸친 노동을 바탕으로 스스로를 가난한 노동자와 적극적으로 동일시하는 부류와 비록 자신이 빈곤하지만 가난한 여성 노동자와 동일시하지 않으려는 부류 및 자신에게 주어진 삶을 살았다고 받아들이는 유형으로 분류된다.

[14] 차미령, 「여성 서사 속 기지(촌) 성매매 여성의 기억과 재현: 강신재 박완서 강석경 소설과 김정자 증언록을 중심으로」, 『인문학연구』 58, 2019, 7~38쪽 참조. 구술을 통해 기지촌 여성의 경험을 드러내고 이를 기반으로 기지촌과 관련된 공식적 역사에 문제제기하는 것을 목적으로 수행된 구술생애사 연구로는 이나영, 「기지촌 여성의 경험과 윤리적 재현의 불/가능성」, 『여성주의 역사쓰기: 구술사 연구방법』, 아르케, 2012, 155~185쪽 참조.

[15] 알렉산드로 포르텔리, 「무엇이 구술사를 다르게 하는가?」, 윤택림 편역, 『구술사, 기억으로 쓰는 역사』, 아르케, 2010, 79쪽.

[16] 김정자의 증언록을 생존자가 겪은 약물 중독, 우울, 고통에 초점을 맞춰 분석한 연구로는 김은경, 「미군 '위안부'의 약물 중독과 우울, 그리고 자살: '위안'하는 주체

"사후적인 되기의 방식으로 불가능한 시간을 뚫고 나오는 트라우마의 말"로 분석한 바 있다. 말할 수 없는 것을 말하고자 하는 과정은 불가능성을 넘어서고자 하는 과정으로 해석 가능하며 그렇기 때문에 김정자의 증언록을 문학과 증언의 "조우"로 평가할 수 있다는 차미령에 관점에 동의한다. 김정자는 말할 수 없는 것, 말하기 어려운 것을 끝까지 단념하지 않고 말하겠다는 의지를 표명하는 것으로 사회적 고립을 거부했다. 증언 여행은 '유언'으로 마무리되었지만, 김정자의 '유언'은 미래 지향적이며 희망적이었다. "할거야, 목숨 살아 있는 한까지는. 꼭 지킬 거야! 알았지? 나 김정자야!"[17] 김정자는 죽음이 아닌 삶을 이야기하는 것으로 증언을 마무리했다. 이처럼 증언의 창조적 역능은 증언자 자신을 변화시킨다.

때로 증언이 사회적 낙인의 근거가 되는 상황이 발생한다 할지라도 증언자는 증언의 과정 속에서 자기 자신의 정체성을 주체적으로 구성하게 되는데, 그와 같은 경험은 김연자의 자서전에서도 상술되고 있다. 피해자, 생존자, 운동가의 언어로 자기 자신의 생애를 직접 쓴 김연자는 증언 후 겪어야 했던 좌절감과 소외감을 자서전에서 다음과 같이 토로했다.

> 기지촌 문제를 연구하고 싶다며 학생뿐 아니라 교수, 작가, 사진가들이 찾아왔다. 나는 증언이나 도움을 원하는 사람들을 마다하지 않고 만나

의 (비)일상과 정동 정치」, 『역사문제연구』 40, 역사문제연구소, 2018, 129~166쪽 참조.
17 김정자 증언, 김현선 엮음, 새움터 기획, 『미군 위안부 기지촌의 숨겨진 진실: 미군 위안부 기지촌여성 최초의 증언록』, 한울아카데미, 2013, 305쪽.

며 진심으로 대했다. 내가 겪은 기지촌 생활을 토대로 쓴 논문도 나왔다. 그런 것들을 통해 조금씩 형편이 나아지고 실질적인 대책이 나올 수 있을 것이라고 기대했다. 그러나 지식인들은 나를 '인간 김연자'로 보기에 앞서 '전직 기지촌 매춘 여성'으로 보는 경우가 많았다. 내 노력이 어렵게 사는 많은 기지촌 여성들과 혼혈아들을 위한 징검다리가 되기를 바랐기에 나는 개인적인 감정을 묻고 모든 것을 털어놓았다. 그럴 때마다 내가 감당해야 할 것이 너무 많았다.[18]

김연자의 표현처럼 증언 이후에 '감당'해야 할 일들은 나날이 증폭되어갔지만, 그렇다고 해서 증언하기 이전의 삶으로 돌아갈 생각은 전혀 없었다. 증언은 곧 투쟁으로 이어졌으며, 그와 같은 연쇄적인 과정 속에서 김연자는 기지촌 현장 운동가의 정체성을 점차 공고히 형성해갔다. 김연자는 자서전을 마무리하며 자기 자신을 "전도사도 아니고 목회지도 이니고, 운동가"[19]로 규징했다.

증언이 현장 운동과 긴밀한 연관성을 가지는 사례는 두레방이 발간한 증언록에서도 찾을 수 있다. 1986년 3월부터 의정부의 기지촌에서 시작된 두레방 운동이 활동 30주년을 맞이해 출간한 『두레방 여인들: 기지촌 여인들과 치유와 회복의 시간, 두레방 신학 30년』(2017)에도 두레방 구성원들의 증언이 첫 번째 장에 배치되어 있다. 한국 여성 13명과 필리핀 여성 4명의 사례를 뽑아 정리한 증언록은 기지촌 운동사의 일부로 읽힌다.[20]

---

18 김연자, 『아메리카 타운 왕언니 죽기 오분 전까지 악을 쓰다』, 삼인, 2005, 260쪽.
19 김연자, 앞의 책, 300쪽.
20 문동환, 『두레방 여인들: 기지촌 여인들과 치유와 회복의 시간, 두레방 신학 30년』, 삼인, 2017, 20~95쪽 참조. 박정미는 1961년 군사 쿠테타 직후에 설립되어 1990년

정의(正義)를 경험할 수 없는 어떤 것을 경험하게 되는 것으로 설명했던 데리다의 통찰을 김정자, 김연자, 두레방의 증언록과 자서전 등에 적용해 분석해보면, 기지촌 여성의 자기서사는 정의 실현을 위한 수행적 말하기와 글쓰기로 이해될 수 있다.[21] 그레이스 조의 표현처럼 기지촌 여성의 증언은 '정의 회복 프로젝트'로 수행되는 경우가 많았다. 정의 회복의 과정 즉 증언자가 청자와 독자에게 진실을 전달하고 그들과 함께 증언의 목적을 달성하는 과정은 대체로 험난했다. 또한, 증언의 진실은 화자와 청자, 작가와 독자 사이에서 상호적으로 형성되며 지속적으로 재구성된다.[22] 같은 맥락에서 일본군 위안부 피해자들의 증언을 사례로 증언활동의 정치적 효과를 역사적 진실을 규명하는 반(反) 역사적 작업으로 분석하며, 증언을 공공의 사회적 지식으로 가시화하는 정치적 실천으로 평가한 김성례의 선행 연구를 참조하고자 한다.[23] 김성례는 쇼샤나 펠만의 이론에 근거해 '기억의 투쟁이자 망각의 투쟁'인 위안부 여성들의 증언은 근원적으로 "증언의 불가능

대 중반까지 존속한 요보호여자시설에 관해 그곳에 수용된 여성들의 증언을 바탕으로 연구를 수행했다. 1960년대부터 1980년대까지 서로 다른 시설에 수용되었던 연구 면접참여자들의 증언에서 유사성을 발견한 박정미는 그들 가운데 기술을 배우기 위해 요보호여자시설에 자발적으로 입소한 사례도 있었지만, 대부분 경찰의 단속이나 업주의 인계로 강제입소했음을 지적했다. 이와 관련해서는 박정미, 「'여자'가 '보호'를 만났을 때: 요보호여자시설, 기록과 증언」, 『아시아여성연구』 60(1), 2021, 41~82쪽 참조.

21 자크 데리다, 진태원 옮김, 『법의 힘』, 문학과지성사, 2004, 37~51쪽 참조.
22 이나영, 「기지촌 여성의 경험과 윤리적 재현의 불/가능성」, 이재경 외, 『여성주의 역사쓰기: 구술사 연구방법』, 아르케, 2012, 162쪽.
23 이와 관련해서는 김성례, 「여성주의 구술사의 방법론적 실천」, 『여성주의 역사쓰기: 구술사 연구방법』, 아르케, 2012, 33~40쪽 참조.

성"을 내포하고 있지만, 그럼에도 불구하고 그들의 증언은 "식민지 여성으로서 겪은 상처를 역사화할 수 있기 때문"[24]에 증언은 지속되어야 한다고 주장했다.

김성례와 쇼샤나 펠만의 관점에 동의하며 이 글에서는 사회적 정의 회복을 목표로 한 증언과는 다른 방식으로 진행된 최현숙의 구술생애사 작업을 반(反) 역사의 관점으로 독해하는 것을 목적으로 한다. 2008년 무렵, 최현숙은 한국 사회에서 "흔해빠지고 사소한 늙은 여자들", "건강보험과 연금 재정 고갈의 원인 제공자로 사회의 걱정거리가 되고 있는 늙은 여자들", "길거리와 여느 집 골방과 요양원에서 아직 죽지 않은, 죽을 일만 남은 사람으로 취급"[25]되는 여성들이 살아온 이야기를 듣고 그들의 생애사를 기록하는 일에 착수했다. 이는 곧 구술자의 이력을 미리 파악하고 구술자에게 증언을 받아내겠다는 목표 아래 구술생애사를 시작한 것이 아니었음을 의미한다. 증언 확보를 위한 채록 작업이 아니었으므로, 최현숙은 사전에 질문지를 작성하지 않았다. 구술자와의 만남은 물론이고 대화의 출발점 또한 앞서 살펴본 기지촌 여성 여성들의 증언과는 상이하다.

2009년에 최현숙은 요양 방문사로 80대 중반의 할머니인 김미숙의 집을 두 달 가량 방문했다. 방문 요양 기간이 끝나고 난 후인 2010년에 최현숙은 '보통의 할머니들 살아온 이야기를 책'으로 내고 싶다는 뜻을 전하며 1925년생인 김미숙에게 구술생애사 작업을 제안했고, 김미숙

---

[24] 김성례, 「여성주의 구술사의 방법론적 실천」, 『여성주의 역사쓰기: 구술사 연구방법』, 아르케, 2012, 36쪽.
[25] 최현숙, 『천당허고 지옥이 그만큼 칭하가 날라나?』, 이매진, 2013, 13쪽.

이 이를 수락하면서 두 사람의 구술생애사 채록이 시작되었다. 최현숙은 평양 출신인 김미숙이 해방 후 화신백화점 구경을 위해 서울로 왔다가 서울에 정착하게 되었다는 이야기를 듣고 구술 작업을 제안했지만, 채록 과정에서 화자가 미군을 대상으로 성매매를 한 기지촌 여성이었음을 알게 되었다. 지금부터 최현숙이 기록한 김미숙의 생애사(life history)를 읽고, 기지촌 여성의 자기 인식과 자기 재현의 방식에 관해 논의해보고자 한다. 이를 위해 구술생애사 작가 최현숙의 자기서사를 간략하게나마 먼저 검토해본다.

3. 구술생애사의 쓸모

최현숙은 2018년 「구술생애사의 쓸모」라는 제목으로 진행된 대중 강연에서 자신이 구술생애사 작가로 활동하게 된 계기를 다음과 같이 밝힌 바 있다. 1957년생인 최현숙은 '척박한 시대'였던 1976년에 대학에 들어갔지만 학생운동보다는 실존적인 고민에 휩싸였다고 한다. 사회문제에 본격적으로 관심을 가지게 된 것은 30대 초반에 가톨릭 영세를 받으면서부터였다. 이 무렵 천주교 정의구현전국연합에서 활동했던 최현숙은 2000년부터 본격적인 정치 활동을 시작했다. 2000년 민주노동당 창당에 참여하며 정당인이 되었고, 2008년에는 서울시 종로구 국회의원 후보로 출마했다. 2010년 탈당 전까지 여성위원회와 성소수자위원회에 속해 있었지만, 2008년 무렵부터 한국의 정당 정치 구조에 본질적인 회의를 가지게 되면서 '가난하고 차별받는 사람들'을 만나기 시작했다. "굉장히 '싸구려 노동'을 하는 50·60대" 여성 요양보호사들과 노동조합활동을 하는 한편, 자신이 요양보호사로 일하며 만나게 된 "다 늙어가는 할머니들, 우리 사회가 한 번도 중요하다고 생각하지 않았던 그 이야기들"에 서서히 몰두하게 되었다고 회고했다.[26] 스스로 진보 정치 일선에서 물러났다고 했지만, 최현숙에게 '계급' 문제는 여전히 중요했다. 인터뷰 방식으로 사람들의 이야기를 채집하게 된 것도 계급 문제와 밀접한 관련이 있었다. "못 배우고 가난한 사람들. 구술은 문자가 아니라서 그 사람은 계속 글이 아닌 말로 자신을 이야기하니까 인터뷰라는 방식이 필요한 것이고 화자와 청자가 있는 것이죠. 그래서 당연히 구술생애사는 화자가 자기 이야기만 하는 것이 정리되어 결과물로 나온다 하더라도, 그 과정에서 오고 가는 대화들이 반영될 수밖에 없죠."[27] 이처럼 최현숙은 화자와 청자와의 대화에서 화자의 말만을 살려낼 것인지 청자와의 대화를 얼마만큼 살릴 것인지를 '선택'의 문제로 받아 들였는데, 이는 곧 구술생애사 작가로서 화자들의 말에 적극적으로 개입하고 해석하겠다는 의지를 표명한 것으로 해석된다.

최현숙은 자신이 '담론으로서의 구술생애사'는 잘 모를 뿐 아니라 구술생애사와 관련된 학술적 담론에는 큰 관심이 없다고 전제하면서도, 구술생애사의 정치적 수행성에 관해서는 분명한 입장을 가지고 있었다. 구술생애사 작가로서의 신념 즉 "사건을 겪은 개개인들, 사소한 시민들 하나하나의 소문자 역사"를 중요하게 여기는 것 그리고 "권력자들이 정리한 그 역사가 맞는지도 믿을 수 없고 혹은 그 역사가

---

26 최현숙, 「구술생애사의 쓸모 : 최현숙의 『할배의 탄생』」, 『작가들(66)』, 인천작가회의(작가들), 2018, 134~137쪽; 최현숙, 「희망 없이, 하염없이」, 『두려움은 소문일 뿐이다』, 문학동네, 2023, 348~349쪽 참조.
27 최현숙, 「구술생애사의 쓸모 : 최현숙의 『할배의 탄생』」, 2018, 141쪽.

전부라는 것은 절대 아니라는 것"을 강조하며, "대항의 역사 혹은 반세력을 살려내겠다는 것"[28]을 구술생애사 작업의 동기로 설명했다. 특히, '가난하고 못 배운 사람들 위주로' 구술생애사 작업을 진행하며 '자기의 가난과 고난에 대한 해석의 방식'을 구술자와 청자가 함께 전복시키는 것을 일종의 정치적 연대로 해석했는데, 이는 최현숙이 한국 사회에서 비가시적 존재로 취급되어온 타자들을 구술생애사의 화자로 등장시키는 행위 자체를 윤리적 기준으로 삼고 있음을 암시한다.[29]

> 제가 구술생애사를 통해서 기록하고 싶은 것이 있어요. 저는 가난하고 못배운 사람들 위주로 하기 때문에 그들의 경우에는 자기의 가난과 고난에 대한 해석의 방식이 뭐냐면 대체로 '송충이는 솔잎을 먹고 살아야 한다'는 것과 '뱁새가 황새 따라가면 가랑이가 찢어진다'고 하면서 우리는 이렇게 태어났으니 이렇게 살아가는 게 맞다고 해석하는 겁니다. 이게 대부분 가난한 사람들이 자기를 보는 방식이죠. 혹은 내가 게을러서, 내가 잘못해서, 뭐 운명이야, 이런 식이에요. 기껏 남 탓을 한다면 부모 잘못 만나서 정도죠. 그렇지 않다는 걸 제가 구술생애사에서 밝혀내고 싶고 그 주인공들과 나누고 싶어요. 당신들이 가난하게 살았지만 당신들이야말로 세상을 떠받쳐온 사람들이다. 저는 정말로 세상이 그렇게 보여요. 가난한 사람들이 겪어온 고난이나 억압은 억울하고 화가 나지만 정말 세상을 떠받쳐온 사람은 당신들이다.

> 고난을 겪은 사람들은 그 고난을 견뎌낸 힘이 반드시 남아 있다고

---

28 최현숙, 「구술생애사의 쓸모: 최현숙의 『할배의 탄생』」, 2018, 137쪽.
29 자아의 개념을 '서로-함께-되기'(becoming-with-one-another)에 대한 일종의 반응성으로 해석한 논의로는 주디스 버틀러·아테나 아타나시오우, 김응산 옮김, 『박탈: 정치적인 것에 있어서의 수행성에 관한 대화』, 자음과모음, 2016, 122~123쪽 참조.

생각해요. 그런데 그 힘을 남들도 봐주지 않고 세상도 고난과 가난 때문에 그들을 비난해요. 그런 사회적 관점들 때문에 본인도 자기를 비하하느라고 자기 안에 있는 힘을 못 본다고 생각해요. 그런데 정말 누군가가 혹은 내가 구술생애사의 청자로 그들에게 가서 그것을 보아준다면 어떨까요?[30]

물론 '가난과 고난에 대한 해석'을 성공적으로 전복시키는 것은 화자와 청자의 목표 의식으로만 가능하지 않다. 최현숙은 화자가 자신의 삶을 완전히 다르게 해석할 수 있기 위해서 청자가 먼저 화자를 존중하며 청자와 어떤 해석을 나눌 것인지 성찰하는 과정이 필요하다고 덧붙이며, 기지촌 여성이라는 낙인을 내면화하지 않은 구술자를 소개했다. 최현숙의 구술생애사에 근거해 김미숙의 삶을 대략 다음과 같이 정리해볼 수 있다.

1925년 평양에서 태어난 김미숙(가명)은 열네 살부터 해방되던 스물한 살까지 평양의 성냥 공장, 전매국 담배 공장, 고무 공장, 피복 공장과 봉천의 피복 공장에서 일을 했다. 정신대를 피해 서둘러 결혼을 했지만, 결혼 후 시골에서 지내며 권태를 느끼던 중 해방을 맞이했고, "서울 화신백화점에 가면 없는 게 없이 서양 물건들도 많다"[31]는 소문을 듣고 친구와 함께 무작정 서울로 향했다. 화신백화점이 궁금해서 남쪽으로 왔다가 분단 후 서울에서 두 번째 결혼 생활을 시작했고, 남편이 사망한 후 혼자서 아들을 키우기 위해서 시누이의 살림집 및 바에서 잡일로 시작해 과일 행상, 양색시 대상 옷 장사 행상, 양키

---

30 최현숙, 「구술생애사의 쓸모: 최현숙의 『할배의 탄생』」, 2018, 143~144쪽.
31 최현숙, 『천당허고 지옥이 그만큼 칭하가 날라나?』, 이매진, 2013, 50쪽.

물건 장사 등을 했다. 미군 부대 사람들하고 친분을 쌓고 '미군들하고 살림'도 하며 물건을 안전하게 많이 빼내 '양키 물건 장사'로 서른한 살에 자기 집을 마련했다. 화자는 돈을 모을 수 있는 곳을 찾아 움직였다고 자신의 삶을 설명했다. 기지촌에서 옷 장사를 함께 했던 여성으로부터 "댄스홀에 들어가서 돈을 벌자"[32]는 권유를 받고 파주 '아리랑 댄스홀'에서 댄서 생활을 시작했지만 수입이 얼마 되지 않아, 미군들을 대상으로 성매매를 하고 살림도 차렸다는 이야기가 2013년 마지막 인터뷰에서 새롭게 추가되었다.

화자는 기지촌, 양공주, 양색시 등의 용어를 쓰지 않았을 뿐만 아니라, '미군을 상대로 성매매한 낙인'을 거부했다. 비록 사회적 편견과 차별 때문에 오랫동안 자신의 과거에 대해 '침묵'해왔지만, 자신의 삶을 구술하며 연고도 자원도 없이 남한 사회에서 홀로 스스로의 인생을 적극적으로 개척해온 자부심을 당당하게 드러냈다. "댄스홀 나가면서랑 미군들이랑 살면서, 애를 수도 없이 떼었어. 낳은 적은 없어. 생긴 거 같으면 병원 가서 진찰해서 떼구, 떼구 그랬지. 하나 있는 아들 키우기도 그렇게 힘든데, 아닌 말로 내 인생이 어떻게 될지 모르는데 어떻게 애를 또 낳냐구?"[33] 김미숙이 3년 넘게 하지 않았던 이야기를 마지막 인터뷰에서 할 수 있었던 것은 그 사이 채록자를 믿을 수 있게 되었기 때문이다. 최현숙이 기지촌의 역사에 대해 잘 알고 있을 뿐만 아니라 자신을 '흉'보지 않을 것 같다는 확신이 생기자 화자는 자신이 돈을 모으기 위해 미군들과 '살림'을 살았던 이야기를 했다.

---

32 최현숙, 위의 책, 2013, 74쪽.
33 최현숙, 위의 책, 78쪽.

전쟁 끝나고 난 자리에, 아는 사람 하나 없는 여자가 자식 키우기 위해 해 먹을 게 뭐가 있어? 안 굶자고 하는 거면, 도둑질만 빼놓으면 다 괜찮은 거야. 청상과부니, 그런 사람들은 그렇게 살아 그래. 난 그렇게는 안 살아. 그럴 이유가 뭐가 있어? 아들도 나 미군들하고 살림 산 거 웬만큼 알아. 살림할 때 데리고 살지는 않고, 따로 큰집에 맡기거나 하숙을 시키거나 했지만, 벌써 크고 했으니 눈치가 있고 말들도 듣고 그랬겠지. 그때 어린 아들한테야 떳떳하게 내 입으로 말할 거야 아니었지만, 지금은 당당해. 저 목사를 무슨 돈으로 만든 건데? 그 미군 부대 근처서 번 돈으로 집을 샀기에, 지 학비를 댄 건데.[34]

인용문에서 확인할 수 있듯이, 김미숙은 자신이 기지촌 여성이었음을 수치스러워하지 않았다. 서른한 살에 장만한 '집'이라는 자원이 있었기에 가능한 일이라고 해석할 수도 있을 것이다. 기지촌 여성들이 대부분 구조적인 빚의 수렁에 빠져 기지촌에서 벗어나지 못하는 것과 대조적인 내용이기도 하다. 하지만, 김미숙이 자기 소유의 '집'에 의지해서 생활을 유지할 수 있었던 것은 결코 아니었다. 박정희 시절 길을 낸다고 "내 집 사분지 삼"을 빼앗긴 화자는 아들의 신학교 학비를 지원하기 위해 '육십에서 육십 넷까지 딱 4년을, 미국 사람네 집 파출부'를 다녔으며, 그 이후로도 과일가게를 비롯해 각종 장사를 계속했다. 열네 살부터 일하기 시작해서 평생 자기 힘으로 살면서 "그저 내 인생 내가 헤쳐 나가야 한다."[35]는 생각밖에 없었다는 것이다.

최현숙은 구술생애사에서 화자의 삶을 청자가 함께 해석해야 한다

---

34 최현숙, 위의 책, 77쪽.
35 최현숙, 위의 책, 86쪽.

고 생각했고, 그 과정에서 때로는 계몽적인 면모를 나타내기도 했다. 김미숙이 "생각해보면 내가 미국 덕에 산 거 아냐? 양색시 옷 장사니, 양키 물건 장사니, 미군 댄스홀 댄서니, 미군들하고 살림도 살고, 나중에 미군 집 파출부도 그렇고, 모두 미군 부대하고 관련이 있는 거잖아."[36]라고 하자, "제 생각에는 미국이니, 미군 부대 덕이라고 하기는 좀 그렇네요. 어르신 몸으로 일해서 번 돈이고, 지네는 오히려 어르신 노동 덕에 편하게 살거나 어르신 노동으로 더 큰 이득을 얻은 거 아닐까요?"[37]라고 반박하며, 일본군 위안부와 미군 위안부의 공통점과 차이점을 알려준다. 화자는 청자에게 "배워도 제대로 배웠네."라는 말과 함께 "댁 만나서 나 살아온 이야기 하면서 많은 걸 생각한다니까. …… 이렇게 풀어놓으니까 남의 인생 같기도 해서 안쓰럽기도 하고, "잘 살아냈다. 다행이다"하며 혼자서 내 위안도 한다니까."[38]라는 말로 구술자로서의 보람을 표현했다.

'배워도 제대로 배웠네.'라는 표현으로 김미숙은 기지촌의 형성 배경과 운영 원리를 정확하게 파악하고 자신의 생애에 적극적인 의미를 부여해준 최현숙에게 신뢰감을 나타냈다. 또한, 그 말 속에는 참된 배움과 앎의 기준을 최현숙과 함께 전복시키고자 하는 김미숙의 의지가 내포되어 있다. 구술자는 참된 지식의 권위를 최현숙과 자신에게 부여하며, 자기 삶을 스스로 위안하고 격려하기 시작했다. 화자가 청자로부터 배우고 변화하듯이, 청자도 화자와의 대화를 통해 자신의 인

---

36 최현숙, 위의 책, 79~80쪽.
37 최현숙, 위의 책, 2013, 80쪽.
38 최현숙, 위의 책, 2013, 81~82쪽.

식을 확장시켜 나갔다. 최현숙은 구술생애사의 '쓸모'를 화자와 청자의 연대, 화자와 청자의 변화 및 성장에 두고 있었다. 김미숙은 "자신을 이해하는 사람과 하는 구술사 작업을 통해 자신의 경험을 증언하며 정체성을 재해석하고 재구성해나가는 과정"에서 자신을 지탱해온 기독교적 신앙에 대해서도 구체적으로 이야기했다.

4. 구술자의 자기 인식과 청자의 해석

김미숙은 일곱 살에 교회에 처음 갔고 열 살 무렵부터는 교회에서 운영했던 야학에서 3년 동안 공부했다. 그 이후로 '이남에서 제일 크고 부자 교회'인 충현교회를 '삼십 년 조금 못 되게' 다니다 종로에 있는 작은 교회로 옮긴 김미숙은 장로교와 감리교가 '뭐가 다른지' 정확하게 잘 모른다고 하면서도 감리교 목사의 설교를 평가할 정도로 교리에 대한 자기 나름대로의 식견을 가지고 있다. 김미숙은 신의 가호로 자신이 살아간다고 믿고 있었다. "잘살게 해달라고 빌어본 적도 없구. 내가 뭐 해달라고 빈 거는 아들 목사 만들어달라고 빈 거 말고는 없어. 그거 하나 빌었는데 그게 이루어졌으니, 뭘 더 달라구 빌어? 하느님이 나를 어떻게 생각할란지는 모르겠고, 나한테 하느님은 그냥 누가 내 평생을 지켜봐준 그거야. 그분이 내게는 하느님이야. 누가 나를 지켜봐준 덕에 내가 그 험한 세상을 이렇게라도 살았구나 싶어서 감사한 거지."[39] 반면, 아들 교회의 교인이라고는 '며느리네 식구가 다'

---

39 최현숙, 위의 책, 110쪽.

인 걸 알고 아들의 무능함을 한탄하며 화를 내는 평범하면서도 모순적인 면모를 드러내기도 했다. 아들과의 관계에서 가장 큰 문제는 김미숙의 '과거'였다.

아들이 신학교에 진학한 이후 8년 동안 산에서 통성 기도를 했을 만큼 헌신적이었던 화자는 막상 아들이 목사가 된 후에 자신에게 끊임없이 회개를 강요하자 아들 부부와 깊은 갈등을 겪게 된다. 김미숙은 기독교적 신앙에 근거해 '미군 부대 근처'에서의 일은 전혀 문제가 없다는 입장을 단호하게 가지고 있었다.

> 근데 이것들이 툭하면 날더러 그 회개를 하래는 거야. 거기 살 때도 새벽 기도 하면, 툭하면 "우리 어머니, 회개의 은혜를 내려주십사!" 어찌구 통성 기도를 하는 거야. 지들 생각에 내 회개가 뭐겠어? 뻔-하지. 언젠가 아들이 나 붙들고 조용히 말도 하더라구. 미군 부대 근처에서 몸 함부로 굴린 거랑 낙태 많이 한 거랑 그런 거를 회개를 하래는 거야. 지랄을 하고 자빠졌어. 다른 회개래면 할 거 많아두, 난 그 회개는 안 나와. 나도 예수 믿지만, 나는 그런 게 별루 죄라고 생각이 안 돼. 여자 혼자 벌어먹고 사느라 한 일인데, 내가 도둑질을 했어 살인을 했어? 그리고 그렇게 임신된 거를 다 낳았어 봐. 그걸 누가 책임지고 키울 거야? 거기서도 미군이랑 살림하던 여자들은 많이들 낳았어. 남자 붙잡아놓을래니까, 남자가 낳자 그러면 낳는 거지. 그러다가 백이믄 아흔 다섯은 남자 혼자 미국 들어가든가, 안 나타난가 하구, 그 새끼는 여자 혼자 책임이 되는 거야. 그렇게 혼혈아 낳아서 많이들 결국에는 미국으로 입양 보내고 하는 거지. 붙들고 키운 사람들 보면, 어린 것들이 손가락질당해서 학교도 못 가고 직장도 못 다니고, 그드라고. 나 하나로 끝나믄 될 걸 왜 애까지 낳아서 그 설움을 또 만드냐구? 그걸 회개하라니 말이 돼? …… 지네들 하느님은 어쩐가 몰라도, 내 하느님은 딱 나 같은 사람을 위해 있는 하느님이야. 복음에도 나오잖아. 창녀와 세리와 죄인들을 위해 오신 예수님.[40]

김미숙은 자신에게 과거의 죄를 뉘우치라고 강요하는 아들에게 크게 분노하며 아들의 요구를 완강히 거부했다. 화자에게 아들의 집은 '지옥'이었고 자신의 집은 '천국'이었다. 회개를 강요당하는 공간과 자유를 누릴 수 있는 공간은 각각 지옥과 천국으로 상징되었다. 하느님과 성경이 자신의 편이라고 항변하면서도 청자 앞에서 자신의 죄를 반성하고 고해하는 뜻밖의 면모를 드러냈다. "남의 세정 안 살피고 싫으면 딱 매몰차게 끊어버리고, 말 험하게 하고, 게으른 사람은 사람 취급을 안 하고, 그런 거나 회개를 하라면 또 회개를 한다지만"[41] 김미숙은 자신에 대한 앎과 자기반성의 준거를 타자와의 관계로 설정할 줄 아는 기독교인이었다.

최현숙은 김미숙의 삶의 궤적과 구술 채록 과정에서 발견되는 두 가지 특징을 다음과 같이 분석했다. 첫째는 "김미숙이 얼마나 경제적 생존을 위해 노력했는지는 금액이나 숫자에 관한 기억들이 자주, 상세하게 구술되는 것을 통해 흥미롭게 드러난다."는 것이고, 둘째는 "생계와 신분 상승을 위한 전략으로서 '몸의 노동'은 김미숙에게 성노동이든 돌봄 노동이든 생산직 노동이든 큰 차이가 없다."[42]는 점이다. 최현숙은 김미숙의 생애를 미군을 상대로 성매매를 한 여성이 아니라 연고가 없는 남한 사회에서 홀로 아들을 목사로 키운 생활력 강한 어머니이자 성경을 윤리적 준거로 삼으며 자존감을 지키는 기독교인으로 복원시켰다.

40　최현숙, 위의 책, 101~102쪽.
41　최현숙, 위의 책, 102쪽.
42　최현숙, 위의 책, 118~119쪽.

한국 사회에서 자신의 존재를 드러낼 수 없었던 80대 중반의 화자가 자신을 환대하며 편견 없이 대하는 청자를 만나 자기 삶의 증언자가 되어가는 과정은 구술생애사의 정치적 수행성을 입증한다. 2000년대 이후 발표된 기지촌 여성들의 자기서사와 비교했을 때 김미숙과 최현숙의 구술생애사 작업은 증언을 목표로 삼지 않았을 뿐만 아니라 질문지 없이 진행되었다는 점에서 근본적인 차이점을 가지고 있다. 기지촌의 역사를 증언하겠다는 의도 없이 진행된 구술생애사에서 김미숙은 법정에서 증언되지 않았고 증언될 수 없는 또 다른 진실을 직접 이야기했다.

　김미숙의 고백을 끌어낸 최현숙의 듣기의 태도는 어떻게 해석되어야 할까? 최현숙의 적극적인 개입과 구술자의 생애에 대한 주관적인 해석은 계몽주의적인 태도로 비판받을 여지가 없지 않다. 그럼에도 불구하고 최현숙의 구술생애사 작업을 높이 평가하는 이유는 그 자신이 목표로 삼았던 반(反) 역사 쓰기를 지속적으로 실천하고 있기 때문이다. 구술생애사의 사회적 효용성을 대항의 역사를 살려내는 기능에 있음을 역설한 최현숙은 한국 사회에서 비가시적 존재로 취급되어온 타자들을 화자로 등장시키며 그들과 함께 가난과 고난에 대한 해석의 방식을 전복시키고 있다. 최현숙의 구술생애사 작업에 뒤따르는 의문들도 적지 않다. 역사에서 가시화되지 못했던 평범한 한국 여성들을 찾아가 그들의 삶을 그들과 함께 기록하는 최현숙의 작업은 누구를 향한 것이며 무엇을 위한 것일까? 언급조차 될 수 없었던 트라우마를 언어화하며 구술자의 정체성이 재구성되는 사례를 통해 고통의 전복적이고 해방적인 측면을 강조하는 것은 어떻게 해석되어야 할까?[43] 이와 같은 질문들과 더불어 최현숙의 구술생애사 작업에서 화자와 청자의 역학 관계 및 침묵의 해석 가능성에 관한 논의를 이어나가고 싶다.

---

43 최현숙의 구술생애사 작업과 관련해서 최현숙, 『막다른 골목이다 싶으면 다시 가느다란 길이 나왔어』, 이매진, 2014; 『이번 생은 망원시장: 여성상인 9명의 구술생애사』, 글항아리, 2018; 『할매의 탄생: 우록리 할매들의 분투하는 생애 구술사』, 글항아리, 2019; 『억척의 기원: 나주 여성농민 생애사』, 글항아리, 2021 등을 참조.

이다의 일상툰에 나타난 젠더적 자기재현과 자아정체성

박재연

1. 일상툰의 두 변곡점과 잊혀진 선취

이 글의 목적은 이다(2da) 작가의 일상툰, 『이다의 허접질』(이룸, 2003)을 "계급·신체·섹슈얼리티 등의 측면에서 소수성을 가진 젊은 여성"이[1] 자신의 소수성을 적극적으로 드러내는 방식으로 자아를 구성하고 자기를 재현해 만들어낸 자기서사로 읽는 데 있다. 『이다의 허접질』은 이다 작가가 자신의 홈페이지 www.2daplay.net에 올린 게시물을 모아 종이책으로 출판한 것이다. 이때 게시물은 크게 두 종류로, 하나는 작가가 자신의 일상을 기록한 일기 형식의 만화이고 다른 하나는 미술대학 입시를 준비했던 작가가 그린 그림 작품이다.[2] 만화의 경우 날짜

---

1 김은하, 「젊고 아픈/미친 여자들과 자기 이론으로서의 글쓰기」, 『여성문학연구』 61, 한국여성문학학회, 2024, 106쪽.

가 기록된 것과 그렇지 않은 것 있으나 기록된 경우를 기준으로 하면, 이 책은 2001년 8월 14일부터 2003년 5월 16일까지의 기록을 담고 있다.[3]

한편 일상툰은 작가가 자신의 일상을 소재로 자신을 표현한 자기재현적 캐릭터를 중심인물로 만들어 경험을 서사화하는 웹툰의 한 장르로, 1990년대 후반 개인이 자신의 홈페이지 등에 올린 짧은 에피소드 형식의 일상 기록 만화에서 시작되었다. 일상툰은 "캐릭터와 작가를 동일시하는 문법"[4] 전제한다. 특히 일상툰의 자기재현적 캐릭터는 주인공으로 기능하는 등장인물이자 시각적으로 형상화된 자아라고 할 수 있다. 작가와 동일시되는 자기재현적 캐릭터를 통해 "삶이란 원료로부터 이야기를 끌어내 경험을 구체화"하는 장르라는 점에서 일상툰은 자기서사의 일종이다.[5]

---

2 이다 작가는 노트나 캔버스 등 아날로그 매체에 기록과 그림을 남긴 후 이를 스캔해 홈페이지에 업로드하는 방식으로 디지털화하여 공유하였다.
3 이다 작가는 『이다의 허접질』 간행 이후에도 꾸준히 자신의 일상을 기록해 홈페이지에 업로드 하였고, 2004년 6월 1일자 기록부터 2007년 12월 21일자 기록까지를 묶어 『무삭제판 이다 플레이』(랜덤하우스코리아, 2008)라는 단행본을 출간하였다. 두 번째 출간된 책은 첫 번째에 비해 기록의 시간적 밀도가 떨어지고 대중적인 주목도도 떨어져 이 논문은 첫 번째 책만을 대상 텍스트로 삼았다. 작가의 홈페이지는 현재에도 운영되고 있지만, 이전의 만화나 작품은 기술적 오류로 볼 수 없는 상태이다. 홈페이지에 따르면, 〈이다의 허접질〉은 2001년 7월 다음 카페 '플레이스테이션'에서 시작되었고, 이다의 홈페이지는 2002년 4월에 처음 만들어졌다고 한다. (이다, 허접질을 처음부터, 이다 홈페이지, 2daplay.net(검색일: 2025.2.10.))
4 김건형, 「일상툰의 서사 문법과 자기 재현이라는 전략」, 『대중서사연구』 24(4), 대중서사학회, 2018, 123쪽.
5 비비언 고닉은 자전적 글쓰기 중 회고록에 관해 논하면서 "회고록이란, 삶이라는 원료로부터 이야기를 끌어내 경험을 구체화하고, 사건을 변형하고, 지혜를 전달하는 자아라는 개념에 의해 통제되는 일관된 서사적 산문이다"라고 말한 바 있다.

1990년대 후반 등장하여 현재에 이른, 약 20여 년의 역사를 지닌 일상툰이라는 장르는 그간 두 번의 중요한 변화를 거쳤다. 일상툰의 첫 번째 변곡점은 2006년을 전후한 시기이다. 이 시기에는 "일상툰 시스템에 두드러진 변화"가[6] 나타났다. 이 변화는 특히 웹툰의 대중화·산업화와 관련이 있다. 웹툰의 성장은 네이버와 다음으로 대표되는 포털 사이트 웹툰 플랫폼에 힘입어 이루어졌다. 2003년 10월 강풀의 〈순정만화〉 연재로 포털 사이트 웹툰의 시작을 알린 다음을 필두로 2004년을 전후해 각종 포털 사이트가 웹툰 서비스를 개설하였고, 개인 홈페이지에 주로 연재되던 일상툰 역시 포털 사이트 중심의 웹툰 플랫폼에 점차 흡수되었다. 김예지가 이미 지적한 바 있듯 특히 중요한 변화는 연재 개시 방식에서 나타났다. "2005년 무렵까지 일상툰은, 개인 홈페이지에서 연재를 시작한 다음 인기가 상승하게 되면 포털 사이트로 자리를 옮겨 연재를 재개하는 과정을 통해 웹툰 플랫폼으로 편입되었다. 그러나 다음과 네이버에서 '도전 만화가'나 '나도 만화가'와 같이 아마추어 만화가들이 자유롭게 작품을 공개할 수 있는 서비스가 활성화되면서 일상툰 연재를 지망하는 아마추어 작가들이 포털 사이트로 모여들었다." 즉, "2006년은 일상툰의 공간이 개인 홈페이지에서 웹툰 플랫폼으로 완전히 이행한 시기"인 것이다.[7]

김은하는 이 서술을 자기서사의 정의로 활용하였다. 이 논문의 자기서사 개념은 이들의 정의에 기대고 있다. (비비언 고닉, 이영아 옮김, 『상황과 이야기』, 마농지, 2023, 107쪽. 및 김은하, 앞의 논문, 105쪽.)
6 김예지, 「일상툰의 대중화와 감정 재현에 관한 연구」, 서울대학교 석사학위 논문, 2016, 6쪽.
7 김예지, 위의 논문, 6쪽.

또 다른 중요한 변화는 페미니즘 대중화와 연관된다. 첫 번째 변곡점이 일상툰이라는 장르의 형성과 장르가 기반한 매체 환경의 변화와 관련된 것이라면, 두 번째 변화는 일상툰을 창작하고 향유하는 관점의 변화와 관련이 있다. 이 시기에는 일상툰을 구성하는 소재로서의 '일상'과 이를 전달하는 '나'에 관한 인식론적인 전환이 일어났다. 비정치적이고 비역사적인 장르를 대표했던 일상툰은 "페미니즘적 전회"를[8] 거치며 가장 정치적인 장르로 탈바꿈했다. 즉, "사적 사회"에 존재하는 "개인성을 잃지 않"은 존재가 "정치적 맥락에서 탈피된" "자질구레하고 사소한 사적 문제"를 이야기하던 장르에서[9] "작가들의 자전적 서사를 통해 혐오와 폭력, 약자로서 겪었던 이야기들"을 하는 "혐오의 대상, 사회적 약자들의 목소리"를 담는 장르가 된 것이다.[10] 2015년을 전후해 있었던 이러한 변화는 〈혼자를 기르는 법〉, 〈단지〉, 〈며느라기〉와 같은 작품이 탄생하는 것을, 또 이들 작품이 대중적인 인기를 얻고 한국 만화계에서 가장 권위 있는 상이라고 할 수 있는 '오늘의 우리 만화'상을 받는 것을 가능하게 했다.[11][12]

---

8 '페미니즘적 전회'라는 말은 소영현의 글, 「일인칭 비평 시대: 발견하는, 비평하는」에서 가져왔다. 페미니즘적 전회를 인식론적 변화로 이해하는 관점 역시 이 글에 빚지고 있다. (소영현, 「일인칭 비평 시대: 발견하는, 비평하는」, 『오늘의 문예비평』 129, 오늘의 문예비평, 2023, 46~51쪽.)
9 류철균·이지영, 「자기 재현적 웹툰의 주제 의식 연구」, 『대중서사연구』 30, 대중서사학회, 2013, 130~133쪽.
10 류유희, 「SNS웹툰에서 그려지는 사회적 약자의 스토리텔링에 관한 연구」, 『애니메이션연구』 17(3), 한국애니메이션학회, 2021, 102쪽.
11 〈혼자를 기르는 법〉은 2016년에 다른 두 작품은 2017년에 '오늘의 우리 만화'상을 수상했다.
12 페미니즘 리부트가 웹툰의 여성 서사 및 여성 웹툰 창작자에게 미친 영향은 위근우

일상툰의 두 번째 변곡점은 관련 연구에 큰 영향을 미쳤다. 2015년 이전의 연구가 일상툰이 웹툰의 형성에 미친 영향이나 일상툰이 지닌 '사적(私的)'인 성격에 주목했다면,[13] 이후의 연구들은 소수자의 자기재현 특히 여성의 자기재현과 이것이 지니는 사회적·문화적·정치적 의미에 주목했다.[14] 페미니즘적 전회 이후의 연구는 사적 일상이라고 불리는 나의 주변과 경험이 '나'의 사회구조적 위치 특히 젠더의 영향을 받는 사회적 구성물이라는 발견을 토대로 일상툰의 정치성을 되물으

의 글, 「'페미니즘 리부트' 이후 웹툰의 여성 서사」에 잘 정리되어 있다. (위근우, 「'페미니즘 리부트' 이후 웹툰의 여성 서사」, 『지금, 만화』 1, 한국콘텐츠진흥원, 2018, 14~17쪽.)

13 여기에 해당하는 연구로는 류철균·이지영, 「자기 재현적 웹툰의 주제 의식 연구」, 『대중서사연구』 30, 대중서사학회, 2013; 한혜원·김유나, 「한국 웹툰의 아이러니 연구」, 『만화애니메이션연구』 33, 한국만화애니메이션학회, 2013; 류철균·이지영, 「형성기 한국 웹툰의 장르적 특질 연구」, 『우리문학연구』 44, 우리문학회, 2014; 박인하, 「한국 웹툰의 변별적 특성연구」, 『애니메이션연구』 11(3), 한국애니메이션학회, 2015 등이 있다.

14 여기에 해당하는 연구로는 김건형, 「일상툰의 서사 문법과 자기 재현이라는 전략」, 『대중서사연구』 24(4), 대중서사학회, 2018; 구자준, 「변화하는 일상툰의 비판적 가족 재현: 웹툰 〈단지〉와 〈며느라기〉를 중심으로」, 『한국극예술연구』 65, 한국극예술학회, 2019; 이승진, 「웹툰에 드러난 결혼, 출산, 육아 그리고 여성: 수신지 작가의 〈며느라기〉와 〈곤〉을 중심으로」, 『디지털영상학술지』 17(1), 한국디지털영상학회, 2020; 쏠, 「청년여성의 일상 문화정치: 비혼 여성의 '일상 웹툰' 소비와 수용을 중심으로」, 『여성이론』 43, 도서출판 여이연, 2020; 류유희, 「SNS웹툰에서 그려지는 사회적 약자의 스토리텔링에 관한 연구」, 『애니메이션연구』 17(3), 한국애니메이션학회, 2021; 박재연, 「폭력을 재현하는 일상툰과 '공감'의 윤리학」, 『여성문학연구』 57, 한국여성문학학회, 2022; 이행미, 「웹툰 〈웰캄 투 실버라이프〉의 노년 재현과 스토리텔링 연구」, 『리터러시 연구』 13(1), 한국리터러시학회, 2022; 최민지, 「인스타툰, 정동하는 진정성의 일상」, 『대중서사연구』 28(3), 대중서사학회, 2022; 김지연, 「'우리의 삶'은 '그녀의 삶'에 어떻게 응답하는가?: 여성 일상툰에 대한 디지털 독자의 자기성찰적 반응 양상을 중심으로」, 『작문연구』 58, 한국작문학회, 2023 등이 있다.

며 이전 연구의 한계를 돌파하고자 했다. 하지만 이들 연구는 2015년 이후에 창작된, 같은 시기의 작품만을 연구 대상 텍스트로 삼았고 2015년 이전의 작품을 새로운 관점에서 발굴하고 해석하는 작업은 이루어지지 않았다. 그 결과 일상툰에서의 소수자 자기재현이 마치 2015년 이후부터 이뤄진 듯한 인상이 만들어졌다. 일상툰을 읽는 새로운 관점은 '일상'과 '나'에 관한 근본적인 관점 변화에 기인한 것이므로 일상툰의 역사 전반에 적용될 필요가 있다.

여성 작가 이다의 일상툰은 이미 2000년대 초반에 나체의 자기재현적 캐릭터를 통해 일상을 기록했다. '2000년대 초반'과 '여성'의 일상이라는 조합으로 인해 이 작품은 그 선취에도 불구하고 연구자들의 주목을 받지 못했다. 이 글은 변화된 관점을 수용해 이다의 작품을 다시 읽어보고자 한다. 일상툰의 역사 첫머리에 놓인 이 작품은 초기 일상툰 중에서도 특수한 위치를 점하고 있다. 우선 2장에서는 이다의 일상툰이 놓인 이러한 위치를 탐색한다. 이다의 일상툰에서 두드러지게 가시화된 것은 '여성'으로서의 '나'가 존재하는 양상이다. 3장에서는 이를 살핀다. 이다 일상툰에 등장하는 '나'는 여성이라는 단일한 정체성으로 설명되지 않는 면모를 지니고 있기도 하다. 4장에서는 이러한 지점들을 살필 것이다.

2. 초기 일상툰의 돌출점, 『이다의 허접질』

이 글은 첫 번째 변곡점인 2006년 이전의 일상툰 즉, 1990년대 후반~2006년 이전에 개인 홈페이지 등에 게재된, 자신의 일상을 글과 그림을 통해 재현한 작품을 '초기 일상툰'이라고 명명한다. 초기 일상툰의 대표작으로는 〈스노우캣〉, 〈포엠툰〉, 〈파페포포 시리즈〉, 〈마린블루스〉 등을 꼽을 수 있다.[15] 이 시기 일상툰 중 웹 공간에서 인기를 얻은 작품은 단행본으로 출간되는 과정을 거쳤다.[16] 『파페포포 메모리즈』(홍익, 2002) 같은 작품은 100만부 이상이 판매되면서 2003년 교보문고 종합 베스트셀러 목록 3위에 오르기도 했다. 이다의 작품 역시 다른 초기 일상툰과 유사한 경로를 밟았다. 이다는 2002년부터 자신의 일상을 일기 형식으로 그려 개인 홈페이지인 www.2daplay.net에 올렸고, 이것이 상당한 인기를 끌어 2003년 단행본으로 출간되었다.

초기 일상툰은 '일상'을 다루는 자기서사라는 점에서 하나의 작품군으로 묶일 수 있지만, 이들이 보이는 내용과 형식의 차이는 꽤 큰 편이다. 이러한 차이는 장르 형성기에 흔히 관찰되는 여러 양태의 경합으로 해석할 수 있을 것이다. '일상툰'이라는 장르 형성기 나타난 경합은 '나'의 어떤 이야기를 어떻게 할 것인가와 관련된다. 현재 일상툰의 관습화된 소재는 '생활'이다. 즉, 현재의 독자와 작가에게 '일상'이란 생활하며 겪게 되는 구체적 면면이다. 하지만, 이 시기에는 사랑과 이별을 추상적으로 다룬 작품도 역사적이거나 정치적인 이야기가

---

15 웹에 게재된 형태나 작품 전반을 지시하는 경우는 '〈 〉', 특정 단행본을 언급하는 경우는 '『 』'를 사용했다.
16 일상툰의 단행본 출간은 당시의 문화적 맥락에도 닿아 있다. 인터넷 문화가 활성화되기 시작하면서 다양한 형태의 디지털 텍스트가 단행본으로 출간되었는데 일상툰뿐만 아니라 귀여니 작품으로 대표되는 인터넷 소설도 활발하게 출간되었다. 특히, 초기 일상툰의 단행본 출간과 대중적 인기는 웹툰의 상업적 가능성을 증명했다는 점에서도 의의가 있다. 단행본 출간이 지니는 의미에 관해서는 김예지, 앞의 논문, 7쪽을 참조할 수 있다.

아니라는 점에서 '일상'적인 이야기를 하고 있다고 받아들여졌다. 예를 들어 〈스노우캣〉이나 〈마린 블루스〉는 현재의 일상툰과 유사하게 밥 먹기, 지하철 타기, 음악 듣기, 영화 보기 등 구체적인 생활의 면면을 소재로 활용하지만, 〈파페포포 시리즈〉나 〈포엠툰〉은 사랑과 이별을 추상적이고 낭만적으로 다룬다.

'어떤 이야기를 하느냐?'라는 질문의 답에서 보이는 이러한 차이는 '어떻게'라는 문제와도 연결된다. 일기 형식을 하나의 예로 들 수 있다. 〈스노우캣〉과 〈마린 블루스〉는 텍스트 내에 날짜를 기입해 일기에 가까운 형식을 취하지만, 〈파페포포 시리즈〉와 〈포엠툰〉은 일종의 에피소드 형식으로 구성되어 있으며 구체적인 날짜는 제시되어 있지 않다. 후자의 두 작품은 사랑과 연애를 주제로 하는 낭만화, 추상화된 에피소드로 구성되어 있어 자기재현적 캐릭터인 '파페'(〈파페포포 시리즈〉)와 '페리테일'(〈포엠툰〉)이 저자를 강력하게 지시하지 않는다. 이들 두 작품은 만화로 된 매 에피소드와 연결되는 글을 함께 실었는데 이 글의 성격에 주목할 필요가 있다. 이들 글은 어린 시절의 기억, 영화 감상 등을 소재로 하며 매우 구체적이고 자전적이다. 〈파페포포 시리즈〉와 〈포엠툰〉에서 캐릭터의 자기재현성은 글에 등장하는 '나'를 통해 확보되는 것이다. 이는 '스노우캣'(〈스노우캣〉)과 '성게군'(〈마린 블루스〉)이 각각 권윤주와 정철연이라는 저자를 강하게 지시하는 것과 뚜렷한 대비를 이룬다. 이러한 경합에서 살아남은 것은 〈스노우캣〉, 〈마린 블루스〉 형태로 이후 일상툰에서는 (날짜를 직접 기록하지 않지만) 사건의 시점과 재현의 시점이 거의 차이 나지 않는 실시간의 생활 기록으로, 저자를 강하게 지시하는 자기재현적 캐릭터를 통해 생활을 재현하는 방식이 정착된다.

앞서는 〈스노우캣〉, 〈마린 블루스〉, 〈파페포포 시리즈〉, 〈포엠툰〉을 크게 두 개의 군으로 구별하였지만, 사실 초기 일상툰에 해당하는 여러 작품은 경계선을 어떻게 설정하는지에 따라 다른 방식으로 그룹화될 수 있다. 이다의 작품은 날짜를 기입한 일기 형식을 취하고 있으며 구체적인 생활을 소재로 삼는다는 점에서는 〈스노우캣〉, 〈마린 블루스〉와 묶일 수 있지만, '젠더'와 '섹슈얼리티'를 경계선으로 설정할 경우 어떤 작품과도 묶이지 않는다.

우선 가장 먼저 확인할 수 있는 차이는 자기재현적 캐릭터이다. 스노우캣, 페리테일, 성게군은 각각 〈스노우캣〉, 〈포엠툰〉, 〈마린 블루스〉에서 저자와 동일시되는 캐릭터이다. 이들은 매우 단순한 그림체로 표현되며 성별을 드러내는 표지가 없다. 〈스노우캣〉의 경우 저자가 여성이므로 스노우캣도 여성일 것이라고 추정될 뿐이며, 〈포엠툰〉, 〈마린 블루스〉의 경우 여성 캐릭터를 자기재현적 캐릭터와 대비되는 방식으로 그림으로써 성별을 우회적으로 드러낸다. 〈포엠툰〉은 페리테일과 거의 같은 모습을 하고 있지만 머리가 단발인 캐릭터를, 〈마린 블루스〉는 까맣게 칠해진 성게'군'과 다르게 주로 분홍색으로 채색된 '-양'이라는 이름을 가진 캐릭터를 등장시키는 방식으로 성별을 드러낸다. 〈파페포포 시리즈〉에서 저자와 동일시되는 캐릭터 파페는 남성 인물로 묘사되는데 이 캐릭터는 여자 주인공의 역할을 하는 포포와 대비를 이룬다. 파페는 바지를 입고 짧은 머리를 하고 있으며, 포포는 치마를 입고 긴 머리를 하고 있다. 『이다의 허접질』에서 저자와 동일시되는 캐릭터인 '이다'는 인체 비례 등을 무시한 단순화된 형태의 캐릭터라는 점에서는 〈스노우캣〉, 〈포엠툰〉, 〈마린 블루스〉와 유사하지만, 가슴과 겨드랑이 및 생식기 털이 재현된 '나체'의 '여성'이라는 점에서

〈그림 1〉 초기 일상툰의 자기재현적 캐릭터(이다, 스노우캣, 파페포포, 페리테일, 성게군 순)

는 어떤 작품의 캐릭터와도 다르다. (그림 1)

성에 기반한 관계를 다루는 양상에서도 이다의 작품은 다른 작품과 차이를 보인다. 이성애적 관계에서 발생하는 사랑과 이별은 〈파페포포 시리즈〉와 〈포엠툰〉의 주요한 소재이다. 주요한 소재라고 하기는 어렵지만, 〈마린 블루스〉에도 쭈꾸미군과 쭈꾸미양의 연애 등 이성애적 관계에서 발생하는 경험이 작품에 자주 등장한다. 연애나 사랑을 다룸에 있어 〈파페포포 시리즈〉와 〈포엠툰〉, 〈마린 블루스〉는 추상성 차원에서 차이를 보이지만, 키스나 섹스 등의 섹슈얼한 행위나 성적 욕망을 간접적인 방식으로도 재현하지 않는다는 점에서는 공통된다. 이들 작품에서 이성애 관계는 철저히 플라토닉한 방식으로 재현된다. 『이다의 허접질』에도 이성애는 주요한 소재로 등장하는데 다른 작품과 달리 성적 욕망과 섹슈얼한 행위가 관계의 중심에 놓이며, 직접적으로 재현된다. (그림 2)

이처럼 이다 작가는 작품에서 스스로를 가슴과 생식기 털을 지닌 나체로 재현하고, 성에의 관심을 감추지 않는다. 남자친구와의 키스나 섹스, 생리에 대해서도 직접적으로 언급하고 가시화한다. 즉, 『이다의 허접질』에서 이다의 일상은 여성의 몸으로 살아가는 삶으로 재현된다.

이다의 일상툰에 나타난 젠더적 자기재현과 자아정체성 **173**

〈그림 2〉 초기 일상툰에서의 이성애 관계 재현

이다는 '여성'으로 사는 일상과 섹슈얼리티를 직접적으로 재현한다는 점에서 초기 일상툰에서 특수한 위치에 놓인다. 3장에서는 여성으로서의 '나'가 재현되는 양상을 보다 구체적으로 살피고자 한다.

3. 여성의 몸으로 존재하는, 역사적인 '나'

나체로 표현된 '나'는 작품에서 나체와 "야한 걸" 그리는 것을 좋아하는 '나'와 중첩된다. 나의 이러한 선호는 반복적으로 말해진다. '21세의 성적 자아'라는 소제가 붙은 2002년 3월 28일자 기록에서 팬티와 야한 걸 그리는 게 좋다고 고백한 '나'는 이내 '문드러진 열성 소녀'라는 소제의 만화에서 나체를 그리며 "이런 그림만 그려지는데 우짜라고"라고 외친다.[17] 이 바로 다음 쪽에 오는 만화의 제목은 '망상, 아

〈그림 3〉 '나'의 나체 그리기(왼쪽부터 『이다의 허접질』(이룸, 2003) 76, 81, 82, 168쪽)

주 의미 없는 것들'인데 여기에는 자기재현적 캐릭터가 다른 여성과 남성의 나체와 함께 그려져 있다. 여기서 '나'는 나체 그리기가 사회적으로 허용 혹은 권장되는 행위가 아니라는 인식에 기반해 사회적 관습과 대비되는 자신의 내면과 자아를 적립한다.

나체 그리기를 좋아하는 '나'와 관련해 흥미로운 지점은 이 '나'가 '나'의 역사 안에서 구성된다는 점이다. 이다는 '망사 스타킹, 허상 그리고 가식'이라는 소재의 만화에서 나체 그리는 것과 관련된 자신의 역사를 나열한다. '국민학교 2학년' 즉, 9살 때 시작된 '나'의 나체 그리기는 '나'의 물리적 성장에 맞춰 가슴 그리기에서 젖꼭지 그리기로 그리고 남자 알몸과 "거시기털" 그리기로 확장되는 하나의 흐름을 형성한다. (그림 3)

시간의 흐름에도 변하지 않은 '나'를 발견하고 구성해내는 행위를 통해 형성되는 것은 자아정체성이다. 이다는 '나'의 역사를 되짚는 작업을 거쳐 나체 그리기를 좋아하는 '나'라는 자아정체성을 획득한다.

---

17 이다, 『이다의 허접질』, 이룸, 2003, 81쪽.

『이다의 허접질』에 나타난 이러한 자아의 구축 방식은 '고마워, 날 좋아해줘서'라는 제목이 붙은, 2002년 4월 9일자 만화일기에서도 확인된다. 이 일기에서 이다는 "그런 여자가 되고 싶다"라고 말하며[18] 초등학교 1학년 때부터 대학교 1학년 때까지의 '외모'와 '연애', '인기'의 역사를 써내려간다. 여기서 독자는 '나'에게 '여자'됨이라는 정체성이 중요하다는 점과 '나'에게 '여자'됨은 '외모'와 '연애', '인기'라는 사회적이고 관계적인 요소를 통해 구성되는 것으로 인식되고 있다는 점을 확인하게 된다.

『이다의 허접질』에서 역사적으로 검토되는 또 다른 중요한 소재는 생리이다. '월경9년차'라는 소제가 붙은 화에서 '나'는 "생리를 한다는 사실이 부끄러웠던 적이 단 한번도 없다"는 것을 청소년기의 기억을 더듬어 본 끝에 알게 된다.[19] 이러한 과정을 통해 '나'는 생리에 대한 자신의 부끄러움이 사회적으로 학습된 것임을 깨닫는다. 생리는 『이다의 허접질』에서 반복적으로 다뤄지는 소재이다. 예를 들어 '히스테릭 글래머'라는 소제의 만화는 '나'가 오마이뉴스 게시판에서 "여자들은 생리대 고급만 밝힌다. 그러면서 무슨 세금 감면"이라는 내용의 글을 보고 분노하는, 일상적 사건에서 시작된다.[20] 여기서 이다는 남성이 생리를 하고 그들에게 귀두싸개가 필요하다는 만화적 상상력을 발휘해 생리와 생리대를 세금이라는 공적인 문제와 접속시킨다. '요단강 건너가 만나리'라는 화에서 생리는 '고통'과 '대속'이라는 주제 아

---

18 이다, 앞의 책, 94쪽.
19 이다, 위의 책, 81쪽.
20 이다, 위의 책, 154쪽.

〈그림 4〉 '나'의 생리(왼쪽부터 『이다의 허접질』(이룸, 2003) 155, 154, 126쪽)

래 재현된다. 생리에 동반된 고통은 다른 "모든 여성"과 '나'를 연결해 주는 요소가 된다. (그림 4)

이상의 논의에서 우리는 이다의 작품에서 '나'의 정체성을 구성하는 주요한 요소가 '여성'임을 확인할 수 있었다. 생리와 생리통, 나체라는 '몸'에 기반한 여성 인식은 '나'의 정체성을 구성하는 핵심적 요소인 동시에 '나'와 타인의 동질성을 찾아내게끔 하는 기반이 되기도 한다. 「노출증」은[21] '나'가 처음으로 인터넷 성인방송을 보고 쓴 2002년 4월 8일자 일기이다. 여기서 '나'는 성인방송에서 옷을 벗고 자신의 몸을 보여주는 화면 속 여성의 모습에서 자신의 친구와 자신을 발견한다. '나'는 일기에 "나는 그 애를 보고 "더 벗어봐" "함 대줘" "미친년"하던 그 남자애들과 조금도 다르지 않았다"라고 적었지만,[22] 이 일

---

21 『이다의 허접질』에 수록된 만화를 언급하는 경우 「(소제목)」으로 표기하였다.
22 이다, 앞의 책, 90쪽.

〈그림 5〉「노출증」과「제발 날 알아봐줘요」(『이다의 허접질』(이룸, 2003) 90~91쪽)

기와 이어지는 바로 다음 쪽의 그림인「제발 날 알아봐줘요」에서 성인 방송과 자신의 홈페이지를 병렬로 그리고 "우리가 다른 건 과연 무엇일까…"라고 적음으로써 웹 공간에 스스로를 '여성'으로 전시하는 '나'들을 연결하고 있다. (그림 5)

「노출증」에서 뚜렷하게 관찰되는 것은 '나'의 분열이다. '나'는 "그 남자애들과 조금도 다르지 않"은 보는 주체이지만 동시에 일상 기록을 웹에 공개해 자신을 내보이는, 성인방송을 하는 여성과 다르지 않은 보여지는 대상이다. 한편, 보는 주체로서의 '나'는 (일상에서 성인방송을 보는) 경험주체로서의 '나'이기도 하다. 웹에서 보여지는 '나'와 경험주체로서의 '나' 사이의 균열은 생활인 '정한별'과 웹툰 작가 '이다'의 균열이라는 변주된 형태로 가시화된다. 4장에서는 '나'의 균열에 주목해 그 양상을 살피고 이를 의미화하고자 한다.

4. 균열하고 겹쳐지는, 교차적인 '나'

3장 말미에서 살폈듯 『이다의 허접질』에서 '나'는 매끄럽게 구성되지 않는다. 특히 이다 작가는 웹을 통해 공개된, 독자가 알고 있는 '이다'와 실제 일상생활을 하는 '정한별'을 분리해 등장시킴으로써 이러한 분열을 가시화한다. '이다'와 '정한별'은 각각 갈색과 하얀색이라는 색으로 구분되기도 하는데 이때, 갈색은 '나'가 다른 사람과 다른 특별한 존재임을 나타내는 것으로 샤워 한 번에 씻겨 내려가기도 한다. '이다'가 웹을 통해 독자와 관계를 맺는 존재라면, '정한별'은 가족과 연인이라는 실제 생활 속 관계 안에 놓인 존재로 표현된다. 이다 작가에게 생활의 문제는 자주 '돈'의 문제로 재현된다. '이다'는 웹에 자신을 전시함으로써 돈을 벌어오는 존재라면, '정한별'은 '이다'가 벌어온 돈으로 생활하는 존재이다. (그림 6)

『이다의 허접질』에 나타난 '정한별'과 '이다'의 분열은 섬세히 살필 필요가 있다. 대다수의 일상툰은 자기재현적 캐릭터로 작품에 등장하

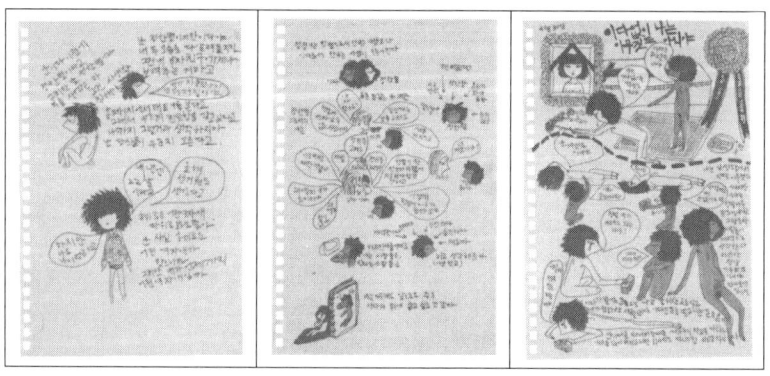

〈그림 6〉 '이다'와 '정한별'(『이다의 허접질』(이룸, 2003) 142, 162, 231쪽)

는 작중인물로서의 '나'와 실제 생활세계를 살아가는 '나'의 동일시 효과에 기대어 일상을 재현한다. 이러한 동일시 효과 안에서 생활세계의 '나'는 저자로서의 '나'와 분리되지 않는다. 즉, '정한별=이다'라는 공식은 '저자=생활인=작중인물'이라는 도식 안에서 성립하며, '정한별'과 '이다'의 분리는 저자와 생활인, (일상툰의) 작중인물의 분리를 의미하게 된다. 『이다의 허접질』에 나타난 '나'의 균열은 저자와 생활인과 자기재현적 캐릭터 모두를 아우르는, 이야기를 직조하는 서술자로서의 '나'를 뚜렷하게 만든다. 다시 말해 『이다의 허접질』에 등장하는 '나'는 자신의 자아를 '이다'와 '정한별'로 분리해 구성하지만, 이러한 분열을 그림으로 그려 드러내는 '나'가 존재한다는 사실로 인해 서술자로서의 자아는 오히려 강력해진다. '저자=생활인=작중인물'이라는 도식이 파괴되면서 일상툰을 그려내는, 자신의 일상을 이야기로 변모시키는 서술자로서의 '나'가 드러나는 것이다.

경험주체(생활인)와 재현 대상(작중인물, 자기재현적 캐릭터)을 일치시키는 일상툰에서 서술자는 앞서 서술했듯 현실을 살아가는 실제의 '나'라는 경험주체와 저자로 수렴되는데 이러한 일치와 수렴은 서사적으로 봤을 때 텍스트의 '진정성'을 높이는 기능을 한다. 이러한 일상툰에서 자기서사는 현실 속 '나'의 실제 경험을 들려주는 진정성 있는 이야기로만 기능하게 된다. 그러나 경험주체와 재현 대상이 균열된, 현실의 '정한별'이 재현대상으로서의 '이다'와 다른 『이다의 허접질』에서 서술자는 실제 경험을 그대로 진정성 있게 전달하지 않는다. 서술자는 경험주체의 실제 삶 속에서 재현할 만한 가치가 있는 경험을 선택하여 이야기를 만들어내는 적극적인 편집자의 역할을 하게 된다. 이때 '나'라는 자아는 경험주체의 비밀스러운 내면을 솔직하고 진정성 있게 드러내는 방식으로 구축되는 데에서 한 걸음 나아간다. 편집자로서의 서술자는 '정한별'이 경험하는 실제 현실을 선별하여 자신의 정체성을 사회적으로 재구성한다.

『이다의 허접질』의 서술자가 재구성한 정체성 중 가장 강력하게 작동하는 것은 3장에서 살폈듯 여성으로서의 정체성이다. 하지만, 동시에 서술자는 가난하고 그림을 그리는 대학생으로서의 '나'를 포착한다. '나'를 '이다-정한별'로 다시 쓸 수도 있을 것이다. 그리고 여기서 '-'는 '이다'나 '정한별'로 규정될 수 없는 '나'의 모습들이라고 할 수도 있을 것이다. 앞의 논의에서 살핀 것은 몸에 기반해 '여성'이라는 정체성이 형성되고 이것이 다시 보는 사람과 보여지는 사람으로 분리되는 과정이었다. 하지만, 『이다의 허접질』에서 '나'는 '여성'이라는 단일한 정체성이나 자아의 분열만으로 설명될 수 없다. 그림 그리는 가난한 대학생으로서의 '나'의 자아는 특히 서술자가 선택적으로 보여주는 '나'의 일상 경험을 통해 구축되는데 이를 통해 독자는 가난이라는 계급 문제와 대학생이라는 세대 문제, 예술가라는 직업 문제가 '나'의 일상과 자아 형성에 주요한 영향을 미치고 있음을 목격하게 된다.

5. 나가며

이 글은 2015년 페미니즘 대중화 이후 변화된 관점에 기반해 초기(1990년대 말~2006년) 일상툰을 새롭게 읽어보고자 했다. 이 글은 특히 『이다의 허접질』에 주목해 이 작품에 나타난 자기재현과 자기서사의 양상을 살폈다. 『이다의 허접질』은 특수하고도 보편적인 '나'를 드러냈지만 공사구분에 사적인 '나'를 강조한, 페미니즘 대중화 이전의 해석적 틀 아래에서는 주목받지도, 적절히 평가되지도 못했다.

　이 글은 우선 2장에서 다른 초기 일상툰과 『이다의 허접질』을 비교하였고, 이 작품이 젠더와 섹슈얼리티 재현에 있어 다른 작품과 큰 차이를 보이고 있음을 확인하였다. 3장과 4장에서는 『이다의 허접질』에서 '나'의 정체성이 어떻게 구성되고 있는지를 논의하고자 하였다. 3장에서 다룬 정체성은 여성으로서의 정체성으로, 『이다의 허접질』에서 여성 정체성은 '나'의 역사를 통해 구성되고 있었다. 하지만, 『이다의 허접질』에서 '나'의 여성으로서의 정체성을 살피는 작업만큼 중요한 것은 이 정체성이 단일한 정체성이 아님을 들여다보는 작업이다. 4장에서는 『이다의 허접질』에 나타난 '정한별'과 '이다'의 균열을 시발점으로 경험 주체와 재현 대상, 저자와 서술자의 분리가 서사적으로 어떻게 기능하는지를 살폈으며 이것이 교차적 정체성 구축에 기반이 되었음을 논증하고자 했다. 그 결과 『이다의 허접질』에서 '나'의 정체성은 젠더와 세대, 직업, 계급의 교차 안에서 형성되고 있음을 확인할 수 있었다.

　일상과 자기재현, 자기서사가 지금-여기의 화두로 떠올랐다. 일상툰을 정확히 마주하려는 해석적 시도는 낯설지 않다. 특히 필요한 것은 일상의 자기서사가 지닌 정치적 가능성이 쟁점으로 부상하지 않았던 시기의 일상툰을 새롭게 읽어내는 일이다. 이 글은 초기 일상툰을 새롭게 읽어내는 작업의 첫 계단을 딛는 마음으로 이다의 작품을 읽고자 했다.

　문학평론가 박철화는 『이다의 허접질』 해설에서 다음과 같이 말했다. "청춘의 정직함 때문인지 이다의 그림의 선들은 날렵하다. 언어 또한 전체를 성찰하는 것이라기보다는, 순간 순간의 단말마에 가깝다.

문자 언어든, 회화 언어든, 디지털 시대의 속도에 걸맞은 언어인 것이다. 그래서 이 세대의, 아니면 적어도 이다 자신의 내면 풍경을 표현하는 데에 있어서는 미학적 효과를 발하고 있다. 스스로를 태워 일상을 불사르는 순간의 불꽃과도 같은 이 언어를 선보이는 데에 성공한 것이다. 그것이 이 세대의 미적 특성으로 이어질지, 아니면 한 개인의 예외적인 감수성의 표현으로 그칠지는 쉽게 단정 지을 수 없다."[23] 『이다의 허접질』이 나온 후 12년이 지나서 나온 〈혼자를 기르는 법〉의 주인공 시다를 두고 만화평론가 위근우는 다음과 같이 말했다. "사회적 맥락과 분리된 개별화된 개인도, 혹은 청춘이라는 이름으로 보편화한 개인도 아닌, 지금 이곳에서의 동시대성과 특수성을 경험하는 존재가 된다."[24]

초기 일상툰을 새롭게 읽어내는 일이 "한 개인의 예외적인 감수성의 표현"을 재배치하는, "동시대성과 특수성" 그리고 '보편성'을 사유하는 작업이 되기를 기대하며, 추후 연구를 기약한다.

---

[23] 박철화, 「나를 태우는 일상의 불꽃」, 『이다의 허접질』, 이룸, 2003, 254쪽.
[24] 위근우, 「'페미니즘 리부트' 이후 웹툰의 여성 서사」, 『지금, 만화』 1, 한국콘텐츠진흥원, 2018, 16쪽.

미군 '위안부' 재현과 자기서사의 틈새

안일순의 『뺏벌』(1995) · 김연자의 『아메리카 타운 왕언니, 죽기 오 분 전까지 악을 쓰다』(2005)를 중심으로

허윤

1. 들어가며

1990년대 한국사회는 성 정치의 시대였다. 민주화라는 목표가 달성되면 다 해결될 것이라고 미뤄두었던 문제들은 스스로의 문제의식을 토대로 새로운 운동을 선언했다. 1980년대부터 민족민주운동에서 분리된 여성만의 독자운동을 주장하는 목소리는 여러 곳에서 터져나왔다. 이는 여성 억압의 근본 원인 혹은 우선 과제를 두고 이견을 보였기 때문이다. 계급 중심의 민족민주운동 진영과 젠더를 근본 모순으로 삼는 여성운동 진영 사이의 갈등이 가시화되었다. 1983년 '여성의 전화'를 시작으로, 여성에 대한 폭력을 문제 삼고 젠더를 의제로 다루는 단체들이 생겼다. 장애 여성, 레즈비언, 일본군 '위안부' 운동 등 다양한 여성의 삶을 중심으로 한 운동이 전면에 드러났다. 이는 "기존의 남성중심적인 사회운동론을 이들 여성운동의 경험으로부터 다시 배워서 재규정, 재개념화"하는 것이었으며, "우리 사회구조의 근본원

리에 도전, 저항하는 것으로서 여성주의뿐만 아니라 학문 영역 전반에 걸쳐 많은 이론적 이슈를 제공하는 소중한 성과"였다.[1]

기지촌 지원 활동은 1980년대부터 활발히 이루어졌다. 기생관광 반대 운동을 하던 여성단체들은 자연스레 기지촌에 관심을 가졌다. 문혜림과 유복님은 한국기독교장로회 여신도회의 지원을 받아 1986년 의정부시에 기지촌 여성들을 위한 선교센터 '두레방'을 개원하고 기지촌여성 지원사업을 시작했다. 1990년 봄 이화여대 학생들이 두레방과 연대를 시작했고, 그해 여름방학부터 서울 서부지역(이화여대, 연세대, 서강대 등)을 중심으로 기지촌 활동이 조직되었다. 운동가나 대학생들의 언어와 기지촌 여성들의 언어는 서로 미끄러졌다. 학생들은 그들이 기독교인이라고 생각하고 교회에 다니는 척했으며, 미군 '위안부'[2]들은 이야기를 들으러 온 '아가씨'를 '문교부 장관 딸'이라 불렀다.[3] 사회적 지위의 차이를 드러낸 말이었다. 하지만 이 미끄러짐 속에서 이야기가 만들어졌다. 특히 1992년 미군 병사 케네스 마클의 잔인한 살인사

---

[1] 한국여성의전화 편, 『한국여성인권운동사』, 한울, 2015, 8쪽. 이 책에서는 1980~1990년대에 걸쳐서 활발해진 성폭력추방운동, 아내구타추방운동, 정신대운동(일본군 '위안부' 운동), 기지촌여성운동(미군 '위안부' 운동), 성매매추방운동, 장애여성운동, 여성동성애자운동(퀴어운동) 등 여성인권운동의 역사를 기록한다.

[2] 이 글에서는 기지촌의 성노동자를 미군 '위안부'라고 지칭한다. 그동안 '양공주', '기지촌 여성' 등으로 불렸던 이들은 미국 군대와 군인을 대상으로 성적 서비스를 제공하고, 국가가 이를 합법적으로 관리·허용했다는 측면에서 군 '위안부'로 명명할 수 있다. 국가 대상 손해배상청구소송에서도 미군 '위안부'라는 명칭을 사용했다.

[3] 안미선, 『당신의 말을 내가 들었다』, 낮은산, 2020, 2쪽. 안미선은 기지촌 활동가 김연자의 자서전을 쓰는 작업을 하기 위해 처음 만났을 때, 그가 자신을 "문교부 장관 딸이 왔다"고 했다는 것을 기억한다. "설거지도 못하게 하고, 시중드는 일도 못 하게 하면서, 자신들의 이야기를 일 분, 일 초라도 더 듣고 기억해 줬으면 하던 목소리를, 눈빛을 잊을 수 없다."

건이 연일 미디어에 보도되면서 기지촌은 국민적 관심을 받는다.[4]

이 글은 기지촌이 한국사회의 '문제'로 부상하기 시작한 1990년대 안일순의 소설 『뺏벌』(1995)과 『뺏벌』의 모델로 알려진 기지촌 활동가 김연자의 자서전 『아메리카 타운 왕언니, 죽기 오 분 전까지 악을 쓰다』(2005)(이하 '『아메리카 타운』')를 겹쳐 읽으며 기지촌의 서사화 방식에 주목한다. 과거 기지촌을 다룬 문학은 민족주의 문학이나 반미적·반신식민지적·반군사독재적 저항을 나타내는 작품으로 정전화됐다.[5] 강간당한 '순결한 처녀'와 성을 파는 타락한 '양공주'로 이분화된 미군 '위안부'는 지배받는 한국 민족의 비유로 등장했다. 그러나 안일순의 소설은 실존 인물의 경험과 직조되어 기지촌 여성에 대한 사회적 비난이나 낙인과는 다른 방식의 재현을 시도한다. 『뺏벌』의 실제 주인공이라 할 수 있는 김연자는 1964년부터 1989년까지 25년간 기지촌에서 살아온 활동가로, 각종 여성대회와 학술 심포지엄에서 자신의 삶을 증언하며 기지촌 문제를 세상에 고발했다. 미군 '위안부' 당사자로서 한국사회의 가부장제와 계급 문제, 운동 등에 대해서도 비판적인 목소리를 낸 바 있다. 김연자의 삶을 토대로 한 『뺏벌』은 1970년

---

4 1992년 10월 27일 케네스 마클은 피해자를 두고 다른 미군과 시비가 붙었다. 화가 난 그는 여성의 방으로 가서 콜라병으로 머리를 가격했다. 이 사건을 세상에 알리고 범인을 검거한 것은 동료 기지촌 여성이었다. 이들은 피해자의 방에 놀러왔다 경찰들이 사진을 찍는 것을 보고 동두천 다비타의 집에 연락했다. 범인은 자치회 사람이 검거했다. 민들레회의 감찰이 2사단 문 앞에서 마클을 기다리고 있다 그가 나타나자 멱살을 잡고 나와 경찰에 넘겼다. 정희진, 「죽어야 하는 여성들의 인권: 한국 기지촌 여성 운동사 1986-1998」, 『한국여성인권운동사』, 한울, 2015.
5 이진경, 나병철 옮김, 『서비스 이코노미』, 소명출판, 2015, 238쪽. 이진경은 여기서 「분지」, 「황구의 비명」, 『아메리카』, 「국도의 끝」, 「캠프 세네카의 기지촌」, 『뺏벌』, 『유령형의 기억』 등을 다루면서 '군대 매춘'을 다룬 한국문학 텍스트를 살핀다.

대의 미군 '위안부' 살해 재판을 시작으로 하여, 여성 공동체의 애도로 마무리된다.

김연자는 이후 2005년 구술기록자인 안미선과 함께 자서전을 펴낸다. 생애사적 차원의 사건들은 소설과 비슷하지만, 자서전에서는 기지촌 활동가이자 종교인인 김연자의 면모를 확인할 수 있다. 필립 르죈은 자서전을 "한 실제 인물이 자기 자신의 존재를 소재로 하여 개인적인 삶, 특히 자신의 인생 이야기를 중점적으로 이야기한, 산문으로 쓰인 과거 회상형의 이야기"라고 정의한다.[6] 여기서 핵심은 작가-화자-주인공의 일치다. 그런데 구술 자서전에서는 작가와 화자 사이의 불일치가 발생한다. 화자는 실제 인물이지만, 작가는 구술을 듣고 기록하는 타인이다. 작가나 구술자가 평을 더하고 있지는 않기 때문에 평전은 아니지만, 구술을 청취하는 과정에서 저자-구술자는 청자-독자-기록자의 존재를 의식할 수밖에 없다. 그런 점에서 구술을 토대로 한 김연자의 자서전은 "화자가 자기 자신에 관한 이야기를 그것이 사실이라는 전제에 입각하여 진술하며, 자신의 삶을 전체로서 회고하고 성찰하여 그 의미를 추구하는 특징을 갖는 글쓰기 양식"인 자기서사로 정의할 수 있다.[7] "내가 나의 정체성을 찾을 수 있는 토대"를 서사 안에서 통합되는 자기정체성으로 보는 것이다.

이 글은 소설 속 캐릭터인 석승자와 실존 인물 김연자의 삶을 겹쳐 읽으면서 기지촌 여성을 재현하는 방식을 살펴볼 것이다. 원본 텍스

---

6 필립 르죈, 윤진 옮김, 『자서전의 규약』, 문학과지성사, 1998, 5쪽.
7 박혜숙, 「여성 자기서사체의 인식」, 『여성문학연구』 8, 한국여성문학학회, 2002, 10쪽.

트라 할 수 있는 김연자의 삶과 소설화된 『뺏벌』, 자서전 『아메리카 타운』 사이에는 소설과 자서전이라는 서사화 방식의 차이가 만들어낸 틈새가 발생한다. 증언의 소설화 과정에서 강화된 측면과 소거된 측면이 발생하는 것이다. 이를 통해 서발턴의 재현을 둘러싼 공론장의 문제의식 역시 궁구할 수 있을 것이다.

2. 기지촌 재현의 대의와 증언의 소설화

1) 가부장제적 성폭력과 미군 범죄의 고발

소설 『뺏벌』은 기지촌 여성들이 한국사회의 구조적 피해자라는 점을 강조한다. 기지촌 여성들의 삶은 가난과 성폭력의 한가운데 있다. 이들은 가족, 친척, 행인 등에게 강간당했으며, 강력한 순결 교육의 영향으로 스스로를 '이미 더럽혀진 존재'로 낙인찍는다. 이미 '몸을 버린' 어린 여자들이 가출 이후 할 수 있는 것은 성노동뿐이다. 『뺏벌』의 주인공 석승자는 초등학생 시절 사촌 오빠에게, 석승자의 연인 이옥주는 의붓아버지에게 강간당했다. 승자의 아버지는 '작은 어머니'를 두고도 또 바람을 피우고, 옥주는 의붓아버지의 성폭력으로 임신한다. 승자의 아버지는 권력에 붙어 기생하는 인물로, 바람을 피우고 이혼을 종용하는 가부장이며, 딸과 아내에게 폭력을 휘두른다. 아버지를 비롯한 가해자 남성들에 대한 혐오와 분노가 여성들을 취약하게 만들었다. 폭력을 피해 가출한 소녀들은 먹고살기 위해 기지촌으로 흘러간다. 남성들의 성폭력으로 인해 집을 빼앗긴 여성들이 남성들의 욕망으로 유지되는 성산업으로 유입되는 아이러니야말로 한국여성 앞에 놓인

'뺏벌'[8]이다. '쉽게 돈을 벌 수 있다'는 거짓말은 많은 여성들을 기지촌으로 불러모았고, 이들 여성은 '몸을 팔아' 가족들을 부양했다.[9] 이처럼 『뺏벌』은 여성들이 성폭력과 가난 때문에 기지촌에 모였다는 점을 강조한다. 소설에서 승자는 기지촌에 처음 출근한 날, 친척에게 성폭력을 당하던 순간을 떠올린다. 기지촌의 폭력과 한국의 가부장제적 폭력은 동궤에 있다는 점을 보여주는 것이다. 이는 미군 '위안부' 문제를 한국 여성의 개인적·집단적 타락이나 국가적 수치로 말하는 담론과는 분명히 차별된다.

기지촌 소설에서 가장 중요한 사건은 미군의 강간, 살해 등과 같은 범죄다. 미군이 폭력적으로 한국여성을 괴롭히는 것을 재현함으로써 제국주의와 신식민주의를 고발하는 것이다. 『뺏벌』 역시 옥주의 남편 카알의 베트남전쟁 PTSD와 스티븐의 미군 '위안부' 연쇄살인을 통해 미군의 폭력과 범죄에 주목한다. 이 모든 폭력에서 가장 힘없고 약한 자인 옥주는 희생양이 된다. 소설은 '전쟁 신부' 시스템에 문제제기한다. 전쟁 신부는 미국이 해외 파견한 미군들을 손쉽게 안정적으로 유지하기 위한 정책이었으며, 기지 국가의 가난한 여성들에게는 생존수단이 되었다. 하지만 미국의 가족을 대리보충하는 전쟁 신부들은 한국에 남겨지거나 함께 미국으로 떠나도 차별과 불평등에 시달렸다.[10] 여성들은 미군과 결혼해서 정상가족에 편입할 수 있다는 가능성

---

[8] '뺏벌'은 의정부 기지촌의 별칭으로, 한 번 들어가면 나올 수 없다는 데 빗대어 사용됐다.

[9] 김연자의 자서전에서 그는 이복형제 미자와 동두천에서 재회한다. 미자 역시 아버지에게 버림받고 가족들을 부양하기 위해 동두천으로 왔다. 이는 가난한 여성들이 생계를 위해 기지촌으로 유입되었음을 보여주는 장면이기도 하다.

을 품고 기지촌에 온다. '엽전'(한국남자)은 성노동자를 무시하지만, 미국인은 이력을 따지지 않는다는 것이다. 하지만 이들은 미군과 함께 떠날 기회가 주어져도 망설이며 주저하다 포기한다. 미국에서의 삶이 그리 평탄하지 않다는 것을 이미 알고 있기 때문이다. 미군과의 사랑은 실패하고, 남는 것은 한국사회에서 환영받지 못하는 혼혈의 아이들뿐이다.

여성적이고 예쁜 옥주에게는 자신과 비슷한 또래의 미군 애인이 생긴다. 옥주는 대니와 결혼할 것이라고 생각하며 아들을 낳아 혼자 키운다. 하지만 그는 미국으로 떠난 뒤 점차 연락이 끊기고, 기지촌 사람들은 다른 미군과 결혼해서 미국으로 떠나라고 권한다. 한국에서 혼혈아를 키우기는 어렵다는 이유에서다. 『뺏벌』의 1권은 옥주와 카알의 결혼식으로 마무리된다. 결혼 당시 카알은 가난하지만 온순하고 다정한 사람이었다. 미국 생활 초기는 행복하게 그려진다. 옥주는 둘째인 딸을 낳고 아르바이트를 하면서 돈을 번다. 하지만 카알은 베트남전쟁에서 돌아온 이후 일할 생각도 하지 않고, 술을 마시면서 가족들에게 폭력을 행사한다. 밤에 자면서 옥주의 목을 조를 정도다. 그의 PTSD는 옥주와 그 아이들, 동양인에 대한 분노로 이어진다. 폐인이 된 카알 대신 옥주는 가족을 먹여 살리기 위해 마사지 살롱에 출근해서 성을 팔았다. 결국 카알은 옥주가 일하러 간 사이 착란을 일으켜 아들을 죽이고, 옥주는 딸만 데리고 반쯤 실성한 채 부산의 기지촌으

---

10 김은경, 「1950년대 '결혼허가신청서'를 통해 본 한인 여성과 미군의 결혼과 이주: 미국의 이주통제정책과 타자의 '은밀한' 연대」, 『한국근현대사연구』 91, 한국근현대사학회, 2019, 139~168쪽.

로 돌아온다. 아들이 죽은 이후 옥주는 삶을 포기한다. 과거 다른 기지촌 여성들이 그랬던 것처럼, 딸을 때리고 학대한다. 성판매 시장에서도 매력적인 노동자가 되지 못해 위험한 길거리로 내몰린다.

『뺏벌』은 전쟁 신부 시스템이 기지촌 여성을 착취하는 구조라는 사실을 밝힌다. 미군 '위안부' 여성 개인의 성품이나 잘못에 달린 문제가 아닌 것이다. 이진경은 이런 상황을 '죽음정치적 노동'이라고 명명한다. 기지촌의 '군대 매춘'에서 노동자는 누군가의 신체를 대리하고 있으며, 신체의 상해나 죽음의 가능성과 직면한다. "살해될 수 있는 어떤 대상이나 사람"이 되는 것이다.[11] 기지촌은 미국 여성을 대신해서 미군들을 '위로'하고 성적 욕망을 해소해줄 여성을 공급한다. 대니는 수줍고 약한 옥주를 보고, 고향의 첫사랑과 비교한다. 옥주는 한국에서 대니의 여자친구 역할을 대신 수행한다. 전쟁 신부가 되었다 돌아온 뒤 옥주는 시체와 같은 상태가 된다. 제대로 먹지도, 씻지도 않아서 파리한 몸을 하고, 하나뿐인 딸에게는 욕설을 퍼붓는다. 이 '죽지 않음(undead)'의 상태가 죽음정치적 노동의 특징이다. 『뺏벌』의 옥주는 미군에게 살해당함으로써 죽음으로 비극을 증언하는 인물이 된다. 소설은 곳곳에서 기지촌을 둘러싼 국가의 통제를 직접적으로 고발한다.

미군 '위안부' 여성들에 대한 감시와 통제는 세밀한 관리 시스템과 더불어 완성된다. '위안부' 여성으로부터 성병을 옮았다는 미군의 증언에 승자는 '몽키하우스'[12]에 끌려간다. 미군은 보통 여러 명의 '위안부'

---

11 이진경, 나병철 옮김, 『서비스 이코노미』, 소명출판, 2015, 161~177쪽.
12 몽키하우스는 영어로 '성매매 집결지'를 의미하지만, 기지촌의 미군 '위안부' 여성들은 그곳에 수감된 자신들의 모습이 동물원 원숭이 같다는 의미에서 사용하였다.

여성과 성관계를 하기 때문에, 실제로 성병을 옮긴 사람이 누구인지는 확실하지 않다. 그럼에도 미군의 지목만으로 복수의 여성이 격리되거나 감금된다. 기지촌에서 정화되는 것은 성노동자 여성인 것이다. 성병 검진이나 낙검자수용소 등을 통해 한국정부는 기지촌 여성들을 정화되어야 하는 오염된 신체로 호명한다. 여성들을 격리하여 보호한다는 명목으로 운영되지만, 이 보호와 격리 수용은 폭력적인 형태로 귀결된다. 이처럼 기지촌에서 한국과 미국, 미군은 범죄와 갈취, 폭력을 일삼으며 한국여성을 신식민지적 상황에 위치시킨다.

미군 범죄는 『뺏벌』의 창작 계기가 될 만큼, 소설에서 주요한 사건이다. 소설은 스티븐 일병의 살인 재판에서 시작한다.[13] 군산의 아메리카 타운에서 미군 일병 스티븐 알렌 바우어맨은 1976년 6월 한 여성을 목 졸라 살해한 후 불을 질렀고, 7월에는 다른 여성을 칼로 찔러 살해한 혐의로 기소되었다. 한 달 사이에 두 명의 미군 '위안부'를 살해한 그는 "전과가 없는 초범"인데다 "우방의 군인"이라는 이유로 무기징역을 선고받는다. 1966년 새롭게 체결된 한미행정협정(SOFA: the Status of Forces Agreement)은 미군 시설과 구역 내에서 경찰권을 행사할 수 없고, 재판권을 포기할 수도 있다는 불평등한 조항을 포함하고 있었다. 이후 한국사회는 SOFA 개정 운동을 전개하고 있다. 소설은 SOFA의 부당함을 살인사건 재판을 통해 재현한다. 재판장에서 소리 높여 항의하는 미군 '위안부' 여성들을 향한 재판장의 목소리는 단호

---

13 이 소설을 비롯한 김연자의 에세이에서도 등장인물의 이름이 다 가명으로 등장하는 반면, 살인범인 미군의 이름은 실명과 마찬가지로 '스티븐'으로 통일되어 있다. 바우어맨은 이 사건으로 한미행정협정 체결 후 최초로 한국법정에서 무기징역을 구형·선고받았다.

하고 엄중하다. 소설은 이 재판을 첫 장면에 배치함으로써 억압당하는 여성들의 목소리를 전면화하고, 소설의 목표가 미군 범죄의 고발에 있음을 분명하게 밝힌다.

흥미로운 것은 스티븐의 범죄가 과시적 남성성 문제와 직결되어 있다는 것을 포착한 점이다. 스티븐은 미옥과 함께 마약을 즐기며 피엑스 물건을 밀거래하다 미옥이 자신에게 싫증을 느끼자 거기서 생겨난 상실감과 박탈감을 다른 여성들에게 폭력적으로 해소한다. 『뺏벌』은 스티븐의 신체를 미군의 군사력으로 치환하고, 그의 폭력성은 한국에 대한 미군의 지배를 보여준다.

> 그는 요즈음 며칠간 자신의 몸에 생긴 이상한 증세에 은근히 겁이 났다. 며칠 전 샤워를 하고 타월을 걸치고, 그녀를 안았는데도 아무런 흥분이 없었다. 시간이 지나도 마찬가지였다. 치미옥은 음모 속에 짜브라서 축 늘어진 그것을 바라보며 비웃었다. 그녀의 웃음 소리가 커질수록 자랑스럽게 우뚝 서야 할 그것이 작동을 하지 않았다. 그러면 그럴수록 그는 점점 더 위축이 되는 것이었다. 한번 그렇게 되고 신경이 자꾸 그것에 쓰이자 점점 더 말을 듣지 않았다.[14]
> 그러나 여자의 그 무표정한 얼굴은 이상하게도 그를 도발시켰다. 다시는 솟아오를 것 같지 않았던 자신의 그것이 힘차게 용솟음치며 솟아오르지 않는가. 그것은 북한을 향해 위용을 자랑하는 155미리 곡사포 같았다.[15]

남성 주체에게 발기부전은 수치심과 공포를 불러일으킨다. 강한 남

---

14 안일순, 『뺏벌』 하, 공간미디어, 1995, 191쪽.
15 안일순, 위의 책, 193쪽.

성성은 여성을 쟁취하는 모습을 통해 강화되고, 이는 성적 능력과 직결되는데 발기부전은 이러한 남성성을 위협하기 때문이다. 한국의 대중문화에서 발기부전인 남자는 연민의 대상이 되고, 여성으로부터 버림받는 존재로 그려진다.[16] 미옥에게 위축되어 발기되지 않는 상황에서 스티븐은 옥주를 만난다. 옥주의 '무표정한 얼굴', 아무런 감정이 없는 시체와 같은 모습에 그는 발기한다. 힘없는 대상을 폭력적으로 정복했다는 만족감이다. 이는 스티븐의 발기부전이 남성성에 대한 위협이었음을 잘 보여준다. 안일순은 스티븐의 발기를 북한을 향한 미군의 미사일에 빗대어 표현한다. "북한을 향해 위용을 자랑하는 155미리 곡사포"라는 설명은 미군의 성기를 제국의 무기로 치환한다. 미국의 군사주의적 남성성은 민족의 자주를 위협하는 제국의 무기로 재현된다. 이 과정에서 미군 '위안부' 여성은 민족국가의 비유가 된다. 옥주와의 폭력적 관계에서 남성성을 회복한 스티븐은 미옥과 옥주를 연이어 살해한다. 이들의 죽음은 남한에 대한 미군의 폭력적 지배를 상기시킨다. 1990년대 반미-자주 운동의 흐름에서 안일순은 스티븐의 범죄를 민족국가에 대한 위협 차원에서 해석하고 있는 것이다.

『뺏벌』은 '현장소설'이라는 명명처럼 활동가인 작가가 1년간 이태원, 동두천, 송탄, 군산 등 기지촌 현장 조사를 통해 얻은 인터뷰와 기록 등을 기반으로 했다. 당시 노동문제에 대한 서사물이 '현장소식', '현장소설' 등의 이름으로 유통되었다는 것을 생각하면, 이 소설이 기지촌 '현장'을 사실적으로 표현하는 데 관심을 갖고 있었다는 것을 알

---

16 김청강, 「좌절하는 '남자다움': 섹스영화, 임포텐스, 그리고 '성' 치료담론(1967-1972)」, 『역사문제연구』 40, 역사문제연구소, 2018, 107~242쪽.

수 있다. 반미운동의 흐름을 주도하던 남성중심적 민족주의가 군 '위안부' 문제를 대변하는 것처럼 보이는 와중에도, 여성들의 다른 목소리 역시 분명히 존재했다는 점을 입증한 것이다.

> 여성운동을 깔봐서가 아니라 솔직히 이 사건을 여성중심으로 몰고 갔다면 그렇게 크게 될 수 없었다고 봅니다. 이 사건이 민족 문제니까 그나마 그렇게 대중화된 겁니다. 내가 여러 가지 운동단체 일을 많이 해보았지만 이 사건처럼 시민들의 호응을 받은 적은 없었어요. 이 사건이 여성 문제가 아니라는 게 아니라, '본질'은 사회구조적인 문제이고 (그러니까 민족 문제라는 말이죠?), 그렇죠! 그것이 구체화된 '현상'이 윤금이를 통해 나타난 거죠. 거시적인 문제가 미시적으로 드러난 것입니다. 물론 내가 여성운동가들하고 일한 것은 처음인데 배운 게 많아요. 나는 그 여성들이 그렇게 사는지 정말 몰랐거든요(당시 '윤금이 공대위'에서 주도적으로 활동했던 재야단체 활동가와의 인터뷰에서).[17]

잔혹하게 살해당한 미군 '위안부'에 모인 관심은 여성문제가 아니라 '보편적 민족문제'에 기인한 것이라는 남성 활동가의 말은 민족주의 기반의 민중운동이 군 '위안부' 문제를 사유해온 방식을 단적으로 보여준다. 한국의 반식민 민족주의 운동은 군 '위안부' 여성을 통해 수탈당한 국가를 이야기하지만, 그 과정에서 젠더와 섹슈얼리티에 대한 논의는 제대로 이루어지지 않았다. 희생양이 된 신체를 통해 미국의 식민지가 된 한국의 상황을 고발하고 문제를 해결하고자 할 뿐이다. 민족을 균일화, 단일화하고 여성을 가부장적 질서에 귀속시키는

---

17 정희진, 「죽어야 사는 여성들의 인권」, 『한국여성인권운동사』, 한울, 2015, 340쪽.

것이다. 최정무는 이를 '성애화된 민족과 성별화된(gendered) 민족주의'라 칭했다.[18] 미군 '위안부'들이 운동의 주체로서 싸워온 역사는 비가시화되고 미군에게 희생당한 '민족의 딸'만이 남는 전형화는 비판의 대상이 되었다.

안일순은 『뺏벌』을 통해 기지촌에 사는 여성들의 삶을 들여다보기 위해 노력한다. 인터뷰와 증언 등을 통해서 미군 '위안부'들의 삶을 형상화하고, 이들이 가부장제적 한국사회의 희생양이기도 하다는 점을 밝혔다. 이는 '현장'을 취재한 글쓰기가 가진 힘이기도 하다.

2) 여성 간 연대와 하위주체의 행위성

기지촌은 게토이자 유일한 집이다. 가부장제 가족으로부터 추방된 여성들은 동두천, 송탄, 군산 등 기지촌 이곳저곳을 이동하면서 살아간다. 기지촌을 떠나 도망갔다가도 결국엔 기지촌으로 돌아온다. "그놈의 동두천은 못 잊어서. 그놈의 동두천…. 도망갔다가도 오고, '포주집'에 땡겨서 갔다가 또 도루, 또 오고 그래, 그 동네가 뭐가 그렇게 뭐가 좋은지.", "동두천에는 친구들이 그래도 많고, 동두천은 거 동네에서 막 돌아댕겨도 누가 뭐라 할 사람이 없잖아, 지네들 그 색시들 밑에서 돈 버는 사람들인데."[19] 미군 '위안부'였던 김정자는 동두천은 전체가 기지촌이라서 미군 '위안부' 여성들에 대한 손가락질이나 비난이 적기 때문에 다른 지역에 갔다가도 동두천으로 돌아올 수밖에

---

18 최정무, 박은미 옮김, 「한국의 민족주의와 성(차)별」, 『위험한 여성』, 삼인, 2001, 31~51쪽.
19 김정자 증언, 김현선 엮음, 『미군 위안부 기지촌의 숨겨진 진실』, 한울아카데미, 2013, 296~297쪽.

없었다고 말한다. 이러한 증언은 『뺏벌』에서 승자와 미옥이 군산의 아메리카 타운 바깥 농가를 돌아다닌 일화와 겹쳐진다. 많은 돈을 지불하는 미군 '위안부' 여성들을 미용실 손님으로 받았지만, 이내 이들을 무시하는 사람들이 나타나 결국 싸움이 벌어지는 것이다. 미군 '위안부' 여성들에게 동두천은 '평범한 사람들'과의 갈등이 없는 곳, '위안부' 여성들이 자유롭게 돌아다닐 수 있는 곳이다.

『뺏벌』은 기지촌을 중심으로 여성들 간의 연대를 강조한다. 기지촌 여성들은 의논해서 같이 이주할 만큼 서로를 중요하게 생각한다. 이들의 관계가 기지촌을 살 만한 공간, '집'으로 만든다. 소설 속 '위안부'들은 일본군 '위안부', 한국군 '위안부' 등의 내력을 갖고 있다. 이러한 설정은 이 소설이 미군 '위안부'를 군 '위안부'의 역사 속에 배치하고 있다는 것을 보여준다. '유엔마담', '양공주' 등 미군 '위안부'를 보는 한국사회의 시선이 여성혐오적이고 차별적이었다는 것과 비교할 때, 눈에 띄는 대목이기도 하다. 소설의 주요한 등장인물인 김묘순은 소박하고 정결한 얼굴의 장애인이다. 한국전쟁 때 전선을 따라 이동하던 '담요부대'에서 다리를 잃은 묘순은 부산 하야리아, 동두천, 군산 기지촌을 돌아다니면서 성노동을 했고, 다리가 없기 때문에 가장 가혹한 상황에 놓여있음에도 주변의 여성들과 아이들을 먼저 챙기는 인물이다. 망가진 채 미국에서 돌아온 옥주와 그 딸, 아픈 승자를 돌보는 것도 묘순이다.

가장 연장자인 백순실은 혼혈인 딸 로즈와 함께 살아간다. '뼈대 있는 양반 집안의 딸내미'였던 순실이 공장에서 일할 사람을 모집한다는 말에 속아 상해에서 일본군 '위안부'가 되는 과정은 소설에 넋두리처럼 삽입된다. '위안부'인 채로 해방을 맞은 순실은 인천에 도착해 미군을 상대로 성을 판매하며 피엑스 물건으로 암거래를 하던 때 아이가 생겨서 고향에 돌아가지 못했다. 일본군 '위안부'에서 미군 '위안부'가 된 그는 딸을 떼어놓기 싫어서 입양도 보내지 못할 만큼 사랑하면서도, 딸에게 빈번하게 폭력을 행사한다. 소설은 로즈 역시 기지촌에서 살아가는 여성이 되었다는 것을 통해 군대를 둘러싼 여성들의 삶을 조명한다.

빼어난 외모로 주변의 눈길을 끄는 차미옥은 중학교 2학년 때 학교에서 귀가하는 길에 모르는 남자에게 끌려가 강간당했다. 그는 '여자는 한 번 망가지면 끝장'이라는 교육에 반발하며 스스로를 망가뜨리는 선택을 한다. 집안 사정이 어려워져 공장에 취직했다 방석집을 거쳐 송탄의 기지촌으로 간 것이다. 여성들을 관리하는 '큰엄마' 엄미령 역시 기지촌에서 시어머니를 비롯한 가족들의 생계를 책임지고 있다. 무능한 남편 대신 '위안부' 여성들에게 방을 빌려주다 직접 클럽을 인수해 운영하게 된 그는 서울 출신의 중산층 여성이었지만, 포주가 된다. 여성들을 이용해 돈을 벌지만, 임신 중단 수술을 하고 돌아오면 닭을 삶아 보약을 먹이는 사람이기도 하다. 서로가 서로를 착취하는 기지촌에서도 여성들의 공동체가 형성되는 것이다. 가난한 여성들이 경제 주체로서 존재할 수 있는 곳이 기지촌이다.[20] 이로 인해 장애 여성,

---

20 권창규, 「기지촌 성판매여성을 둘러싼 억압 구조와 그 균열 양상」, 『비평문학』 91, 한국비평문학회, 2024, 25~30쪽. 권창규는 이 논문에서 전쟁 신부가 되어 미국으로 가거나 장사할 밑천을 만드는 것처럼 여성들이 경제적 주체로서의 면모가 드러난다는 점을 강조한다. 여성들은 기지촌을 중심으로 한 비공식 경제의 핵심 주체였고, 기지촌 관련 산업은 국민총생산에서도 상당 부분을 차지할 만큼 규모가 컸다.

혼혈아 등이 기지촌에서 얽혀서 살아간다. 소설은 이처럼 기지촌은 게토인 동시에 유일하게 생존할 수 있는 공간이라는 점을 보여준다.

미군 '위안부' 여성들의 자치 조직인 자매회에서 승자는 기지촌에 유입되는 여성들에게 검진증을 발급하고, 클럽의 '기도' 역할을 맡는다. 여성으로서 처음 '기도'가 된 그는 자신이 여성들을 보호하는 역할을 할 수 있기를 기대하면서 자치회에 들어가지만, 실상 자치회가 '위안부' 여성들을 착취하고 있다는 사실을 폭로하려다 경찰서에 수감된다.[21] 이 자치회 역시 성 산업 시스템의 일부였기 때문이다. 이에 승자는 시위를 통해 직접 기지촌의 문제를 해결하고자 한다.

"여러분 모두 앉읍시다. 그리고 오늘밤이 새도록, 아니 내일밤이 새도록 이 자리에 버티고 앉아 사단장의 사과를 듣고, 이런 발상을 한 자를 우리 앞에 세우게 합시다. 그리고 그 따위 모욕식인 글을 쓴 사들 처벌할 때까지 이 자리를 떠나지 맙시다! 아니 우리가 푸줏간의 고기입니까? 어떻게 우리 여자들 몸값을 신발 가격과 비교합니까?"[22]

송탄의 미군들이 옷값이나 신발값, 화대를 깎는 유인물을 돌린 데 분노한 승자는 항의 집회를 계획한다.[23] 비상 계엄령하에서 미군 '위안

---

21 승자가 자매회 일을 맡아보는 과정에서 회장과 갈등이 생기고, 이로 인해 경찰서 신세를 지는 등의 에피소드는 김연자의 자서전과 상당 부분 겹쳐진다. 김연자는 이 과정에서 클럽과 사이가 나빠지고 술을 마시는 등 폐인처럼 지내게 되는데, 이 부분에 대한 묘사는 소설에서는 소략하다.
22 안일순, 앞의 책, 79쪽.
23 이 사건은 김연자가 실제로 주도하여 벌어졌던 일이다. 「화대 정찰제에 반발, 천여 위안부 데모」, 『동아일보』 1971.5.4. "인권을 짓밟는 행위를 즉각 중지하라"고 외치며 약 3시간 동안 시위를 벌였다. 이들은 기지 사령관으로부터 요구사항을 들어

부'들이 벌인 시위는 택시기사, 지역 상인들로까지 번진다. "비록 기지촌 주변에서 미군들의 호주머니에서 떨어지는 돈을 주워먹고 사는" 사람들이지만, 하나가 되어 힘을 모은 것이다. 경찰의 진압에 의해 해산되기는 했지만, 성별, 직업이 다른 기지촌 주민들이 모여 목소리를 높인 경험은 기지촌 사람들에게 자기효능감을 선사했다. 실제로 기지촌에서는 여러 차례 시위가 발생했다. 여성들은 미군의 부당한 요구와 폭력에 대항해 집단 시위에 나선다. '위안부' 여성을 살해한 군인을 처벌하라는 데모를 하거나[24] 상여를 메고 미군 영내에 진입하려고 시도했다.[25] 1969년 인천 부평동의 기지촌에서 자치회장이 미군들에게 폭행당해 위독한 상황에 처하자, 미군 '위안부'들이 이에 항의하여 군인들과 밤새 대치했다는 기사가 보도되기도 한다.[26] 파주, 송탄, 군산 등 각지에서 여성들의 시위가 조직되는 것이다. 이는 기지촌이 여성들의 행위성과 주체성이 존재하는 공간이라는 사실을 뒷받침한다. 미군 '위안부' 여성들과 미군이 비교적 개인 대 개인으로 접촉했던 1950년대와 달리 박정희 체제하에서는 국가의 관리가 본격화된다. '기지촌 정화

주겠다는 약속을 받고 해산했다.
[24] 이곳 파주군 천현면 웅담 2리 이○○(28)씨 외 120여 명의 위안부들은 미제1보병사단 제2공병대 B중대 정문 앞에 몰려가 박○○(23)양의 시체를 한국병원에서 해부해줄 것과 박 양을 죽인 동부대 해머튼 병장을 처벌해달라고 1시간 동안 '데모'했다. 「가해자 처벌을 백여 위안부 데모」, 『동아일보』 1965.10.6.
[25] 지난 5일 미 모 사단 소속 테일러 일병에게 살해당한 김○○양(21)의 장례식에 참석한 위안부 3백여 명은 소복을 입고 상여를 멘 채 7일 낮 12시경 1천여 명의 주민들이 보는 가운데 테일러 일병이 소속해 있는 사단 영내에 몰려들어가 1시간 동안 연좌데모를 했다. 「김양 상여메고 위안부들 데모 미군 영내서」, 『경향신문』 1967.11.8.
[26] 「3백 위안부 투석전」, 『조선일보』 1969.9.25.

계획'을 통해 기지촌의 '질'을 관리하고, 미군 '위안부' 문제를 국가가 제공하는 서비스로 만들었다.[27] 그렇기에 기지촌에서 발생하는 시위는 곧 국가 세력에 대한 저항으로 여겨졌다. 『뺏벌』은 이러한 장면을 충실히 재현함으로써 기지촌 공동체의 재발견으로 명명되기도 했다.[28]

승자는 시위를 주도했다는 이유로 일하던 곳에서 해고되고 자치회를 비판하는 유인물을 작성했다 경찰서에 끌려간다. 경찰은 "궐기하라? 인권? 착취? 이거 빨갱이들이나 쓰는 말투 아니냐구? 배후에 뭔가 있어. 지난번에 미군들 앞에서 데모할 때 알아봤지. 대단한 선동가더군."[29]이라며 승자를 '빨갱이'로 몰아간다. 유인물을 인쇄하러 간 복사집에서도 "시국이 시국인 만큼" 인쇄가 어렵겠다면서 거절당하기도 한다.[30] 미군 '위안부' 여성들의 인권은 국가 안보에 위협이 되는 행동이 된다. 이는 기지촌이 제공하는 서비스가 한국과 미국의 국가적 관계와 안보 문제에서 중요한 요소라는 점을 인정하는 셈이다. 결국 송탄에 있을 수 없게 된 승자는 군산의 아메리카 타운으로 이주한다.

---

27 한국의 기지촌 관리 정책 및 시스템과 관련해서는 박정미, 「한국 기지촌 성매매정책의 역사사회학, 1953-1995년」, 『한국사회학』 49(2), 한국사회학회, 2015, 1~33쪽 참조.
28 송상덕, 「기지촌 공동체의 재발견: 안일순의 『뺏벌』을 중심으로」, 『민족문학사연구』 65, 민족문학사연구소, 2017, 67~92쪽.
29 안일순, 앞의 책, 112쪽.
30 승자는 자치회에서 일하면서 자치회가 경찰, 보건소 등에 상납하면서 기지촌 여성들을 착취하는 데 일조했다고 밝힌다. 유인물을 통해 그가 고발한 것은 경찰서 정보과와 보건소로 가는 뇌물, 결혼수속중이라는 허위 확인증을 발급한 수수료의 행방, 성병 진료소 검진 결과를 둘러싼 비리, 자치회 회장의 이중장부 등이다. '위안부' 여성들로부터 자치회 기금을 떼어가서 공금을 마련하지만, 그 공금을 뇌물이나 자치회 회장 개인이 착복하고, 여성들을 위해서는 사용하지 않는다는 점은 김연자나 김정자에게서도 공통적으로 지적되는 사항이다.

그리고 그곳에서 순실, 묘순, 옥주 등 동두천 여성들과 재회한다. 미옥과 옥주의 연이은 죽음으로 미군 '위안부' 여성들은 각성한다.[31] 바라크를 깨서 조각을 손에 들고, 미국 헌병들과 한국 경찰들을 파고드는 이들의 모습은 전사에 비유된다.

> 묘순은 일어나려고 버둥거렸으나 허리가 어찌되었는지 그 자리에서 팔만 허우적거릴 뿐이었다. 묘순을 떠밀은 한국 경찰은 마치 징그러운 짐승을 보듯 경멸에 찬 시선을 던지며 사령관을 호위하였다. 그 광경을 본 여자들의 가슴 속에 확 뜨거운 불길이 일었다.[32]

묘순의 장애는 소설 곳곳에서 선정적으로 제시된다. 헌병들은 방망이를 휘두르며 폭력을 행사한다. 경찰에게 밀려 넘어진 탓에 노출된 묘순의 의족은 자긍심을 훼손시키고 수치심을 자극한다. 폭력의 현장에서 가장 먼저 초점화되는 사람이 선량한 장애 여성이라는 점은 훼손된 신체가 민중의 각성에 동원되는 방식을 보여준다. 묘순이 미군 사령관과 다툼을 벌이며 한국 경찰에게 멸시당하는 모습에 순실은 군용 트럭 위로 올라간다.

---

[31] 이 장면은 김연자의 자서전에도 상세하게 제시된다. 1977년 20살의 어린 미군 스티븐이 '위안부' 여성을 목졸라 죽이고 불을 낸 사건이 흐지부지 종결되자 두 번째 살인이 벌어졌을 때 여성들은 지서에 먼저 연락하고 방을 사수한다. 이후 시체를 미군이 가져가서 식료품 냉장고에 보관했다는 사실을 알게 된 여성들은 강력하게 항의하면서 타운 입구에 모인다. 미군들에게 얻어맞으면서도 저항하는 이들의 시위 장면은 다중적 연대를 보여준다.
[32] 안일순, 앞의 책, 281쪽.

미군과 한국 경찰들의 몽둥이질에도 불구하고 여자들은 물러서지 않고 온힘을 다해 트럭을 밀었다. 드디어 커다란 차체는 흔들리기 시작하더니 와아 하는 함성과 함께 뒤집어지고 말았다. 그들은 차체의 유리창을 돌멩이로 깨부수고 그래도 분이 풀리지 않아 발길질을 하며 일제히 환호성을 질러댔다.
뒤집혀진 거대한 군용 트럭의 차체는 뱃가죽을 하늘로 향하고, 아스팔트를 질주하던 열두 개의 시커멓고 커다란 바퀴 역시 하늘을 향해 치솟았다. 그것은 마치 거대한 공룡의 사체같이 보였다.[33]

소방차가 물대포를 쏘는 와중에도 여성들은 물러서지 않는다. 미군 버스에 돌을 던지는 여성들의 기세는 부대 철조망 앞까지 이어진다. 출입을 금지하는 경고판과 〈한미동산〉 탑은 거대한 미국의 식민 지배를 형상화하지만, 여성들은 그 벽을 넘는다. 이 장면에서 '위안부' 여성들은 「객지」의 동혁처럼 저항적 리얼리즘의 주인공이 된다. 사회 현실의 문제를 지적하고, 결말의 상승구조를 통해 희망적 미래를 진단하는 것이다. 소설은 뒤집힌 군용 트럭을 '공룡의 사체'로 묘사하며, 민중의 저항을 생생하게 전달한다. 동혁은 죽지만, 「객지」의 독자들은 노동 문제에 관심을 갖게 되는 것처럼, 옥주의 죽음을 목격한 독자들은 미군 범죄에 대해 고민하고, 분노할 것이기 때문이다. 소설의 마지막 장은 옥주의 장례식을 세밀하게 묘사한다. 미군들에게 외출 금지가 내려진 타운에서는 지난 시위의 흔적은 찾아볼 수 없다. 황폐한 기지촌을 배경으로 흰옷을 입은 '위안부'들이 옥주의 관을 뒤따르는 장면과 어린 시절 승자와 옥주의 대화가 병렬적으로 제시된다. "우리

---

[33] 안일순, 앞의 책, 283쪽.

영원히 남자에게 시집가지 말고 살자. 좁은문의 제롬처럼 육을 떠난 영의 사랑을 하는 거야."³⁴라던 중학교 시절, 기지촌에 도착한 첫날 등 옥주와 승자의 대화가 장례식과 겹쳐진다. 『뺏벌』에서는 여성들의 각성을 위해 묘순과 옥주 등 가장 약하고 선한 자들이 희생된다. 조용하고 내성적이었던 옥주는 생존을 위해, 가족을 먹이기 위해 성을 팔아야 했다. 그의 안타까운 죽음은 남겨진 사람들에게, 그리고 소설을 읽는 독자들에게 미군 범죄에 대한 경각심을 일깨우고, 미군 '위안부' 문제에 관심을 갖게 만든다.

안일순은 소설 발간 후 인터뷰에서 "'제2의 일본군 위안부'인 기지촌 문제와 한-미행정협정의 불평등성 등에 관한 국민들의 관심이 높아지기를 기대한다"고 말했다.³⁵ 1980년대 미군의 '위안부'에 대한 범죄 보도율은 이전과 비교해서 현저히 낮아진다. 미군의 폭력 범죄와 미군 '위안부'들의 밀수 등의 문제로 악명이 높았던 기지촌은 이제 대마초와 히로뽕 등이 밀반입되고 AIDS 감염자가 발생하는 위험한 공간으로 보도된다. 미군 '위안부' 여성들에게 가해졌던 폭력에 대해서는 1960-1970년대보다 낮은 관심을 보인다. 한국사회는 기지촌에서 여성들이 싸우고 있다는 사실조차 모르고 있었다. 이런 상황에서 케네스 마클의 잔인한 살인사건은 민족운동 진영의 촉매제가 되었다. 피해자의 시신을 찍은 사진이 대학 내 광장을 비롯한 도심 번화가에 전시되고, 미군 범죄의 잔인함을 고발하는 데 사용되었다. 묘순의 신체나 옥주의 죽음이 동원되는 것과 유사한 방식이다. 안일순은 기지

---

34 안일순, 앞의 책, 292쪽.
35 「인터뷰 미군 기지촌 여성 다룬 소설 '뺏벌' 펴낸 안일순씨」, 『한겨레』 1995.5.24.

촌 여성들의 증언을 바탕으로 소설을 쓰고, 공론장의 관심을 요청한다. 이 과정에서 기지촌 여성들은 저항하는 민중의 형상으로 재현된다. 이는 미군 '위안부'를 억압받는 민중으로 재현하는 데서 더 나아가 저항하는 민중으로 표상한 것이라 볼 수 있다.

3. 퀴어한 섹슈얼리티와 해방적 자기서사

자서전은 여성, 흑인, 난민 등 주류 문학이나 역사에서 비가시화된 존재를 재현하는 자기 기록이 되었다. 서벌턴들의 존재와 글쓰기가 조명되기 시작한 것이다. 한국에서도 1980년대부터 노동자 수기, 자서전 등 노동자-민중의 글쓰기가 주목받았으며, 이는 자기 정체성을 탐색하는 자서전인 동시에 사회적 억압으로부터 해방되는 글쓰기이기도 했다.[36] 자신의 정체성을 기술할 수 있는 서사적 방식인 자서전은 "내가 나의 정체성을 찾을 수 있는 토대는 무엇인가"를 질문한다. 소설 『뺏벌』이 1990년대에 출간된 것과 달리, 『뺏벌』의 모델인 김연자의 자서전은 2000년대에 출간된다. 『뺏벌』이 김연자의 증언을 토대로 구성된 허구라면, 김연자의 자서전은 그에 바탕이 되는 근거이자 토대여야 하지만, 시간 순서가 역전된 탓에 김연자의 자서전이 도리어 소설의 자장 아래 놓이게 되는 것이다. 즉 김연자의 자서전은 소설 속 '석승자'의 영향을 받지 않을 수 없다. 김연자의 삶을 원본이라고

---

[36] 심선옥, 「자서전의 역사와 원리, 그리고 자서전 쓰기 교육의 새로운 방향」, 『반교어문논집』 53, 반교어문학회, 2019, 181~212쪽.

한다면, 소설, 자서전으로 두 번의 서사화를 거친 셈이다.

김연자의 자서전은 페미니스트 구술사에 대한 인식론적 고민이 벌어졌던 시기에 진행됐다. 2000년대 이후 대문자 역사의 틈새를 메우는 구술 작업이 이어졌고, 구술사나 작은 역사에 대한 관심이 높아졌다. 2000년대 초반 일본군 '위안부' 증언집을 만드는 과정에서 구술과 증언에 대한 고민이 대두된 것은 이 때문이다. 초기 증언집은 일본군 '위안부'로서의 삶을 중심으로, 누가 언제 어디서 어떻게 '위안부'가 되었으며, 위안소에서 어떤 일이 벌어졌는가를 중심으로 채록되었다. 소수자들의 경우, 비가시화된 체험과 역사를 증언하라는 요구가 높다. 이들의 자서전은 하위주체의 목소리로 여겨졌으며, 체험이나 증언과 분리할 수 없었다. 그러나 2000년대 초반 만들어진 증언집은 구술 증언을 '위안부' 경험에 한정하지 않고 한 개인으로서 '위안부' 생존자들의 목소리를 듣고자 했다.[37] 한국에 돌아온 이후 어떻게 살았는지, 가족들과의 사이는 어떠한지 등이 증언집 안에 포함된 것은 이 때문이다. 증언집은 사실의 기록만을 위한 것이 아니라 여성들의 정체성을 서사화하는 작업이 된 것이다. 이러한 특징이 구술을 바탕으로 한 김연자의 자서전에서도 나타난다.

김연자의 자서전은 소설 『뺏벌』의 서사구조에서 핵심이 되는 사건들을 공유한다. 가족 내 갈등과 가난, 친척의 성폭력-가출-동두천-송탄-군산 등의 행보와 더불어 김연자가 자매회 활동을 통해 기지촌 활동가로 거듭나는 과정이 중심이다. 다만, 소설에서는 김연자의 인

---

37 김수진, 「트라우마 재현과 구술사: 군위안부 증언의 아포리아」, 『여성학논집』 30, 이화여대 한국여성연구원, 2013, 35~72쪽.

생에서 중요한 전환점인 종교적 차원이 등장하지 않는다. 김연자는 기지촌에 교회를 세우고, 기지촌 여성들과 아이들을 돌보는 구심점을 만들기 위해 노력한다. 이 과정에서 실패와 좌절을 경험하기도 하지만, 종교는 그의 삶에서 중요한 축이었다. 김현숙은 1990년대 보스턴에서 김연자와 함께 한 토론회를 다음과 같이 기억했다.

> 그러나 동시 통역을 맡은 젊은 한국계 미국인 여성은 김연자 씨에게 제기된 질문을 걸러내고 검열하였다. 미 제국주의와 군사화가 한국인의 삶에 어떤 영향을 미치는지를 미국인에게 '교육하는' 것에 토론이 제한되어 있다는 점을 강조하면서, 활동가들은 김연자 씨에게 제기된 질문들을 통역하지 않고 빼 버리고는 하였다. 기지촌에서 김연자 씨 개인의 경험이 어땠는지를 묻는 청중의 질문은 계속 무시되었다.[38]

심언사를 초대한 활농가늘은 기지존에 관한 이야기는 듣고 싶어하지만, 종교인으로서의 정체성에는 관심이 없었다. 김현숙이 비판적으로 지적한 것처럼, 그들은 김연자의 '증언'을 통해 미국 제국주의를 비판하고 군사주의의 폐해를 고발하는 데 초점을 맞춘다. 김연자가 어떤 사람이고, 어떻게 그 시간을 극복했는가는 질문할 수 없게 만드는 것이다. 그런 점에서 자서전은 자기 해방의 글쓰기가 된다. 세상이 관심을 갖는 것은 기지촌의 성노동자이자 활동가 김연자이지만, 그가 스스로 드러내고자 하는 정체성에는 다른 부분도 있다. 『아메리카 타운』의 후반부가 김연자의 교회 만들기에 할애된 것은 인터뷰와 소설에서 이야기하지 못한 것이 있기 때문이다.

---

38 김현숙, 「민족의 상징, '양공주'」, 『위험한 여성』, 219쪽.

자서전에서의 고백은 해결되지 못한 채 반복되는 내면의 욕망과 갈등을 표현한다.[39] 이런 점에서 살펴본다면, 김연자의 자서전에서 반복해서 등장하는 여성들과의 관계와 그의 퀴어한 삶, 세상을 향한 분노 등은 그의 내면을 표현하는 것이라고도 볼 수 있다. 초등학생 시절 친척 오빠에게 강간당한 김연자는 먹고살기 위해 장사를 하러 다니는 어머니에게 그 사실을 말하지 못한 채 자신이 훼손되었다고 생각한다. 아버지는 이미 서울에서 다른 가족을 만든 상황이었다. 이후 김연자는 교양과 순결을 강조하는 중산층 부르주아 시민들의 삶을 부정하며 정상가족의 규범을 해체하는 위악적인 행동을 감행한다. 이웃에 사는 화목한 가정의 남편인 선생님과 술에 취해 섹스를 하고, 뒤늦게 임신한 것을 깨닫고는 임신 촉진제를 맞고 낳은 아이를 죽이기도 했다. 섹스, 마약, 폭력 등 비행과 방황은 소설에서는 본격화되지 않는다. 소설 속 승자는 옥주를 구하기 위해 용감하게 나선 친구이자 연인이다.

소설 『뺏벌』 전체를 관통하는 핵심적인 서사는 중학교 2학년 때부터 단짝이었던 승자와 옥주의 관계다. 『뺏벌』은 이옥주 살인에 대한 재판에서 시작해서, 옥주의 장례식으로 끝난다. 초점화자는 승자이지만, 승자를 각성하게 하는 인물로 옥주가 중심적인 역할을 수행하는 것이다. 문학을 좋아하고 여성적인 옥주와 반항적이고 남성적인 승자는 영원을 맹세하는 사이다. 이들은 남성을 비롯한 외부 세계와 자신들의 순결한 세계를 분리시키며, 서로를 절대적인 대상으로 약속한다.

옥주의 방은 늘 따스했고 수십 권의 문학 서적들이 책꽂이에 가득 꽂

---

39 필립 르죈, 윤진 옮김, 『자서전의 규약』, 문학과지성사, 1998, 9쪽.

혀 있었다. 레이스 커튼이 둘러쳐진 옥주의 방에서 두 친구는 옥스퍼드 수틀에 그려진 수를 놓으며 축음기에서 흘러나오는 음악을 들었다. 겨울이 오면 노오란 온돌 장판에 햇살이 들어와 반들반들 거리는 아랫목에서 옥주 어머니가 끓여주는 뜨끈한 떡국을 먹었다. 봄이면 앞뜰 하얀 벚꽃이 무리져 피어 있는 나무 아래서 소설책을 읽기도 했다. 책을 읽다가 눈을 들면 벚꽃은 눈앞에서 하르르 하르르 눈처럼 날려 정갈한 마당 위로 쌓였다.[40]

〈너는 달 나는 해, 너는 한 떨기 순백의 백합 나는 거칠은 바람, 이 세상에서 가장 소중한 나의 벗 승자에게 행운의 네잎클로버를 바치노라. 희망, 소망, 행복, 행운 이 네 글자가 영원히 영원히 승자에게 피어나길. 우리의 우정 죽어서도 변치 않으리. 너의 영원한 벗 옥주.〉

"멋있어. 그래 우리 손가락 걸고 맹세하자. 우리의 우정 죽을 때까지 변하지 않기를."[41]

승자와 옥주의 사귐은 기지촌의 황폐함과 대조되어 너욱 아름답게 그려진다. '배신하면 너를 영원히 저주할 거'라는 여학생들의 친밀성은 이들이 처한 가혹한 상황으로부터 스스로를 보호하는 유일한 장치다. 수를 놓으며 『테스』를 읽는 옥주는 가정 안에서 성폭력에 노출되어 있지만, 다른 사람들에게는 이 사실을 말하지 못한다. 이 상황에서 벗어나기 위해 승자는 임신한 옥주와 함께 집을 나선다.

아버지 사진에다 칼질을 했다. 할머니가 전해 준 잘난 얼굴을 찢고, 콧날이 오똑한 고모의 얼굴을 긋고, "꼭 창만이만 닮았다"던 내 초등학교,

---

[40] 안일순, 앞의 책, 156쪽.
[41] 안일순, 위의 책, 159쪽.

중학교, 고등학교 얼굴을 도려냈다. 손가락 사이사이 면도날 자루에 피멍이 맺혔다. 몸 팔고 세코날을 먹고, 부수고 던지고 악을 쓰며 발악했다.[42]

아버지, 권총을 차고 온 헌병대장인 아버지, 그리고 여자를 셋이나 거느린 아버지, 돈을 가진 아버지. 승자는 여자들의 세계가 아닌 남자들의 세계, 권력과 힘과 돈을 가진 남자들의 세계를 선망 어린 시선으로 어렴풋이 가늠해 보았다. 아마도 그 남자들의 세계는 눈물이니 한숨이니 한이니 팔자니 하는 따위는 없고 막강한 힘과 도도한 권력만이 있을 것이란 생각이 들었다. ……

〈남자가 되자! 남자처럼 살자! 이 석승자는 남자에게 생사를 걸고 남자에게 정을 구걸하고 남자를 바라며 사는 맥아리 없는 여자, 힘 없는 여자가 되지 말자. 남자에 고삐에 매인 운명의 여자, 비련의 여자라는 팔자를 깨어버리고 나 혼자 당당히 서자!〉[43]

『뺏벌』에서 승자는 남자가 좌지우지하는 '힘없는 여자'가 되지 않겠다며 남자들의 세계를 혐오하는 동시에 동경한다. 아버지에 대한 미움과 분노는 여성을 착취하는 남성적 세계에 대한 분노이기도 하다.

그의 반항적인 태도나 남장 등은 '남자 되기'와 연결된다. 승자에게는 그를 사랑하는 여성들이 항상 존재한다. 기지촌 사람들은 승자와 옥주를 연애 관계로 인식한다. 승자의 남성성과 옥주의 여성성을 이성애 커플처럼 여겼기 때문이다. 승자가 송탄으로 옮기자 차미옥이 그를 찾아와 "동두천 여자 이옥주랑 깊은 사이였다면서? 얘기 들었어. 나보담 나이 많은 것 같은데 형님 삼읍시다. 나두 외로워…."[44]라며,

---

42 안일순, 앞의 책, 101쪽.
43 안일순, 위의 책, 162쪽.
44 안일순, 앞의 책, 214쪽.

승자와 옥주의 관계가 특별한 친밀성을 바탕으로 하는 것을 알고 있으며, 자신 역시 그렇게 되고 싶다고 고백한다. 이후 미옥은 승자의 애정과 관심을 갈구해 군산까지 따라온다. 인기 많은 '위안부'였던 그는 미군들과 살림을 차리고 피엑스 물건을 암거래하거나 도박판을 벌이고 마약을 유통시켜 돈을 모으는 수완가다. 미옥은 돈을 모아 함께 요정을 차리자며 승자에게 자신의 파트너가 되라고 한다. 미군 남성을 이용해 돈을 벌지만, 여성과 함께 사는 계획을 세우는 것이다. 『뺏벌』은 이러한 레즈비언 섹슈얼리티를 여성들 간의 친밀성으로 해석한다. 서로 의지하며 함께 살아가는 여성들의 자매애를 중심으로, 승자와 옥주의 관계를 지고지순한 첫사랑이라는 절대적 관계로 재현함으로써 순수가 훼손된 황폐함을 증언하는 데 동원한다.

김연자는 석승자보다 더 다양한 각도에서 성 정체성에 대한 고민을 탐색한다. 가출해서 서울로 온 김연자는 남장을 하고 다니다 불심검문을 당해 파출소에 잡혀간다. 그는 남장이 더 편하다는 이유를 댔다.

> "어, 저, 저, 애들이 따라가서 연자 오줌 누는 거 보고 오래서. 여잔지 어지자진지 보고 오라고······."
> 나는 픽 웃어넘겼다. 여자로 행세하고 싶은 마음도, 여자로 성숙하고 싶은 마음도 없었다. 어쩌다 한번씩은 머리를 올리고 양복바지를 입고 남장을 하고 다녔다. 여자는 약하고 다치기 쉽고 위험했지만, 남자는 강하고 남들이 얕보지 못하는 것이었다.[45]

---

45 김연자, 『아메리카 타운 왕언니, 죽기 오 분 전까지 악을 쓰다』, 삼인, 2005, 40~41쪽.

학창시절부터 선생님들에게 반항하고 남자처럼 행동한다고 유명했던 김연자는 "남자는 강하고 남들이 얕보지 못하는 것"이라며 남성성을 체현하고자 한다. 남성에게 좌우되는 여성의 삶 대신 좌우하는 주체, 남성처럼 살고 싶었던 것이다. 여자답지 않은 그의 삶은 정상성으로부터 벗어나서(trans) 퀴어한 선택들로 이어진다. 학교와 시립부녀보호소, 기지촌 등에서 연자의 여성성은 의심받는다. 그들은 남장도 하고, 말투도 거친 그를 남성이 아니냐며 의심한다. 이는 김연자가 지역의 명문 여고에 진학했기 때문에 더 두드러진다.[46] 여수여고는 명문 고답게 부잣집 아이들이 많았고, 가난하고 반항적이며 여자답지 못한 김연자는 거기서 소수자가 된다. 어머니 몰래 여상으로 전학을 시도한 것도 이 때문이다. 김연자의 삶은 여성성은 곧 계급성이기도 하다는 점을 보여준다.

『아메리카 타운』은 여성 간 섹슈얼리티를 성애적 차원에서 보여준다. 중학교 시절의 첫사랑 란희와 평생을 함께 하자고 약속한 연자는 이복형제인 미자에게 여자친구가 있다는 것을 알게 된다. 여성끼리 성적 접촉이 가능하다는 것을 알게 된 그는 그 뒤로 란희에게 키스하자고 조르고, 불시에 뽀뽀를 할 만큼 섹슈얼리티에 관심이 많아진다. 란희가 등굣길에 만난 남학생에게 관심을 보이자 이를 질투하기도 한다. 이러한 측면은 김연자의 퀴어한 섹슈얼리티를 솔직하게 드러냈다고 볼 수 있다. 이후 김연자는 시립부녀보호소에서 만난 명희와 연인

---

[46] 김연자는 고등학교 졸업을 몇 달 앞두고 학교를 그만둔다. 이후 아는 사람의 소개로 서울신문 여수지국에 취직하여 수습기자로 일하기도 한다. 여수여고는 김연자의 삶에서 중요한 거점으로 여겨지는데, 이후 김연자가 기지촌 활동가가 된 후 동창회에 참석했던 것을 통해서도 확인할 수 있다.

이 되어 함께 기지촌으로 유입된다. 시립부녀보호소는 여성들에게 기술을 가르쳐 재활시킨다는 목적으로 만들어졌으나, 실제로는 성노동자 여성들을 격리 수용하고 감금했다. 미용이나 재봉을 배워 사회로 복귀하는 것을 지도해야 할 이곳에서 여성들은 정작 동성애와 암거래, 성매매 등을 배우게 된다. 보호소에는 동성의 성적 서비스를 요구하는 여성이 있으며, 김연자와 같이 남성적인 여성들은 성적 서비스와 편안한 생활을 교환할 수 있었다. 이들의 비호를 받은 김연자는 보호소와 바깥 사회를 오가면서 성 산업의 안팎을 들여다본다. 보호소에 수용됐던 고급 콜걸에게는 머리를 짧게 깎고 남장을 한 애인이 있었다. 그는 이 만남을 통해 성매매 여성들의 자유분방한 삶을 동경하게 되었다고 고백한다. 이 자유분방함은 이성애 정상가족의 규범적 삶과 어긋난다는 점에서 김연자의 삶과도 만날 수 있었다. 이처럼 김연자는 레즈비언 섹슈얼리티를 자연스럽게 체득했고 기지촌에 가서 미군 '위안부'가 되어 남성들에게 섹슈얼리티를 판매했다. 퀴어함은 그의 삶이 가진 고유성이라고 볼 수 있다.

김연자는 명희를 비롯한 여러 여성들과 살림을 차리거나 가족처럼 함께 살았다. 같이 살던 여성이 임신을 하자 자신의 성을 따라 김영아라고 이름을 붙여 키우기도 한다. '마지막 연인'은 군산 아메리카 타운에서 만난 홍순덕이다. 아메리카 타운에서도 유명한 문제아였던 홍순덕은 기독교를 만나 신학을 배우고 전도사로 거듭난다. 초등학교 3년이 학력의 전부인 그는 중·고등학교 과정을 빠른 속도로 마치고 헬라어까지 배운다. 이후 김연자와 홍순덕은 아메리카 타운에 '천막'을 짓고 기지촌 여성들을 돌보는 교회 공동체를 만든다. 이들의 퀴어한 친밀성은 종교적 차원의 공동체로 나아간다. 그야말로 레즈비언 연속체라고 할 수 있다.

에이드리언 리치는 여성의 섹슈얼리티를 부정하고, 이성애자만을 정상적인 것으로 간주하는 사회를 '강제적 이성애 제도'라고 명명한다. 리치는 이 강제적 이성애 제도로부터 탈주하기 위해 '레즈비언 연속체'라는 개념을 선택한다. 레즈비언을 여성과 섹스를 하는 여성이라는 의미로 국한하지 않고, 여성과의 동일시에서부터 일상적 공동체, 임파워링 등 다양한 '레즈비언 연속체'로 보는 것이다.[47] 김연자의 삶은 이러한 레즈비언 연속체의 관점에서 바라볼 수 있다. 중학교 시절에는 우정과 사랑을 나누는 란희가 있었고, 시립부녀보호소에서는 그를 전적으로 믿고 따르는 명희가, 기지촌에서는 서로 돕고 도와주는 여성들이 있다. 기지촌 여성들의 자치조직의 이름이 '자매회'로 불렸던 것은 기지촌이 레즈비언 연속체적 공간이라는 점을 보여주는 것이기도 하다.

이진경은 『뺏벌』에서 승자의 여성 파트너인 옥주와 미옥의 죽음을 레즈비언주의를 방해하려는 욕망으로 독해한다. 여성의 동성애적 욕망은 상품화된 이성애에 대한 방해이자 자본주의적 가부장주의와 상업화된 여성적 섹슈얼리티에 대한 비판으로 작용한다는 것이다. 그런 점에서 여성의 욕망과 동성애는 부인된다.[48] 이는 여성 간 섹슈얼리티

---

[47] 에이드리언 리치, 나영 옮김, 「강제적 이성애와 레즈비언 존재」, 『레즈비언 페미니즘 선언』, 현실문화, 2019, 97~173쪽.

[48] 이진경은 승자와 미옥이 송탄을 떠나게 된 것이 이들이 레즈비언이라는 소문이 미군들 사이에 퍼지게 되어 상품성이 훼손된 점, 스티븐이 살해한 두 여성이 옥주와 미옥, 즉 승자의 애인들이었다는 점을 바탕으로 소설이 퀴어한 섹슈얼리티가 기지촌의 거래를 훼손하였다는 점을 지적한다. 이진경, 나병철 옮김, 『서비스 이코노미』, 소명, 2015, 286~287쪽.

가 기지촌의 절대적 규범을 위반했기에, 이들이 처벌받았다는 점을 잘 설명한다. 그런데 이는 김연자의 증언에서 레즈비언 정체성을 삭제한 것이기도 하다. 『뻿벌』에는 승자의 이복동생이 승자에게 남자를 소개시켜준다고 한다는 에피소드가 나온다. 사건을 전개하는 데 꼭 필요하지는 않은 일화이다. 하지만 김연자의 자서전에서 당시 미자는 동성 애인과 연애를 하는 중이었다. 즉 소설은 '남자를 소개해준다'는 일화를 의도적으로 집어넣었다는 것을 확인할 수 있다. 이는 소설이 계속해서 여성들을 '한국의 여성'으로, 민족으로 소환하고 있기 때문이다. 『뻿벌』은 여성 간 친밀성을 중학교 시절의 낭만적인 사랑으로 제한하고, 이후 기지촌에서의 생활은 비성애적인 관계로 남겨둔다. 김연자의 종잡을 수 없는 성 정체성과 여성 편력, 자기파괴적 폭력 등은 소설화 과정에서 최소화됐다. 기지촌 공간에서 '위안부' 여성들이 희생양이자 영웅으로 거듭나기 위해, 이늘의 퀴어함은 재현되지 않는 것이다.

이는 자서전과 소설의 가장 큰 차이가 승자와 옥주의 관계에 있다는 데서도 확인할 수 있다. 김연자의 자서전에서는 그가 중학교 시절 사랑했던 친구와 기지촌에 함께 들어간 연인은 별개의 인물이다. 중학교 시절의 첫사랑은 김연자가 반복해서 회상하는 아름다운 기억으로 존재한다. 기지촌에 함께 들어간 연인 역시 한때 김연자와 사랑하는 사이였지만, 그 관계가 오래 이어지지는 못했다. 그렇다면 소설은 왜 이 두 인물을 합쳐 옥주라는 비극적 캐릭터로 형상화했을까? 이는 옥주의 죽음을 통해 미군 범죄의 잔인함과 심각성 등을 강조하고, 순결한 희생양의 면모를 드러내기 위해서다. 소설을 읽는 사람은 누구나 옥주의 삶에 동정할 수밖에 없는 것이다. 이는 『뻿벌』이 미군 '위안부'를 희생양으로 재현하는 전형성을 완전히 배제하지는 못했다는 점을 보여준다.

페미니스트 작가이자 이론가인 모니크 위티그는 문학 텍스트에서 레즈비언 관점을 보편화하는 것은 여성성을 신화화하는 대신 보편 주체로 상정된 이성애자-남성을 탈구축하는 것이라고 설명한다.[49] 『아메리카 타운』은 이러한 지점에서 이성애규범성을 탈구축하는 섹슈얼리티 실천을 보여준다. 모성성이나 여성성을 신화화하거나 희생양으로 만드는 대신, 남성성을 해체하고 성노동자 여성의 행위성을 강조한다. 그는 여성과 가족을 만들고, 여성을 사랑하고, 여성을 미워하면서 이성애 제도를 탈출한다. 이러한 차이는 자서전의 목적이 증언이 아니라 정체성에 대한 탐색과 모색이기 때문에 발생한다. 김연자는 증언으로 소구되지 않는 자신의 이야기를 통해 해방적 자기서사를 완성하고자 한 것이다.

4. 나가며

정체성을 탐색하는 글쓰기인 자서전은 여성을 비롯한 소수자들의 장르였다. 실존 인물이 직접 자신의 삶을 기록한 이야기로 통칭되는 자서전은 페미니스트 비평가들의 주목을 받았다. 남성 중심적 문학 규범에 맞지 않는 여성들의 분투와 재현이 자서전에 있기 때문이다. 오토픽션의 작가들 역시 유대인, 페미니스트, 동성애자 등 소수자였

---

[49] 모니크 위티그, 허윤 옮김, 「이성애적 사유」, 『모니크 위티그의 스트레이트 마인드』, 행성B, 2020, 89~95쪽.

다. 재현 불가능한 고통이나 기억을 서사화하는 데 오토픽션이 가장 적절한 방식으로 꼽혔기 때문이다. 기억을 통한 정체성의 확보가 사실상 허구적이라는 점을 상기할 때, 자서전과 오토픽션의 거리는 멀지 않다.[50] 그런 점에서, 안일순의 『뺏벌』은 독특한 위치를 차지한다. 구술 인터뷰를 바탕으로 창작된 소설이자, 해당 모델이 소설 출간 후 자서전을 발표했기 때문이다. 원본 텍스트라 할 수 있는 김연자의 삶과 소설화된 『뺏벌』, 자서전 『아메리카 타운』이 만들어내는 틈새는 구술 인터뷰나 증언이 서사화되는 방식에 관한 참조점을 제공한다. 자서전이 자신의 정체성과 역사적 경험을 가공하지 않고 전달한다고 생각되는 데 반해, 『아메리카 타운』은 소설 『뺏벌』이 10년 정도 먼저 출간되었다는 점, 구술기록 활동가의 손에 의해 옮겨졌다는 점 등 일종의 오토픽션적 성격을 포함하고 있다. 이는 이 두 텍스트의 서사구조가 상당 부분 겹쳐진다는 측면을 통해서도 뒷받침된다.

『뺏벌』은 1990년대 반미 자주 운동의 자장 안에서 출간된다. 한국 사회가 잔인한 미군 범죄로 떠들썩했던 직후, 부당한 한미행정협정의 개정을 요구하는 목소리가 높았고, 미국에 의한 신식민지화를 우려하는 분위기가 형성되었다. 안일순은 이를 1970년대 기지촌을 배경으로 실존 인물과 사건을 통해 형상화했다. 공론장의 관심을 끌어내기 위해 순결한 희생양에 해당하는 여성 인물의 비극적 생애가 조형되었으며, 그의 죽음을 계기로 민중적 각성을 이룬 미군 '위안부' 여성들의 모습이 감동적으로 재현되었다. 그렇다고 해서 『뺏벌』이 민족주의적 시각

---

50 변광배, 「오토픽션의 이론: 기원과 변천 및 글쓰기 전략」, 『세계문학비교연구』 36, 세계문학비교학회, 2011, 221~223쪽.

에서 미군 '위안부'들을 타자화한 것은 아니다. 『뺏벌』은 미군 '위안부' 여성들이 한국의 가부장제하에서 고통받은 하위주체라는 사실을 명시한다. 의붓아버지나 친척의 성폭력에 의해 고향에 있을 수 없게 된 여성들은 먹고살기 위해 기지촌으로 갔다. 기지촌 여성들의 행위성과 연대 역시 주요하게 다루어졌다. '위안부' 여성들은 미군이나 클럽, 자치회 등으로부터 받은 억압에 문제제기하고, 직접 시위를 시도하는 등 행위성을 가진 주체였음이 잘 드러났다. 그러나 이 과정에서 증언자였던 김연자의 퀴어한 섹슈얼리티나 종교적 각성 등은 소거되었다.

가부장제와 국가의 기지촌 정책, 미군 폭력의 피해자였던 김연자는 미군 '위안부' 문제를 국제사회에서 증언하는 기지촌 활동가가 되었다. 그는 자서전을 통해서 자신의 폭력적 측면을 가감 없이 드러내고, 종교적 열정을 고백한다. 그는 자신의 삶을 통해서 레즈비언 연속체를 체현했으며, 이성애 제도의 규범을 해체하고, 그로부터 탈주했다. 이는 『뺏벌』의 서사화 과정에서 드러나지 않았던 부분이며, 김연자가 자기서사를 통해서 궁극적으로 강조하고자 했던 자신의 해방적 정체성이다.

제3부

젠더 정치 담론의 안과 밖

조선후기 여훈서의 아내 윤리와 '아내-주체' 구성의 가능성

성민경

1. 머리말

이 글은 조선후기 여성이 유교 성리학이라는 지배 이념하에서 어떻게 주체화의 계기를 마련했는가에 대한 문제를 탐색하고자 하는 시도이다. '주체화' 또는 '주체 구성'이라는 용어를 사용하고 있는 것에서부터 드러나듯이, 이 글은 주체가 자연적으로 주어지거나 불변하는 본질을 갖는 것이 아니라 어떤 과정을 통해 생성되고 변화하는 것으로 파악한다. 특히 우리의 행위성(agency)이 시작되고 지탱되는 어떠한 담론에 대한 근본적인 의존인 '예속화'가 주체구성의 핵심에 자리하고 있다고 보는 '예속적 구체구성 이론'을 이 글의 작업을 밑받침하는 주요한 이론적 배경으로 삼고자 한다.[1]

---

[1] '예속적 주체구성 이론'은 미셸 푸코(Michel Foucault)가 처음 제안했고, 주디스

대체로 조선후기로 분류되는 역사적 시간 단위에서 여성주체를 떠올렸을 때, 우리가 상상할 수 있는 모습은 '열녀(烈女)'나 '현모양처(賢母良妻)'에 지나지 않는다. 열녀는 정절 이념의 강렬한 상징으로 선명하게 부각되었고, 현모양처의 경우 그것이 동아시아의 근대국가 형성 과정에서 요청된 젠더 역할이었다는 점이 상당 수준 드러났음에도 불구하고 여전히 조선시대 유교적 여성주체의 이상향으로 자리잡고 있다. 그런데 조선후기 유교적 여성 주체는 이데올로기의 일방적인 희생양인 듯한 열녀나 이데올로기에 전적으로 복무하는 듯한 현모양처로 이원화될 수 없음은 물론이거니와, 이 둘은 모두 조선후기에 기록과 해석의 권력을 전유(專有)했던 남성에 의해 타율적으로 만들어진 여성주체라는 점에서 여성이 스스로 마련한 주체화의 계기를 규명할 필요가 있다.

이러한 작업은 유교의 여성 이념을 곧 여성 억압으로 보는 일면석인

버틀러(Judith Butler)에 의해 정신분석학적 시각과 접합되면서 그 해석의 지평을 넓혀나가고 있다. 푸코는 "이상적 주체들에게 그들이 스스로 예속될 수 있도록 그들 자신으로부터 또는 그들의 권력으로부터 양도될 수 있었던 것은 무엇인가를 묻기보다는, 어떻게 예속 관계들이 주체들을 만들 수 있는지 탐구해야 한다."(미셸 푸코, 박정자 옮김, 『"사회를 보호해야 한다"』, 동문선, 1998, 305쪽.)라고 했고, 버틀러는 "'예속화(subjection)'란 주체가 되는 과정뿐만 아니라 권력에 의해 종속(subordination)되는 과정을 의미한다. 알튀세르의 호명에 의해서든, 푸코의 담론적 생산성에 의해서든 주체는 권력에 대한 일차적인 굴복에서 시작된다."(주디스 버틀러, 강경덕·김세서리아 옮김, 『권력의 정신적 삶』, 그린비, 2019, 12쪽.)라고 하여, 주체화 과정에서 필연적으로 일어나는 '권력에의 예속'을 강조했다. 푸코의 예속적 주체구성에 관한 정식은 서구의 근대적 주체화 양식을 탐색하는 과정에서 이론적 기초를 마련한 것이지만, 지배권력에의 예속을 단순히 주체성의 박탈로 보는 것이 아니라 주체화의 조건 및 계기로 파악하는 입체적인 이해방식은, 유교의 여성 이념을 곧 여성 억압으로 보는 우리의 일면적인 인식구조를 타개할 만한 시사점을 준다.

인식구조에서 탈피할 때에만 가능하다. 유교의 여성 인식이나 여성 규범은 표면적으로 보았을 때 여성에게 차별적이고 억압적인 것은 분명하지만, 여성들이 그러한 차별과 억압에 그대로 순응했을 리는 만무하다. 여성은 사회를 만들고 문명을 형성하는 데 주변이 아니라 언제나 중심이었고, 또 여전히 중심이다. 여성들이 역사 만들기의 과정에서 주변화되었고 많은 측면에서 남성에게 오랫동안 종속되어 있었다고 해서 여성을 피해자로 개념화하려는 것은 중대한 오류이다. 여성은 '역사를 만들었지만' 자신의 역사를 알지 못하게 방해받았으며, 자신 혹은 남성의 역사에 대해 해석을 하지 못하도록 방해받았던 것이다.[2] 그러므로 여성을 유교 이념의 일방적인 피해자로 보는 관념에서 벗어나, 젠더화된 여성주체의 역사적 자리매김을 모색할 필요가 있다.

이 글은 위와 같은 문제의식을 기반으로 하면서 조선후기 여성주체 구성에 예속 조건을 형성하는 유교의 여성 윤리가 관계적 전통 위에 세워진 윤리체계라는 점에 주목하고자 한다. '해야 할' 또는 '하지 말아야 할' 당위의 주체는 '누구의 무엇'이라는 자격에 부여된 것이지, 독립된 개체로서의 개인에게 부과된 것이 아니었다. 내가 원하는 것을 선택할 수 있는 자율적인 주체가 아니라 누구의 딸, 누구의 아내, 누구의 어머니라는 관계의 맥락에서 내 자리를 확인할 수 있을 뿐이다. 개체적 개인으로서의 여성이 설 자리는 없었으며, 가족 관계를 통해 형성된 관계적 사고는 나를 세계의 중심에 놓기보다 관계 속에서 내 존재의 자리를 확인하고 타인을 배려하고 보살피는 것에 도덕적 의미를 부여한다. 유교적 전통에서 나는 행위의 주체자이지만 나의

---

2 거다 러너, 강세영 옮김, 『가부장제의 창조』, 당대, 2004, 16~19쪽 참조.

자아는 완결성을 가지는 독립된 실체로서의 고정된 자아가 아니다. 영혼을 가진 초월적인 주체가 아니며 사유하는 주체도 아니다. 자기관계를 통해 형성되는 도덕주체이며 관계를 통해 자기를 변형시키는 경험의 주체인 것이다.[3] 조선후기의 남성 역시 일정 부분 역할과 관계를 통해 자신의 존재 의미를 찾아갔겠지만 여성의 경우 여타의 선택지 없이 그것이 전부였다는 점에서 자아의 형성 및 주체화 과정에 있어 관계적 측면에 대한 고려가 반드시 필요하다고 할 수 있다.

관계적 자아를 가진 나는 항상 상대와 연결되어 있다는 점에서 비독립적이지만 관계 구성에 나의 역할이 강조된다는 점에서 주체적 의지를 생각해볼 수 있다.[4] 조선후기 여성이 맺었던 관계들 중, 관계와 그에 따른 규범 권력에 예속됨과 아울러 그것과 길항하고 교섭하면서 주체적 의지를 발휘할 수 있는 여지가 가장 큰 것이 바로 부부관계이다. 이 글이 조선후기 유교적 여성 주체화의 문제에 있어 우선 부부관계에서의 '아내'에 주목하는 이유이다. 주체화는 자기규정과 더불어 성립되는바, 조선후기 여성이 '아내'로서 자신을 규정함과 동시에 행위, 인식, 판단, 감정의 주인으로서 주체성을 발현하고 주체화를 도모하는 '아내-주체' 구성의 가능성을 확인하는 것이 이 글의 최종 목적이다.

논의의 순서는 다음과 같다. 먼저 조선후기 여성이 '아내-주체'로서 주체화의 계기를 마련함에 있어 예속 조건을 형성했을 것으로 추정되는 권력의 실제를 살펴보고자 한다. 유교 성리학의 여성관 및 여

---

[3] 이숙인, 「유교의 관계윤리에 대한 여성주의적 해석」, 『한국여성학』 15, 1999, 41~45쪽 참조.
[4] 위의 논문, 50쪽.

성 윤리의 전범이 되는 『예기(禮記)』와 『소학(小學)』의 아내 윤리를 살펴보고, 이것이 조선후기 사대부 여훈서에서 어떻게 구체화되었는지를 고찰한다. 그리고 김삼의당(金三宜堂, 1769~1823)의 사례를 통해 조선후기 여성이 주어진 윤리 규범을 어떻게 취사선택하고 수용함으로써 '아내-주체'를 수행했는지를 실증하게 될 것이다.

2. 『예기(禮記)』와 『소학(小學)』의 아내 윤리

동아시아 고대의 가부장제는 서주(西周, B.C. 11)의 성립과 함께 형성되었다. 이후 근 10세기에 걸쳐 여러 국가들이 흥망을 거듭한 끝에 고대 가부장제는 한초(漢初, B.C. 2) 통일 국가의 통치 이념으로 전유되어 확립되기에 이른다. 주 왕조의 대두와 함께 시작된 남성 중심의 문화가 점점 제도와 관념이 되었고, 한초에 추진된 사상 통일 작업을 통해 '유교(儒敎)'와 '오경(五經)'으로 확립되어 이론적 체계를 갖춘 체제 유지를 위한 이데올로기로 자리 잡은 것이다. 가족 윤리를 강조하는 선진(先秦) 유가(儒家)의 학설이 전제 권력과 결합하여 '유교'로 전환됨에 따라 강력한 예치(禮治)의 통치원리로 발전하게 된 것인데, 이러한 상황을 가장 잘 반영하고 있는 텍스트가 바로 『예기』이다.[5]

『예기』는 공자의 제자와 후학들이 기록한 것이다. 전국시대와 진한(秦漢)의 유가들의 언설을 집대성한 것으로, 한초에 대성(戴聖)과 대덕(戴德)이 수집·편찬하여 현전하게 되었다. 『예기』의 성립은 전통적인

---

5 이숙인, 『동아시아 고대의 여성사상』, 도서출판 여이연, 2005, 399~404쪽 참조.

제도나 습속으로 전해오던 가부장제를 종법주의로 이론화하여 가족 구성원과 신민(臣民)을 통치하는 원리로 재구성했다는 의미를 갖는다.[6] 특히 『예기』는 남녀유별(男女有別)에 근거하여 성장 과정에서부터 남녀가 어떻게 달라야 하는지를 체계화했고, 음양론에 기반한 가족 윤리 및 가족 내에서의 성 역할론을 집대성하였다. 『예기』에서 논의된 젠더에 관련된 지식은 『예기』가 오경의 하나로 자리함으로써 체제 유지를 뒷받침하는 정치 이데올로기로 재구성되어 동아시아에서 2천 년 넘게 영향을 끼치고 있다는 점에서 매우 중요하다고 할 수 있다.[7] 가족 윤리 및 가족 내에서의 성 역할론과 관련된 『예기』의 젠더 지식은 남녀의 분별과 부부의 도(道), 혼인의 예로 대별될 수 있으며, 그 내용은 전근대 동아시아 유교 문화권 전반의 가족 이념 및 가족생활에 절대적인 영향을 미쳤다.[8] 『예기』의 관련 조목은 『소학』에 그대로 수용되어 그 영향력을 증폭시켰는데, 방대한 분량의 『예기』 곳곳에 흩어져 있던 젠더 지식이 『소학』에 모이면서 체계적으로 수집·정리된 것에서 기인한다.

---

6 『예기』, 「대전(大傳)」의 다음과 같은 언급은 각종 문물과 제도는 현실에 맞게 고칠 수 있지만 전통적 가족 윤리는 바꿀 수 없다는 인식을 보여준다. "저울과 도량(度量)을 제정하며, 문장을 생각하고, 책력을 고치고, 복색을 바꾸고, 휘호를 다르게 하고, 기계를 다르게 하고, 의복을 구별되게 하는 것은 그 백성과 변혁할 수 있는 것이다. 그러나 변혁할 수 없는 것이 있다. <u>친한 사람을 친하게 여기고, 높은 사람을 존경하고, 어른을 어른으로 여기고, 남녀 간에 구별이 있는 것은 그 백성과 변혁할 수 없는 것이다</u>(立權度量, 考文章, 改正朔, 易服色, 殊徽號, 異器械, 別衣服, 此其所得與民變革者也. 其不可得變革者則有矣. 親親也, 尊尊也, 長長也, 男女有別, 此其不可得與民變革者也)." 『禮記』의 번역은 『(譯註)禮記集說大全』 시리즈(정병섭 역, 學古房, 2017 완역)를 참조하였다. 이하 동일.
7 이숙인, 『동아시아 고대의 여성사상』, 도서출판 여이연, 2005, 407쪽 참조.
8 『예기』의 관련 조목에 대한 목록은 성민경, 「女訓書의 편찬과 역사적 전개: 조선시대~근대전환기를 중심으로」, 고려대 박사논문, 2019, 23~29쪽 참조.

17세기 이후 『소학』의 영향력이 막강했던 조선의 경우, 대체로 『소학』을 통해 『예기』에서 이론화된 유교적 젠더 지식을 내면화했을 가능성이 크다고 할 수 있다.[9]

이러한 의미를 갖는 『예기』와 『소학』의 젠더 지식 중 '아내 윤리'와 관련이 있는 구절에서 우선 강조되는 것은 혼례의 의미와 남녀의 분별에 관한 것이다.

> 혼례는 만대의 시초이다. 이성(異姓)에게 장가가는 것은 멂을 가깝게 하고 분별을 후하게 하는 것이요, 폐백을 반드시 정성스럽게 올리며 말을 후하지 않음이 없게 함은 곧음과 신(信)으로써 고함이니, 信은 사람을 섬기는 것이며 신은 부덕(婦德)이다. 한번 남편과 혼례를 올리면 종신토록 고치지 않는다. 그러므로 남편이 죽어도 시집가지 않는다.[10]

이 구절은 『소학』 「명륜(明倫)·명부부지별(明夫婦之別)」 62에 그대로 수록되었다. 만대를 이루는 시초로서 혼례의 의미를 밝히고, '信'을 강조하여 남을 섬기는 것으로 그 뜻을 부여함과 동시에 그 자체를 '부덕'으로 규정하고 있다. 그리고 한번 혼례를 올리면 종신토록 고치지 않고, 남편이 죽어도 다시 시집가지 않는 평생의 성적 종속을 천명하는 것으로 부덕의 내용을 부연하고 있다.

> 공경하고 삼가며, 신중하고 바르게 한 뒤에 친하게 되니, 이것은 예의

---

9 『소학』의 『예기』 인용이 갖는 의미와 주요 대목에 대한 논의는 강명관, 『열녀의 탄생』, 돌베개, 2009, 114~119쪽 참조.
10 『禮記』, 「郊特牲」. "夫昏禮, 萬世之始也. 取於異姓, 所以附遠厚別也. 幣必誠, 辭無不腆. 告之以直信, 信, 事人也, 信, 婦德也. 壹與之齊, 終身不改. 故夫死不嫁."

대체요 남녀의 구별을 이루어 부부의 의가 성립되는 까닭이다. 남녀의 구별이 있은 뒤에 부부의 의가 있게 되고, 부부의 의가 있은 뒤에 부자의 친함이 있게 되고, 부자의 친함이 있은 뒤에 군신의 바른 도가 있게 된다. 그러므로 혼례란 예의 근본이라고 말하는 것이다.[11]

다음은 부부간의 태도와 남녀의 분별에 대해 이야기하고 있다. 부부가 친해지기 전에 선결되어야 하는 것은 공경하고 삼가며, 신중하고 바르게 하는 태도이다. 이것이 중요한 이유는 예의 대체로서 남녀의 구별을 이루며 부부의 의가 성립되게 하는 기초이기 때문이다. 부부의 의는 부자의 친함, 군신의 바름으로 확장되며, 그러므로 부부를 이루는 혼례는 예의 근본으로 강조되고 있다. 부부의 의를 이루는 태도는 남녀 모두에게 공통적으로 요구되는 것이지만, 대체로 섬김의 대상이 남성이고 섬김의 주체가 여성이라는 점에서 이러한 태도는 여성인 아내의 윤리라고 할 수 있다.

여자란 남자의 가르침대로 그 의리(義理)를 습득하는 자를 말한다. 그러므로 부인이라고 한다. 부인은 남에게 복종하는 자이다. 주체적으로 일을 할 수 없으므로 삼종(三從)의 도가 있는 것이다. 결혼 전에는 아버지를 따르고, 결혼 후에는 남편을 따르고, 남편이 죽으면 자식을 따르니 감히 스스로는 이룰 것이 없다. 그러므로 말은 방 안에 한정되고 일은 식사를 준비하는 것일 뿐이다. 여자는 규문 안에서 하루를 보내는 까닭으로 조문을 위해 백리를 벗어날 수 없다. 일은 독자적으로 할 것이 없고,

---

11 『禮記』, 「昏義」. "敬慎重正, 而後親之, 禮之大體, 而所以成男女之別, 而立夫婦之義也. 男女有別, 而後夫婦有義, 夫婦有義, 而後父子有親, 父子有親, 而後君臣有正. 故曰, 昏禮者, 禮之本也."

행하여 독자적으로 이룰 것이 없다. 알고 난 후에 행동하고 증거를 댈 수 있는 것을 말해야 한다. 밤중에는 불을 밝혀 집안일을 반드시 점검하고 가축들을 집안에서 번식하게 하는 이것을 말하여 信이라고 하니, 부덕을 바르게 하는 근거이다.[12]

이 구절은 약간의 문장 출입이 있지만 『소학』, 「명륜·명부부지별」 67에 인용되어 있다.[13] 인용되는 과정에서 "공자왈(孔子曰)"이 덧붙여져 성인의 권위를 더하고 있다. 우선 여성은 남자의 가르침대로 의리를 습득하는 자로, 특히 부인(아내 또는 며느리)은 남편을 비롯한 타인에게 복종하는 자로 그 존재의 의미를 규정함으로써 선명한 위계를 설정하고 있다. 그 내용은 혼인 전에는 아버지, 혼인 후에는 남편, 남편이 죽으면 자식(=아들)을 따르는 삼종(三從)으로 구체화된다. 따라서 스스로 이룰 것이 없는 여성의 역할은 방 안으로 언어의 범위를 한정하고, 식사를 준비하는 것뿐이다. 이어지는 세세한 행동 규범은 모두 이러한 여성 규정에서 유래한다. 그리고 부인이 수행해야 할 가정관리를 앞서 강조했던 '신'으로 명명함으로써 추상적인 규범을 보다 실

---

12 『大戴禮記』, 「本命」. "女子者, 言如男子之教而長其義理者也. 故謂之婦人. 婦人, 伏於人也. 是故無專制之義, 有三從之道, 在家從父, 適人從夫, 夫死從子, 無所敢自遂也. 教令不出閨門, 事在饋食之間而正矣, 是故女及日乎閨門之內, 不百里而奔喪, 事無獨爲, 行無獨成之道. 參之而後動, 可驗而後言, 宵行以燭, 宮事必量, 六畜蕃於宮中, 謂之信也, 所以正婦德也."(『大戴禮』를 편찬한 戴德은 『小戴禮』(=『禮記』)를 편찬한 戴聖의 숙부이며, 둘 다 漢 宣帝때 사람인 后蒼에게서 禮를 전수받았다. 『대대례』는 『예기』와 동일한 문헌적 근거를 갖는다고 할 수 있다.)

13 『小學』, 「明倫·明夫婦之別」 67. "孔子曰 婦人, 伏於人也. 是故無專制之義, 有三從之道, 在家從父, 適人從夫, 夫死從子, 無所敢自遂也, 教令不出閨門, 事在饋食之間而已矣. 是故女及日乎閨門之內, 不百里而奔喪, 事無擅爲, 行無獨成, 參知而後動, 可驗而後言, 晝不遊庭, 夜行以火, 所以正婦德也."

질적인 것으로 자리매김시키고 있다.

> 『안씨가훈(顏氏家訓)』에 말하였다. "부인은 규중에서 음식을 올리는 일을 주관하므로 오직 술과 밥과 의복의 예(禮)를 일삼을 뿐이니, 나라에서는 정치에 참여하지 않게 하고, 집에서는 일을 주관하지 않게 하여야 한다. 만약 총명하며 재능이 있고 지혜로워 고금을 통달함이 있더라도, 곧 마땅히 남편을 보좌하여 그 부족함을 권면해야 하니, 절대로 암닭이 새벽에 울어 화를 부르는 일이 없어야 한다."[14]

『소학』에서 인용하고 있는 『안씨가훈』[15]은 음식과 의복이라는 부인의 역할을 규정하는 것 외에 국가의 범위에서는 정치에 참여하지 않게 할 것, 집안에서는 일을 주관하지 않게 할 것을 주장하고 있다. 그러나 총명하고 재능이 있어 정치에 참여하거나 일을 주관할 가능성이 있는 여성은 언제나 존재했던바, 그 재능의 활용 범주를 남편의 부족함을 권면하는 '보좌'로 한정하고 있다. 그리고 그 범위를 넘어서는 재능의 발휘는, 여성의 언어 사용 및 재량권을 제한하기 위한 유서 깊은 전고인 "암닭이 새벽에 울어 화를 부르는 일"로서 비유되며, 절대 있어서는 안 되는 일로 규정되고 있다.

요컨대 『예기』와 『소학』의 아내 윤리는 우선 혼례의 의미와 남녀

---

14 『小學』, 「嘉言·廣明倫」 45. "顏氏家訓曰, 婦主中饋. 唯事酒食衣服之禮耳, 國不可使預政, 家不可使幹蠱, 如有聰明才智識達古今, 正當輔佐君子, 勸其不足, 必無牝雞晨鳴, 以致禍也."

15 남북조 시대 말기 안지추(顏之推, 531~591)의 저작이다. 가족도덕·대인관계를 비롯하여 구체적인 경제생활·풍속·학문·종교 나아가서는 문자·음운 등 다양한 내용을 구체적인 체험과 풍부한 사례를 바탕으로 하여 논하고 있는데, 해당 내용은 제5편 「治家」의 아홉 번째 장이다.

의 분별을 밝히는 것에서 출발하여 부부간의 태도를 정립하는 것으로 기초를 마련하고 있다. 그것은 삼종에서 비롯되는 전제(專制)함이 없음과 음식, 의복의 역할 수행으로 이어진다. 그리고 재능이 있더라도 그 활용의 범위를 제한함으로써 아내의 역할이 가정 내로 수렴되도록 하고 있다.

3. 조선후기 여훈서의 아내 윤리

『예기』의 여성관 및 여성 윤리는 전한(前漢)에 편찬된 유향의 『열녀전(列女傳)』과 후한(後漢)에 편찬된 반소의 『여계(女誡)』에 직접적으로 영향을 미쳤다. 2000여 년 동안 여성의 삶을 다룬 책 중 『열녀전』과 『여계』의 체제를 따르지 않은 것이 없다는 평가[16]를 받을 정도로 중요한 두 책이 지어짐으로써 『예기』의 여성관이 체계화되어 동아시아 전반에 보편성을 갖는 여성관으로 자리잡게 된 것이다. 조선의 경우 『소학』을 통해 『예기』에서 이론화된 여성관 및 유교적 젠더 지식을 내면화했고, 이것은 직접적인 여훈서[17]의 편찬으로 이어졌다.

여훈서는 일상에서 미시적으로 젠더 관계를 조직하기 위한 담론들

---

16 진동원 저, 송정화·최수경 옮김, 『중국, 여성 그리고 역사』, 도서출판 박이정, 2005, 79쪽.
17 여훈서는 '성리학에 기반하여 여성의 존재에 대한 규정이나 행위의 규범을 체계적으로 담은 책'으로 정의할 수 있는데(성민경(2019), 앞의 논문, 16쪽.), 이 글에서는 독립적으로 편찬된 서적뿐만 아니라 문집에 포함된 단편적인 기록들까지 포괄해서 다루고자 한다.

이 밀도 있게 집적된 것으로서, 특히 조선후기 여훈서의 주류가 되는 사대부 여훈서[18]의 아내 윤리는 실질적으로 당대 여성들의 삶에 영향을 미침으로써 예속 조건을 형성하는 규제적 실천이라고 할 수 있다. 사대부 여훈서에서 『예기』와 『소학』의 아내 윤리가 어떻게 구체화되었는지 그 내용을 살펴보도록 하겠다.

1) 공경으로 섬김

『예기』와 『소학』, 그리고 전범이 되는 여훈서인 『열녀전』, 『여계』 등과 마찬가지로 조선후기 사대부 여훈서의 아내 윤리에서 기본 전제가 되는 것은 '섬김[事]'이며, 구체적으로는 공경으로 섬기는 것이다.

> [1] 남편은 죽을 때까지 받들어야 하는 존재로 화복을 함께 한다. ……규방 안에는 항상 애정이 의(義)를 감싸서, 쉽게 친압하기에 이른다. 친압하는 마음이 한 번 생겨나면 공경하고 삼가는 뜻은 반드시 느슨해져서 교만하고 투기하며 방자한 것이 못 할 것이 없게 된다. 부부사이에 틈이 벌어지는 것은 실로 이것에서 말미암으니, 삼가지 않을 수 있으리오![19]

> [2] 녀주의 빅년 앙망이 오직 지아비라 지아비 셤기기는 뜻을 어기오지 말밧긔 업스니 지아비는 디단 그른 일 ᄒᆞ야 셰샹 용납지 못홀 일 밧긔는

---

[18] 본고에서 '사대부 여훈서'란 국가가 아닌 민간에서, 주로 양반 사대부인 작자가 집안 여성들을 대상으로 제작한 여훈서를 지칭한다. 사대부 여훈서의 저술 배경과 편찬방식 등 전개 과정에 대한 자세한 내용은 성민경(2019), 앞의 논문, 104~138쪽 참조.

[19] 申叔舟,〈敎女第六〉,「家訓」,『保閑齋集』 권13. "夫者, 所仰以終身, 禍福共之. …… 閨門之內, 恩常掩義, 易至狎暱. 狎暱之心一生, 敬謹之意必弛, 於是驕妬放恣, 無所不至. 夫婦乖張, 實由於斯, 可不慎哉."

그 쯧을 만분 미진훈 일이 업게 ᄒ야 하ᄂᆞᆫ디로 하고 한말과 한일을 어긔지 마라 …… 부부 사이 극진이 친밀ᄒᆞ게 공경홈이 지극훈 도리니 말ᄉᆞᆷᄒᆞ기는 긔거ᄒᆞ기ᄂᆞ 일동 일경의 마음을 노치 말고 좁흔 숀 디졉ᄒᆞ덧 ᄒᆞ라. 이러틋 ᄒᆞ면 져도 디졉이 여일훌 거시니 부디 쯧 어긔오지 마라.[20]

[1]은 신숙주(申叔舟, 1417~1475)의 〈교녀(教女)〉로 1468년에 지어졌으며, 가훈 안에 포함된 여훈이다. 조선초기의 저작이기는 하지만, 조선후기로 이어지는 아내 윤리와 동일한 기조를 보여주고 있다는 점에서 그 연속성을 확인하게끔 하는 자료이다. 〈교녀〉는 남편을 죽을 때까지 받들어야 하는 존재로 규정하여 섬김의 윤리를 내세우고 있으며, 섬김의 태도로서 공경하고 삼가는 뜻을 강조하여 친압함으로 인해 발생하는 폐단을 경계하고 있다.

[2]는 조선후기 사대부 여훈서의 효시로 평가되는 송시열(宋時烈, 1607~1689)의 『우암션싱계녀셔』이다.[21] 역시 백 년 동안 존경하는 마음으로 우러러보아야 할 존재로 남편을 규정하고, 세상에서 용납받지 못할 정도의 그른 일이 아니라면 그 뜻을 만분이라도 어기지 말 것을 강조하고 있다. 이어서 친밀하되 공경할 것, 즉 조선후기에 아내가 남편을 대하는 태도로서 가장 바람직한 것으로 여겨지는 "손님 대접하

---

20 宋時烈, 「지아비셤기ᄂᆞᆫ도리라」, 『우암션싱계녀셔』.(띄어쓰기-인용자)
21 『우암션싱계녀셔』는 최초의 여훈서로 알려져 있고 후대에 끼친 영향력이라는 측면에서 독보적이라고 할 수 있다. 그러나 尹煌(1572~1639)의 『訓婦錄』이 발견됨에 따라 최초의 여훈서로 보기는 어렵다. 『우암션싱계녀셔』는 송시열이 맏딸을 시집보낼 때 지어 준 것인데, 혼인 날짜를 논의하는 편지와 윤황의 생몰년에 근거해서 볼 때 『훈부록』은 『우암션싱계녀셔』에 선행하는 여훈서라는 결론을 내릴 수 있다.(자세한 내용은 성민경(2019), 앞의 논문, 117쪽 참조.)

듯"하는 태도를 부연하고 있다.

[3] 군자는 하늘이요 부인은 땅이라. 하늘에서 우레를 내리면 땅의 초목이 죽나니, 부인의 평생 고락이 군자에게 달렸으니, 군자는 부인의 하늘이라. 어찌 공경치 아니리요. …… 근래 사부가(士夫家)의 부녀들은 금슬이란 뜻을 모르고 부부간 근원이 두터워 추비(麤鄙)하고 염치 없음을 좋이 여겨 금슬이라 하나니 무식하고 가이 없다. 금슬이라 함은 거문고와 비파 소리가 화평하고 절조 있음을 비유함이니 부부는 화평하고 절조 있음이 마땅하니라. 친정의 부귀를 협세(挾勢)하고 군자의 빈천을 업수이 여겨 군자 하는 일을 내다라 주장하니 기강이 문란하고 강유(剛柔)가 도착(倒錯)하면 암탉이 새벽에 우는 모양이라, 그 가도(家道)가 망하나니라. 군자의 하고저 하는 바를 이루어 주고 말고저 하는 바를 행치 말라. 의복을 때로 찾아 맞게 하여 풍채를 도와 위의 있게 하라. 혼자 있는 방에 무고(無告)히 들어가들 말라.[22]

[4] 남편은 부인의 하늘로 의(義)를 가장 중히 여기고 예(禮)를 가장 삼가야 하니, 들짐승의 빈모(牝牡), 날짐승의 자웅(雌雄)과 같지 않다. 무릇 건(乾)은 강건하고 곤(坤)은 유순하며 매일 행해져서 매달 이어지는 것을 보면 부부의 도리를 알 수 있다. 유순한 것은 부도의 기초이므로 남편을 복종하여 섬기기를 한결같이 정순으로 지켜서 그 밖의 다른 뜻과 다른 섬김이 없게 해야 한다. 오로지 받들 것을 생각하여 감히 위반하여 어기지 않고, 서로 접할 때는 반드시 온화함으로 하고, 서로 대할 때는 반드시 정성으로 한다.[23]

---

22 趙埈,「경군자제이편」,『녀계약언』(成炳禧 編著(1980),『民間誡女書』, 형설출판사, 76~78쪽).
23 林喬鎭,「十毋闈訓解」,『荷汀草稿』. "夫子婦人所天也, 義莫重焉, 禮莫謹焉, 非如獸之牝牡, 禽之雌雄. 觀夫乾健而坤柔, 日行而月承, 可知夫婦之爲道也. 柔者婦道之基

[5] 무릇 남편을 섬기는 것은 오직 공경으로 일관하는 것뿐이다. 비록 지극히 화락하더라도 공경을 주로 하면 희롱하고 방종하는 병폐가 없다. 비록 견책을 당하더라도 공경하는 상태에 있으면 반목하고 다투어 힐난하는 폐단이 없다. 주자께서 말씀하시기를, "음양이 화합하여 우택(雨澤)이 내리고, 부부가 화합하여 가도(家道)가 성취된다."라고 하셨으니, 공경은 화락함이 생겨나는 근거요, 불경하여 화락함을 잃으면 家道가 삭막해진다.[24]

[3]은 조준(趙㦂, 1819~1889)이 청상이 된 장녀를 대상으로 1860년에 지은 『녀계약언』이다. 조준은 우선 "양(陽)-천(天)-남(男) : 음(陰)-지(地)-여(女)"로 요약될 수 있는 음양론에 기반한 유비로 남편에 대한 아내의 종속과 섬김의 당위를 설명하고 있다. 그리고 부부애를 비유하는 금슬의 의미를 부연하고 있는데, 화평하되 절조가 있어야 함을 강조함으로써 남편을 섬김에 있어 기강을 지켜야 함을 역설하고 있다.

[4]는 임교진(林喬鎭, 1778~1862)의 「십무규훈해(十毋閨訓解)」로, 시집간 딸이 시댁에서 가져온 〈십무규훈〉에 붙인 해설이다.[25] 임교진은

也, 故服事夫子, 一以貞順爲守, 無外志無外事. 惟意是承, 毋敢違越, 相接必以和, 相待必以誠."

[24] 李旺秀, 「嫁女戒辭【十三條○辛巳-1821년】」, 『重山齋集』 권5. "○凡事夫子, 惟一於敬而已. 雖極和樂, 而主於敬則無昵狎戲慢之病. 雖遭譴責, 而存乎敬則無反目爭詰之患也. 朱子曰, '陰陽和而雨澤降, 夫婦和而家道'. 敬者和之所由生, 不敬則失和, 家道索矣."

[25] 林喬鎭, 같은 곳. "나는 일찍이 부녀자들이 마땅히 알아야 할 행실과 옛날 현부인들의 일 중 스승 삼을 만한 것들을 한글로 기록하여 하나의 책으로 엮고 『閨學』이라고 이름 붙여서 이것으로 부녀들을 가르쳤다. 다만 약간 번다하여 부녀자들이 모두 기억하기에는 어려움이 있었다. 하루는 딸이 시댁에서 이른바 '十毋閨訓'이라는 것을 가지고 돌아와 여동생에게 외워 전해주었다. 내가 묻기를, '너는 어디에서 그것을 들었느냐?' 하니, 딸이 대답했다. '이는 상서 李勉昇이 지은 것인데, 시아버

열 가지의 하지 말아야 할 것들[十毋]의 목록인 〈십무규훈〉²⁶의 의미를 하나하나 자세히 풀이하고 있는데, 인용문은 그중 셋째인, "남편을 섬김에 뜻을 받들어 온화하고 부드럽게 하고, 속이거나 숨기지 말라."에 대한 해설이다. [3]과 비슷한 논조로 음양의 비유를 들고 있지만, "매일

> 님께서 격훈으로 여기시어 부녀들이 몰라서는 안 된다고 생각해서 한문과 언문으로 쓰고 풀이하여 방의 벽에 붙여 여자들로 하여금 늘 보도록 하셔서 외우게 되었습니다.' 내가 말했다. '그것은 비고 婦學의 법을 두루 갖춘 것은 아니지만 말이 매우 간결하고 면려와 경계가 서로 갖추어져 늘 행해야 할 일에 절실하니 나의 『閨學』보다 낫다. 이것을 배운다면 족히 현부가 될 것이다. 이상서는 어진 사람이니 이런 것을 만들기에 충분하다. 너의 시아버지께서 늘 보도록 만든 것은 그것을 실천하기를 바라는 것이니 건성으로 보아 외지 말고 반드시 마음에 새겨야 한다.' 그리하여 차녀로 하여금 외며 따르게 하고 또 풀어서 가르쳐준다(余嘗諺錄婦女所當知行, 及古昔賢婦人事可師者, 爲一冊名之曰『閨學』, 以訓女婦. 但稍繁, 婦女輩難以悉記. 一日異女自舅家還以所謂十毋閨訓者, 誦傳其妹. 余問, '汝從何得此?', 女曰, '此李尙書勉昇作, 而尊舅以爲格訓. 婦女不可不知 以眞諺飜解付之室壁 俾女婦常目, 故誦之.' 余曰, '此雖未能周該, 於婦學之法, 其辭甚簡, 而勉戒交備, 切於常行, 勝吾『閨學』矣. 學此亦足爲賢婦人, 李尙書賢人也, 宜其有是作. 而汝舅所使常目者, 欲其行之也, 勿徒看誦, 須宜服膺.'因令次女和誦從, 又釋論之曰).

26 林喬鎭, 같은 곳. "첫째, 시부모에게 효도함에 공경과 사랑으로 하고, 뜻과 바람을 어기지 말라. 둘째, 제사를 모심에 정성과 공경을 다하는데 힘쓰고, 감히 게으르지 말라. 셋째, 남편을 섬김에 뜻을 받들어 온화하고 부드럽게 하고, 속이거나 숨기지 말라. 넷째, 자녀를 기름에 사람이 되지 못할 것을 염려하고, 자애로움에 빠지지 말라. 다섯째, 동서들을 대함에 즐거움과 괴로움을 함께하고, 서로 견주어보지 말라. 여섯째, 친척들과 화목함에 어짊과 어리석음을 따지지 말고, 멀고 가까움을 구분하지 말라. 일곱째, 비복을 부림에 경작하고 직조하는데 차례가 있게 하고, 애증을 두지 말라. 여덟째, 이웃을 대함에 다만 온화함을 잃지 말고, 치우치게 친하게 지내지 말라. 아홉째, 손님을 접함에 재력을 헤아려 풍성하거나 검약하게 하고, 혹 싫어하거나 고통스럽게 여기지 말라. 열째, 무당과 점쟁이를 멀리함에 복을 구하는 것을 편안하게 여기지 말고, 헛되이 재물을 쓰지 말라(一曰, 孝舅姑且敬且愛, 毋違志欲. 二曰, 奉祭祀務盡誠敬, 毋敢怠惰. 三曰, 事夫子承意和柔, 毋有欺隱. 四曰, 敎子女患不作人, 毋溺慈愛. 五曰, 處姒娌甘苦與同, 毋相較計. 六曰, 睦親戚勿計賢愚, 毋間遠近. 七曰, 御婢僕耕織有課, 毋存愛憎. 八曰, 待鄕隣但勿失和, 毋令偏昵. 九曰, 接賓客稱力豐儉, 勿或厭苦. 十曰, 遠巫卜勿妄求福, 毋空費財)."

행해져서 매달 이어진다"는 만물생생의 태극론을 들어 부부 도리의 중요성을 강조하고 있다. 義를 중시하고 禮를 삼가야 한다는 것으로 무분별한 친함이 아닌 공경을 주장하고 있으며, 온화함과 정성으로 남편을 오로지 받들고 감히 어기지 않을 것을 주문하고 있다.

[5]는 이지수(李趾秀, 1779~1842)의 「가녀계사(嫁女戒辭)」로, 갖은 어려움이 있더라도 부디 시집살이를 잘해 주기를 바라는 아버지의 절절한 바람을 담아 딸을 경계하는 글이다.[27] 총 13개의 항목으로 구성되어

---

27 李趾秀, 같은 곳. "나는 덕행이 얕아 고인의 수신제가의 도에 부끄러움이 많았다. 다만 경전을 거칠게 익히고 세상의 변고를 두루 거치면서 매번 인가의 성쇠를 보니 부인에게서 비롯되는 경우가 많아 항상 마음이 서늘했다. 지금 너를 보냄에 그 두렵고 조심스러움이 더욱 말로 형용하기 어렵구나. 대개 여자의 일생은 부모 슬하에서 생장하며 은애에 친근하여 어려움을 겪지 않고, 잘못이 있으면 쉽게 덮고, 나쁜 점이 있어도 드러나지 않는다. 시집감에 이르면 책망이 무거워지고 규모가 달라져서, 잘못이 있으면 덮기 어렵고, 나쁜 점이 있으면 반드시 드러나게 된다. 설령 혹 시작이 있으나 끝까지 제대로 마치는 경우는 드물어서, 만약 십분 공경하고 신중히 하며 한 마음이라도 게을리하지 않는 것이 아니라면 장차 어떻게 내치를 조성하여 아름다운 이름을 끝까지 하겠는가? 사람들이 행실 없는 부녀자를 꾸짖을 때 항상 그 부모도 함께 욕하니, 어찌 이것을 뼈에 새기지 않겠는가? 지금 네가 시집감에 몸을 삼가고 행실을 바르게 하여 집안을 의당 화목하게 한다면, 송씨 집안의 복일뿐만 아니라 나 또한 다행함이 있겠다. 만약 그렇지 않아서 알려지지 않는다면 너는 장차 무슨 면목으로 나를 만나겠느냐? 우리 집은 빈한하여 너를 화려하게 갖추어 보낼 재물이 없다. 다만 작은 책자에 매일의 몸가짐과 집안 생활의 방법을 간략하게 적어 그것으로 너를 전별한다. 병중에 불러 적느라 정신과 기운이 어지럽고 말이 비록 천근하지만 뜻은 실로 심원하다. 너는 능히 이것으로 준행하여 지키고 잃어버리지 않으면 또한 거의 허물을 줄일 수 있을 것이니 또한 구슬과 비단보다 낫지 않겠느냐? 열심히 노력하고 반드시 공경하고 경계해서 지금 하는 말을 어기지 말라(余德行淺薄, 有愧乎古人脩身齊家之道者多矣. 第當粗習經傳, 閱歷世故, 每見人家隆替, 多由於婦人, 心嘗凜然. 今當送汝, 其爲兢惕, 尤不容言. 盖女子之生, 生長於父母膝下, 狃於恩愛, 未經艱苦, 有過易揜, 有惡不顯. 及其嫁也, 責望斯重, 規模有異, 有過難掩, 有惡必顯. 縱或有初, 鮮克有終, 苟非十分敬愼一心靡解, 則將何以助成內治, 永終其譽乎? 人之罵婦女之無行者, 輒幷詬其父母, 此豈非

있는데,[28] 인용문은 남편을 섬기는 방법에 대한 구체적인 조언으로, 남편을 섬김에 있어 오직 '공경[敬]'으로 일관해야 하는 이유를 자세히 설명하고 있다. 그것은 화락하더라도 희롱하거나 방종하는 병폐를 막을 수 있고, 견책을 당하더라도 반목하고 힐난하는 폐단을 예방할 수 있기 때문이다. 이지수는 공경을 바탕으로 한 부부의 화합에 대해 주자의 권위를 빌어 가도를 성취하는 근거로서 의미를 부여하고 있다.

이상에서 살펴본 것과 같이 조선후기 사대부 여훈서의 아내 윤리는 우선 남편에 대한 섬김을 기본 전제로 하고 있었으며, 그것을 밑받침하는 태도는 공경이었음을 알 수 있다.

2) 온유한 간언과 책선

조선후기 여훈서의 아내 윤리를 구성하는 또 다른 하나의 축은 온유한 간언과 책선이다.

> [1] 만약 마땅치 않은 일이 있으면 의당 일에 의거하여 부드럽게 바로잡아 경계하여 함께 이루어지도록 하여 허물이 없기를 기약한다. 그러나 강하게 하는 것은 불가하니, 강하게 한다면 사랑을 잃게 된다.[29]

刻骨乎? 今汝之往也, 若飭躬操行, 宜其家室, 則匪獨宋氏之福也, 吾亦與有幸矣. 如或不然, 以有非聞焉, 則汝將何面目以見我乎? 吾家貧寒, 無資莊送汝者. 只將小冊子, 略叙日用持身居家之方, 以贐汝行. 病中呼寫, 神氣昏眩, 言雖淺近, 意實深遠. 汝能是遵是行, 守而勿失, 則其亦庶乎其寡過矣, 不亦猶賢乎珠翠玉帛乎? 千萬努力, 必敬必戒, 勿違今日之言也)."

28 〈婦有五德〉, 〈凡事舅姑〉, 〈凡事夫子〉, 〈兄弟〉, 〈娣姒〉, 〈子孫〉, 〈衆妾〉, 〈婢僕〉, 〈奉祭祀〉, 〈接賓客〉, 〈居家之道〉, 〈用財之道〉, 〈人家事勢〉

29 申叔舟, 같은 곳. "如有非宜, 當因事善規, 儆戒相成, 期於無咎. 然不可强之, 强之則失恩.."

[2] 남편에게 혹 잘못이 있으면 온화한 안색과 부드러운 목소리로 간하여 뉘우치고 깨닫기를 기다려 죄에 빠지지 않게 한다. 곡직을 신경 쓰지 않고 오직 총애받기를 일삼으면 결국 점차 참소하여 악행을 엮어서 이간질하는 근심이 반드시 있게 된다.[30]

[3] 남편을 정중하게 대하라.【'重'자에는 정숙과 신실을 지키고, 명령을 어기지 않으며, 경계하여 서로 이루는 세 가지 義가 포함된다. 또 독서와 몸단속을 권하고, 방실로 인해 수명이 단축됨을 두려워하는 두 가지 뜻이 있다.】[31]

[1]에서 신숙주는 남편이 마땅하지 않은 일을 할 경우 일에 의거하여 부드럽게 바로잡을 것을 주장한다. 이것은 "경계하여 함께 이룸[儆(警)戒相成]"[32]으로써 허물이 없기를 기약하는 것이다. 그러나 간언하고 책선하는 아내의 도는 강하게 하지 않는 태도를 지킴으로써 이루어진다.[33] 무엇보다 섬기는 자로서 사랑을 잃지 않는 것이 중요하다고

---

30 徐應淳,「內儀」,『達城世稿·伊岡逸稿』. "夫或有失, 和顏色而柔聲以諫, 期圖悔悟, 無使陷於罪戾. 不介曲直, 惟事寵愛, 終必有浸潤構間之患."
31 田愚,「戒孫婦鄭氏, 權氏」,『艮齋集』권15. "重夫子.【重字包守貞信, 不違命, 警戒相成三義. 而警戒之中, 又有勸讀書飭躬, 畏房室損壽二意..】"
32 『시경』「雞鳴」의 毛序에 "「계명」은 어진 后妃를 생각한 것이다. 애공이 여색에 빠지고 태만하였기 때문에 어진 후비와 정녀가 밤낮으로 경계하여 이루어준 도를 읊은 것이다(雞鳴, 思賢妃也. 哀公荒淫怠慢, 故陳賢妃貞女夙夜警戒相成之道焉)." 라고 하였다.
33 임교진은「십무규훈해」에서 부인이 강건한 덕을 쓰는 것에 대해 음양에 위배되는 것으로 설명한다. "부인이 강건한 덕을 쓰는 것은 陰이 陽을 타고 오르는 것과 같아서 본래 복됨과 상서로움이 마땅히 지니는 바가 아니니, 성품을 행사하는 데 가장 경계하고 꺼려야 한다(婦人之用剛德, 猶陰之乘陽, 本非福祥所宜持, 性行事最所戒忌也)."

보기 때문이다.[34]

[2]는 사친(事親), 부부의 도, 형제의 의, 삼종과 칠거 등 가정 윤리에 관련된 내용들을 다루고 있는 서응순(徐應淳, 1824~1880)의 「내의(內儀)」 중 아내 윤리를 이야기하는 부분이다. 역시 남편에게 잘못이 있으면 간하여 뉘우치고 깨닫게 해서 죄에 빠지지 않게 해야 함을 당부하면서 온화한 안색, 부드러운 목소리라는 전제조건을 내걸고 있다. 곡직을 신경 쓰지 않고 총애받기만을 일삼으면, 참소로 악행을 엮어 이간질이 생겨나는 것과 같은 근심이 부부사이에 생겨난다고 경고하고 있다.

[3]은 전우(田愚, 1841~1922)가 두 손자며느리를 경계하는 글이다.[35] 남편을 대하는 아내 윤리의 키워드로 '중(重)'을 제시하고 그 의미를 구체적으로 풀이하고 있다. 정숙과 신실을 지키며 명령을 어기지 않는다는 것은 섬김의 태도이다. 아울러 [1]에서도 언급된 바 있는 "警戒

---

[34] 반소가 딸들을 대상으로 저술한 『여계』에서 남편의 마음을 얻는 것의 중요성을 언급한 이래로, 특히 딸을 대상으로 한 여훈(서)에서 남편의 사랑을 잃지 않아야함을 강조하는 경향이 두드러진다.
班昭, 「專心第五」, 『女誡』. "예에 남편은 다시 장가갈 수 있는 의(義)가 있지만 부인은 두 번 시집갈 수 있다는 글귀가 없다. 그래서 '남편은 하늘이다. 하늘을 본래 벗어날 수 없듯이 남편을 절대로 떠날 수 없다.'고 하는 것이다. 행실이 하늘과 땅을 거스르면 하늘이 벌을 내리고, 예와 의리를 행함에 허물이 있으면 남편이 그를 박대한다. 그래서 여자의 규범에 '한 사람의 뜻을 얻으면 종신토록 함께 살 수 있고, 한 사람의 뜻을 얻지 못하면 영원히 헤어질 수밖에 없다.'고 하였다. 이 말은 반드시 남편의 마음을 얻어야 한다는 뜻이다(禮, 夫有再娶之義, 婦無二適之文. 故曰, "夫者天也. 天固不可逃, 夫固不可離也." 行違神祇, 天則罰之, 禮義有愆, 夫則薄之. 故女憲曰, "得意一人, 是謂永畢, 失意一人, 是謂永訖." 由斯言之, 夫不可不求其心)."

[35] 남편에 대한 것 이외의 내용은 다음과 같다. "시부모를 공경하게 모시며 동서들과 화목하게 지내고 예의를 삼가 갖추며 근검절약을 숭상하며 부지런히 일에 힘써라(敬舅姑, 和妯娌, 謹禮義, 尙節儉, 勤事務)."

相成"을 들고 있는데, 기본적인 섬김의 태도를 지키면서 잘못에 대해서는 간언하고 보다 적극적으로는 책선에까지 이를 수 있는 가능성을 열어두고 있는 것이다. 좀 더 구체적인 내용들을 살펴보자.

[4] 사람이 이 세상에 태어나서, 덕을 닦고 행실을 삼가는 것을 귀하게 여기고, 부귀에 이르는 것은 명에 달려 있으니 힘써 구할 수 있는 것이 아니다. 옛 사람들은 내조의 현명함에 많이 힘입었으니, 내조에 뛰어난 자들은 혹 덕행을 면려하고, 혹 가난함을 편안하게 여기고 약속을 지키며, 부귀를 권면하고 흠모할 것을 말하지 않았다. 위나라 여자가 남편을 경계한 시에, "모든 군자가 덕행을 모르실까. 해치지 않고 탐하지 않는다면 어찌 선하지 않으리오."라고 했고, 한나라 환소군은 녹거를 타고 귀향하여 항아리를 들고 물을 길었다. 내조가 그 남편의 높은 절개를 만들었으니, 모두 현부이다. 이른바 내조라는 것은 이와 같다.[36]

[4]는 이지수의 「가녀계사」 중 앞 절에서 인용한 부분에 바로 이어지는 내용이다. 앞에서 공경하는 섬김의 태도를 강조한 데에 이어서 이른바 '내조'라고 하는 것의 구체적인 내용을 설명하고 있다. 그것은 덕행을 면려하고, 가난함을 편안하게 여기며 약속을 지키고, 부귀를 권면하거나 흠모할 것을 말하지 않는 책선에 가까운 것이다. 그 예로 『시경(詩經)』, 「패풍(邶風)·웅치(雄雉)」의 구절을 들고 있다. 오래된 주석인 모서(毛序)에 의하면 이 시는 위(衛)나라 선공(宣公)이 자주 군사

---

36 李趾秀, 같은 곳. "人生斯世, 修德飭行之爲貴。至於富貴則有命焉, 不可以力求也. 古之人多賴內助之賢, 內助之賢者, 或勉以德行, 或安貧守約, 非勸慕富貴之謂也. 衛女戒夫子之詩曰, '百爾君子, 不知德行. 不忮不求, 何用不臧.' 漢之桓少君, 鹿車歸鄕, 提甕出汲. 助成其夫之高節, 此皆賢婦人也, 所謂內助者如此."

를 일으킴을 풍자한 시인데, 해당 부분에 대한 『시경집전』의 설명은 "군자가 원행에 환난을 범할까 근심해서 잘 대처하여 온전하기를 바란 것이다."[37]라고 하였으니, 이지수는 아내의 현명한 조언이라는 맥락에서 시를 인용하고 있는 것이다. 환소군은 후한(後漢) 포선(鮑宣)의 처이다. 포선이 일찍이 소군의 아버지에게서 공부를 하였는데, 소군의 아버지가 포선의 청렴함을 훌륭히 여겨 소군을 그에게 시집보내면서 혼수품을 많이 장만해 주었다. 그런데 포선이 그러한 예물을 감당하기 어렵다고 하자 모두 돌려보낸 후 짧은 베치마를 입고 녹거(鹿車)를 끌고 시댁으로 가서 항아리를 이고 물을 길었다.[38] 환소군은 부귀에서 오는 안락한 생활을 포기함으로써 남편의 청렴한 절개를 해치지 않았다. 이것은 단순한 순종이나 섬김과는 구별되는 적극적인 내조로서 책선에 가깝다고 할 수 있을 것이다.

[5] 남자 중에서 보통 이하의 사람들은 부인에 의하여 바뀌지 않는 이가 없으니, 잘나고 못난 것이 이렇게 갈라지고 영화와 오욕이 이렇게 나누어진다. 그러니 아내가 되어 그 남편을 인도함에 좋은 것으로 해야 옳겠는가, 나쁜 것으로 해야 옳겠는가? …… 이 때문에 부인 가운데 뛰어난 사람은 반드시 한마음으로 그 남편의 좋은 행실을 보필할 것을 생각하고 그 남편의 아름다운 이름을 이룰 수 있도록 생각하며 허물이 있으면 바로잡고 잘하는 일이 있으면 인도하여, 장차 그 아름다움을 이루어나가고 그 나쁜 것은 막아낼 수 있도록 하여야 한다. 정말 그 남편의 좋은 행실에 도움이 될 것 같으면 일이 비록 어렵기는 하지만 반드시 하여야

---

37 憂其遠行之犯患, 冀其善處而得全也.
38 『後漢書』 권84, 「列女列傳·鮑宣妻」.

할 것이요, 정말 그 남편의 아름다운 이름을 훼손할 것 같으면 일이 비록 작다 하더라도 반드시 하지 않도록 해야 한다.[39]

[5]는 한원진(韓元震, 1682~1751)의 「한씨부훈(韓氏婦訓)」 중 가장 섬기기에 대한 내용이다. 남자 중에서 보통 이하의 사람들은 부인에 의하여 바뀌지 않는 이가 없다는 것은 그만큼 아내가 충분히 재량을 발휘할 여지가 있다는 방증이다. 한원진은 부인의 평생 영욕과 애환이 그저 그 남편이 잘났는가 못났는가에 달려있다고 보기 때문에[40] 아내가 남편을 어떻게 인도하느냐에 따라 남편의 잘나고 못난 것뿐만 아니라 아내 자신의 영화와 오욕이 나누어진다고 설명한다. 그래서 허물이 있으면 바로잡아 나쁜 것을 막아내며, 잘하는 일이 있으면 인도함으로써 좋은 행실을 보필하여 남편이 아름다운 이름을 이룰 수 있도록 하는 것을 아내 윤리로 역설하고 있다. 이것은 곧 잘못된 일을 고치도록 하는 간언과 좋은 일을 하도록 권하는 책선을 통해 이루어

---

39 韓元震,「韓氏婦訓·事家長章第三」,『南塘集』권26. "男子中人以下, 莫不爲婦人所移, 而賢不肖之間, 榮辱之判如此焉, 則爲婦而導其夫者, 其可以善乎, 抑可以惡乎? …… 是以婦人之賢者, 必一心思輔其夫之善行, 思貽其夫之令名, 過則捄之, 善則導之, 將順其美, 禁閉其邪. 苟可以益其夫之善行也, 則事雖至難, 必果爲之, 苟可以損其夫之令名也, 則事雖至細, 必不果爲."

40 한원진, 같은 곳. "부인의 평생 영욕과 애환은 그저 그 남편이 잘났는가, 못났는가에 달려있다. 그 남편이 정말 잘났으면 일가친척이 칭찬을 하고 마을 사람들이 떠받들며 온 나라 사람들이 다 사모한다. 남편이 존귀하고 영화로움을 누리게 되면 아내 된 자가 어찌 영화로움을 함께하지 않겠는가? 그 남편이 정말 못났으면 일가친척이 미워하고 마을 사람들이 천하게 여기며 온 나라 사람들이 버리려 한다. 남편이 오욕에 빠지게 되면 그 아내 된 자가 어찌 그 욕됨을 함께하지 않을 수 있겠는가(婦人平生榮辱休戚, 只係於其夫之賢不肖. 其夫苟賢也, 而宗族稱之, 鄕黨推之, 一國天下慕之. 而身享其尊榮, 則爲其婦者, 豈不與有榮也. 其夫苟不肖也, 而宗族惡之, 鄕黨賤之, 一國天下棄之. 而身陷於汚辱, 則爲其婦者, 亦豈不同其辱哉)?"

질 수 있는 것이다. 이러한 윤리는 남편의 좋은 행실에 도움이 된다면 어려운 일이라도 반드시 하고, 남편의 아름다운 이름을 훼손할 것 같으면 작은 일이라도 반드시 하지 않는 행동 규범으로 확장된다.

지금까지 조선후기 사대부 여훈서의 아내 윤리를 구성하는 또 하나의 요소인 간언과 책선에 대해 살펴보았다. 앞서 남편을 섬김에 있어 공경하는 태도가 강조되었음을 알 수 있었는데, 간언과 책선에 있어서도 결코 강하게 하지 않는 온유한 태도가 강조되고 있는 점에서 조선후기의 아내 윤리는 '기능'과 '태도'가 분리되지 않은 채 복합적으로 수행되어야 했던 것임이 드러난다.[41]

4. '아내-주체' 구성의 실례

그러면 조선후기 여훈서가 제시하는 아내 윤리를 그 대상인 여성들은 어떻게 받아들였는가? 그리고 이상의 예속 조건은 조선후기 여성이 아내로 스스로를 정체화함으로써 '아내-주체'가 되는 주체 구성에 어떻게 작용하고 있었는가? 이러한 문제의 해결을 위해서는 여성이 직접 남긴 기록을 통해 그 주체화의 양상을 확인해볼 필요가 있다. 조선후기의 여성 김삼의당이 남긴 『삼의당고(三宜堂稿)』는 '아내-주체' 구성의 실례를 살펴볼 수 있는 유효한 자료이다.

여성이 아내로서의 정체성을 공식적으로 부여받는 최초의 순간은

---

41 조선후기 사대부 여훈서의 구성은 작품마다 다양하지만 그 내용은 크게 '기능'과 '태도'로 요약될 수 있다. 자세한 내용은 성민경(2019), 앞의 논문, 125~129쪽 참조.

혼례이다. 삼의당은 혼인날 밤 남편과 수창한 시를 통해 혼인의 의미를 새기고 아내로서 지켜야 할 도리를 다짐한다.

> 부부의 만남이 생민의 시작이니[42]　　　　配匹之際生民始
> 군자가 여기에서 시작되는 것이라네[43]　　君子所以造端此
> 공경하고 순종함이 오직 부인의 도리이니　必敬必順惟婦道
> 종신토록 남편의 뜻 어겨서는 안 되리　　　終身不可違夫子
> 　　－〈同里有河氏, 家雖貧而世以文學鳴. 有子六人, 其第三曰溰,
> 　　　風彩俊傑, 才藝通敏, 父母每往見奇之. 遣媒妁結婚姻,
> 　　　遂行卺禮. 禮成之夜, 夫子連吟二絶, 妾連和之.〉 제2수[44]

삼의당은 우선 '생민의 시작', '군자지도(君子之道)의 단서'로 부부관계를 바라보는 성리학적 부부관을 언급하는데, 이것은 『예기』에서 논의된 혼례의 의미와도 유사하다. 그리고 반드시 공경하고 순종하는 것으로 부도(婦道)를 규정하고 종신토록 남편의 뜻을 어기지 않을 것을 다짐한다. 『예기』나 『소학』, 그리고 그것을 기반으로 한 조선후기

42　『詩經』, 「周南·關雎」에서 匡衡이 "妃匹之際, 生民之始, 萬福之原, 婚姻之禮正然後, 品物遂而天命全(배필의 즈음은 生民의 시초요, 萬福의 근원이니, 혼인의 예가 바루어진 뒤에야 萬物이 이루어져 天命이 온전해진다)."라고 하였다. 이후 '妃匹之際, 生民之始, 萬福之原'은 기초 수신서인 『소학』, 『동몽선습』에 인용되면서 혼인에 대한 보편적인 인식으로 자리잡게 되었다.
43　『中庸』 12장에 "군자의 도는 단서가 부부에게서 시작되는데, 그 지극함에 미쳐서는 천지에 밝게 드러난다(君子之道, 造端乎夫婦, 及其至也, 察乎天地)."라고 하였다.
44　허미자 편, 『韓國女性詩文全集』 3, 국학자료원, 2004, 1349~1350쪽. 본고에서 『삼의당고』의 인용은 이 책에 영인된 것을 대본으로 하고, 앞으로는 쪽수만 밝힌다. 이 시는 현전하는 필사본에는 제목 없이 삽입되어 있다. 이 제목은 간행본이 편찬되는 과정에서 붙인 것이다.(박영민, 「金三宜堂 한시의 텍스트비평」, 『한국한문학연구』 61, 한국한문학회, 2016, 36쪽 참조.)

여훈서에서 기본전제로 두고 있는 아내 윤리에 다름 아니라고 할 수 있다. 첫날 밤의 풍경은 삼의당의 산문에 좀 더 자세히 나타난다.

> 부부지간의 도가 어찌 한갓 부창부수만을 이르겠습니까. 남편은 밖에 있으니 밖에서는 군신을 법으로 하고, 아내는 안에 거처하니 안에서는 시부모를 법으로 합니다. 밖에 있는 도를 다 하고자 한다면 임금을 섬김에 반드시 충성할 것이요, 안에서 거처하는 도를 다하고자 한다면 어버이를 섬김에 반드시 효도해야 할 것입니다. 당신께서는 밖에서 열심히 일하여 요순 같은 임금을 보좌하셔야 할 것이요, 저는 마땅히 집안에 거하여 음식을 주관할 것입니다. 그러면 우리 연로하신 부모님께서 기뻐하며 친하시리니, 세상 사람들의 부부처럼 하지 맙시다. 세상의 남편 된 자들은 사랑에 빠져서 의(義)를 돌아보지 않으며, 아내 된 자들은 정에 지나쳐 분별을 모르니, 이것이 이른바 우부우부(愚夫愚婦)이니, 제가 몹시 부끄럽게 생각하는 것입니다.[45]

삼의당은 부부지간의 도가 부창부수에 그치지 않음을 선언한다. 내외법으로 구분된 바에 따라 남편은 밖에서 신하의 도리를 다하고, 아내는 집안에서 며느리의 도리를 다함으로써 각자의 역할을 다하는 것이 삼의당이 생각하는 부부의 도이다. 집안에서 이루어지는 '아내-며느리' 역할의 요체는 이념적으로는 '효(孝)'를 기반으로 하며, 실질적으로는 음식을 주관하는 것이다. '아내-며느리'로 자신을 규정함과 아울

---

[45] 「于歸日記話」, "夫婦之道, 奚徒夫唱婦隨之道謂哉. 夫在外, 外則君臣, 婦居內, 內則舅姑. 欲盡在外之道, 事君必忠, 欲盡居內之道, 事親必孝. 子其自外, 勸業佐我堯舜之君, 我當居中主饋事, 我鶴髮之親, 嬉嬉昵昵, 無若世人之夫婦然哉. 世之爲夫者, 溺於愛而不顧義, 爲婦者, 過於情而不知別, 此所謂愚夫愚婦也, 我甚恥焉."(1447~1448쪽.)

러 스스로의 역할까지 정립하고 있다는 점에서 삼의당이 '아내-주체'로서 주체화를 도모하고 있음을 확인할 수 있다. 그리고 삼의당은 아내로서 남편과 맺는 관계에 있어 소위 '어리석은 남편과 어리석은 부인[愚夫愚婦]'들이 사랑에 빠져 의를 돌아보지 않거나 정에 지나쳐 분별을 모르는 태도를 경계한다. 이것은 조선후기 여훈서에서 아내 윤리로 강조하고 있는 친압하지 않고 절조 있으며, 예를 삼가서 '손님 대접하듯'하는 '공경'의 태도이다.[46] 이렇듯 조선후기 여훈서가 마련하고 있는 아내 윤리라는 예속 조건은 실제 여성에게 내면화되어 그 주체화에 작용하고 있었음이 드러난다. 한편 부부지도가 한갓 부창부수만을 이르는 것이 아니라는 삼의당의 인식은 혼삿날 밤 남편과의 대화에서 보다 구체적으로 드러난다.

남편이 말하기를, "종신토록 남편을 어겨서는 안 된다고 한다면, 남편에게 과오가 있더라도 따라야 합니까?"라고 하였다. 나는 이렇게 답했다.

---

46 3장에서 인용한 것 외에 추가적인 내용을 덧붙인다. 尹鳳九(1683~1767), 「醮女鋪房八帖屏畫銘」【壬午】, 『屏溪集』 권44. "소반을 두 손으로 높이 들어 올리니 더욱 돈독한 예를 갖춘 모습, 백란의 아내가 덕이 빛나는 이유【이것은 거안제미로, 남편을 지극히 공경하는 것이다.】(進盤雙擎, 益篤禮貌, 伯鸞是妻, 所以德曜【右擧案齊眉】)."; 朴胤源(1734~1799), 「家訓·贈內三章」, 『近齋集』 권23. "부부 사이가 좋은 것은 곧 부모의 뜻을 따르는 것이오. 지아비라 하고 지어미라 하는 것은 천지와 같은 것으로 양은 굳세고 음은 부드러우니 서로 섞여야 이루어지오. 누가 짝이 없겠소마는 오직 손님처럼 공경하는 마음을 두어야 하오. 혹시라도 반목한다면, 가정이 바르게 될 수가 없소【위의 내용은 지아비에 대한 것이다.】(琴瑟而好, 乃順父母. 曰夫曰婦, 天地爲同, 陽剛陰柔, 交須而成. 誰無伉儷, 惟在賓敬, 其或反目, 家莫能正【右夫子.】)."; 박윤원, 「家訓·女誡」, 『近齋集』 권23. "남편은 하늘이다. 혹시라도 그 남편을 공경하지 않는다면 이는 하늘을 공경하지 않는 것이다(夫則天也. 或不敬其夫, 則是不敬天者也)."

"명나라 사정옥(射貞玉)은 말하기를, '부부의 도는 오륜을 겸한다. 아버지에게는 간언하는 아들이 있고, 임금에게는 간언하는 신하가 있으며, 형제는 바름으로써 서로 힘쓰고, 친구는 선(善)으로써 서로 권면한다'고 하니 부부에게 있어서만 어찌 그러하지 않겠습니까? 그러므로 제가 남편을 어겨서는 안 된다고 말하는 것이 어찌 남편의 과오를 따르는 것이라는 말이겠습니까?"[47]

공경과 순종의 대원칙을 따르기로 다짐한 삼의당에게 남편 하립(河 湦)은 남편에게 과오가 있더라도 따라야하는지를 넌지시 묻는다. 그에 대해 삼의당은 『사씨남정기』에서 사정옥이 한 말을 들어 그것이 남편의 과오마저 용인하는 것은 아님을 분명히 밝힌다. 삼의당이 인용한 사정옥의 말은 한글본 『사씨남정기』에는 없고 한문본 『謝氏南征記』에만 실려 있는 말로, 사정옥이 시집와서 시아버지와 나눈 대화의 일부이다. 그런데 삼의당은 인용한 대화의 뒤에 이어지는 "그러나 옛날부터 남편이 부인의 말을 들으면 이익은 적고 손해가 많습니다. 암탉이 새벽에 울고 영리한 여자가 성을 기울어뜨린다고 하였으니 경계하지 않을 수 없습니다"라는 부분은 배제했다.[48] 이 말은 『서경(書經)』[49]과 『시경

---

47 「禮成夜記話」, "夫子曰, '終身不可違夫子, 則夫雖有過, 亦可從之歟?' 余曰, '大明謝氏貞玉不云乎? 夫婦之道, 兼該五倫. 父有爭子, 君有爭臣, 兄弟相勉以正, 朋友相責以善, 則至於夫婦, 何獨不然? 然則吾所謂不可違夫子者, 豈謂其從夫之過歟?'" (1444쪽.)

48 정우봉, 「金三宜堂의 산문 세계」, 『한국한문학연구』 61, 한국한문학회, 2016, 54쪽 참조.

49 『書經』, 「牧誓」에 "암탉은 새벽에 우는 일이 없어야 하니, 암탉이 새벽에 울면 집안이 망한다(牝雞無晨, 牝雞之晨, 惟家之索)."라고 하였다. 宋代에 오면 다음과 같이 부정적인 의미가 구체화된다. 蔡沉, 『書經集傳』 下, "암탉이 새벽에 우는 것은 음양이 常道에 위배되는 것으로 요사스러운 것이고, 가정을 망하게 하는 것이다(牝鷄而

(詩經)』⁵⁰의 구절로, 여훈서에서 신중하고 조심스러운 여성의 언어 사용을 경계하는 맥락에서 자주 인용된다.⁵¹ 즉 삼의당은 『사씨남정기』에서 부인의 언어 규범을 제시하는 부분은 의도적으로 배제하고 부부의 도가 오륜을 겸한다는 부분만 인용함으로써 무조건적인 순종의 규범을 돌파하는 논리를 구축하고 있는 것이다. 부부의 도가 오륜을 겸하는 것이라면, 사정옥이 상술한 바와 같이 군신(君臣), 부자(夫子), 형제(兄弟), 붕우(朋友) 관계에서와 마찬가지로 간쟁(諫爭)하고 권면(勸勉)하며 책선하는 일이 부부관계에서도 역시 적용될 수 있다는 논리가 성립된다. 부부 사이에 있어서도 부인이 남편의 잘못을 비판하고 보다 나은 방향으로 나아갈 수 있도록 적극적으로 권면해 마땅하다는 것이다.⁵²

이렇게 정연한 논리를 구축하는 순간 삼의당은 '아내-주체'로 우뚝 선다. 행위, 인식, 판단, 감정의 주인으로서 간언과 책선을 수행하는 '아내-주체'로 스스로를 정립시키고 있는 것이다. 공경으로 섬김과 동시에 간언과 책선을 실천하는 '아내-주체'의 수행 양상은 삼의당이

晨, 則陰陽反常, 是爲妖孼而家道索矣)."
50 『詩經』, 「大雅·瞻仰」에 "哲夫는 성을 쌓고, 哲婦는 성을 기울어뜨린다. 아름답고 똑똑한 부인이여, 올빼미가 되고 부엉이가 되도다. 부인의 수다스러움은 재해를 불러들이는 계제이니, 어지러움은 하늘이 내린 것이 아니라 부인이 스스로 만든 것이다(哲夫成城, 哲婦傾城. 懿厥哲婦, 爲梟爲鴟. 婦有長舌, 維厲之階, 亂匪降自天, 生自婦人)."라고 하였다.
51 조선후기 사대부 여훈서는 일상에서 여성의 구체적인 행동 및 역할의 수행을 통제하기 위해 여성의 언어 사용을 적극적으로 제어하려고 노력했다. 자세한 내용은 성민경, 앞의 논문, 150~152면 참조.
52 『사씨남정기』 인용의 의미에 대해서는 성민경, 「조선후기 젠더의식의 복합성에 대하여:『三宜堂稿』를 중심으로」, 『민족문학사연구』 77, 2021, 95쪽의 서술을 참조하여 재구성하였음을 밝힌다.

과거 공부를 위해 떠나 있는 남편에게 보낸 편지에서 구체적으로 드러난다.

> 제가 어려서는 부모님을 따르고 자라서는 당신을 따랐으니 삼종지도의 의리가 갖추어지고 백년가약의 연분이 이루어졌습니다. 단지 부끄러운 일은 덕이 없어 집안 살림을 제대로 살피지 못하는 것이니, 이는 하루 이틀의 근심이 아닙니다. 살아서나 죽은 뒤의 치욕이 될까 두려운데 감히 공경하고 두려워하지 않을 수 있겠습니까? 여자의 무지한 마음으로도 이와 같은데 하물며 당신처럼 덕이 있는 사람이겠습니까? 당신은 부모님을 드러나게 해 드릴 마음을 가졌고 돌아가신 뒤에도 영화롭게 해 드릴 뜻을 가졌으니 좋기는 좋은 일입니다. 그러나 사람의 마음이란 처음에는 부지런히 하다가도 마지막에는 게을리하기가 쉬운 법이니, 당신도 혹시 그렇지 않을까 걱정됩니다. …… 더욱이 늙으신 부모님은 돌아가실 날이 가까웠는데도 아직까지 기쁜 표정을 지으실 경사를 뵈어드리지 못했으니 자식 된 정이야 더욱 어떻겠습니까? 저는 음식을 주관하여 마땅히 변변치 못한 음식이라도 받들겠사오니, 원하건대 당신은 밖에서 급히 입신하시어 부모님을 드러낼 것을 도모하십시오. 당신의 나이 지금 20세이고 신체 건장하니 지금이야말로 힘을 내고 뜻을 가다듬을 때입니다. 따뜻하게 입고 배불리 먹으며 편히 지내면서 졸장부처럼 지내셔야 되겠습니까?[53]

---

53 「送夫子入京序」, "鄙室幼而從父母, 長而從君子, 三從之義備矣, 百年之緣成矣. 只愧無德以忝家政, 非一日二日之憂, 恐爲生前身後之恥, 敢不敬畏. 以女子無知之心, 尙乃如此, 況有德君子哉. 君子旣有顯親之心, 終懷死榮之志, 善則善矣, 而人情敏於始勤, 易於終怠, 竊爲君子, 伏慮萬萬. …… 妾主中饋, 當奉菽水之供, 願君子在外, 亟立厥身, 以圖顯親. 君子年今二十, 體段强盛, 正發憤勵志之秋也. 何必溫飽逸居, 若是少丈夫然哉?"(1431~1434쪽.)

삼의당은 어려서는 부모를 따르고 자라서는 남편과 백년가약을 맺는 삼종지도의 의를 갖춤으로써 스스로 유교적 여성 주체화의 기본 요건을 정립했음을 밝힌다. 그리고 집안 살림을 살피는 것으로 자신에게 주어진 역할을 규정하며 스스로 덕이 없어 이것을 제대로 수행하지 못하고 있는 부끄러운 마음과 근심을 토로한다. 삼의당의 자신의 이러한 심정을 '여자의 무지한 마음'으로 서술한다. 그것과 대비하여 남편은 '덕이 있는 당신[有德君子]'으로 서술된다. 자신을 낮추고 남편을 추어올리는 어법을 구사하여 간언에 있어 온유한 듯한 태도를 취하고 있는 것이다. 이어서 부모님을 영화롭게 해 드릴 뜻을 둔 점을 우선 칭찬하지만 곧이어 처음에는 부지런하다가도 마지막에는 게을러지게 마련인 사람의 마음을 들어 남편을 경계한다. 편지의 막바지에 이르러서는 변변찮은 음식이라도 받듦으로써 자신은 아내로서 맡은 바를 다할 것임을 다시 한번 언급하고, 부모님께 경사를 뵈어드려야 하는 자식 된 도리를 근거로 남편 역시 발분망식함으로써 '졸장부'처럼 지내시는 안 되는 당위를 역설한다. 표면적으로는 온유한 태도를 유지하면서 간언하고자 한 듯하지만 말미에서 '졸장부'라는 단어로 쐐기를 박는 삼의당의 간언은 결코 온유하다고 하기는 어려워 보인다.

사람들 가운데 서울에서 나그네 살이를 하면서 부모와 헤어져 있는 사람이 얼마나 되고, 아내와 이별한 사람이 얼마나 많겠습니까? 그러나 부모님의 기다림과 아내의 그리움이 당신 부모와 아내 같은 이는 없을 것입니다. 당신도 이러한 생각으로 살아야 할 것입니다. 일찍이 척호(陟岵)의 시에서 자식이 어버이를 생각하는 것을 보았고, 격고(擊鼓)의 시에서 남편이 아내를 생각하는 것을 알았습니다. 그런데 당신은 사모하는 정으로 뜻을 해치고, 입신양명할 마음을 급선무로 삼지 않으니, 장차 무엇으로 부모님의 기대와 아내의 소망에 보답하려고 합니까? 오로지 당신께서는 이를 유념하시고 힘쓰시어 급히 돌아올 것을 꾀하십시오. ……지금 이후로는 결심을 단단하게 하시기 바랍니다. 이처럼 성스럽고 밝은 세상을 만나 위로는 부모님을 영화롭게 하지 못하고 아래로는 아내를 즐겁게 해주지 못한다면, 저는 단지 베를 끊어내고 밤에 가까이함을 꾸짖는 것에서 그치지 않을 것입니다. 이 점 깊이 헤아리시기 바랍니다.[54]

삼의당은 남편에게 단호하고도 강렬한 어조로 학업에 매진할 것을 주문한다. 먼저 과업으로 이별의 고통을 겪는 사람이 당신만이 아니라는 사실과 가족의 기다림과 그리움이 유별나다는 점을 지적한다. 그런데도 사모하는 정으로 뜻을 해치고 입신양명을 급선무로 삼지 않는 남편을 질타한다.[55] 끝으로 이처럼 성스럽고 밝은 세상에서 부모님과 아내의 간절한 기대와 소망을 이루어주지 못한다면 베를 끊어내고[56]

---

54 「與夫子書」, "夫人之客於京, 離親者幾人, 別妻者幾人? 而親之待妻之思, 未有如吾君之父母若妻也. 君子亦倘乃爾耶. 嘗於陟岵之詩, 見人子之思親, 擊鼓之章, 知人夫之念室. 然君子徒以思慕之情害志, 而不以立揚之心爲急, 則將何以答親之所待, 妻之所望乎? 惟君子念哉勉哉! 亟猷其歸. …… 今日而後乃斷矣之. 當此聖明之世, 上不能榮吾親, 下不能榮其妻, 則鄙室不啻斷機誚夜而止矣. 惟君子諒之矣."(1427쪽.)
55 삼의당은 감정의 표현과 관련하여 선명한 이분법적 젠더의식을 가지고 있었기 때문에 사모하는 정을 둠으로써 뜻을 해치는 남편을 질타하고 있는 것이다. 삼의당은 남편에게 보낸 시와 편지에서 대장부로서 상사의 감정을 느끼는 것이 부당하다는 점을 들어 남편을 강력하게 경계한 바 있다. 자세한 내용은 성민경(2021), 앞의 논문, 81~82쪽 참조.
56 樂羊子 아내의 고사이다. 악양자가 공부하러 간 지 1년 만에 아내가 그리워 돌아오자, 처가 길쌈하던 것을 가리키며, "이 비단은 누에고치에서 실을 자아낼 때부터 조그만 수고가 모여 이루어진 것입니다. 만약 중간에 잘라 버린다면 비단은 완성될 수 없을 것입니다. 학문도 마찬가지입니다." 하니, 양자가 그 말에 감동하여 7년 동안 돌아오지 않고 학문에만 몰두하여 크게 성취하였다고 한다.(『後漢書』 권84, 「列女傳·樂羊子妻」)

밤에 가까이함을 꾸짖는데 그치지 않을 것이라는 협박조의 간언으로 남편이 다시 결심을 단단하게 하도록 적극적으로 책선하고 있다.[57]

조선후기 여성 김삼의당의 사례는 조선후기 사내부 여훈서의 아내 윤리로 대표되는 예속 조건이, 여성이 아내로 스스로를 정체화함으로써 '아내-주체'가 되는 주체 구성에 실제 영향을 미치고 있었음을 드러내 준다. 삼의당은 '아내-며느리'로 자신을 규정함과 동시에 『예기』와 『소학』, 조선후기 여훈서의 아내 윤리가 제시하는 가정 내의 기능적 의무를 스스로의 역할로 정립한다. 그리고 남편을 공경으로 섬기면서 간언과 책선을 도외시하지 않는 '아내-주체'를 수행한다. 다만 실제 남편에게 보낸 편지에서 알 수 있듯이 삼의당의 경우 간언에 있어 온유한 태도를 유지하라는 조선후기 여훈서의 아내 윤리는 수용하지 않았다. 이념적 규범에 어긋나는 주체 수행을 여성 스스로 글로써 남기고 있다는 점에서 조선후기 젠더규범에 있어 이상과 실제의 균열을 보여주는 부분이라고 할 수 있다.

5. 맺음말

이 글은 조선후기 여성이 스스로 마련한 주체화의 계기를 규명하는 것을 목표로 조선후기 여성이 맺었던 관계들 중, 주체적 의지를 발휘할

---

57 삼의당은 남편에게 간언을 올리는 것에서 그치지 않고 인간관계에서의 처신을 비롯한 서울 생활에 필요한 실질적인 조언을 하는 책사로서의 면모까지 보인다. 자세한 내용은 성민경(2021), 앞의 논문, 98~100쪽 참조.

수 있는 여지가 가장 크다고 판단되는 부부관계에서의 '아내'에 주목했다. 예속적 구체구성 이론에 기반하여 그 예속 조건에 대한 이해가 선결될 필요가 있는바, 『예기』와 『소학』의 아내 윤리, 그리고 조선후기 사대부 여훈서의 아내 윤리를 살펴보았다. 그 결과 의복과 음식을 기본으로 하는 기능적 역할 수행, 분별 있고 공경하는 태도로 남편 섬기기, 남편에 대한 온유한 간언과 책선으로 구성된 아내 윤리를 확인할 수 있었다. 그리고 이러한 규제적 실천이 그 대상인 여성들에게 미친 영향을 고찰할 수 있는 사례로서 조선후기 여성 김삼의당이 주어진 윤리 규범을 선택적으로 수용함으로써 '아내-주체'를 수행하는 양상을 실증해 보았다.

다만 이 글의 논의는 문헌에 기반하여 조선후기 여성이 '아내-주체'를 수행하게끔 하는 환경, 즉 예속 조건을 탐색하고, 역시 조선후기 여성이 남긴 문헌을 통해 그것이 미친 영향 관계를 살펴 '아내-주체' 구성의 가능성을 개연성 있게 구상해본 것일 뿐 실제 현실 그 자체는 아니라는 점에 유의할 필요가 있다. 한편 여성이 직접 남긴 기록으로서 김삼의당 외에 저술 활동에 있어 남편과의 관계가 상당한 영향을 미치고 있는 강정일당(姜靜一堂, 1772~1832)의 사례를 통한 비교·보완이 이루어져야 할 것이다.[58] 그리고 남성이 남긴 여성의 생애기록류에

---

58 단적으로 간언과 책선에 임하는 태도에 있어 정일당은 삼의당에 비해 온유한 태도를 견지하고 있는 것으로 보인다. 예를 들면 다음과 같다. 바라는 바를 이야기할 때 "伏"이나 "敢"자를 사용("伏願夫子仰孔顏傳受之重", "敢以此仰勉",「上夫子書」, 『靜一堂遺稿』; "敢以仰告", "千萬伏祝", "敢以是仰勉",「尺牘」, 『靜一堂遺稿』), '願'보다 공손한 느낌을 주는 '請'자를 사용("請更勉之", "請於究會六經之暇, 時時從事焉.", "請益爲交勉", "請盡意答之", "請夫子雖泛愛, 而擇其誠心向上者.", "請夫子勉之", "請戒之", "請夫子益懋新德", "請夫子戒之勉之",「尺牘」, 『靜一堂遺稿』), '如

서 간취할 수 있는 '아내-주체' 수행의 양상을 종합하여 조선후기 '아내-주체'의 구성과 수행에 대한 보다 입체적이고 진전된 이해를 도모할 것을 기약한다.

何'나 '似'를 사용하여 간언에 단정적인 어감을 누그러뜨림("請相對切偲, 以爲交勉之地, 如何.", "亦於尊德性之工, 似有益矣.", 「尺牘」, 『靜一堂遺稿』).

'일사/유사' 편집의 정치성과
젠더 정치의 무/의식

1916년 『매일신보』 연재 〈일사유사〉를 중심으로

최기숙

> 언어들이 문헌학적으로 해명되어야 한다는 말은
> 곧 언어들이 어두운 상태로 남아 있어
> 계속 해명을 요구한다는 뜻이다.
> - 베르너 하마허[1]

1. 편집의 관점에서 본 〈일사유사〉

〈일사유사〉는 장지연이 숭양산인(嵩陽山人)이라는 필명으로 『매일신보』의 「송재만필(松齋漫筆)」란에 1916년 1월 11일부터 9월 5일까지 대략 8개월간 180회에 걸쳐 연재한 전장류(傳狀類)의 연재물이다.[2] 이

---

1 베르너 하마허, 조효원 옮김, 『문헌학, 극소』, 문학과지성사, 2022, 11쪽.

후 장지연은 이를 단행본으로 출간할 계획을 세웠지만 이루어지지 않았고, 사후인 1922년, 아들 장재식에 의해 회동서관에서 출간되는데,[3] 이 단행본의 편집은 『매일신보』의 연재 순서나 묶음 범주와는 다소 차이가 있다. 〈일사유사〉는 조선시대 양반 남성이 문집에 수록하는 전형적인 전기의 형식인 개별 인물에 대한 글쓰기 방식을 취하지 않고, 집단적인 인물전의 쓰기와 편집 체재를 갖춘 중인 전기집의 계보를 잇기에, 편집 의도에 대한 이해 및 해석의 방향성이 중요하다. 편집에는 필자의 지향, 편집자의 기획, 매체 성격이 교차되는데, 〈일사유사〉 연재는 양반 남성 중심의 조선시대 문화사의 틀에 저항하고 새로운 문화 기획을 제안하려는 의도가 매개된다. 회동서관본은 이러한 장지연의 문화 기획, 또는 『매일신보』라는 근대적 인쇄 매체의 성격과 다소 거리가 있다.

『매일신보』의 〈일사유사〉와 회동서관본 『일사유사』의 가장 큰 차이는 수록된 서문의 내용 및 배치, 수록된 인물의 수와 수록 방식, 이본의 소개 여부 등이다.[4] 첫째, 『매일신보』의 〈일사유사〉는 송재만필이라

---

2 『매일신보』 원문은 빅카인즈 고신문 아카이브 사이트(https://www.kinds.or.kr/v2/news/oldNews.do)에 소개된 영인본을 대상으로 한다. 여기에 소개된 일부 자료에서 글자를 알아보기 어려운 경우를 포함해 부분적으로 회동서관본 『일사유사』(1922. 연세대학교 도서관 소재)와 이를 번역한 『조선의 숨은 고수들, 장지연의 〈일사유사〉』(김석회 외 옮김, 청동거울, 2019)를 비교와 참조에 활용한다. 이하, 『매일신보』 연재본은 〈일사유사〉로, 회동서관 발행의 단행본은 『일사유사』로 표기한다.

3 장지연의 생애와 근대적 행보, 저술 작업 등에 대해서는 김도형, 「張志淵의 變法論과 그 변화」, 『한국사연구』 109, 한국사연구회, 2000, 81~92쪽; 노관범, 「장지연」, 『한국사시민강좌』 47, 일조각, 2010을 참조.

4 이것이 애초에 단행본 출간을 준비한 장지연의 의도인지 확인하기는 어렵다. 이

는 기획연재의 17회차부터 191회차까지 모두 181회에 걸쳐 연재된다. 1회(3071호: 1915년 12월 16일 목요일)부터 16회(3087호: 1916년 1월 9일 일요일)까지는 총 14회에 걸쳐 역사 정보와 사설 형식의 글이 실렸는데,[5] 인물의 일화를 소개하는 〈일사유사〉의 성격과는 무관하다(12-13회

글에서는 〈일사유사〉의 편집에 투영된 문화정치에 대해 논하되, 이를 장지연의 '친일' 여부에 대한 판단 및 이를 중심으로 한 논의로 수렴하는 방식을 택하지 않는다. 관련 논의는 서신혜, 「逸士遺事 여성 기사로 본 韋庵 張志淵의 시각, 그 시대적 의미」, 『한국고전여성문학연구』 8, 한국고전여성문학회, 2004; 강명관, 「조작된 연보, 장지연의 경우」, 『연보와 평전』 2, 부산대 점필재연구소, 2009를 참조. 필자는 근대 신문에 수록된 특정 논설이나 잡보, 기사 등을 분석하려면 전체 신문 지면에 대한 이해의 맥락성 속에서 파악할 필요가 있다고 강조한 바 있는데(최기숙, 「이념의 근대와 분열/착종되는 근대 여성의 정체성과 담론: 『제국신문』 논설·기서(별보)·서사의 여성 담론과 재현」, 『여성문학연구』 31, 한국여성문학학회, 2014 등), 한 편의 글에 복합적 분석을 담아내기 어려운 이유로, 해당 논의는 전개하지 않았음을 밝힌다.

5 수록 내역은 다음과 같다.

[표 1] 『매일신보』의 [송재만필] 연재 1회차~16회차 목록

송재만필 회차	제목	매일신보 호수	연재날짜 정보
1	釀造法改良의 必要	3071호	1915년 12월 16일 목
2	新字典	3072호	1915년 12월 17일 금
3	音經 上	3073호	1915년 12월 18일 토
4	音經 下	3074호	1915년 12월 19일 일
5	東史稽疑 上	3075호	1915년 12월 21일 화
6	東史稽疑 下	3076호	1915년 12월 22일 수
7	大伽耶遺跡	3077호	1915년 12월 23일 목
8	冬至日	3078호	1915년 12월 24일 금
9	團體性이欠缺乎	3080호	1915년 12월 26일 일
10	袁總統의皇帝尊號	3081호	1915년 12월 28일 화
11	皇帝의名號權利	3082호	1915년 12월 29일 수
12	龍普 (荷亭)	3083호	1916년 1월 1일 토*
13	龍普續	3084호	1916년 1월 5일 수**
14	七日八日	3085호	1916년 1월 7일 금
15	新年感想	3086호	1916년 1월 8일 토
16	瓜農俚談	3087호	1916년 1월 9일 일

* 3083호에는 '송재만필'이라는 연재 제목이 없다. 그러나 3084호에 '龍普續'이

의 필자는 '荷亭'으로 소개된다). 〈일사유사〉에 인물의 생애가 소개된 것은 3088호에 서문 격인 '逸士遺事(敍述)'이 실린 이후인 3089호부터다. 이때, 신문과 단행본에 실린 서문이나 후기의 내용에 차이가 있다. 이는 각 매체에서 〈일사유사〉에 부여하는 역사적, 사회적, 문화적 의미에 영향을 미치기에, 텍스트의 이해에서 매체 선택이라는 요인을 고려할 필요가 있다. 둘째, 『매일신보』의 〈일사유사〉에는 지면 관계상 한 회에 한 인물을 다 소개할 수 없을 경우, 2~3회에 걸쳐 연속 게재했다. 그러나 회동서관본에서는 동일 인물에 대한 서사를 하나의 제목으로 통합했고, 부분적으로는 하나의 제목으로 묶인 인물군의 정체성을 괄호에

'송재만필' 13회로 소개되기에, 이 글에서는 3083호를 송재만필 12호로 간주했다.
** 빅카인즈 고신문 사이트에 스캔된 신문으로는 13호라는 숫자가 잘 보이지 않지만, 맥락을 고려해 13호로 추정한다.
『매일신보』에 연재된 제목은 모두 수록 인물의 이름이 한자로 표기된다. 신문에 기재된 연재 회차가 오기된 경우도 있다. 예컨대, 17회, 37회, 51회, 54회, 117회, 155회, 161회, 165회, 169회는 각각 두 번씩 적혔고, 72회, 162회, 172회는 없다. 필자는 『매일신보』의 발행 연월일과 요일, 총 발행호수를 확인해 '일사유사'가 연재된 실질적인 회차를 계산했다. 『매일신보』에 수록된 '일사유사'의 서문도 회동서관본의 것과 다소 차이가 있다. 이에 대해서는 3장에서 논한다. 다만, 「해제: 장지연과 『일사유사』」, 『조선의 숨은 고수들, 장지연의 〈일사유사〉』(김석회·조지형·허희수·유석종 옮김, 청동거울, 2019, 17~18쪽)의 해제에는 '『일사유사』는 장지연이 1915년 1월 5일부터 9월 5일까지 9개월간 179회에 걸쳐 '嵩陽山人'이라는 필명으로 『매일신보』에 연재한 글로, 한미한 선비, 중인, 하층민 372명의 인물 전기집이다. 아들인 장재식이 회동서관에서 1922년에 출간할 때는 연재 당시보다 162명이 삭제된 210명이 포함되었다.'고 서술되었으나, 필자가 빅카인즈 고신문 사이트를 통해 확인한 『매일신보』의 인원수와 연재 기간과는 차이가 있다. 인원수의 경우, 제목에 적힌 이름과 실제로 기록한 인물의 수(예컨대 본문이나 논평에 첨부된 새로운 인물을 포함시키는지의 여부 등)가 맞지 않는 경우가 있어, 연구자에 따라 계산이 다를 수 있음을 밝힌다. 다만, 『매일신보』 〈일사유사〉를 대상으로 한 연구는 본 연구가 처음이며, 여기에 수록된 일부 여성 인물이 회동서관본에는 포함되지 않았기에, 이에 대한 연구도 이 글에서 처음 진행한다는 것을 밝힌다.

표기하거나,[6] 여성 인물의 경우 이름 옆에 누구(남성)의 어머니. 또는 아내로 병기하는 등,[7] 신문 연재본과는 다소 다른 편집 체제를 보였다. 셋째, 『매일신보』〈일사유사〉에는 총 394인이 소개되며, 이 중 남성이 274인(69%), 여성이 120인(31%)이다.[8] 회동서관본에 수록된 인물은 여기서 172인이 줄고 4명이 추가된[9] 226인으로,[10] 남성이 142인, 여성이 84인이다.

이 글에서는 '일사유사'의 함의가 신문 연재와 단행본 수록의 편집 차원을 통해 생산되고 공유·확산된다는 점에 착안해, 원저작물인 『매일신보』 연재본을 대상으로 편집의 맥락과 의도, 여기에 매개된 문화정치의 맥락과 양상을 해명하고, 그 과정에서 무/의식적으로 작동하는 젠더 정치의 수행 방식을 규명하는 것을 목적으로 한다(단, 유의미한

---

6 예컨대, 『매일신보』에 '장혼'에 대해 수록할 때는 3095호(1916년 1월 19일 수요일)에 '張混 上'을 싣고, 3096호(1916년 1월 23일 목요일)에 '張混 下 附 張昶 張孝懋 林瑜 高鎭遠'이라고 적히지만, 회동서관본에서는 '張混(以下詩人)'(1권 16쪽)이라는 제목으로 일괄 표기했다. 또한 회동서관본에서는 '李馠 金鍾貴 金漢興 高同 李學述 (以下棋客)' (2권 51면), '張友璧 禹平淑 王錫中 安玟英 (以下歌客)' (같은 책, 2권 55쪽), '張友璧 禹平淑 王錫中 安玟英 (以下歌客)' (2권 57쪽) 등과 같이 여러 인물의 이름을 열거한 뒤에, 이들의 공통된 정체성을 괄호 안에 표기했다. 『매일신보』 연재에는 괄호로 묶인 내용이 없다.

7 예컨대, '柳夫人' 옆에 작은 글씨로 '洪鶴谷母夫人'(『일사유사』 6권 218쪽)이라고 적거나, '羅夫人' 옆에 작은 글씨로 '文谷夫人'을 병기한 뒤, '崔夫人'을 병치하는 경우(같은 책, 6권 220쪽)다. 『매일신보』 연재본에는 이 정보가 없다.

8 제목에 명시한 인물만 계산했다. 3277호에는 제목에 적히지 않은 '어우동'의 시가 소개되었으나, 계산에 포함하지 않았다. 3155호와 3156호에 적힌 조광진, 조눌인은 동일인이기에 1명으로 계산했다.

9 '丁日興 舜泰'(회동서관본 77쪽)와 '韓龍 胡貴福'(회동서관본 122쪽)이다.

10 회동서관본의 인물수는 『매일신보』와의 비교를 위해 제목에 기재된 인물이 아니고 실제로 수록된 인원으로 계산했다. 여러 번 계산했으나 1-2인의 오차가 있을 수 있다.

해석 차이를 검토할 필요가 있을 때, 회동서관본과 비교한다).[11] 이를 위해, 장지연이 역사사회적 조건과 맥락에 의해 '비가시화'된 역사 인물을 '일사(逸士)'로 명명하고 이들의 행적을 '유사(遺事)'로 수렴하는 과정이 보여준 편집의 정치성에 주목하여, 인물의 선별과 서술, 평가에 젠더 요소가 작동하는 방식 및 그 결과를 해명하는데 주안점을 둔다.

2. '일사'와 '유사'의 의미와 편집의 문화 정치

『매일신보』에 연재된 〈일사유사〉는 '일사(逸士)'와 '유사(遺事)'에 대한 장지연의 잠재적 이해와 사유를 바탕으로, 역사 속에서 비가시화된 '일사'의 행적과 생애, 정체성, 업적 등을 근대의 인쇄 매체인 신문을 매개로 공유하고자 한 작업이다. 이를 위해 장지연은 비가시화된 인물을 가시화하는 편집의 정치성을 활용하는데, 그 과정에서 무의식적으로 매개된 젠더 정치가 수행된다.

1) 전문(傳聞)과 수문수록(隨聞隨錄)

『매일신보』는 〈일사유사〉가 연재되기 전(3088호: 1916년 1월 11일 화요일)에 '逸士遺事(敍述)'라는 서문을 게재하는데, 회동서관본에는 이 글의 일부만 수록된다. 단행본에서는 『희조일사』를 편찬한 이경민의

---

11 이 글에서 〈일사유사〉를 대상으로 한 '정치성' 또는 '문화정치'에 대한 분석은 '문학이 그 자체로 정치행위를 수행한다'는 자크 랑시에르의 '문학의 정치'(『문학의 정치』, 유재홍 옮김, 인간사랑, 2011)라는 사유 개념을 활용한다.

취지를 이었다는 내용이 삭제되며, 『매일신보』에는 없는 홍희의 서문이 앞에 배치된다. 또한 『매일신보』는 연재를 마감한 후(3289호: 1916년 9월 5일 화), 일종의 후기에 해당하는 '일사유사 설'을 게재하는데, 이는 회동서관본에 실리지 않았다. 서문과 후기의 내용과 구성, 배치의 상이성은 매체와 편집(자)의 입장과 시선, 가치관의 차이를 시사한다. 독자는 소개된 인물이 어떤 인물과 병치되고 어떤 순서로 편집되었는지에 따라 주제 이해와 감상에 영향을 받는다. 특히 단행본에 배치된 서문과 후기(발문)은 장지연의 아들인 장재식이 아버지의 작업에 대해 의미 부여하면서, 단행본 독자를 향해 책의 의의를 소개하고 설득하기 위한 것이기에, 엄밀히 말하자면 장지연 자신의 생각과도 일정 정도 거리가 있다.

먼저, 『매일신보』의 〈일사유사〉 서문 중에서 단행본으로 출간되면서 삭제된 부분을 살펴보자.

'按熙朝軼事者는江陽李慶民氏所編也라李氏以博學多聞之士로慨然於逸士遺蹟之泯没호야廣蒐博採於諸家文集及野乘雜記호야上自宣廟朝韓舜繼劉希慶為始호야以至憲哲之際히凡七十四人이오孝婦烈女之奇行異蹟도併皆採錄焉호니凡十人이라太王丙寅之夏에旣已編成刊行호니其苦心致力호야闡幽揚微之功이不下於太史公矣라雖然이나南尚書所謂遺珠之歎이不能無憾일식更探閭巷之所傳聞及野乘之記述者호야為之增補之繼續之호야名曰逸士遺事라고記諸本申報之紙호야要以公佈一世호야以俟博雅君子之鑑訂焉호고兼望諸君子는勿拘今古호고或有此等高士逸民之遺蹟異行이어던忘勞記述호야以投本社호시면當編錄本報호야俾遺逸寒微之士로得以顯彰于世케호리니豈非諸君子闡幽揚微之盛德也歟아松齋畸人叙'(『매일신보』 3288호: 1916년 9월 5일 화요일, '逸士遺事說')

장지연은 강양 이경민이 일사의 유적이 민멸된 것을 개연히 여겨, 선조조부터 헌종·철종대 까지의 문집과 야승·잡기를 수집해, 10명의 효부와 열녀를 포함한 총 74명을 수록해 『희조일사』를 편찬한 공로를 '태사공'에 견주었다. 그는 『희조일사』와 더불어 여항의 '전문(傳聞)'과 야승을 참고하고 증보해 '일사유사'로 명명했다고 밝혔다. 말하자면 '일사유사' 연재를 『희조일사』를 증보하는 작업으로 계보화하는 동시에, 문헌 기록 외에 여항에서 '전해 들은' 이야기, 즉 '전문'을 채집해 참조했다고 밝힌 점이다. '전문'은 전해오는 이야기, 또는 이에 대해 말하는 '목소리'다. 장지연은 이경민이 『희조일사』 편찬으로 강조한 '유주지탄(遺珠之歎)'에 공감하면서, 여항의 전문(傳聞)과 야승의 기술(記述)을 채집해 앞선 작업을 보완했다. 강조점은 여항에 전하는 구술 청취의 채록, 즉 '비-문자' 전승에 대해 폭넓은 수집을 했다는 데 있다. 실제로 장지연은 연재한 인물을 논평할 때에도 '듣기'를 참조하거나 '들은 기억'을 바탕으로 삼았고,[12] 세상 사람들의 말이나 소문, 평가에도 귀 기울였다.[13] 사람들이 일반적으로 '듣기'를 통해 역사를

---

12 '外史氏曰, 余聞趙忠簡公鍾永이 時守安州라가 語人曰, 吾以一書生으로 能維持軍民之心ᄒ야 以保此危城者ᄂ 鄭嘉山之力라 ᄒ니 此實一世之公議也라'('鄭著 下 (附義節諸忍)' 3101호: 1916년 1월 26일 수요일); '成廳松이 論己卯人才에 必以公首屈曰, 著使此人得志면 可以致君澤民而卒死於姦人之手하니 惜哉라 云'('崔壽峨' 3161호: 1916년 4월 7일 금요일); '外史氏曰, 余嘗聞瘡醫李同은 當時謂之神醫나'('吳昌烈 趙光一 馬脚醫' 3167호: 1916년 4월 14일 금요일); '李駜 金鍾貴 金漢興 高同 李學述' 3168호: 1916년 4월 15일 토요일); '外史氏曰, 余ㅣ少時에 嘗聞先輩長者ㅣ從麗王故都游賞而歸語ᄒ니 曰, 朴天游ᄂ 中京之詩傑也라. 訟其一二句頗慣이러니'('朴文達', 3114호: 1916년 2월 10일 목요일); '余嘗聞安順翁이有言曰 公이 有絶人之行 希世之才而尤長於經綸ᄒ야(생략)''('朴思正 南處士夏行' 3118호: 1916년 2월 16일 수요일) 등.
13 '世曰 七七爲酒客ᄒ며 爲畫師ᄒ며 爲狂生이나'('崔北 林熙之': 3108호: 1916년 2월

이해한다는 것을 자연스럽게 표현한 것이다.[14] '듣기'는 문자 습득의 기회에서 소외된 이들이 독서와 교양, 학문에 입문하고 연마하는 유력한 방식이다.[15] 그러나 양반 남성을 중심으로 제도화·권력화된 문자 중심 사회에서 그 중요성이 간과되었다.[16] 장지연은 독자를 향해 '君子는 勿拘今古ᄒᆞ고 或有此等高士逸民之遺蹟異行이어던 忘勞記述ᄒᆞ야 以投本社'하시기를 바란다고 공지했다(띄어쓰기는 필자). 이런 정황은 장지연이 문자로 기록된 문헌과 소리로 전해오는 이야기라는 구술 청취를 '기록할 만한 문헌'이자 '신문 연재'의 대상으로 고려했음을 방증한다. 장지연은 문헌에 문자로 기록되지 않아 '비가시화'[17]된 인재

3일 목요일); 隣里ㅣ皆呼爲書癡先生이라ᄒᆞ야 比之金柏谷云이러라' ('李時善' 3141호: 1916년 3월 14일 화요일); '外史氏曰世稱洪篠叢은文如漆園ᄒᆞ고園詩如山谷ᄒᆞ고 才挾孔明ᄒᆞ고行同曼倩이라ᄒᆞ니豈其然乎아以其地微故로卒泯晦焉ᄒᆞ니惜乎로다其 時에又有逸士金繫錦、丘永安、羅安世之流ᄒᆞ니라' '洪裕孫 柳從善 金繫錦 丘永安 羅安世'. 3147호: 1916년 3월 21일 화요일) 등.

14 '世人이 但聞其殉難之大節而已오 莫詳其遺事佚行ᄒᆞ며' ('鄭蓍 下 (附義節諸忍)' 3101호: 1916년 1월 26일 수요일).

15 장지연은 이름조차 알려지지 않아 아명으로 불린 이동이 가난해서 임국서(정조대 종기 치료의 명의)의 마부가 되었는데, 말만 듣고도 의술을 터득했다고 적었다('李益成 李同' 3164호: 1916년 4월 11일 화요일). 이는 '듣기'가 의술을 습득하는 방편이 되었음을 시사했다. 융 심리학을 일본에 최초로 소개한 임상심리학자 가와이 하야오는 '듣기'란 질문한다는 의미를 포함하는 능동적인 행위임을 강조했다(가와이 하야오·다치바나 다카시·다니카와 슌타로, 이언숙 옮김, 『듣기의 힘』, 열대림, 2007, 15쪽).

16 이에 대해서는 최기숙, 「여성문학(사)의 '역사/문화' 공간 생성과 '디지털' 창의: 생산을 위한 시론」, 『여성문학연구』 43, 한국여성문학학회, 2018을 참조. 『매일신보』 연재 〈일사유사〉의 '朴突夢'(3111호: 1916년 2월 6일 일요일)에는 김 씨의 종인 박돌몽이 섬돌에서 책 읽는 소리를 듣고 외어 글을 배우게 된 과정을 서술했다.

17 '비가시화' 또는 '비가시성'의 개념과 의미는 영화에 등장하는 민중이나 보조적 인물군의 개인성이 표현되지 않거나, 주요 인물을 제외한 인물이 잔존하는 상태로 비가시화된 것을 비판적으로 바라보면서, 마치 반딧불처럼 잔존하는 민중들이 다

를 가시화하는 유력한 방편이 '구술된 내용을 청취'(傳聞)하여 채록하는 것임을 인지했고, 근대적 신문은 투고와 취재의 형식으로 이에 응답할 수 있는 매체라고 이해했던 것이다.

'구술 취재'를 통해 '일사'의 '유사(遺事)'를 채록한다는 발상은『매일신보』에서의 연재가 마무리된 후에 실린 '일사유사설'에도 유지된다.

> '近日에偶借申報之紙ᄒ야記之曰逸士遺事라ᄒ고凡數百年來에英才俊德과忠臣義士와孝子烈婦와詩人墨客으로以至方技術數之類히凡係寒微遺逸者를隨聞隨錄ᄒ야載諸報面ᄒ니人僅累數百이라皆足以模範一世ᄒ며流傳百代者也로딕但恨泯滅窮荒ᄒ야其子孫이衰替不振者ᄂ雖有奇特超絶之行이라도莫能紀誦於人而傳之漫筆者故로無從記載ᄒ니是所遺憾者也오'(『매일신보』3288호: 1916년 9월 5일 화요일, '逸士遺事說')

장지연은 이 글에서 '영재준덕·충신의사·효자열부·시인묵객'과 방기·술수 등을 익힌 한미한 인재들에 대해 '들은 바에 따르고 기록한 바에 따라(隨聞隨錄)' 신문에 기재했다고 썼다. 문자로 기록된 문헌 기록 이외에 구술로 전해오는 이야기의 청취(隨聞)'를 강조한 것이다. 연재의 처음부터 끝까지 '듣기'(여기에 전제된 '말하기')가 '일사'들의 행적을 전승하는 유력한 문화적 행위라고 인지했다.

그러나, 회동서관본의 서문이나 후기(장재식이 쓴 발문)에는 구술 청취와 채록에 해당하는 '전해 들음(傳聞)'에 대한 언급이 없다. 장재식

시 힘을 발휘하고 재조명될 것을 기대한 조르즈 디디-위베르만의 이론과 작업(조르주 디디-위베르만, 김홍기 옮김,『반딧불의 잔존』, 길, 2012; 김병선 옮김,『잔존하는 이미지』, 새물결, 2022; 여문주 옮김,『민중들의 이미지』, 현실문화A, 2023 등)에서 차용했다.

은 '일사'를 기록하는 의의에는 공감했지만, '전문'과 조사, 청취, 수집을 통한 보완이라는 대안을 제시하지는 않았다.

2) 비가시성을 가시화하는 '일사/유사'의 정치성

『매일신보』는 '일사유사설(逸士遺事說)'이라는 후기의 첫 문장에 '逸士者는 遺逸之士오 遺事는 其事行也라'고 정의했다. '일사'란 빼어난 선비로서 숨겨진 자이며, 유사는 그에 대한 사실 또는 행적이다. 후기의 전반적인 맥락을 보면, '일사'란 자발적 은거가 아니라, 사회적 이유로 불가피하게 은거할 수밖에 없었거나, 타자적 시선에서 은거로 '보이는', '해석된' 존재다.

장지연은 이들이 비/자발적으로 은거한 사유에 대해 다음과 같이 정리했다.: 첫째, 조선은 건국 이후로 적자와 서자의 구분이 엄격하다(①). 둘째, 조선에서는 지역의 구분이 엄격해 등용에 차별이 있다(②). 셋째, 색목 때문이다. 조선 중기 이후로 붕당론이 일어나 편당을 짓는 풍습이 고질이 되었다(③). 넷째, 신분제다. 조선에는 양반, 상민, 중인, 서인 등의 계급을 두어 벼슬길을 제한한다(④).[18]

---

18 '我鮮은自立國以來로①苛嚴於嫡庶之分ᄒ며②防限於西北之別ᄒ야懷奇抱英者ㅣ皆廢枳而不得顯ᄒ더니③中葉之後ᄂ又起朋黨之論ᄒ야曰東曰西曰南曰北이各自分裂對峙ᄒ야有若仇敵之相戕ᄒ며有若蠻觸之相鬪ᄒ야老少南北이便同水火氷炭ᄒ며政界朝堂이化作鋸水刀山ᄒ야置國事於腦後ᄒ고棄生民於亡羊이라由是로褊黨之習이痼筋病骨ᄒ야雖有忠臣義士高才博學之人이라도非趨附於權門勢黨이면無由得展其材ᄒ고而卒之埋沒於窮途커던況其色目之外에도④又有班常中庶之區別ᄒ야崈路를枳塞에制限이截嚴ᄒ니一片掌大之國에形形色色派派葉葉이開畦設畛ᄒ며分階劃級ᄒ야使草野寒畯之士로無所容足而進步케ᄒ니嗚乎라通千古環萬國ᄒ고用人之偏狹이無如我鮮者矣라라故로彼閭巷鄕曲之士ㅣ遺逸寒微ᄒ며窮厄凍餒ᄒ야畢竟埋没於華戸圭竇者ㅣ迨十之八九矣라可不爲之寒心而太息者哉아如是而望長治久安

장지연은 '일사'들이 '비가시화'되어 '숨겨진' 이유를 역사, 정치, 사회, 문화적 맥락 속에서 분석했고, 개인적 성향이나 기질, 지향의 문제로 보지 않았다. 같은 맥락에서 장지연은 〈일사유사〉의 집필과 연재에 대해 '일사'들의 비가시성을 가시화하는 일종의 역사적이고 문화적 작업으로 자리매김하고자 했다. 이는 장지연이 〈일사유사〉를 연재하면서 '외사씨'라는 가상의 화자에 의탁해 대상 인물에 대해 논평과 논찬을 하는 과정에서도 드러난다.

예컨대, 장지연은 김가기, 신두병, 윤세평, 남궁두, 남추, 박지화 등, 당대에 신선으로 알려진 인물을 묶어 기이한 행적을 서술하고, 이어 '외사씨'의 발언 형식으로, 이들이 세상을 비관했고, 혼란한 세상을 피해 신선에 칭탁했다고 논했다.[19] 이들의 선택과 지향, 처신의 맥락에 문화적 배타성과 제도적 한계가 작용했다는 관점을 견지했다. 다른 한편으로 이단전, 천수경, 정초부, 왕태 등, 신분이 낮지만 시재(詩才)와 학문 역량, 업무 능력이 탁월한 이들을 묶어서 서술하고, 이들이 충분히 인정받지 못했거나, 인정받은 사례가 극히 제한적인 점을 개탄했다.[20] 또한, 박장각이나 갈처사 등 신체 기량과 역량이 탁월한 인

者 | 豈非妄乎리오' (원문자는 필자) (『매일신보』 3088호: 1916년 1월 11일 화요일, '逸士遺事(敍述)'). 회동서관본 〈일사유사〉에는 『매일신보』에 수록된 이 내용이 실리지 않았고, 장지연이 단행본 출간을 염두에 두고 쓴 것으로 보이는 서문을 싣고 인재 등용의 제한성, 신분제, 서북지역에 대한 배타성 등을 문제로 지적했다. 선행 연구에서도 회동서관본에 실린 서문을 분석했는데(「[해제] 장지연과 일사유사」, 김석회 외, 2019), 『매일신보』에 수록된 '일사유사설'에 대한 분석은 하지 않았다.
19 '金可基 申斗柄 尹世平 南宮斗'(3175호: 1916년 4월 23일 일요일); '南趎 朴枝華'(3176호: 1916년 4월 25일 화요일) 등.
20 '李亶佃 千壽慶 鄭樵夫 王太'(3113호: 1916년 2월 9일 수요일) 등.

물이 기회를 얻지 못해 은둔하거나 불운했던 점에 주목했다.[21] 이들이 도적에게 포섭되는 과정을 통해 사회적 교섭의 박탈과 인정의 배제가 맥락화되었음에 주목했고, 이들의 의로운 처신, 자기를 알아준 관리와의 소통과 타협을 강조했다. 그러나 결국 이들이 '어떻게 생을 마쳤는지 모른다(不知所終)'고 서술하여, 이들을 외면한 조선사회의 모순을 폭로했다.

이러한 인물들에 대한 서술은 조선 사회가 '일사'를 방치하거나 양산하는 모순된 구조와 부조리한 제도로 유지되고 있음을 환기하는 역사 비판의 역할을 했다. 이때의 '일사'에는 여항인·상인·천민·기생은 물론 양반,[22] 무관[23] 등 여러 신분과 지위, 조건이 아울러 편집되었다.[24] 역사에서 배제되고 소외된 인물을 가치화하기 위해 신분제를 가로질러 편집하는 문화정치를 실천했다.

이러한 장지연의 편집 태도는 비가시화된 존재를 가시화함으로써 '일사'의 존재와 역량, 생애를 역사와 문화에 접속시켜 '살았던 존재'

---

21 '朴長角'(3902호: 1916년 1월 15일 토요일); '葛處士'(3904호: 1916년 1월 18일 화요일) 등.
22 '洪裕孫 柳從善 金繫錦 丘永安 羅安世'(3147호: 1916년 3월 21일 화요일) 등.
23 '安龍福'(3140호: 1916년 3월 11일 토요일; 3241호: 1916년 3월 14일 화요일).
24 '貞夫人張氏 允摯堂任氏'(『매일신보』 3242호: 1916년 7월 11일 화요일) 등은 양반가 여성이며, '朴孝婦 崔烈婦 朱節婦 徐節婦 黃烈婦'(3241호: 1916년 7월 9일 일요일)는 여항의 필부(閭巷 匹婦), '강남덕 어머니('江南德母 鄭生妻 紅桃' 3246호: 1916년 7월 15일 토요일)는 뱃사공 강황의 아내, 분 장수 할머니와 성가 여인('嶺東義婦 賣粉媼 聖哥' 3245호: 1916년 7월 14일 금요일)은 상인, '關北烈女'(3249호: 1916년 7월 19일 수요일)는 천민, '蓮紅 桂月香 論介 金蟾 愛香 洪娘'('3104호: 1916년 1월 29일 토요일) 등은 기생이다. 이 중에서 정부인 장씨는 후처이고, 윤지당 임씨는 정처다. 분 장수 할머니와 성가 여인은 자발적 비혼인이다.

로 흘러갈 수 있게 하는 적극적인 행위로 볼 수 있다. 이는 '전기회로 또는 전기 장비의 한 부분을 도체를 이용하여 땅(ground)에 연결하는 것'을 뜻하는 물리학의 용어인 '접지'의 개념과 통한다. '은유로서의 접지'란 질적으로 다른 존재(대상, 물체, 인물)로 여겨진 것들을 하나로 이어서 흐르게 하는 연결성과 통합성의 문화적 실천 방식이다. 〈일사유사〉의 연재는 역사사회적 맥락에서 비가시화된, 부유(浮游: 떠돌다), 방치, 배제 등에 저항하고 이를 보완하고자 한 문화정치의 실천 전략으로 수행되었다.

3) '유사' 양식의 대안적·포섭적 활용과 젠더적 특성

유사(遺事)는 조선시대 제도적 '문'의 범주에서 전과 행장 등 한 인물의 생애사를 간략히 기술하는 '전장류'의 양식으로, 인물에 관해 기념할 만한 가치가 있는 내용을 자유롭게 기술하는 '행록(行錄)'과 통한다. 장지연은 『매일신보』의 〈일사유사〉 연재를 '태사공(太史公)'의 '일민전'에 견줌으로써, 이 작업을 '전' 양식으로 이해하는 관점을 시사한 바 있다.[25] 그러나, 〈일사유사〉는 사대부 남성의 문집에 실리는 전의 전형적 구성과는 비교할 때 다음과 같은 차이를 보인다.

첫째, 〈일사유사〉의 텍스트 구성은 입전 인물의 가문과 가계에 대한 소개, 혼인, 관직, 자손 등을 연대기적으로 서술하는 전형적 양식과 차이가 있다.[26] 대부분의 인물 소개에 가문에 대한 정보가 없는데, 이

---

25 '장우벽'을 소개한 뒤에 '子混은 別有傳ᄒ니라.'고 서술해, 해당 연재 양식을 '전'으로 간주했음을 시사했다('張友璧 禹平淑 王錫中 安玟英' 3170호: 1916년 4월 18일 화요일).
26 '전'의 장르적 특징에 대해서는 첸비상(陳必祥), 심경호 옮김, 『한문문체론』, 이회문

는 신분과 처지가 한미하기 때문이다(인물의 성과 이름을 모르는 경우도 있다.[27]). 역설적으로 이는 인물의 역량과 행위, 실천을 강조하는 효과를 생성한다. 경우에 따라 배움의 계기나 과정, 읽은 책 등을 적어 생래적 신분보다 수행적 역량과 성취를 드러냈다. 한편으로는, 신분과 처지가 한미한 인물(예컨대 현기와 이황중)이 과거(예컨대 고려조)에는 가문이 혁혁다고 적어,[28] 가문의 성쇠란 가변적이며, 사람의 가치는 조건이나 배경에 온전히 좌우되지 않는다는 발상을 시사했다(필자가 의도하지 않았다고 해도, 독자는 자연스럽게 이러한 사유와 접속하게 된다). 여성의 경우, 상층은 가문, 성품과 성장, 혼인과 자손에 대한 정보를 상세히 기록해 일반적인 전의 양식적 특성을 보였지만, 이 경우에도 여성이 창작한 시를 삽입해 전형적인 '전' 양식과 차이를 보였다.[29] 여성의 경우, 양반일지라도 전을 구성할 정도의 생애 정보를 수집하기 어려웠기 때문이고, 글쓰기 역량(구체적으로는 詩)을 구체적으로 드러내기 위해 시를 소개한 결과, 전이 아닌 '유사' 양식이 되었다고도 볼 수

화사, 1995, 87~103쪽을 참조.

27 예컨대, 박장각은 이름이 아니라 '긴 다리 박씨'라는 별명이다. 첩을 여럿 둔 남편 김효성에게 비구니가 되겠다며 저항한 아내에 대한 글('宋夫人悔改 下·金判院夫人' [『매일신보』 3253호: 1916년 7월 23일 일요일])에는 아내의 성씨조차 적히지 않고, 시만 전해지고 이름을 모르는 여성을 '失姓氏'로 소개한 사례도 있다('曹氏女 林娘 高陽村女 失姓氏 動人紅 桂生' [『매일신보』 3273호: 1916년 8월 16일 수요일])

28 '玄錡'(『매일신보』 3097호: 1916년 1월 21일 금요일); '李黃中'(3142호: 1916년 3월 15일 수요일) 등.

29 예컨대 '貞夫人張氏 允摯堂任氏'(『매일신보』 3242호: 1916년 7월 11일 화요일) 등. 성을 모르는 양가(良家)의 딸로 소개된 '香娘'(『매일신보』 3256호: 1916년 7월 27일 목요일)에는 그녀가 죽기 전에 불러준 노래 〈산유화가〉가 수록된다. '유사' 장르는 시, 노래 등을 수록할 수 있는 유연성·탄력성이 있다. 사대부 문인은 문집에 '시'가 별도로 편집되기에, 구태여 '전'에 작품을 삽입할 이유가 없다.

있다.

둘째, 〈일사유사〉에서 가장 많이 빈번하게 활용된 양식은 인물의 정체성과 역량을 드러내는 말과 행동, 행적에 대한 서술, 즉 행록(行錄)과 유사(遺事)다. 예컨대, 장지연은 갈처사의 생애나 행적을 요약형 서술문으로 적는 대신, 그의 발언을 직접 인용해서, 생동감 있는 성격과 태도, 말투를 재현했다.[30] 사대부 문인이 쓴 '행록'이나 '유사'에도 대상 인물의 '목소리'와 '말'이 재현되지만, 이들은 양반이기에 상층의 문화 규칙과 태도, 교양이 매개된다. '갈처사'의 경우는 도적이기에, 직접 발언에는 마치 소설 속의 대사처럼 거칠고 호기로운 말투, 큰 목소리, 대범한 성격과 태도가 재현된다. 여기에 인용된 갈처사의 발화는 총 803자인데, 논평을 제외한 연재 분량(외사씨 논평을 제외하면 1,316자, 포함하면 1,411자)의 61%에 해당한다(갈처사의 발화는 3회에 걸쳐 제시되는데, 가장 긴 것이 718자로, 이 회차의 핵심은 갈처사의 목소리다. 나머지는 각각 48자, 37자다). '말'의 기록은 삶의 현장에서 인물의 생동감 있는 대응을 보여주기에, 발화자의 생각과 견해뿐만 아니라, 감각, 감정, 정서, 지향, 의지 등 다양한 감성적 정보를 포함한다.

여성 일사의 경우, 정치적 발언, 유언, 인생에 대한 회고와 정리 등이 당사자의 발언으로 제시되어, 여성의 의지, 욕망, 지향, 선택을 파악할 수 있다. 양사언의 모친은 자신을 위해 적자가 상복을 입으면 마음이 편치 않으니 스스로 목숨을 끊겠다는 유서를 남기고 자결했다.[31] 황진

---

30 '葛處士'(3904호: 1916년 1월 18일 화요일).
31 '楊蓬萊小室、金盛達小室、鄭氏'(3272호: 1916년 8월 15일 화요일) 양사언 모친의 처신은 남편을 따라 죽는 전형적인 열행과는 차이가 있다. 적자에게 폐를 끼치지 않고, 가족 내에서의 자기 위치성을 확고히 해서, 남은 세 아들에 대해 적자가

은 "나 죽거든 부디 곡하지 말라. 장례 앞길에 풍악으로 안내하라[32]"는 유언을 남겨, 주체적으로 죽음을 의례화하려는 뜻을 표했다.

이 외에도 〈일사유사〉에는 여성의 감각, 인지, 통찰, 자부심을 담은 발언이 수록된다.

- "재물이란 재앙입니다. 이유 없이 큰 금덩이를 얻으면 반드시 이상한 재앙이 생깁니다."[33]
- "그런데 수가 재상의 문하에서 일하는 것을 어떤 부자가 보고서 딸을 처로 삼게 하니, 수가 그 처가에서 말하기를, 식사에 뱅어국 반찬도 맛이 슴슴해서 먹을 수 없다고 했습니다. 열흘 사이에 마음이 이렇게 사치스러워진 것입니다. 재물 창고에서 오래 일하게 되면 그런 마음이 날이 갈수록 더 커져서 끝내 죄를 범하고서야 그칠 것이니, 차마 외아들이 형장에서 죽는 것을 볼 수가 없겠습니다."[34]
- "처음 구걸할 때는 기꺼이 잘 맞이해 응대하다가 다시 가면 얼굴을 찌푸리며 주니, 즐거울 때는 형제같이 지내다가 곤궁해지면 소원하게 변하는 걸 물리도록 많이 보았습니다."[35]

품을 수 있는 경계심을 낮추려 했을 것이다.
32 '我死에愼勿哭ᄒ고葬에以鼓樂前導ᄒ라'('黃眞', 3294호(1916년 8월 17일 목요일)).
33 '財者ᄂ灾也라無故獲巨金이면必有奇灾오'('金鶴聲母 崔召母', 『매일신보』 3243호: 1916년 7월 12일 수요일)
34 '有富人이見戍이供役於宰相門下ᄒ고以女妻之ᄒ니戍이在其妻家ᄒ야語人曰佐飯을以白魚羹ᄒ니味淡不可食이라ᄒ니旬日之間에侈心이如此ᄒ니久服役於則貨之庫ᄒ면則其心이日月加長ᄒ야終必犯罪乃已ᄒ리니不忍見孤子刑戮也ᄒ노이다'('金鶴聲母 崔召母', 『매일신보』 3243호: 1916년 7월 12일 수요일)
35 '終至於無往不丐ᄒ니初則黽勉而應之라도再則蹙頞而與之ᄒ니樂則爲兄弟ᄒ다가 窮則變胡越은閭之飫矣라'('李孝女', 『매일신보』 3236호: 1916년 7월 4일 화요일)

위 사례는 청상과부가 된 김학성 모친의 가치관, 최수의 어머니의 교육관, 아버지의 옥바라지를 하던 비혼 여성 이효녀의 세상에 대한 감각 등이 여성의 목소리로 재현된다.

그 밖에도 〈일사유사〉에는 여성 인물의 직접적인 발화가 서술된다. 서화담을 '성인'으로 평한 황진의 목소리,[36] 어리석어 보이는 남편의 사회적 쓸모를 논한 이기축의 아내 정씨의 주장,[37] 억울하게 살해당한 영남의 아랑과 정읍 원녀의 호소,[38] 주인의 원수를 갚기 위해 계획적으로 복수한 유가의 여종의 고백,[39] 혼인을 파기하려 한 영동 의부[40]의 주장, 혼인하지 않는 사유를 밝힌 여성의 입장,[41] 피난을 거부한 여성의 사연,[42] 후처의 위치로 호당(湖堂)에 선발된 여성의 자부심 담긴 목소리[43] 등은 여성이 발언의 주체로 '유사'에 포섭된 사례다. 중국에서 조선으로 귀환하는 과정에서 위기를 타개하기 위한 시어머니와 며느리의 대화,[44] 국가 위기에 대처하기 위해 남성 군인에게 전략을 전한 부랑의 발언[45] 등은 여성의 위기 대처력과 문제해결력, 지향 가치를

---

36 '黃眞'(『3274호: 1916년 8월 17일 목요일).
37 '家夫愚痴호듸但有膂力ᄒ니或有用妻라'('許夫人 鄭氏', 3265호: 1916년 8월 6일 일요일).
38 '嶺樓貞娘 井邑寃女'(3244호: 1916년 7월 13일 목요일).
39 '柳家忠婢'(3255호: 1916년 7월 26일 수요일) 물론 이 여종은 주인에 대한 충복 의식에 강박되어, 자기 목숨을 바쳤기에, 여종의 주체성 인식에는 자기 생명에 대한 보호 의식이 결여되었다고도 볼 수 있다.
40 '嶺東義婦 賣粉嫗 聖哥'(3245호: 1916년 7월 14일 금요일).
41 '嶺東義婦 賣粉嫗 聖哥'(3245호: 1916년 7월 14일 금요일).
42 '羅夫人 崔夫人'(3264호: 1916년 8월 5일 토).
43 '柳夫人'(263호: 1916년 8월 4일 금요일).
44 '江南德母 鄭生妻 紅桃'(3246호: 1916년 7월 15일 토요일).
45 '夫娘 上'(3259호: 1916년 7월 30일 일요일).

여성의 목소리로 전달한 사례다. 전염병으로 사망한 남편의 상례를 도우려는 이에게 계속 '아니다(否)'라고 말한 관북열녀[46]는 여성이 거부와 거절의 주체로서 위치성을 확보한 사례다. 국가 위기에 대비해 남편(김천일)을 준비된 인재로 성장시킨 양부인은 허송세월하는 남편에게 파편적 정보를 점진적으로 제공하는 화술을 구사했다.[47] 임경업의 부인 이씨는 충신의 아내로서 자결하는 의지를 전했고, 소실 매환(梅環)은 왕의 역량을 평가하고 비판하는 발언을 했다.[48] 이들은 모두 제도적인 글쓰기 양식에는 수록될 수 없었던 여러 위치의 여성 목소리를 직설적으로 재현했다.

셋째, 〈일사유사〉는 역사에서 소외되거나 사회적으로 저평가되고 인정구조에서 배제된 인물을 서술해 관찬, 또는 양반 중심의 역사서술을 보완하고자 했다. 군관 김여준과 박의에 대한 기록[49]이 이에 해당한다. 이때 조선 사회의 모순을 동아시아적 관점에서 사유하고 보완해서, 소외된 인물을 재평가하는 타당성을 확보했고, 대안적 역사서술의 의지를 전달했다.

넷째, 〈일사유사〉는 문학성이 뛰어나지만 신분과 처지 등의 사유로 문학사에서 소외되거나 기록되지 않은 이들의 시, 전, 명, 제문 등, 작품을 직접 인용해서 문학사를 보완했다. 이 중 가장 큰 비중을 차지하는 것은 양반 남/녀, 중인, 천민, 첩, 사인(士人)의 처, 기생 등이 쓴

---

46 '關北烈女'(3249호: 1916년 7월 19일 수요일).
47 '梁夫人'(3262호: 1916년 8월 3일 목요일).
48 '許氏 尹氏 許烈婦 李氏 梅環'(3278호: 1916년 8월 22일 화요일).
49 '金汝峻'(3089호: 1916년 1월 12일 수요일); '朴砲士義' (3090호: 1916년 1월 13일 목요일).

시다.⁵⁰ 이때 시 작품과 더불어 창작 경위, 당대적·문학사적 평가를 병치해서, 일종의 '시화집'의 성향을 보여주었다.⁵¹ 이는 실질적인 대안적 문학사 서술에 해당한다.

다섯째, 〈일사유사〉는 야담, 소화, 소설, 시화, 구비 서사 등, 서사 양식을 차용하거나 포용했다. 이 경우, 여성 일사의 비중이 높다. 이는 여성에 대한 문헌자료가 적고, 여성에 대한 문자 습득의 기회가 제한되어 주로 구술과 청취를 통한 의사소통과 전승이 우세했기 때문이다. 예컨대 '宋夫人悔改 上·下'⁵²의 경우, 송부인에 대한 소개는 재상 송질의 아내라는 것이 전부이며, 전체적인 내용은 송씨와 세 딸의 질투심, 이를 길들이는 남편과 사위의 협력으로 모아진다. 이 회차는 인물 전이라기보다는 일화의 배치로 구성된 야담에 가깝다.⁵³ 여기에 병치된

---

50 예컨대 처사 남하행의 시(3118호, 1916년 2월 16일 수요일, '朴思正 南處士夏行'), 양반 여성(『매일신보』 3266호: 1916년 8월 8일 화요일, '崔夫人·尹夫人·沈夫人·鄭夫人·成夫人·李夫人'), 첩(3271호: 1916년 8월 13일 일요일, '李媛玉峯'), 사인의 아내(3269호: 1916년 8월 11일 금요일, '金林碧堂 宋夫人 韓影響堂 永興金氏 海西 士人妻')가 쓴 시 등, 이들의 시 중에서 탁월하다고 평가된 작품을 전문, 또는 일부 소개했다. 시의 직접 인용은 생략한다.

51 안대회의 『한국시화사』(성균관대출판부, 2024)를 종합해 보면, 시화에는 시 작품의 소개(원작의 절록[節錄] 및 수정, 글자수 가감 등 편집자의 주관이 작용)와 더불어 시평(수사학, 표현법, 문체, 작품의 품격, 작품성, 작품 해설, 실제 비평, 심미적 평가, 문학사적 평가), 시풍, 시론(음양, 기운, 정신, 문자, 마음, 소리, 음악미), 시작법(창작의 기본 원리), 시와 시인 관련 일화, 시인의 인상적 행적 등이 포함된다. 〈일사유사〉에 시가 소개되는 맥락은 이러한 시화적 특성에 수렴된다.

52 각각 3252호: 1916년 7월 22일 토요일·3253호: 1916년 7월 23일 일요일.

53 영의정을 지낸 송부인의 아버지 송질과 남편 홍언필은 실존 인물이다. 『기문총화』에 수록된 송부인 일화의 일부는 〈일사유사〉의 뒷부분에 수록된 내용과 같다(김동욱 옮김, 『국역 기문총화』 5, 아세아문화사, 1999, 469~70쪽). 『금계필담』에 관련 일화가 전하는데, 〈일사유사〉의 내용과 달리 송부인은 끝내 길들여지지 않았고, 왕(중종)도 이를 인정했다(정환국 책임교열, 『정본 한국 야담전집 9: 몽유야담·

김판원 부인의 일화도 소화 류의 야담이다.[54]

〈일사유사〉의 여성 관련 일화에는 허구 서사와 환상 요소도 포함된다. 예컨대 여장부 부랑을 2회에 걸쳐 수록하고,[55] 이어서 이본에 해당하는 '鄭錦南小室'을 연재했는데,[56] 이는 여성 영웅소설의 구도와 유사하다. 부랑은 전쟁에 공을 세우지만 남편을 통해 흡수되었고, 남편의 삼년상을 지낸 뒤에는 묘향산에 들어가 비구니가 되었다. 부랑에 대한 다른 기록이 없었기에 소설 형태로 전해지는 이야기에 주목한 것으로 보인다. 어떤 의미에서는 이야기 자체를 문화적 실재로 이해한 것으로 볼 수 있다.

아울러 여성의 경우 귀신이 된 '嶺樓貞娘·井邑冤女',[57] '廉烈婦'[58], 주절부[59] 등의 허구적, 환상적 서사,[60] 파랑새와 같은 자연물에 감응하

금계필담』, 보고사, 2021, 296~297쪽). 이들과 비교해보면, 장지연은 순응하는 여성상을 선호했다고 볼 수 있다.

54 소화는 질투하는 여성에 대한 희화적 태도 못지않게 이를 유발하는 남성에 대한 풍자도 아우르는데, 해당 연재에는 반발하는 아내를 제압한 남성에게 초점이 맞추어져서 미학적 의미에서의 풍자성은 소거된다.

55 '夫娘 上'(3258호 1916년 7월 29일 토요일); '夫娘 下'(3260호: 1916년 8월 1일 화요일).

56 '鄭錦南小室' (3261호: 1916년 8월 2일 수요일).

57 3244호: 1916년 7월 13일 목요일.

58 '嚴烈婦 高節婦' 3239호: 1916년 7월 7일 금요일.

59 '주절부'의 사례는 실존 인물인 관찰사 이기연, 남편 김응범 등의 실명이 거론되었기에, 실화에 바탕을 둔 원혼 이야기로 회자되었던 것으로 보인다('朴孝婦 崔烈婦 朱節婦 徐節婦 黃烈婦', 3241호 1916년 7월 9일 일요일).

60 귀신이 등장해 목소리를 내는 '엄열부'와 유사한 사례(예컨대, 曺兢燮, 「曺烈婦廉氏傳庚戌」, 『巖棲集』), '산유화가'를 남긴 '향랑' 일화는 사대부 문인의 전에도 기록된 바 있기에(李光庭, 「林烈婦薌娘傳」, 『訥隱集』 등), 전, 유사의 특성에 일정 정도 (허구적) 서사성이 포함되는 전통이 있었다고 해석할 수 있다. 장지연은 이런 전통

는 절부의 서사도 포함시켰다.[61] 여성에 관한 문헌이 부족하기에, 구술 정취와 구비전승, 역사와 허구가 교차된 야담 텍스트를 참고했다.[62] 이는 장지연이 역사와 문학, 실재와 허구를 문화적 실재이자 역사 그 자체로 존중하는 문학사적 전통을 계승하고 있음을 뜻한다. 예컨대, 유몽인이 『어우야담』에서 '야담' 형식 안에 사대부의 제도적 글쓰기 양식을 '이야기'로 포섭했다면,[63] 장지연은 이를 '유사' 형식 안에 포용하는 형식으로 일사의 역량을 알리는 문화정치를 실천했다고 볼 수 있다.

3. 편집된 '여성 일사'의 위치성과 수사적 문제

편집의 관점에서 〈일사유사〉에 수록된 여성 인물을 살펴보면, 신문 연재의 초기에 ① 일부가 앞부분(『매일신보』 1916.1.29. 16번째)에 배치되다가 ② 1916년 7월 1일부터 8월 23일까지 집중적으로 연재되었고, ③ 1916년 8월 24일(목)부터 다시 남성 인물이 연재되어 9월 3일에 종

을 '유사' 양식으로 수렴했다고 볼 수 있다.

61 '김 씨, 황 씨, 송 씨 세 열부의 일은 어찌 그리도 서로 흡사하였던가. …… 파랑새가 나타난 일은 군자가 입에 담을 바는 아니지만, 그 원혼이 감응하여 나타난 사례는 예부터 간혹 있었으니 그러므로 우선 적어둔다. (金烈婦 黃烈婦 宋烈婦 3238호 1916년 7월 6일 목요일)

62 이 점을 역설적으로 사유해 보면, 여성 일사에 대해 '전문'과 '수문수록'을 강화해 여성사의 확장을 도모할 필요가 있었으나, 이에 대한 적극적인 시도는 하지 않았다고도 볼 수 있다.

63 이에 대해서는 최기숙, 「조선시대 지식인의 글쓰기 실험과 『어우야담』 : 서사의 포용성으로 본 '야담' 양식의 재성찰」, 『동방학지』 187, 연세대 국학연구원, 2019를 참조.

료되었음이 확인된다. 회동서관본에서는 ③의 연재 부분이 삭제되기에, 결과적으로 보면 여성 인물이 후반부에 집중적으로 배치되는 편집 체제를 보인다. 이 글에서는 『매일신보』〈일사유사〉에 여성이 배치되는 양상과 의미를 해석하고, 여성의 역량에 대한 이해와 표현의 층위를 편집과 수사학의 차원에서 분석한다.

1) '여성 일사'의 서술 특성과 '역량 해석'의 젠더 차이

『매일신보』의 〈일사유사〉에 연재된 남성 일사의 경우, 정치적·지역적·신분적 사유로 비자발적 일사가 된 경위 이외에 자발적 은거의 사례가 포함된다.[64] 장지연은 자발적 은거의 맥락에는 이들을 배제하고 소외시킨 사회적 모순이 작용했다고 지적했다. 이런 시각으로 조선시대 여성을 살펴보면, '여성이라는 포괄적 범주 자체가 일사'다. 당시 여성은 공적인 사회적 진출이 제한되었고, 문자 습득의 기회에서 소외되었으며, 이동이나 커뮤니티 형성에 제한을 받아, 그 역량을 정당하게 인정받지 못했기 때문이다. 실제로는 여성 역량을 활용했지만, 남성 가족의 이름으로 수렴했고, 그에 대해 정당한 물질적·정신적·심리적·정서적 보상을 하지 않았다.[65] 여성의 역량과 노동을 '여공'이라는 의무의 언어로 치환하거나 가족 관계 역할로 간주했을 뿐이다.[66] 그런

---

64 장지연은 여성의 은거나 수련에는 주목하지 않았다. 예컨대, 조선시대 비혼 여성으로서 불교적 수양에 생을 바친 '여대사 정유'의 사례(蔡濟恭, 「女大師定有浮屠碑銘」, 『樊巖集』)는 수록하지 않았다.

65 백일장에서 장원에 선정된 황해도 사인은 다시 시를 지을 수 없었는데, 그가 제출한 시가 아내가 쓴 것이기 때문이다('金林碧堂 宋夫人 韓影響堂 永興金氏 海西土人 妻', 3269호: 1916년 8월 11일 금요일). 이는 남편이 여성의 역량을 흡수한 문제적 정황이지만, 해당 연재는 관찰사가 그 아내에게 상을 주는 것으로 마무리된다.

데, 장지연은 조선시대라는 맥락 속에서 '여성 자체가 일사'라는 발상은 보이지 않았고, 여성 전체에 대한 이해와 성찰보다 탁월한 개별 인물에 주목했다.

〈표 1〉『매일신보』의 〈일사유사〉에 소개된 여성 일사의 목록

일련번호	송재만필 회차	매일신보 날짜 요일 (호수)	『매일신보』 수록 제목	비고
1	32	1916년 1월 29일 토 (3104호)	蓮紅 桂月香 論介 金蟾 愛香 洪娘	절의
2	141	1916년 7월 1일 토 (3234호)	金翠梅 禹孝婦 吳氏婦	효
3	142	1916년 7월 2일 일 (3235호)	林孝婦 朴孝婦 安峽孝婦	효
4	143	1916년 7월 4일 화 (3236호)	李孝女	효
5	144	1916년 7월 5일 수 (3237호)	玄家婦 河節婦	절, 효
6	145	1916년 7월 6일 목 (3238호)	金烈婦 黃烈婦 宋烈婦	절
7	146	1916년 7월 7일 금 (3239호)	嚴烈婦 高節婦	열
8	147	1916년 7월 8일 토 (3240호)	裵節婦 張娘子 韓氏 鄭娘子	절
9	148	1916년 7월 9일 일 (3241호)	朴孝婦 崔烈婦 朱節婦 徐節婦 黃烈婦	효, 열, 절
10	149	1916년 7월 11일 화 (3242호)	貞夫人張氏 允摯堂任氏	시, 문학, 글씨, 학문
11	150	1916년 7월 12일 수 (3243호)	金鶴聲母 崔戌母	품성, 태도, 교육
12	151	1916년 7월 13일 목 (3244호)	嶺樓貞娘 井邑寃女	정절
13	152	1916년 7월 14일 금 (3245호)	嶺東義婦 賣粉嫗 聖哥	절, 의
14	153	1916년 7월 15일 토 (3246호)	江南德母, 鄭生妻紅桃	리더십
15	154	1916년 7월 16일 일 (3247호)	鄭生妻 紅桃(中)	리더십
16	155	1916년 7월 18일 화 (3248호)	鄭生妻 紅桃(下)	리더십
17	155	1916년 7월 19일 수 (3249호)	關北烈女	열
18	156	1916년 7월 22일 토 (3252호)	宋夫人悔改 上	길들여짐
19	157	1916년 7월 23일 일 (3253호)	宋夫人悔改(下) 金判院夫人	길들여짐

---

66 이에 대해서는 최기숙(2022), 앞의 책, 2-4장을 참조.

20	158	1916년 7월 25일 화 (3254호)	廉烈婦	정절
21	159	1916년 7월 26일 수 (3255호)	柳家忠婢	의열
22	160	1916년 7월 27일 목 (3256호)	香娘	정절
23	161	1916년 7월 28일 금 (3257호)	春節, 洪娘	정절
24	161	1916년 7월 29일 토 (3258호)	夫娘 上	여성 영웅
25	162	1916년 7월 30일 일 (3259호)	夫娘 上	여성 영웅
26	163	1916년 8월 1일 화 (3260호)	夫娘 下	여성 영웅
27	164	1916년 8월 2일 수 (3261호)	鄭錦南 小室	여성 영웅
28	165	1916년 8월 3일 목 (3262호)	梁夫人	여성 리더십
29	165	1916년 8월 4일 금 (3263호)	柳夫人	시재, 지인지감
30	166	1916년 8월 5일 토 (3264호)	羅夫人, 崔夫人	문재, 감식안
31	167	1916년 8월 6일 일 (3265호)	許夫人 鄭氏	지인지감
32	168	1916년 8월 8일 화 (3266호)	崔夫人 尹夫人 沈夫人 鄭夫人 成夫人 李夫人	문자, 학문, 시
33	169	1916년 8월 9일 수 (3267호)	許氏蘭雪 李夫人 沈夫人 申汾厓子婦 郭氏晴窓	시
34	169	1916년 8월 10일 목 (3268호)	申師任堂 南夫人 李梅軒 趙玄圃 鄭府夫人 鄭文榮妻 柳氏	그림, 바느질, 시
35	170	1916년 8월 11일 금 (3269호)	金林碧堂 宋夫人 韓影響堂 永興金氏 海西土人妻	시
36	171	1916년 8월 12일 토 (3270호)	金夫人 徐夫人 鄭氏 鄭夫人	시, 자녀교육
37	173	1916년 8월 13일 일 (3271호)	李媛玉峯	시
38	174	1916년 8월 15일 화 (3272호)	楊蓬萊小室 金盛達小室 鄭氏	시
39	175	1916년 8월 16일 수 (3273호)	曹氏女 林娘 高陽村女 失姓氏 動人紅 桂生	시, 서예, 거문고
40	176	1916년 8월 17일 목 (3274호)	黃眞	시
41	177	1916년 8월 18일 금 (3275호)	翠仙 翠竹 申東陽宮婢 秋香 桂月 翠蓮 一枝紅	시
42	178	1916년 8월 19일 토(3276호)	芙蓉 竹香	시
43	179	1916년 8월 20일 일 (3277호)	崔夫人 元氏 蔡小琰 福娘 姸丹 太一 一枝紅 凌雲 蕙蘭 琴哥	시 +1 (어우동은 제목에 없음)
44	180	1916년 8월 22일 화 (3278호)	許氏 尹氏 許烈婦 李氏 梅環	열절
45	181	1916년 8월 23일 수 (3279호)	趙夫人 金烈婦 金孝婦	영처, 열녀, 효부

위의 〈표 1〉은 『매일신보』 〈일사유사〉에 소개된 여성 일사의 목록이다.[67] 여성 일사가 수록되는 맥락은 첫째, 여성을 가족 관계 역할로 사유한 경우(총 23회에 걸쳐 53인), 둘째, 여성의 역량을 강조한 경우(총 16회에 걸쳐 65인), 셋째, 여성의 국가 공헌에 주목한 경우(총 5회에 걸쳐 3인)로 범주화할 수 있다(항목이 중첩될 경우, 서술 비중과 강조 사항을 고려해 분류함). 연재 회차로 보면 효·열·절 등, '삼강'이라는 윤리적 사유(18회차)이고, 그 다음은 시재(詩才)가 뛰어난 경우(15회차)다. 인원수로 보면 시재가 뛰어난 여성이 61명이며, 효, 열, 절 등 삼강의 행실을 보인 여성이 49인이다. 여성 일사의 경우, 생애 가치와 역량 평가에 중요한 요소는 윤리와 문학성이다.

〈표 2〉 여성 일사 서술의 강조점

분류 항목		〈표 1〉의 일련번호	회차 수	총 인원수
가족 역할	삼강	1-9, 12, 13, 17, 20-23, 44-45	18	49
	귀환 (리더십)	14, 15, 16	3	2
	순종 (길들여짐)	18, 19	2	2
여성 역량	문학	10, 29, 30, 32-43	15	61
	교육	11	1	2
	통찰	31	1	2
국가적 공헌		24-28	5	3
총계			45	121

---

[67] 회동서관본 『일사유사』의 여성 기사에 대한 선행연구(서신혜(2004), 앞의 논문)에서는 여성 인물이 주로 남편이 죽은 뒤의 열행, 시부모 봉양, 자식 교육에 한정된 점을 분석하고, 봉건적 기준에 의한 퇴행적 시각이라고 평가했는데, 여성의 역량은 주목하지 않았다.

첫째, 여성의 정체성에 대해 가족 관계를 중심으로 사유한 경우는 ㉮ 효·열·절 등 삼강의 윤리를 실천한 사례, ㉯ 가족의 해체 문제를 해결한 사례, ㉰ 남편을 비판하다 제압되어 길들여진 사례 등으로 나뉜다. 32회차(3104호: 1916년 1월 29일 토요일)에 수록된 蓮紅, 桂月香, 論介, 金蟾, 愛香, 洪娘 등 6인의 기생[68]은 의열사, 충렬사 등의 사당에 배향된 의기(義妓)다. 텍스트는 국가를 위한 충의 실천보다, 기생이 관계 맺은 관리와 그의 가족에 대한 처신(돌봄, 따라 죽음)에 주목했다. 이들을 기리는 덕목도 '충'이 아니고 '절의'다. 논개의 처신도 국가와 직접 연결시키지 않고 개인적으로 관계 맺은 남성 관리와 연결했다.[69] 여성의 연재 순서는 수미쌍관하게 '열절'로 장식된다.

국제적 경역에서 가족이 해체되자, 해후와 합류를 실천한 서사(㉯)에서 여성 인물은 주체적이고 적극적인 리더십의 소유자다. 그러나 첩을 둔 남편을 질투하다가 이를 제압하는 남편의 처신에 길들여지는 여성의 경우(㉰), 여성의 의사 표현은 남편에 대한 복종, 또는 순종의 서사로 귀결된다. 각 스토리에서 장인과 사위가 전략을 짜서 질투하는 여성을 '순종하는 아내'로 만드는 과정, 그 남편이 영의정이 되어 수연례를 맞은 아내가 임금에게 하사받는 과정은 여성의 정체성과 생애를 '순종'과 '가족', '명예' 중심으로 환원하는 구도다. 이 글이 연재되던

---

68 기생 홍랑은 3104호(1916년 1월 29일 토요일. 제목은 '蓮紅 桂月香 論介 金蟾 愛香 洪娘')와 3257호(1916년 7월 28일 금요일. 제목은 '春節 洪娘')에 2회 서술된다. 내용은 유사하나 문장 표현이 다르고, 3257호에는 외사씨의 논평도 첨부되었다.
69 이는 16세기 『어우야담』에 실린 '논개'의 충절이 강조된 것과 대조적이다. 논개에 관한 조선시대 문헌 목록 및 이에 대한 논의는 차철욱, 「진주지역 논개 재현방식의 다양성」, 『지역과역사』 31, 부경역사연구소, 2012를 참조.

근대 초기는 이른바 근대성으로 표상되는 여성의 적극성, 주체성, 사회 참여 등을 강조하는 한편, 전통적인 절행의 가치를 중시하는 입장이 양립하고 있었다. 젠더 차원에서 근대 초기는 여성에 대한 양가적 인식과 가치가 '부정교합'의 상태로 공존했음을 고려할 때,[70] 장지연의 일사에 대한 이해는 '젠더'를 매개로 비대칭적 불균형을 보였다고 볼 수 있다.

둘째, 여성의 역량에 주목해 기술한 경우, 시재로 대표되는 문학성, 예술적 소양(그림, 글씨, 바느질 등), 통찰력(지인지감, 감식력) 등이 강조된다. 이 중에서 가장 비중이 큰 것은 시재(詩才)다. 『매일신보』는 3242호(1916년 7월 11일 화)에 '貞夫人張氏 允摯堂任氏' 등 2인의 양반 여성을 소개한 뒤, 3266호(1916년 8월 8일 화)에 조선부인 중에 문자와 학술로 알려진 이들을 열거했다. 연재 중에 총 61명의 여성을 시와 함께 소개했는데, 대부분은 문집이 전하지 않기에,[71] 해당 연재는 일종

---

70 서신혜(2004), 앞의 논문, 231~236쪽. 물론 여성이 남편을 비판한 것은 여성의 주체성을 반영한 것으로 볼 수 있으나, 서사의 결말은 결국 비판적 아내가 남편에게 길들여지고, 남편에게 상을 받는 것으로 귀결되기에, 결론적으로 여성 주체성의 의미가 희석되는 효과로 이어졌다. 예컨대 근대 초기 『제국신문』에는 개가를 권유하는 글과 남편을 따라 죽은 여성을 열녀로 칭송하는 글이 공존했다. 근대 초기의 문화와 이념, 실상에 대한 인식과 사유, 정서의 불일치와 혼란에 대해서는 최기숙, 「전통과 근대의 '부정교합', 표류하는, 서사의 근대성 : 제국신문(1898.8-1907.10) 소재 서사와 담론의 근대성 재성찰」, 『고소설연구』 37, 한국고소설학회, 2014를 참조.

71 여성 일사의 시집이 있다고 기록된 경우는 양반인 최부인과 원씨('崔夫人 元氏 蔡小琰 福娘 姸丹 太一 一枝紅 凌雲 蕙蘭 琴哥', 『매일신보』 3277호 : 1916년 8월 20일 일요일), 기생인 죽향(『매일신보』 3276호 : 1916년 8월 19일 토요일), 계생(3273호 : 1916년 8월 16일 수요일) 등이다. 그러나 시집에 대한 구체적인 정보는 없다.

의 여성문학사 서술에 해당한다. 남성 시인의 경우, 상세한 시평이 병치된 경우도 있지만, 여성의 경우, '상세한' 비평이나 심미적 판단은 서술하지 않았다. 다만, '李媛玉峯'(3271호)의 경우, 시를 통해 타인의 억울함을 풀어준 법적, 사회적 효용을 서술해, 여성의 시가 단지 개인의 심미적 문예 취향에 그치지 않고 문화적·정치적 힘이 되었음을 시사했다. 그러나 이에 대해 이옥봉이 남편의 인정을 받지 못해, 여도사로 자처하다가 향방을 알 수 없게 된 정황(不知所終)은 여성 역량에 대한 사회적 한계를 보여준다. 장지연은 남성 일사에 대한 사회적 인정이 수행되지 않은 경우의 경우를 비판했지만, 여성에 대해서는 하지 않았다. 이는 역량의 사회적 인정에 대한 젠더적 비대칭성을 의미한다.

장지연이 가장 주목한 여성의 역량이 '문학성'임은 분명하다. 이는 남편 이희자가 화를 입자 '절명사'를 짓고 자결한 '정부인'[72]에 대해, 열절보다 시재를 강조한 데서도 확인된다(정부인은 '열절'을 지킨 여성들과 병치되지 않고 '시재'를 보인 여성들과 병치된다). 같은 회차에 양반, 기생, 음탕한 여인(어우동) 등의 여성 시인을 병치해, 여러 신분을 횡단했다.[73] 신분보다 재능과 역량을 기준점으로 삼은 편집 의도는 『매일신보』 독자의 여성 이해에도 일정 부분 영향을 미쳤을 것으로 보인다.

---

72 '金夫人 徐夫人 鄭氏 鄭夫人'(『매일신보』 3270호: 1916년 8월 12일 토요일)
73 '崔夫人 元氏 蔡小琰 福娘 姸丹 太一 一枝紅 凌雲 蕙蘭 琴哥'(『매일신보』 3277호: 1916년 8월 20일 일) 등. 이 중에서 여종의 시를 소개한 내용이 俞漢雋, 「善山二烈女 當在雜著○己卯」, 『自著』(『18세기 여성 생활사 자료집』 2권, 527쪽)에 전하는데, 여기서의 노비 이름은 애월이다. 애월의 시는 〈일사유사〉에 인용된 것과 같다. 이에 대한 해석은 최기숙, 『이름 없는 여자들 책갈피를 걸어나오다』, 머메이드, 2022, 225~227쪽을 참조.

그 밖의 여성 역량으로 선택된 것은 학문 능력, 그림과 글씨 등이다. 貞夫人張氏의 시와 글씨, 允摯堂任氏의 문재와 학문[74]를, 신사임당의 그림과 바느질, 시재,[75] 만죽 서익의 소실의 글씨 등을 강조한 것이 이에 해당한다.[76]

다음으로 주목한 여성 역량은 지인지감 및 감식안 등을 포괄하는 통찰력이다. 김수항의 아내이자 김창협 등의 어머니인 羅夫人(3264호: 1916년 8월 5일 토) 등은 지인지감이 뛰어난 인물이다. 유몽인의 누이이자 홍서봉의 어머니, 홍천민의 후처인 柳夫人(3263호: 1916년 8월 4일 금)은 시에서 인물을 파악하고 장래를 예견하는 감식안의 소유자로 서술되었다. 허부인은 형제에게 정치적 자문을 했고, 정씨는 품팔이 하던 이기축과 혼인해 공신이 되도록 인도했다(모두 3265호: 1916년 8월 6일 일). 이들은 모두 정치적 능력과 혜안을 갖춘 집안의 리더다. 남성 일사의 역량을 서술할 때, 이들이 등용되지 못한 사회와 제도를 비판했지만, 여성에 대해서는 그 능력이 가정 안에 수렴되어 발휘된 점에만 주목해, 여성 능력의 가정 내적 수렴, 또는 흡수를 '자연화'했다.

셋째, 여성의 국가적 공헌을 강조한 '夫娘'(3258호:1916년 7월 29일 토; 3259호: 1916년 7월 30일 일; 3260호: 1916년 8월 1일 화)과 '梁夫人'(3262호: 1916년 8월 3일 목)의 사례. 부랑은 남장을 하고 이괄의 난을 제보해 반군을 제압한 여성 영웅이다. 정금남 소실(3261호: 1916년 8월 2일 수)은

---

[74] '貞夫人張氏 允摯堂任氏'(『매일신보』 3242호: 1916년 7월 11일 화요일)
[75] '申師任堂 南夫人 李梅軒 趙玄圃 鄭府夫人 鄭文榮妻柳氏'(『매일신보』 3268호: 1916년 8월 10일 목요일)
[76] 만죽 서익의 소실 모씨가 글씨에 능했다는 것은 '李媛玉峯'(『매일신보』 3271호: 1916년 8월 13일 일요일)에서 옥봉을 서술하는 과정에 소개되었다.

'부랑'의 이본으로, 여주인공의 행보가 조선시대 여성 영웅소설과 유사하다. '양부인'은 김천일의 아내로, 남편을 격려해 임진왜란에 의병을 일으키게 한 리더십의 소유자다. 장지연은 이들에 대해 각각 '畢竟其成功이 多賴小室云이러라'(鄭錦南 小室), '金公이 多建奇功은 夫人之力也云이러라'(梁夫人)고 적어, 남성이 여성의 힘을 빌려 성공한 점을 인정했다. 그러나 '부랑'은 남편 정충신이 사망하자 비구니가 되어 묘향산에 들어갔고, 이후의 행방은 알 수 없게 된다(不知所終云). 국가에 공을 세우고 군사적 전략과 정치적 능력, 감식안이 있는 여성도 남편이 사망하자 자취를 감춘 사연은 여성에 대한 사회적 인정구조가 여전히 남편이라는 단일한 존재와 성을 매개로 성립하는 구조적 모순에 기인한다. 그러나 장지연은 (남성 일사에 대한 논평에서와 달리) 이에 대한 근본적 문제 제기는 하지 않았고, 여성 일사를 배출하는 사회적 모순도 논하지 않았다.

역량의 차원에서 보면 남성 일사의 경우, 도가의 신선술(김가기, 신두병, 윤세평 등. 이하 일일이 서지를 기록하지 않음), 의학(백광현, 이동, 이익성, 오창렬, 조광일, 안찬 등 침술, 처방, 치료, 약재 등), 외국어 능력(유세통), 외교적 대응력, 업무 능력과 윤리(김수팽, 유세통 등), 바둑(이필, 김정귀, 김한흥, 유찬홍 등), 자선과 구제(최순성), 점술, 신체 역량, 의협(김완철, 정일흥, 정순태, 장오복, 천흥철 등), 싸움, 노래(장우벽, 우평숙, 왕석중, 안민영 등), 악기(김성기, 김억 등), 음악 집대성, 시사 조직(김양원), 책장수(조생), 상례에 해박함(유희경) 등 다양한 역량과 기질, 개성을 포괄했다. 그러나 여성의 역량은 '시재'(이는 양반 남성의 기초 교양이다)로 요약되는 문학적 역량에 치우쳐 다양성이 결여된다. 다만, 부용(芙蓉)의 '회문상사시(回文相思詩)' 36구를 천고의 명작으로 소개하고,[77] 평소에 시를 지을 줄 몰랐던 김성달의 소실이 남편의 사망 후에 시고(詩稿)를 안고 운 뒤에 당시(唐詩) 수백 편을 지었다는 서술[78]이 주목된다. 문자를 둘러싼 조선시대 여성에 대한 시선을 고려할 때, 김성달의 소실은 시를 쓸 줄 알았으나 역량을 감추었을 가능성이 높다.[79] 당시 여성의 공적인 사회 진출이 억압되었기에, 남성 일사처럼 의원, 역관, 관리 등, 직업을 매개로 한 역량 발휘에 대한 서술은 불가능했지만, 여성의 예술적 소양 (그림, 서예 등)을 소개할 때 소략하게 사실만 기술해서, 여성 역량의 다양성이나 특성에 대한 관심을 두지 않았다. 일사의 가시화 작업을 진행하면서, 여성에 대해서는 그 자체가 '비가시화'되었다는 사실에 강조점을 두지 않은 것은 '여성 일사' 서술에 '무의식적' 차원의 젠더적 비대칭성이 매개되었기 때문이다.

이상과 같이, 여성 일사를 수록하는 기준이나 전제는 남성 일사의 경우와 차이를 보였다. 남성 일사는 신분이나 유교 이념 바깥의 사상, 행위, 지향, 감성을 추구한 인물을 적극적으로 '발굴'하고, 이를 인정한 문학사/문화사의 언급을 인용해 계보화하려 했지만, 여성 일사는 여전히 유교적 이념에 강박되었으며, 남성 중심성에 강박되는 젠더적 비대칭성을 생성했다. 남성의 경우 일사의 유사를 통해 세계가 확장된다면, 여성 일사는 오히려 남성 중심에 수렴되는 경향을 보이기에, 여성 일사의 서술을 통해 역설적으로 문화사의 협애화로 귀착되는 모

---

77 '芙蓉 竹香'(3276호: 1916년 8월 19일 토요일) 여기에 이 시의 작가가 기생 죽향이라는 이견도 소개했다.
78 '楊蓬萊小室 金盛達小室 鄭氏'(3272호: 1916년 8월 15일 화요일).
79 문자문해력과 시재를 숨긴 여성 사례와 이에 대한 해석은 최기숙(2022), 앞의 책, 194~196쪽을 참조.

순을 생성했다.

2) 여성의 정체성·역량·선택에 대한 수사적 착종과 회귀

〈일사유사〉에는 여성의 가치관과 주체적 수행력(agency)에 주목한 사례가 있지만, 이를 서술하는 방식은 전통적 가족 관념이나 유교적 덕목에 한정된다. 여성의 새로운 행위나 처신이 발견되더라도, 이를 이해하는 렌즈는 여전히 남성 중심성, 가부장제, 유교 이념에 묶여 있다. 예컨대, 집에서 금이 든 솥이 발견한 뒤 도로 묻고 이사한 '金鶴聲母', 아들이 분에 넘치는 처우를 받지 않도록 경계한 '崔戌母'(모두 3243호: 1916년 7월 12일 수) 등은 주체적 판단과 의사결정력, 배금주의에 대한 저항하는 가치관 등이 서술된다. 그런데 〈일사유사〉는 이를 '아들 교육'으로 수렴했다. '徐夫人'(3270호: 1916년 8월 12일 토)에 대해서는 문학성을 강조했지만, 후반부에는 이를 홍석주, 홍길주, 홍현주 등 세 아들에 대한 교육과 영향력으로 연결해, 서영수합이라는 문인의 정체성을 어머니로 이동시켰다. 엄밀한 의미에서 보면 여성 일사의 경우, 강조점이 '일사'가 아닌 '여성'에 두어, 남성/가족/유교 이념에 수렴되도록 제한했다고 볼 수 있다.

그 결과 『매일신보』〈일사유사〉에는 '다른' 삶을 살아간 여성의 일화가 수록되더라도, 이를 전통적 유교 관념이나 시선으로 회귀시켜 새로운 선택과 삶의 양태를 과거의 틀에 부어 주형(鑄型)하는 착종성을 보였다. 『사기』 강독을 듣고 재혼한 남편에게 이혼을 요구한 영동의 의부, 혼담이 오가던 중에 상대 남성이 사망하자, 의리를 지키려고 다시 혼인하지 않은 분 장수 할머니(賣粉嫗), 정혼자가 사망하자 제사를 지내며 평생 비혼으로 살아간 성씨 등이 이에 속한다.[80] 영동 의부는 개가해서 아들을 두었는데, 양반가에 고용살이하다가 『사기』를 공부하던 주인 아들이 '烈女不敬二夫'라고 읽는 소리를 듣고, 남편에게 이별을 요구했다. 노한 남편이 때리고 욕했으나 주인집에 숨어 피했고, 결국 남편이 떠났다. 이 여성은 '사람이 되기 위해' 개가를 되돌리려 했다. 이에 남편이 분노, 구타, 욕설로 반응한 것을 보면, 이 여성의 결별 요구에는 전남편에 대한 절의 못지않게, 불편한 재혼 생활을 중단하려는 의지가 개입되었다고 볼 수 있다. 이 여성은 부부 윤리로서의 '의'에 대해 전남편과 현남편 사이에 이중잣대를 적용했다.[81]

같은 회차에 수록된 분 장수 할머니와 성씨는 모두 비혼(非婚)의 상인이다. 성씨는 정혼자가 사망하자 그의 제사를 지내주며 평생 혼인하지 않고 소주 장사를 했다. 교관 권득기가 「성열녀전」을 지어 성씨를 칭송했다. 20세기 초의 문헌에는 배우자가 아닌 정혼자가 사망해 자결한 여성도 있기에,[82] 성씨를 열녀로 평한 것이 특별하지는 않다. 그러나 이 시기에는 개가 금지에 반대하고, 열녀의 자결을 비판하는 목소리도 공존했다[83]. 장지연은 이 중에서 전통적인 열의 관념을

---

80 '嶺東義婦 賣粉媼 聖哥'(3245호: 1916년 7월 14일 금요일).
81 '噫라.是婦ㅣ何甞不貞乎리오마는失於其未始知라가開而悔之ᄒᆞ야忍抱方乳之兒而不顧ᄒᆞ니是尤更忍也夫인져(嶺東義婦 賣粉媼 聖哥', 3245호: 1916년 7월 14일 금요일).
82 해당 목록은 최기숙, 「조선후기 열녀 담론(사)와 미망인 담론(사)의 통계해석적 연구」, 『한국고전여성문학연구』 35, 한국고전여성문학회, 2017, 261~263쪽의 〈표 7〉을 참조.
83 丁若鏞, 「烈婦論」 『與猶堂全書』; 朴趾源, 「烈女咸陽朴氏傳 幷序」, 『燕巖集』 등. 이덕무는 '우리나라의 사대부가에서는 개가하는 사례가 없어서 남편의 상중에 죽은 사람만 정려를 허락한다. 죽는 것은 진실로 열이다. 그러나 올바른 유교의 도리는 아니다. 마치 효자가 상중에 너무 슬퍼서 죽는 것 같은 부류다(我國士夫家則無改

따랐다. 이들의 선택에 대해, 잠정적 남편을 위한 열로 해석할 수도 있지만, 다른 해석의 가능성도 존재했다. 그러나 〈일사유사〉에서 이들을 보는 시선은 여전히 종래의 남성 중심적이고 유교적 시선에 강박되어, 새로운 문화 독법을 생성하지 못했다.

장지연은 논평에서 이들을 기생 황진에 견주었다. 황진은 자신을 흠모한 서생이 상사병으로 사망하자 기생이 되어 명산대천을 유람했다. 임종 즈음, 자신이 여자들의 경계가 되도록 시신을 냇가에 버려달라고 유언했다. 황진은 '천하의 남자들을 위해 스스로를 사랑하지 않았다(我爲天下男子ᄒ야不能自愛라가)'고 자평하고, "내가 죽으면 부디 곡하지 말라. 장례 앞길을 풍악으로 안내하라(我死에愼勿哭ᄒ고葬에以鼓樂前導ᄒ라).[84]"고 했을 만큼 이들과 처신의 결이 다르다. 따라서 황진을 분 장수 할머니와 성가와 병치하고 득실을 견주려 한 맥락은 정합적이지 않다. 이들의 선택에 병치할 만한 인물은 오히려 3236호에 수록한 '李孝女'(1916년 7월 4일 화요일)다. 이효녀는 아버지를 옥바라지하며 유배에 동행했고, 사면을 위해 애썼으며, 30년간 함께 떠돌며 생계를 책임지며 재물도 모았다. 이효녀는 평생토록 혼인하지 않았는데, 이는 아버지를 위한 효와 남편에 대한 도를 병행할 수 없다고 판단해서다. 주체적으로 인생 방향을 결정한 것이다. 그러나 장지연은 이효녀가 혼인하지 않은 경위에 대해 주체적 행위성을 강조하지 않고 '효'라는

嫁, 故只許死夫喪中者旌. 死固烈矣. 亦非正經道理. 猶滅性之孝子也).'와 같이 비판했다(李德懋, 「天涯知己書」, 『靑莊館全書』). 최기숙(2022), 앞의 책, 236쪽 및 각주 32번을 참조. 서신혜는 장지연의 논평에서 '여인은 없고 오직 미망인만 있을 뿐'이라고 비판했다(서신혜[2004], 앞의 논문, 235쪽).

84 이는 3294호(1916년 8월 17일 목요일)에 별도로 실린 '黃眞'에서 인용함.

윤리성만 주목했다. 그 결과 이효녀는 효부, 열부, 절부의 사연에 연속적으로 배치되었다.

『매일신보』 3273호에 소개된 임랑 또한 비혼의 여성이다. 재주, 여공, 시, 바둑이 뛰어난 임랑은 시와 바둑에 능한 이와 혼인하려 했고, 이에 문인과 재사들이 몰려왔으나 마음에 드는 이가 없었다. 임랑은 종실 남원군의 청혼도 거절했고(용모가 마음에 들지 않은 사유) 요절했다.[85] 임랑의 남다른 선택과 의지, 주체적 결단력은 여성 시인들과 병치되기보다, 위에서 논한 여성들과 등위에 편집될 만하다.

젠더 이해의 협소함과 착종성은 '정생처홍도'[86]의 서술에서도 발견된다. 이들은 해체된 가족의 만남을 이끈 주체적 여성으로, 서사 전개를 통해 적극성, 리더십, 의사결정력, 문제해결력을 발휘했다. 그러나 논평에서 이 여성들의 역량과 문제해결력을 논하지 않고, '기이한 인연(奇緣)'만을 강조했다.

그럼에도 불구하고 〈일사유사〉에는 (필자의 의도와 무관하게) 문자화된 기록의 이면과 행간의 해석을 통해 여성 교류의 정황을 알 수 있는 단서가 발견된다. 이옥봉이 조원의 소실이 되어 만죽 서익의 소실 모씨에게 글씨를 선물 받고 시로 화답한 내용이 그 예다('李媛玉峯'). 조선시대의 여성 커뮤니티나 우정에 대한 기록이 희소한 가운데, 이 자료는 여성이 가족 장의 바깥에서 문예(시와 글씨)를 매개로 교류한 흔적을 보이기에 중요하다.

---

[85] '曹氏女 林娘 高陽村女 失姓氏 動人紅 桂生'(3273호 1916년 8월 16일 수요일).
[86] '江南德母 鄭生妻紅桃' 3246호: 1916년 7월 15일 토요일; '鄭生妻紅桃(中)' 3247호: 1916년 7월 16일 일요일; '鄭生妻紅桃(下)' 3248호 1916년 7월 18일 화요일.

이상과 같이, 『매일신보』의 〈일사유사〉는 남성과 여성을 아우르는 젠더적 포괄성을 보이지만, 남성 일사에 대한 사회적 인정구조 비판이 여성 일사에는 관철되지 않았고, '다른' 삶의 행적과 가치를 추구한 여성을 여전히 전통적 여성상으로 수렴하는 해석학적 편향성을 보여주었다. 근대 초기에 근대적 인식과 전통적 인식이 공존하며 양자가 대립하며 갈등하는 양상을 보인 것은 일반적인데, 장지연이라는 개인의 사유 구조나 감각 속에도 양립적 태도나 가치가 공존했음을 알 수 있다.[87]

3) '일사'의 계보화 방식과 젠더적 비대칭성

장지연은 〈일사유사〉의 외사씨 논평을 통해, 본문에서 서술한 사례와 유사한 인품과 역량, 성과를 보인 인물을 병치해, 일사의 역사를 '계보화'했다.[88] 시재가 뛰어나지만 요절했던 여항 시인 임유와 고진원

---

[87] 예컨대 남편의 병이 아내의 악살(惡煞) 때문이니 죽어야 남편이 산다는 점괘를 얻자, 결국 자결한 17세 박씨에 대해 장지연은 의(義)로 남편의 목숨을 잇고자 했지만, 점괘가 맞았던 것인지는 알 수 없고, 자신은 이를 믿지 않다고 했다('嚴烈婦高節婦', 『매일신보』 3239호: 1916년 7월 7일 금요일). 이 남편은 쾌차했다. 장지연은 남편을 위해 죽는 열행을 무조건 지지한 것은 아니다. 엄열부는 남편이 병이 나자 시어머니가 여러 차례 점을 봤는데 아내에게 나쁜 살이 끼었다고 했다. 친정어머니는 점괘를 불신했다. 남편이 위독해지고 엄씨도 간병에 지쳐가자 시어머니가 친정에 가서 쉬게 했다. 엄씨는 친정에 와서 어머니의 이불속에 들어가 아이처럼 젖을 빨더니 한밤중에 나가 간수를 마시고 자결했다.

[88] 선행연구에서는 회동서관본 『일사유사』가 『호산외기』, 『이향견문록』 등의 원텍스트를 옮겨오면서, 내용은 더한 것 없이 생략했고, 원텍스트 저자의 생각이 드러난 것은 한결같이 삭제했으며, 장지연 자신의 생각은 외사씨를 내세워 직접적으로 평했다고 논한 바 있다(서신혜[2004], 앞의 논문, 232쪽). 그런데 매일신보 연재본이나 회동서관본의 논평에서 원텍스트의 논평 및 다른 문인의 평가를 병치한 경우가 발견된다(예컨대 책장수 '조생', 문인 '이재관'에 대한 논평에는 원저자인 호산

을 '최전, 우상의 부류'로 평가하거나,[89] 자유분방하고 문재가 뛰어난 정수동을 '혜강, 완적, 부혁의 부류'로 소개하고,[90] 백광현, 안찬 등을 중국의 편작에 견주는 한편, 이들이 이익성, 조광일, 이동 등 후대로 이어진다고 적었다.[91] 귀천을 가리지 않고 병자를 돌본 조광일을 이석간, 채득기, 박렴, 허임 등에 견주어, 신분이 낮지만 의술이 탁월한 의원과 연결시키는 역량 중심의 계보화를 시도했다.[92]

조희룡의 발언이 제시되었고['曹生『매일신보』' 3149호: 1916년 3월 24일 금요일; '李至和 李在寬 金永冕 田琦'『매일신보』 3154호: 1916년 3월 30일 목요일], '김익춘'에 대해 논평한 김낙서의 발언은『이향견문록』에 실린 내용[유재건,『이향견문록』, 실시학사 고전문학연구회 역주, 민음사, 1997, 78면]이『매일신보』 3126호['金益春, 馬頭祭' 1916년 2월 25일 금요일]에 거의 그대로 수록된다[『이향견문록』은 한문이고, 〈일사유사〉는 국한문혼용체이기에 표기 형태가 다르며, 한자 배치에 약간의 차이가 보인다]. 그 밖에 '崔舜星'[『매일신보』 3125호: 1916년 2월 24일 목요일]의 논평에 인용된 朴趾源, 金澤榮의 발언. '白大鵬 劉希慶'[『매일신보』 3144호: 1916년 3월 17일 금요일; 3145호: 1916년 3월 18일 토요일]의 논평에 인용된 유몽인과 김창협의 발언 등이 있다.). 인용한 원텍스트에 있던 논평은 일괄 삭제하고, 장지연 본인의 논평을 중심으로 하되 원 텍스트에는 없는 다른 논평자의 발언을 인용했는지, 선행 연구의 언급은 여성 인물에 한정된 판단인지 등에 관한 면밀한 검토가 필요해 보인다.

[89] '外史氏曰之二子ㅣ 可謂才子오又其孝友亦可稱이로딕惜乎라中途夭折ㅎ야華而不實ㅎ니其亦崔澱虞裳之流也夫ᆫ져.'('張混 下 附張昶 張孝懋 林瑜 高鎭遠'『매일신보』 3096호: 1916년 1월 20일 목요일)

[90] '惜乎其終於落魄ㅎ야中身而奄沒ㅎ니抑古之所謂稽阮傅奕之流歟아'('鄭壽銅 下',『매일신보』 3099호: 1916년 1월 23일 일요일)

[91] 『매일신보』 3163호: 1916년 4월 9일 일요일. 실제로 李益成 李同에 대한 소개가 3164호(1916년 4월 11일 화요일)에 실리며, 趙光一에 대한 소개가 3167호(1916년 4월 14일 금요일)에 실린다.

[92] 예컨대 화가 김홍도와 김명국이 누군가를 본받지 않고도 재능을 보였다는 점에서 솔거와 견주고(3160호: 1916년 4월 6일 목요일), 장승업에 대해 육조(혜능)가 불법을 전수받지 않고 선을 깨달은 점에 견주는 식이다(3105호: 1916년 1월 30일 일요일). 장지연이 일사를 계보화하는 방식은 직업이나 작업의 동일성에 국한되지 않

물론 모든 논평란에서 남성 일사의 '역사적 계보화'를 시도한 것은 아니다. 문헌을 통해 알려질 기회가 많았던 중인 관리나 역관 문인, 화가 등은 생애, 역량, 경험이 유사한 중국과 조선의 인물을 병치했지만, 의로운 처신을 하다가 순국한 정시와 같은 경우는 상응하는 사례 소개가 없다. 이들은 '일사'라는 역사적 위치성 때문에 계보화할 만한 문헌과 구전 자료가 부족한 데서 연유한다. 그럼에도 불구하고 남성 일사에 대한 계보학적 서술은 주요하게 관철된다.

그런데 여성 일사의 경우는 논평도 간략할뿐더러, 계보학적 서술의 비중도 현저히 낮다. 여성 일사 중, 가장 먼저 소개된 연홍, 계월향, 논개, 김섬, 애향, 홍낭[93] 등의 서술에는 논평 자체가 없다(물론, 남성 일사의 경우에도 논평이 없는 사례가 있다). 金鶴聲母 崔戌母'(3243호: 1916년 7월 12일 수요일)의 논평에는 유사한 옛이야기의 사례를 병치하고, 후손이 많은 것이 마땅하다고 평해[94], 유사한 익명의 일화와 연결했다. 이는 여성 사료의 익명성, 구술성, 서사적 특성을 시사한다.

이런 사유에서 〈일사유사〉가 여성 일사를 계보화하는 방식을 살펴보면, 오직 효·열·충 등 유교적 덕목의 실천과 시재로 한정됨이 확인된다.

- 옛날 제영과 양희는 모두 여자의 몸으로 아버지를 형벌에서 구해내

앉고 기질이나 역량 발휘 등과 접속되어 있음을 알 수 있다.
93 '蓮紅, 桂月香, 論介, 金蟾, 愛香, 洪娘'(『매일신보』 3104호: 1916년 1월 29일 토요일)
94 '外史氏曰古之賢母ㅣ有掘地見金而還埋者러니今鶴聲之母ㅣ亦不貪藏錢而卒能成就二子ᄒᆞ니宜其閨範之垂裕後昆也夫ᅵ져'('金鶴聲母 崔戌母, 『매일신보』 3243호: 1916년 7월 12일 수요일)

었으며, 목란은 아버지를 대신하여 수자리를 섰다.[95]
- 훗날 훌륭한 여자들 이야기를 책으로 엮을 때 마땅히 제영, 조아와 함께 오래도록 전해야 할 것이다.[96]
- 예부터 여자의 몸으로 맑은 물에 몸을 던져 정절을 지킨 자들이 어찌 한정이 있었겠는가. 추호, 기식의 아내와 조우, 숙선니화의 딸이 바로 이러한 이들이다. 배씨는 이 여인들과 같아 고인에게 부끄럽지 않은데, 저들의 일은 역사책에 기록되고 비석에 새겨졌으나 배씨의 일은 유독 쓸쓸히 민멸되었으니, 이것이 슬프다.[97]
- 유씨 가문 여종의 의열은 비록 예양이라 하더라도 더할 수 없을 것이나,[98]

김취매와 이효녀는 효행, 배절부와 장낭자는 정절, 유씨의 여종은 의열의 덕목으로 연재되었다. 논평에서는 이들과 유사한 행적을 보인 중국사의 여성 인물을 열거해, 이들의 선택과 지향에 대해 가치를 부여했다. 임진왜란에 적에게 쫓겨 투신한 한씨와 정낭자(한씨의 시누이)의 행적을 기술한 뒤, 논찬에서 정인덕의 아내 이씨가 여진족의 침략을 당해 강물에 투신한 사례, 병자호란 때 북변의 처녀가 도망쳐 숨어

---

[95] '外史氏曰昔에緹縈楊姬生은俱以女子로能免父於刑獄ᄒ고木蘭은代父征戍ᄒ니' ('金翠梅 禹孝婦 吳氏婦', 『매일신보』 3234호: 1916년 7월 1일 토요일)

[96] '後之編女史者ㅣ當與緹縈曹娥로千古同傳矣乎ᆫ져' ('李孝女', 『매일신보』 3236호: 1916년 7월 4일 화요일)

[97] '自昔女子之赴清波而辦貞節者何限이리오春秋胡杞殖之妻와曹旰叔先泥和之女ㅣ是爾라裵氏若其女ㅣ無愧古人이어ᄂᆯ而彼皆記之史傳ᄒ며刻之貞珉이로되此獨寥〃泯沒ᄒ니是所悲夫로다' ('裵節婦 張娘子 韓氏 鄭娘子', 『매일신보』 3240호: 1916년 7월 8일 토요일)

[98] '噫라柳家婢之義烈은雖豫讓이라도無以多也나' ('柳家忠婢', 『매일신보』 3255호: 1916년 7월 26일 수요일)

지내다 노승에게 발견되었으나 음식을 거부하고 죽은 사례를 소개했다.[99] 전염병으로 죽은 남편의 시신을 외지로 나가 찾은 '관북열녀'에 대해서는 중국 '오대시대'의 왕씨의 아내에 견주었다.[100] 논평에서는 단지 기술한 인물에 대한 평가와 찬탄뿐 아니라, 유사한 행적을 병치하는 편집을 통해 해당 문화와 가치를 확장하고자 했다. 이때 다른 여성과 시대, 지역을 연결하는 매개는 절행과 같은 유교적 덕목에 한정되었다. 이는 남성 인물의 경우, 중인층 특유의 역량이나 지향성, 입신출세와는 다른 가치를 추구한 일사들의 선택과 지향에 주목하고 이를 적극적으로 계보화한 것과 차별적이다. 여성에 대해서는 중인 문화의 독자성이나 확장적 이해를 추구하지 않았다고도 볼 수 있고, 신분제나 주류 문화의 모순을 이해하는데 젠더적 이해가 결여되었다고도 볼 수 있다.

단, 〈일사유사〉에는 시재가 뛰어난 여성 일사에 대해 시 작품을 인용하며 소개한 경우, 일부 인물을 유사 사례와 병치한 사례가 있다. 황진을 중국의 여성 시인 이계란(李季蘭), 설도(薛濤)에 견주고,[101] 시를 잘 쓴 동양위(東陽尉) 신익성(申翊聖)의 궁비(宮婢)의 일화에 야승에 전하는 절구를 짓고 자결한 여종의 사례를 병치한 것[102] 등이다. 특히 후자의 경우, 여종으로서 시를 잘 쓴 사례인데, 이름은 밝혀져 있지 않다. 여성 일사에 대한 문헌 기록이 적기에 야담과 같은 서사문학의 사례도 계보화에 참조했다.[103]

---

99 '裴節婦 張娘子 韓氏 鄭娘子' 3240호: 1916년 7월 8일 토요일
100 '關北烈女' 3249호: 1916년 7월 19일 수요일
101 '黃眞'(『매일신보』 3274호: 1916년 8월 17일 목요일)
102 '翠仙 翠竹 申東陽宮婢 秋香 桂月 翠蓮 一枝紅' (3275호: 1916년 8월 18일 금요일). 여기에는 이 두 명 이외에 취죽을 포함한 3인의 여종 시인을 소개했다.

이처럼 〈일사유사〉가 일사를 계보화하는 과정에는 젠더적 비대칭성이 관철되었다. 이는 일차적으로는 여성에 대한 문헌자료의 현저한 결여 때문이며, 이차적으로는 '일사'에 대한 장지연의 젠더 이해에 기인한다. 신문이라는 근대성이 〈일사유사〉의 연재를 통해 수행될 때, 젠더 차원에서는 '무의식적' 차원의 비대칭성이 매개되었으며, 의식적 차원의 '가시화' 작업에 '여성성'이라는 키워드가 포함되지 않았던 것으로 볼 수 있다.

4. 근대 지식인의 젠더 이해와 정치적 무/의식

장지연은 『매일신보』의 「송재만필」란에 조선시대 '일사'의 '유사'를 연재하여, 대안적 역사 서술과 확장적 문학사 서술을 실천했다. 이를 위해 문자로 기록된 문헌을 탐색하는 한편, '전문(傳聞)'을 참조한 '수문수록(隨聞隨錄)'의 글쓰기를 수행해, 구술로 전해져 비가시화된 역사·문화·문학의 실재를 가시화하고자 했다. 이때 '일사'라는 양식에 전, (언)행록, 유사, 시화, 야담, 소설 등 다양한 형식을 포괄하는 확장적 의미로 활용했다. 또한 각 연재의 말미에 편집한 외사씨의 논평을 통해, 연재 대상과 역사와 당대의 인물(중국과 조선)을 연결시키는 계보화를 수행했다. 이와 같은 글쓰기의 실천은 배제되고 누락된 역사적 인물의 정체성과 삶, 역량을 가시화한다는 점에서 비가시적 존재를 가시화된 역사와 문화에 연결하여 '접지(earth grounding)'하는 문화적 실천에

---

103 '翠仙 翠竹 申東陽宮婢 秋香 桂月 翠蓮 一枝紅' (3275호: 1916년 8월 18일 금요일)

해당한다. 여기에는 비가시성의 전제로 알려진 '자발적 은거'로 명시된 경우조차, 사실은 사회적으로 소외되어 역량을 발휘할 수 없고, 자신을 드러낼 수 없었기에, 비자발적/비의도적' 은거로 보일 뿐이거나, 그렇게 칭탁했다는 역사문화적 맥락성에 대한 이해가 관철되어 있었다.

그런데, 『매일신보』의 〈일사유사〉에 연재된 여성 일사의 정체성, 역량, 생애에 대한 시각은 남성 일사에 비해 제한적이며, 전통적인 유교 관념을 사유와 평가의 근간으로 삼는 경향성을 보였다. 남성 일사에 대해서는 인물 자체의 주체적 선택과 지향에 대한 공간과 인정의 시선을 관철시켰고, 유교 이념을 '벗어난' 행보에 주목해 도가와 신선, 신체적 역량, 의술과 기술에도 관심을 보였다면, 여성 일사에 대해서는 여전히 가족 관계 역할로 한정해 서술하고, 유교의 덕목에 부합하는 역량과 생애에 주목하는 제한성을 보였다. 역량을 중시하는 '일사'의 '유사'가 여성을 대상으로 할 때는 삼강의 윤리와 문학적 역량으로 수렴되었으며, 인생의 독특한 행보를 보인 경우도, 유교적 렌즈로 투과해 그 삶을 해석하거나, 의미 해석을 하지 않았다. 여성의 주체적 판단과 사유, 통찰력을 다룰 때조차 이를 여성의 역량이라는 능력의 어휘가 아니라 어머니라는 역할에 한정해 서술했다. 국가를 대상으로 한 충의의 윤리조차 여성이 관계 맺는 남성에 대한 절의로 맥락화해 서술함으로써, 여성의 위치를 남성, 또는 가족과의 관계 속에 한정하는 일관된 태도를 유지했다. 이는 〈일사유사〉에 매개된 편집성이 젠더적 사유에 관여될 때 작동하는 비대칭성이다.

사실상 조선시대 여성은 부분집합이 아니라 전체집합의 차원에서 '일사'라고 해도 과언이 아니다. 신분, 지위, 경제, 지역적 사유로 비/자발적 은거로 알려진 인물을 '일사'로 명명하여 이들을 배제한 역사와 사회, 제도적 모순을 성찰하고자 했던 장지연은 여성을 '일사'로 포섭하면서도 무/의식적으로 젠더적 차원의 비대칭적 사유를 펼쳐갔다. 이는 여성 전체를 다시 역사문화적 '일사'에서 배제하는 숨은 렌즈로 작용했다. 이러한 시선과 태도는 〈일사유사〉 편집에 일관적으로 투영된 '정치적 무의식'이다. 이로 인해, 비가시화된 존재를 가시화하려는 〈일사유사〉의 기획은 여성 일사를 가시화는 과정에서 역설적으로 여성의 삶 전체를 다시 비가시화하는 역설을 파생시키는 문화정치로 수행되었다.

식민지 조선 여성 사회주의자들의 여성해방론

역사 인식 양상과 주체화 방식을 중심으로

최은혜

> 인간이 다른 인간을 지배하고
> 한쪽의 성이 다른 성을 지배하는 구조 자체를
> 변화시키는 일이 그 무엇보다 중요한 문제이다. ……
> 남녀의 평등과 독립을 보장하지 않는다면,
> 인간해방은 결코 실현될 수 없다.
> – 베벨, 『여성과 사회주의』 중

1. 문제제기: '사상'으로서의 식민지 여성해방론

근현대사상사에서 거론되는 인물들의 면면을 살필 때 남성 지식인 편향성은 그 중요한 특징 중 하나라고 할 수 있을 텐데, 이것이 그리 낯선 풍경은 아니다. 운동사, 정치사, 지성사 등의 영역이라고 사정이

다르진 않으며 사실상 대부분의 역사적 기록들이 남성 인물을 앞세우기 때문이다. 단적으로 조선 사회주의 운동사나 사상사의 경우, 여성 사회주의자들은 아예 중요하게 거론되지 않거나 늘 남성 사회주의자를 보조하는 역할로 기록된다. 여성 사회주의자들은 박원희, 주세죽, 박진홍, 지하련처럼 김사국, 박헌영과 김단야, 이재유, 임화 등 남성 사회주의자들과의 관계를 통해서 더 명확하게 자신의 자리를 부여받고, 임원근과 송봉우, 최창익과 관계를 이어갔다는 이유로 더욱이 세간의 주목을 받았던 허정숙처럼 스캔들의 중심에 놓이는 방식으로 소비된 바 크다. 후대의 사회주의 연구 또한 이러한 당대적 평가를 바탕으로 하고 있음은 물론이다. 그 역사 연구의 중심 속에 여성의 자리는 매우 희소하게 주어져 왔다. 여성 사회주의자들이 저마다의 실천과 발화를 이어갔다는 점을 염두에 둔다면, 완벽히 기울어진 장(場)에서의 성별 편향성은 다소 부당하게 느껴진다.

    그러나 이렇게 척박한 토양에서도 여성 사회주의자들의 행보를 중심으로 한 연구들은 드물게나마 지속적으로 진행되었다. 특히 연구의 주축을 이룬 분야는 '운동사'이다. 여성운동사의 맥락에서 여성 사회주의자 개인에 집중하는 인물 연구와 삼월회, 조선여성동우회, 근우회 등 사회주의적 경향을 지닌 여성단체를 살피는 연구가 대표적이다. 전자의 연구들은 김정희, 박원희, 유영준, 정칠성, 정종명, 허정숙, 황신덕 등의 생애와 이후 행적을 소상히 밝히는 것에서 나아가 이들의 활동에 특정한 성격을 부여한다.[1] 후자의 연구들은 사회주의적 경향을 가진 여성단

---

[1] 강윤정, 「1920년대 김정희의 여성운동: 가부장제 공동체에서 여성공동체로의 전환 사례」, 『대구사학』 155, 대구사학회, 2024; 안미경, 「1920년대 박원희의 여성해방

체의 활동을 추적하고, 단체 혹은 그 주요 인물들이 펼친 구체적 여성 관련 논의들의 의미를 직조한다.² 여전히 세상에 더 빛을 보아야 할 여성 사회주의 운동가나 단체가 많다는 점에서 이러한 작업들은 향후 진행될 연구에 중요한 마중물 역할을 하지만, 한편으로는 운동가 개인이나 단체의 개별성이 부각됨으로써 식민지기 여성 사회주의 운동 전반이 지니는 핵심적 의미가 모아지지 않아 온 것도 사실이다.

여성 사회주의자들의 발화가 사상(思想)으로 자리하지 못한 이유도

운동과 여성해방사상」,『한국민족운동사연구』 74, 한국민족운동사학회, 2013; 이희재,「유영준의 생애와 활동: 신여성 의사에서 좌익 여성운동 지도자까지」,『한국문화연구』 42, 이화여자대학교 한국문화연구원, 2022; 노지승,「젠더, 노동, 감정 그리고 정치적 각성의 순간: 여성 사회주의자 정칠성의 삶과 활동에 대한 연구」,『비교문화연구』 43, 경희대학교 글로벌인문학술원, 2016; 진선영,「기름에 젖은 머리를 턱 비어 던지고: 사회주의, 여성주의, 지역주의, 혁명가 정칠성의 겹서사 연구」,『한국문화연구』 37, 이화여자대학교 한국문화연구원, 2019; 이소희,「'나'에서 '우리'로: 허정숙과 근대적 여성주체」,『여성문학연구』 34, 한국여성문학학회, 2015; 백숙현,「사회주의 여성운동가 허정숙(1903~1991)의 활동과 사상에 대한 재고찰: 콜론타이와의 비교를 중심으로」, 서울대학교 석사학위논문, 2020; 송연옥,「야마카와 기쿠에와 황신덕: 제국일본과 식민지 조선의 여성 리더의 만남과 엇갈림」,『여성과 역사』 15, 한국여성사학회, 2011 등.

2 조경미,「1920년대 여성단체 운동에 관한 연구: 사회주의 여성단체를 중심으로」, 숙명여자대학교 석사학위논문, 1989; 박혜란,「1920년대 사회주의 여성운동의 조직과 활동」, 이화여자대학교 석사학위논문, 1993; 전상숙,「'조선여성동우회'를 통해서 본 식민지 초기 사회주의 여성지식인의 여성해방론」,『한국정치외교사논총』 22(2), 한국정치외교사학회, 2001; 김경일,「1920~30년대 한국의 신여성과 사회주의」,『한국문화』 36, 서울대학교 규장각한국학연구원, 2005; 장인모,「근우회를 통해 본 일제시기 사회주의 여성의 여성운동론」, 고려대학교 석사학위논문, 2007; 박정은,「일제 식민지 시기 사회주의 여성단체의 정치사회화에 대한 내용 분석」,『한국정치외교사논총』 38(1), 한국정치외교사학회, 2016; 장원아,「근우회와 조선여성해방통일전선」,『역사문제연구』 42, 역사문제연구소, 2019; 김정인,「근우회 여성운동가들의 교육계몽론」,『교육철학연구』 41(4), 한국교육철학학회, 2019 등

이와 무관하지 않다. 개별성에 집중할 때, 그들은 그리 많은 글을 남기지 않았고 그나마도 파편화된 채로 존재하는 생각에 의지해 있기 때문에, 그 사상으로서의 가능성을 논하는 것에는 한계가 있을 수밖에 없다. 하지만 그들이 식민지 여성이라는 위치성과 사회주의라는 지향성을 공유하고 있다는 점을 염두에 둔다면, 상황은 달라진다. 그들을 관통하는 생각과 정서를 추출함으로써 식민지 조선의 여성해방 사상을 구성해 볼 가능성이 열리는 것이다. 그럼에도 여전히 '사상사'의 자리에 식민지 사회주의 여성해방론을 놓는 것이 저어된다면, 그간 우리에게 '사상'이라는 것이 무엇이었는지를 새삼 문제삼아 볼 필요도 있겠다. 일반적으로 사상이란 "'인간의 머릿속에서 일어나는 경험들', 즉 지적·정서적 표출을 포함한 인간의 정신활동의 총화"라고 정의된다.[3] 이처럼 인간의 이성적이며 감성적인 활동을 포괄하는 보다 폭넓은 의미를 지니는 것임에도 불구하고, 한국의 근현대사상사 속에서 다루어지는 사상은 고도의 지성적 체계성을 갖춘 담론적 구성체로 받아들여졌다. '지성'의 좌표축 위에 여성의 발화가 놓이지 못해 온 이유는, 동서양을 막론하고 뿌리 깊게 존재하는 '지성-남성'/'감성-여성'의 이분법적 사유와 긴밀히 연결되어 있을 터다.

사상은 그 특성상 '문학적'인 사유의 방식이다. 학문분과나 근대적 글쓰기의 한 장르인 '문학'이 아니라 삶과 세계를 바라보는 특유한 '태도로서의 문학'이다. 세계를 인식하고 현실에 개입하기 위해 사상(말)에 의지

---

3 이러한 정의는 휴즈(H. Stuart Hughes)와 스키너(Quentin Skinner), 하이엄(John Higham) 등의 논의를 통해서 정리된 것이다. 차하순,「사상사란 무엇인가」,『한국사상사학』 52, 한국사상사학회, 2016, 10쪽.

하되 사상(말)과 세계 사이의 간극과 심연을 응시하는 사유의 태도. 사상은 절대적 진리가 아닌 '허구적 진실'을 추구한다는 점에서도 '문학적'이다. 문학적인 사유로서의 사상이란 스스로가 '허구'임을 알고 있지만 바로 그 '허구'를 통해 세계와 삶의 '진실'에 도달하고자 하는 역설적 기획이다. 사상은 '창공에 빛나는 별이 나아갈 길을 비춰주지 않는' 세계에서, 맹목적 신념으로 비약하거나 환멸과 냉소에 안주하기보다, 성공의 기약 없는 사유의 여행을 감행한다는 점에서 '문학적'이다. 사상은 진리의 빛을 따라서가 아니라 무지의 어둠 속에서, 오로지 물음과 문제라는 가느다란 실에 의지해 한 걸음씩 더듬거리며 나아갈 뿐이라는 점에서 '문학적'이다.[4]

그러나 사상은 세계를 총체화하여 인식하는 지적 체계로서의 '이론'과 분명히 다르다. 위 인용문에서 윤영실이 적실히 지적하듯, 사상은 "세계를 인식하고 현실에 개입하기 위해 사상(말)에 의지하되 사상(말)과 세계 사이의 간극과 심연을 응시하는 사유의 태도"에 입각한 것이며, "'허구'를 통해 세계와 삶의 '진실'에 도달하고자 하는 역설적 기획"이다. 그런 점에서 사상은 체계적이라기보다는 오히려 매끈함과 울퉁불퉁함 사이를 오간다. 즉, 사상은 고도의 지적 체계성과 엄밀성이라는 자질에 의해서가 아니라 세계와 현실을 바라보는 사유의 태도에 의해서 존재의 의미를 확보한다. 이렇게 볼 때라야, 그간의 사상사 연구가 고수해 온 엄숙함과 폐쇄성 속에 가려진 다양한 식민지 사상들이 연구 대상으로서 우리의 시야에 포착될 수 있다. 그리고 파편화되고 지리멸렬한 것으로 치부되었던 각종 발화들이 풍부하게 사상사

---

4 윤영실, 「식민지 민족과 패배의 사상」, 『육당 최남선과 신민지의 민족사상』, 아연출판부: 고려대학교 아세아문제연구소, 2018, 40쪽.

의 자장에 들어올 때라야, 비로소 사상의 빈곤이나 사상의 부재라고 일컬어진 이 시기 '식민지 조선의 사상' 자체를 새롭게 구성하는 것이 가능할 수 있다.

이 글은 식민지 여성 사회주의자들의 발화를 모으고 조각난 사유의 편린들을 한데 기워냄으로써 '식민지 여성해방론'을 사상으로 구축하는 데 목적을 둔다. 식민지를 표제에 내세우고 있지만, 구체적으로는 여성 사회주의 운동이 본격화된 1920년대 중반부터 합법적으로 사상적 발언을 하기 어려워진 1930년대 중반까지의 글을 대상으로 한다. '사회주의자'로서 자신을 정체화한 여성들의 글을 두루 다룰 것이다. 이들은 '식민지 여성 지식인'이라는 위치를 공유하고 '사회주의'라는 지향을 내세우면서 사상의 중심부 지역에 있는 여성 사회주의자들과는 다른 고유한 사유를 펼쳐 나갔다. 사회주의자로서 계급해방을 중요하게 여겼지만, 여성해방을 간과한 것은 아니었다. 그들이 꿈꾼 계급해방은 식민지라는 현실과 관련된 민족해방과도 동떨어지지 않았다. 계급해방과 여성해방이라는 보편적 가치를 추구하면서도 현실 인식과 개입의 방법에서 보편성을 그대로 따르지 않았다. 다시 말해, 식민지 여성 사회주의자들의 여성해방론에는 계급과 민족과 젠더의 문제가 교차한다. 이러한 양상을 구체적으로 살피기 위해 2장에서는 역사와 현실 인식에, 3장에서는 주체화 방식에 주목하고자 한다.

2. 조선이라는 특수성 인식과 여성이라는 계급의 발견

1920년대 사회주의자들이 여성해방론을 펼치는 데 주요 근거가 된

텍스트는 프리드리히 엥겔스의 『가족, 사유재산, 국가의 기원』과 아우구스트 베벨의 『여성과 사회주의』이다. 베벨의 『여성과 사회주의』는 1925년 11월 배성룡에 의해 『부인해방과 현실생활』(조선지광사)이라는 제목으로 발췌 번역되었고, 니시 마사오(西雅雄)가 일역한 엥겔스의 『가족, 사유재산 및 국가의 기원(家族私有財產及國家の起源)』이 『동아일보』 광고란에 소개되기도 했다.[5] 정칠성은 동경 유학 시절 베벨의 책을 읽었던 경험을 말하면서 "물론 퍽이나 많은 감동을 받았었지요. 그리고 지금도 역시 그렇지만 그때의 젊은 내 생각에도 이런 책은 한 번 기어이 조선 여성에게 읽히고 싶은 생각이 들었었지요. 내가 다니던 그때 시절에는 동경에서나 경성에서나 학생계에서도 퍽 많이 읽혀지고 있었지만."이라고 전한다.[6] 여성 지식인들에게 베벨이 널리 읽혔음을 확인할 수 있는 발언이다.

그러나 직접 독서를 했다는 기록에 의지하지 않더라도, 엥겔스와 베벨의 핵심 논지가 여성 사회주의자들에게 보편적으로 받아들여졌음은 당시 그들이 적었던 글에서도 명백히 드러난다. 역사적 유물론에 기반해서 여성 억압의 문제를 설명하는 두 저작의 논의 구도가 반복적으로 등장하는 것이다. 엥겔스와 베벨에 따르면 가부장제와 사유재산제의 억압적 구조는 역사적으로 조응해 왔으며, 생산양식의 변화에 따라 여성 억압의 여부와 정도는 달라졌다. 식민지 조선의 여성 사회주의자들은 젠더 모순이 경제적 구조의 문제와 연결되어 있다는

---

5 『동아일보』, 1927.12.17, 1쪽.
6 정칠성, 「여류문장가의 심경타진: '현실'을 응시하려드는 여류평론가」, 『삼천리』 7(11), 1935.12, 103쪽.

엥겔스와 베벨의 논의에 따라 이를 역사적으로 설명하는 데 주력했다. 이는 여성 억압을 문화적이고 도덕적인 문제로 여기던 1920년대 초반의 민족주의 여성운동가들이나 1920년대 중반 이후의 기독교 계열 여성운동가들과 분명히 구별되는 사유의 방식이었다.[7]

> ㉠ 인간이 세상에 나타난 후로 연결된 처음 시대, 즉 원시시대에는 인류의 참된 평화가 있었던 것입니다. 다시 말하면 원시 공유제도 시대이던 그 시절에는 남녀의 성의 구별은 있을지언정 인격의 차이와 단위의 차별은 절대로 없었다고 부인의 머리로는 과연 상상키 어려울 뿐 아니라 듣고 놀라지 않을 수 없을 만큼 부인의 세력이 당당하였습니다. 무엇보다도 먼저 시대의 부인의 공적을 돌아보면 가히 탄복하지 않을 수 없겠습니다. (…) 바꾸어 말하면 그때 여자는 식물을 조미하며 새와 짐승의 털과 가죽으로 형형색색의 일용품을 제조하고 제반 건축에 힘을 기울일 뿐 아니라 육아에까지 능통하였습니다. (…) 여기서 일개 완전한 생산자이며 농업 공업계의 정당한 소유자이었던 그들은 완전히 독립한 개성의 소유자로, 그리고 사회 일원으로 내 활동을 실현하였습니다.[8]

> ㉡ 인류 제도 중에 가장 중요한, 가장 오래 계속된 것의 하나인 모계제도가 사유재산 제도의 발흥에 따라서 파멸된 것은 이상에서 말한 것과 같다. 농업이 남자의 일이 되고 미구에 씨족의 공유이던 토지

---

7 1920년대 초의 여성운동에서 강조되는 이상적 여성상은 현모양처로서, "현모양처가 가정의 주인 역할을 충실히 함으로써 남성과 동등한 권리를 누릴 수 있다"는 것이 남녀평등론의 핵심이었다. 이후 1920년대 중반 기독교 계열 여성운동가들은 문맹퇴치운동 등을 벌임으로써 여성의 실력을 양성해야 함을 주장했다. 김정인, 앞의 논문, 68쪽, 74~77쪽.
8 최의순, 「십년간 조선 여성의 활동(1)」, 『동아일보』, 1929.1.1, 29쪽.

가 사유됨에 이르러서 그것을 매매하며 저장하기 시작함으로부터 부채, 토지의 독점 등이 계속됨에 이르러 비소유자 및 노예계급은 정복자인 무장과 가부장이 토지를 경작하여서 생활을 하게 되었다. 인공적 생산물의 증가에 따라서 사용을 목적으로 하지 아니 하고 교환 이익을 목적으로 한 생산이 행케 되며 여기서 생산자가 아닌 상인 계급이라는 특수자가 생겨서 사회는 점점 복잡화하여 왔다. 거기서 이 복잡한 제계급상에 서서 모든 권력을 신장하였다. 물론 그러한 권력의 중심이 남자이었던 것은 말할 것도 없다. 고대 및 중세의 역사를 통하여 여자는 다만 남자의 완롱물 또는 노예로서 거의 인격적 존재를 잃어버리게 되었다. 너희는 남자에게 대한 복종 이외에 정의도 도덕도 없고 학문도 예술도 사색도 연구도 여자에게는 소용이 없게 되었다. 여자는 상자에 든 인형과 같이 실내의 장식품과 같이 자기자신을 자유로 못 하였다. 여기서 여자의 경우는 각색으로 비참한 경우에 빠지게 되니 매소부도 그중에 일부를 차지하게 된다.[9]

인용문 ㉠은 동아일보사에서 '부인기자'로 일하던 최의순이 작성한 기사문의 일부로, 초기 인류의 원시 공산제 사회에서는 여성이 남성과 동등한 생산자이자 공동의 소유자로 존재함으로써 각자 자신의 개성을 지키고 남녀평등이 당연한 가치로 여겼다는 점을 설명한다. 무엇보다 사유재산이 없었던 이러한 사회에서 재산과 지위를 계승할 필요가 없었고 따라서 모권(母權)이 중요한 의미를 지니고 있었다는 점이 강조되는 부분은, 이 글이 엥겔스와 베벨의 견해를 충실히 반영했다는 것을 보여준다.[10] 나아가 박원희가 서술한 인용문 ㉡에서 확인할

---

9 박원희, 「미래사회와 부인(5)」, 『노동운동』 1(5), 1927.9, 18쪽.

수 있듯, 농업혁명 이후 생산력이 발전하고 잉여생산물이 생기면서 사유재산이 등장했으며 이에 따라 재산상속의 필요가 생긴 사회에서 부권제가 자리하게 됐다는 서술은 "모권의 전복은 여성의 세계사적 패배(Welgeschichtliche Niederlage des Weiblichen Geschlechts)"라는[11] 엥겔스의 주장과 동일선상에 놓인다. "여자는 다만 남자의 완롱물 또는 노예"였다는 언급 또한 "여성은 노예의 일에 종사한 최초의 인간이었다"는[12] 베벨의 이른바 '여성노예론'을 떠올리게 한다. 이렇듯 유물론적 역사 인식과 여성 억압을 연결시키는 사유는 다른 여성 사회주의자들의 글에서도 어렵지 않게 찾아 볼 수 있다.

사실 이러한 인식은 계급 모순을 주요 모순으로, 그리하여 계급 투

---

10 엥겔스와 베벨의 다음 진술을 참조할 수 있다. "군혼 가족제도에서는 형태에 상관없이 누가 아이의 아버지인지는 알 수 없어도 누가 아이의 어머니인지는 알 수 있다. 그리하여 어머니는 전체 가족의 모든 자녀를 자기의 자녀라고 부르며, 또 그들에 대한 어머니로서의 의무를 진다. 그러면서도 그 여자는 역시 자기의 친자녀들을 다른 아이들과 구별한다. 여기서 분명히 드러나는 바와 같이 군혼이 존재하는 한, 혈통은 다만 어머니 쪽에 따라서만 확정될 수 있으며 따라서 모계만이 인정된다. …… 이와 같이 모계 혈통만이 인정되고 또 시간이 지나면서 여기서 발전해 온 상속관계를 바호펜은 모권이라고 불렀다." 프리드리히 엥겔스, 김대웅 옮김, 『가족, 사유재산, 국가의 기원』, 두레, 2012, 68~69쪽; "당시 사람들은 patrimonium (재산, 아버지의 재산)이라고 하지 않고 matrimonium(결혼, 어머니의 재산)이라고 말하였으며, paster familias(아버지의 가족)가 아닌 mater familias(어머니의 가족)라는 단어를 쓰고, 출신국가를 사랑하는 어머니의 나라(Mutterland)라고 불렀다. 씨족도 그 이전의 가족형태에서와 마찬가지로 재산의 공유 즉 공산제적 경제방식에 기초하였다. 여성은 가족구성원의 지도자, 선도자로서 집안 안팎의 일이나 종족에 관계되는 대소사에서 깊은 존경을 받았다. 분쟁의 중재자이자 재판관이었고, 사제로서 예배의식까지 맡아보았다." 아우구스트 베벨, 이순예 옮김, 『여성론』, 까치, 1990, 30쪽.
11 프리드리히 엥겔스, 위의 책, 94쪽.
12 아우구스트 베벨, 위의 책, 16쪽.

쟁을 주요 방법론으로 상정하는 사회주의자들에게 젠더 모순을 이해하는 합당하고도 유일한 길이기도 했다. 그러나 여기서 간과할 수 없는 것은 엥겔스와 베벨의 이론이 서양의 역사적 경험을 바탕으로 하고 있다는 점이며, 동시에 이들이 식민지이자 주변부 조선의 여성들이라는 점이다. 즉 엥겔스와 베벨의 서양중심적 이론 너머 구체적 장소에 놓인 존재로서 조선의 여성 사회주의자들은 마르크스주의 여성해방론을 수용하되 조선이 처한 상황에 따라 그것을 실천적으로 전유할 필요가 있었다. 또 다른 글에서 나타나는바, 박원희는 자본가들이 추가 이윤을 통해 "자본주의의 운명을 구제하려는 동시에 적극적으로 해외 시장의 개척에 노력"하는 상황, "독점적 시장, 즉 식민지"가 발생하는 제국주의적 상황을 분명히 인식했다.[13] 이는 분명 19세기 말 20세기 초의 정세 분석에 입각한 레닌의 제국주의론을 떠오르게 하는 대목이며, 레닌이 "모든 피억압 민족들의 자유(즉 자결권)을 선언하고 실현할 필요성은 사회주의 혁명에서 역시 본질적"이라고 주장하면서[14] 동양의 피압박 민족들을 지지했던 세계사적 맥락에 놓인 발언이라고 봐야 할 것이다.

　식민지 조선의 여성 사회주의자들은 사유재산의 발전으로부터 여성 억압의 주요 원인을 찾으면서도, 서양처럼 '생산력이 충분히 발달하지 못한' 조선의 상황을 언급함으로써 엥겔스와 베벨의 논의에서 한 걸음 더 나아갔다. 예컨대 다음과 같은 진술이 자주 발견된다. "조

13　박원희, 「우리들의 진로: 승리는 단결에 있다」, 『조선일보』, 1927.1.6, 3쪽.
14　박상철, 「레닌의 혁명 사상과 민족자결주의: 제1차 세계대전 시기를 중심으로」, 『역사학연구』 77, 호남사학회, 2020, 406쪽.

선에서는 산업이 발전되지 못하여 따라서 노동계급이 발전하지 못하였으므로 이와 같은 [계급] 운동이 일찍부터 자연적으로 발생하지 못하였었지만은 전술한 바와 같이 조선도 세계 일부분인 이상 세계를 ××하는 이 사상에 영원히 절연될 리는 만무한 것이다."[15] 이러한 서술은 전 지구를 뒤엎는 자본주의가 조선에도 당도한 보편적·세계사적 현실과, 그럼에도 불구하고 서구적 경험에 비출 때 자본주의로의 이행을 충분히 이룩하지 못한 조선의 특수한 현실이 교차하는 지점에 대한 인식을 드러내 보여준다. 그리고 이는 조선 여성이 처한 '특수사정'에 대한 논의로 연결된다.

> 그러나 조선에는 여성단체가 따로 되어 있습니다. 하필 여성 그것만을 일반 사회운동 전면에서 적출하여 가지고 운동한다는 것은 수구적 심리가 아닐까 하는 의아를 가지는 이도 혹 있습니다. 그러나 여성운동이 따로 일어나게 되는 원인은 조선은 자본주의가 완전히 발달되지 못한 것도 한 가지 이유이며 따라서 조선의 여성이라는 것은 재래의 인습과 도덕이라는 그물(網)에 얽매여 온갖 압박 구속을 받아 왔으며 여성으로서의 독특한 그 모든 인간성의 말살과 유린을 당하여 왔습니다. 다시 간단히 말하면 비인간으로서 남성에게 학대를 받아 왔습니다. 과거의 역사가 이와 같이 여성을 오늘과 같은 현상에 몰락케 하였고 현실의 사회제도가 여성을 또한 더 깊은 구렁에 집어넣었습니다. 이와 같이 여성의 지위가 사회적으로나 가정에서나 열등한 자리에 있는 까닭으로 조선의 여성은 반드시 남성보다 특수한 운동을 하지 아니 하면 아니 되게 되었습니다. 다시 말하면 여성은 계급적으로 반항하고 투쟁하여야 하며 또 성적

---

15 견원생(鵑園生), 「조선 여성운동의 사적(史的) 고찰: 여성운동의 선구와 현역」, 『동아일보』, 1928.1.6, 4쪽.

반역을 하지 아니 하면 아니 되게 되었습니다. 이와 같이 여성은 이중의 운동을 하지 아니치 못하게 되었습니다.[16]

1920년대 허정숙의 글에는 이러한 '특수사정론'이 자주 등장한다. 물론 당시 사회주의 여성운동의 방향성이 코민테른의 방침과 긴밀한 관련을 맺고 있었다는 점을 고려할 때, 이 글이 쓰인 1926년 1월 이전 코민테른이 성별 조직에 대한 강한 경계를 지녔으며[17] 그럼에도 1924년 대회에서 채택된 "노동여성의 공산당 활동에 관한 테제"에서 "동양의 식민지·반식민지국가에서의 여성운동에 대하여는 특수성을 부여"했다는 사실은 중요하다.[18] 조선의 여성 사회주의자들은 주변부 조선의 현실에 집중하여 논리를 전개해 나간다. "자본주의가 완전히 발달되지 못한" 조선의 경우, 자본주의가 점차로 발전하면서 전(前)자본주의(노예제·농노제) 사회의 인신 예속적 관계에 대한 청산이 이루어지고 여성 인권 관련 논의가 활발하게 진행되는 서양과는 다른 처지에 놓여 있다고 보았던 것이다. 단적으로 황신덕은 "물질문명이 뒤떨어진 조선 여자들의 특수한 상황"에 주목하며, 이들이 "노예나 기계, 장난감 혹 물건으로밖에 생각지 못하는 야만적이요 비인도적인 남존여비의 사상을 기초로 만든 정치 법률 도덕 습관 모든 제도 속에 파묻히어" 있다고 말한다.[19]

---

16 허정숙, 「신년과 여성운동: 선구자는 수양에 더욱 노력」, 『조선일보』, 1926.1.3, 7쪽.
17 이에 대해서는 김영희, 「코민테른의 여성조직」, 『여성과 사회』 1, 창작과비평사, 1990, 120~128쪽 참고.
18 전상숙, 앞의 논문, 47쪽.
19 황신덕, 「조선부인운동은 어떻게 지나 왔나?」, 『신가정』 1(4), 1933.4, 31~32쪽.

더 분석적으로 풀어 쓰자면, 조선은 전자본주의적 경제 체제(pre-capitalist modes of production)가 지양되기 전에 자본제가 침투함으로써 중층결정된(overdeterminationed) 사회체이므로 서로 다른 생산양식에서 발생하는 여성 억압의 기제가 중첩되었다는 사유가 여성 사회주의자들에게 자리하고 있었다. 다시 말해, 사유재산으로 인해 여성 억압이 이루어진다는 점에서 전자본제와 자본제는 동일선상에 놓이지만 생산구조의 차이로 인해 여성 억압의 방식과 메커니즘이 상이하며,[20] 조선의 여성에게는 이런 방식이 중첩된다는 점이 강조된다. 위 인용문에서 확인할 수 있는바 "계급적으로 반항하고 투쟁하여야 하며 또 성적 반역을 하지 아니 하면 아니 되게 되었습니다. 이와 같이 이중의 운동을 하지 아니치 못하게 되었습니다."라는 허정숙의 '이중 운동론'은 바로 이러한 인식으로부터 비롯된 것이다.

> 자본주의의 발달된 정도 여하로만 구별하여 인도는 여하(如何), 중국은 여하, 아프가니스탄(阿富汗斯坦) 여하라 함은 경제주의자의 교주적 일원론 뿐이오, 결코 객관적 현실과 주관적 역량을 정당히 인식하고 파악하여서 실제 운동의 실행 방법을 결정하는 열쇠가 될 수 없다.[21]

---

20 엥겔스는 가부장적 가족이 발생하면서 "집안 살림"이 "그 사회적 성격을 상실"했으며 "사회와는 무관하고 사사로운 일"로 전락하여, 전자본제 여성이 "하녀의 우두머리가 되어 사회적 생산에서 제외"되었다고 주장한다. 즉, 전자본제 여성들이 사회적 생산자로서의 역할을 빼앗기고 가정 내의 재생산 노동에만 종사함으로써 억압되었다는 것이다. 이에 비해 엥겔스는 "우리 시대의 대공업만이 여성에게, 그것도 오직 여성 프롤레타리아트에게만 사회적 생산으로의 길을 다시 열어주었다"고 말하면서 자본제에서는 여성 노동자에게 프롤레타리아 보편의 계급적 착취가 주요하게 자리한다는 점을 보다 강조한다. 프리드리히 엥겔스, 앞의 책, 125쪽.
21 박원희, 「제국주의 시대의 민족운동과 사회운동(1)」, 『조선일보』, 1927.5.20, 1쪽.

민중의 민족적 경향에 의하여 외국의 침략주의와 적극적으로 투쟁하여 무산계급 해방운동에 조화시키지 아니 하면 아니 된다. 여기서 나는 특히 조선 부인들의 나아갈 길을 다시 한번 하고 있다. 이 삼중 압박의 결과로 우리는 인간사회에 필요한 아무 능력도 아무 기술도 없다. 동시에 여지 없는 경제적 파멸 와중에 빠져서 일촌(一村)의 전진을 못 하게 되었다. 여기서 우리는 부인의 진정한 해방은 무산계급 해방과 같이 되는 것을 각오하지 아니치 못하게 된다. 가정 속에서 공장 속에서 신음하는 여동무들은 주저하지 말고 자체의 완전한 해방을 위하여 무산계급 전선에 가담하라. 굳게 단결하며 일방으로는 민족적 해방을 위하여 노력하자.[22]

상술했듯 박원희는 식민지 문제를 더 깊이 염두에 두며 정세적 판단을 중시하는 면모를 보이는데, 그 과정에서 "특히 조선 부인들의 나아갈 길"을 타진한다. 그는 시종 계급과 민족과 젠더 모순을 염두에 둔다. 자본주의는 이러한 모순들이 얽혀 그 몸집을 키워가게 만드는 경제적 구조로서, 계급 문제는 다른 모순들의 '부재하는 원인(absent cause)', 즉 '구조'로 존재한다.[23] 계급 투쟁은 현실에서 발현되지만 그 이면에 놓인 계급이라는 원인은 독자적인 실체라기보다 부재하면서 다른 효과들에 영향을 미치고 또 그 속에 존재한다. 다시 말해 자본주의화된 식민지 조선에서 민족 모순과 젠더 모순의 구조를 이루는 것은 계급이다. 조선의 여성 사회주의자들이 궁극적으로 "무산계급 전

---

22 박원희, 「우리들의 진로: 승리는 단결에 있다」, 『조선일보』, 1927.1.6, 3쪽.
23 알튀세르는 스피노자의 '내재적 원인' 개념에 입각하여 구조적 인과성의 도식을 제시한다. 그에게 구조란 구조의 효과에 내재하며 효과들로 구성되기 때문에, 원인으로서의 구조는 부재함과 동시에 효과로서, 효과 속에 존재한다. 루이 알튀세르, 김진엽 옮김, 『자본론을 읽는다』, 두레, 1991, 236~246쪽 참조.

선에 가담하라"고 주장하는 이유도 이런 맥락에서 이해 가능하다. 이들에게 "봉건적 구속에 대한 싸움은 계급적 해방을 위한 일보전진이오, 계급적 운동의 여자의 완전한 해방을 위한 최후의 해결의 길이다. 고로 두 운동은 밀접한 관계를 가지고 있는 것이다."[24]

이 과정에서 여성은 하나의 계급으로 존재한다. 여성 사회주의자들은 "농촌 부인도 소작농이 다수인 동시에 무산계급에 처하게 된 도회지의 유산계급 및 중류계급의 여성이나 노동 부인이나 농촌 부인이나 직업 부인 등이 다 같이 경제적으로 성적으로 이중 삼중의 노예 관계에 있다"고 생각했다.[25] 마치 "조선인 전체가 무산화되는 것 같이" 전 조선 여성이 무산계급과 다름없다는 논리를 펼치는 것이다.[26] 한편으로 이들은 이렇게 다중의 억압이 가해진 조선의 여성들, 혹은 '여성이라는 계급'에게는 억압이 가해진 만큼 이 상황을 타개할 만한 더 큰 힘이 주어진다고 주장한다. 이는 삼중의 억압을 견디는 조선의 여성으로부터 오히려 '희망'을 발견하는 허정숙의 다음 서술에서도 확인된다. "경제적으로 무산계급에 속하였고 개성적으로 노예의 지위에 있는 우리 조선 여성에게는 신의의(新意義)하에서 자연법칙에 의한 새 해방의 길이 열리었다. 이것으로써 우리의 미래는 일루(一縷)의 희망이 있다."[27]

---

[24] 「여자 운동선에도 방향전환의 필요: 성적 해방에서 계급 해방으로(1)」, 『동아일보』, 1927.4.20, 3쪽.
[25] 허정숙, 「부인운동과 부인문제연구: 조선 여성 지위는 특수(2)」, 『동아일보』, 1928.1.4, 5쪽.
[26] 허정숙, 「부인운동과 부인문제연구: 조선 여성 지위는 특수(3)」, 『동아일보』, 1928.1.5, 7쪽.
[27] 허정숙, 「미주(美洲) 여성을 들어 조선 여성에게!(3)」, 『조선일보』, 1928.1.5, 6쪽.

3. 방법으로서의 감각 해방, 교양 습득, 경제 독립

요컨대 식민지 조선의 여성 사회주의자들은 여러 억압과 착취를 감당하는 여성 '주체'가 사회변혁의 핵심에 놓일 수 있다고 사유했다. 그러나 이는 이들이 여성 "운동만으로써 여성의 실제적 해방이 완전히 올 수 없다"며[28] 성적 해방의 중요성만을 강조하게 되는 것을 경계했듯, 섹트화된 방식으로 여성 주체를 내세우는 것과는 달랐다. 중층적 착취와 억압으로써 계급화된 여성이 지닐 수 있는 계급해방의 힘을 강조하는 것이기 때문이다. 이때의 계급해방은 젠더 모순과 민족 모순의 지양과 관련됨으로써 궁극적으로 전 인류의 인간해방으로 향하는 것이기도 했다. 당시 조선의 상황에서 여성 사회주의자들이 방법으로 제시하는 내용은 크게 세 가지로 나누어 볼 수 있다. 감각 해방과 교양 습득, 그리고 경제 독립이 바로 그것이다.

감각 해방과 관련해서 주목할 것은 여성 사회주의자들이 여성의 성욕을 적극적으로 인정해야 한다는 주장을 펼쳤다는 점이다. 1930년

---

28 허정숙, 「근우운동의 역사적 지위와 당면 임무」, 『근우』 1(1), 1929.5, 12쪽. 이런 식의 인식 또한 여성 사회주의자들에게서 공통되게 나타난다. 다음 정칠성의 서술을 참고할 수 있다. "세계란 자체가 인간의 이성으로부터 완전히 독립된 객관적 존재라고 할진대 객관적 존재를 정당히 인식한 세계관 그것도 객관적으로 되어 있을 것이다. 그러므로 그 인식 내용에 있어서 남녀의 성별에 따라 변화와 차이가 없을 것은 분명한 논리일 것이다. 만약 여기에서 조금이라도 성별로 말미암은 인식 내용의 변화가 있다면 그 어느 한편이라도 편견과 오류가 있음을 증명하는 것이다. 그러므로 우리는 세계 자체가 객관적 존재인 이상 이것을 인식한 정확한 세계관을 '발견'하고 파악할 뿐이오 '발명'하고 '창조'할 권리가 없음을 알아야 한다. 따라서 '프롤레타리아트'의 일속성인 여성으로서의 세계관은 당연히 전술한 '프롤레타리아트' 세계관과 합류되고 일치될 것이다." 정칠성, 「여성으로서 본 세계관」, 『비판』 1(1), 1931.5, 91쪽.

11월 『삼천리』에서는 '남편 재옥(在獄)·망명 중 처의 수절 문제'라는 특집을 통해 여러 지식인들의 의견을 청해 듣는다. "정조를 절대 엄수하라"고 주장하는 남성 사회주의 운동가 송봉우와 다르게 허정숙, 정칠성, 유영준은 여성의 성욕 문제를 중시하면서 수절하지 않는 것에 비판할 수 없다는 입장을 강하게 내세운다. 이들은 "어떻게 성적 본능을 막아가며 또 독신으로 생활의 질을 얻을 수 있"냐면서[29] 여성의 삶에 대한 문제를 제기하는가 하면, "주의자도 인간이고 사상가도 동물이외다. 다혈질의 젊은 몸에 생리적 고통을 막을 길이 있으오리까? (…) 인생의 본능인 성욕을 무제한하고 참으라 함은 과부에게 정조를 강요하던 시대의 도덕이나 조금도 다를 것이 없을 줄 압니다."[30]라며 봉건적 정조 관념을 비판한다. 이 특집이 있기 전, "생리적 충동을 위하여 성욕의 만족을 잠깐잠깐 얻을 길을 구하는 것이 필요한 일이다!"라고 주장한 콜론타이의 성도덕을 문제삼는 기자에게 정칠성은 콜론타이가 현실을 잘 보았다면서 "성욕과 연애는 갈라" 생각해야 하며[31] 여성의 성욕 추구가 중요하다고 답하기도 했다.[32]

---

29 유영준, 「수절 못함이 당연」, 『삼천리』 10, 1930.11, 40쪽.
30 정칠성, 「부재중은 의식적 행동하라」, 『삼천리』 10, 1930.11, 39쪽.
31 정칠성, 「『적연(赤戀)』 비판, 콜론타이의 성도덕에 대하여」, 『삼천리』 2, 1929.9, 5쪽.
32 이 인터뷰에서 기자는 정칠성에게 여성의 정조 관념의 필요 등에 대해 노골적인 질문을 던지지만 "정칠성은 콜론타이의 논의와 관련하여 여성에게만 정절을 강요하는 현실을 비판하고, 여성에게도 성애의 자유가 확보되어야 한다는 의견을 간접적으로 피력한다. '간접적'인 방식은 그녀를 함정에 빠뜨리려는 청탁자나 인터뷰어의 시도를 피하기 위한 일종의 전략이었다." 배상미, 「식민지 조선에서의 콜론타이 논의의 수용과 그 의미」, 『여성문학연구』 33, 한국여성문학학회, 2014, 300쪽. 한편, 식민지 조선에서 콜론타이의 수용은 "새로운 연애론을 유행시킨 데 있지 않고

여성 사회주의자들이 여성의 성욕 문제를 강조한 것은 '감각의 해방' 문제와 연결된다. 이 연결성을 이해하기 위해, 칼 마르크스와 자크 랑시에르의 감각론을 경유해 볼 필요가 있다. 마르크스는 『경제학 철학 수고』에서 사유재산의 지양이 "인간적 향유를 할 수 있는 감각들, 인간적인 본질적 힘들로서 확증되는 감각들"로의 해방과 연결된다고 밝혔다. 이때의 감각이란 "오감뿐만 아니라 이른바 정신적 감각들, 실천적 감각들(의지, 사랑 등), 한마디로 말해 인간적 감각"을 포괄하는 것이다. 본래 인간에게는 이렇듯 충만한 감각들이 존재하고 있었으나 사유재산이 등장함으로써 인간의 감각은 "소유의 감각"으로 축소되고 빈곤해졌으며, 따라서 사유재산의 지양은 곧 소외된 감각의 해방과 관련된다고 할 수 있다.[33] 한편 랑시에르는 "감각적인 것의 나눔"을 통해서 세계를 "분리하고 배제하는" 치안의 논리에[34] 반하여 "말하고 보고 존재하는 방식", 즉 감각작용을 새롭게 바꾸는 것이 "정치에 부과된 과업"이라고 보았다. 감각의 재분배가 "사회에서 자신의 자리/몫을

가사와 육아 즉 돌봄 노동의 공공화와 여성의 경제적 독립 그리고 가족, 결혼 제도에 대한 여성 사회주의자들의 급진적인 자각을 불러 일으켰다." 노지승, 「사랑과 돌봄, 사적 영역의 변혁 시도와 한계: 식민지 시기 콜론타이즘 수용의 유산들」, 『한국근대문학연구』 23(1), 한국근대문학회, 2022, 185쪽. 이와 관련하여 정칠성은 콜론타이에 대해 논하는 과정에서 "육아원을 설치하여 제 자식이고 남의 자식이고 잘 길러내야 하겠지요. 또 바실리사의 신시대적 모성애라는 것은 제 아들만 위하여 육아원을 설치하는 것이 아니라 모든 천하의 아이들을 위하여 그리하는 점이외다." 라고 밝혔다. 정칠성, 「『적연(赤戀)』 비판, 콜론타이의 성도덕에 대하여」, 『삼천리』 2, 1929.9, 7쪽.

33 칼 마르크스, 강유원 옮김, 『1884년의 경제학: 철학 수고』, 이론과실천, 2006, 134~137쪽.
34 자크 랑시에르, 양창렬 옮김, 『정치적인 것의 가장자리에서』, 도서출판 길, 2013, 221~222쪽.

가지지 못했던 존재들의 해방과 평등을 가능"하게 한다는 것이다.[35] 정리하건대 감각은 사회적 존재로서의 인간이 지닌 조건이자 새로운 사회로의 가능성을 여는 통로다. 생산양식이나 치안권력의 존재 방식에 따라 인간에게 감각은 달리 작용하고, 때로 그것은 권력에 의해 분할된 존재의 자리를 넘어서게 하는 정치성을 갖는다. 이처럼 감각이 규범성의 유지 혹은 저항성의 발현과 긴밀한 관련을 맺고 있다는 점을 염두에 둘 때, 여성의 욕구를 적극적으로 추구하는 것은 '정조 이데올로기'를 위시한 전근대적 사회 질서와 앙상한 소유 감각만이 남은 자본주의적 인간성을 받아들이지 않겠다는 저항적 의미로 연결될 수 있다.

또 이러한 맥락에서 여성 사회주의자들은 조선 여성들이 자신의 감정을 더 솔직하게 느끼고 살릴 필요가 있다고 주장하기도 했다. 다음의 인용문은 1925년 10월부터 『신여성』의 편집인으로 참여하게 된 허정숙이 그해 11월호에 실은 두 글의 부분으로, 여성들이 감정을 가져야 한다는 취지의 내용을 담고 있다.

> 감정 있는 동물이 감정을 죽이고 살았다는 것은 천하 진문(珍聞)의 가석(可惜)한 사실이다. 만약 혹(或)이 변명하기를 여성은 특히 감정의 동물이기 때문에 감정으로 살아 왔다고 하면 그것은 바보와 천치의 감정이요 정말 감정이 아니다. 여성은 감정을 죽이고 살아 왔다. 우리의 감정이 살아 있다 하면 우리는 이렇게 있지 않고 벌써 번민에 빠졌으리라. 무엇보다도 진검(眞劍)된 번민에 쌓여서 큰 고통 중에 있었으리라. 벌써 그 고통에 열매까지 맺혀 어떠한 사실을 우리에게 나타내었으리라. 그러

---

[35] 오인용, 「감각작용의 정치성 : 랑시에르 미학에서의 민주주의와 평등의 기입」, 『비평과 이론』 26(2) 한국비평이론학회, 2021, 115쪽.

나 아직 없다. 여성아 우리는 감정을 살리자. 또 번민을 일으키자. 또 고통하자. 여기서 새로운 꽃이 피고 열매가 열린다.[36]

그러면 이 모든 불평으로부터 이러나오는 번민 이것을 어느 때까지나 불평불평 번민번민하고 부르짖기만 하고 말겠습니까. 또 그렇다고 이 번민을 그대로 묵살시켜버리겠습니까. 우리는 반드시 이 번민을 해결치 않으면 안되겠습니다. 또 해결키 위하여 노력하여야 하겠습니다. 이 여성 번민이라는 것은 사회 번민의 일부문입니다. 그러면 우리 여성의 번민을 완전무결하게 해결하려면 우리는 우리의 지옥을 한 번 살펴 볼 필요가 있습니다. 그렇지 않고 그저 번민되는 그 표현체만 잡아서 해결하려 할 것 같으면 도저히 완전히 해결할 수 없을 뿐 아니라 도리어 일시의 해결은 얻는다 하더라도 그것이 곧 수포에 돌아가고 말 것입니다. 그러므로 우리는 근본적으로 우리 여성의 번민을 해결치 않으면 아니 될 것입니다.[37]

허정숙이 식민지 조선의 여성들에게 "감정을 살리자" "번민을 일으키자" "고통하자"고 말하는 것은 그러한 감정들이 "새로운 꽃이 피고 열매가" 열리는 결실로 이어지는 잠재성을 포함하기 때문이다. 그에 따르면 조선 여성이 스스로가 처한 상황에서 가질 수밖에 없는 번민은 그 개인만의 것이 아니라 "사회 번민의 일부문" 즉 사회적인 감정이므로, 사회적 해결이 필요하다. 그렇게 느끼고 표현된 번민을 해결하기 위해 여성은 지옥과 같은 사회를 객관적으로 살펴 볼 필요가 있으며, 나아가서는 그 사회를 "근본적으로" 변화시키려는 노력을 해야만 한다는 것이다. 이와 유사한 의미에서 정칠성은 "인간성의 본능"인 "반항"

---

36 허정숙, 「감정을 살리라」, 『신여성』 3(11), 1925.11, 1쪽.
37 허정숙, 「우리 여성의 번민을 논하여: 여성은 번민과 해결책」, 『신여성』 3(11), 1925.11, 6쪽.

의 마음을 발휘함으로써 "사람다운 생활"을 하기 위한 노력이 필요하다고 주장했고[38] 황신덕 또한 "우리 여자의 반항이 전체로 아직 부족하다는 것"에 문제를 제기한 바 있다.[39] 이밖에 다른 이들의 글에서도 분노의 정동이 넘쳐흐르고 그것을 요구하는 장면은 어렵지 않게 확인된다. 이처럼 식민지 조선의 여성 사회주의자들은 계급과 젠더와 민족 모순에 의해 다층적으로 억압되어 온 조선 여성의 감각과 감정을 되살리는 것이 그들로 하여금 여러 규범성으로부터 벗어나 그 질서를 교란하게끔 하며, 그리하여 인간해방의 걸음을 걷게 한다고 보았다.

한편, 여성 사회주의자들은 감각과 감정 해방의 문제에 천착하는 데 머무르지 않고 '교양 습득'의 중요성에 대해서도 함께 강조한다. 다음에서 확인할 수 있듯, 허정숙은 교양의 부족을 사회주의 여성 운동계의 큰 문제라고 직접적으로 밝힌다.

> 즉 교양이 부족하다는 것입니다. 이제까지도 교양하지 않은 것은 아니로되 도저히 그와 같이 미미한 교양은 아무런 성과를 볼 수 없게 됩니다. 따라서 교양이 부족함에 따라 사람이 사상적 근저가 없고 기분에 뜨며 그저 세계적 대세에 농락되어버리기 쉽게 됩니다. 쉽게 된다는 그것보다도 그러한 현상을 나타나게 됩니다. 그러므로 신년에 있어서는 선구자

---

[38] 정칠성, 「참 자유의 길」, 『여자계』 속간4, 1927.1, 16쪽. 한편, 노지승은 기생이었던 정칠성이 "공적 영역에서 젠더 위계와 젠더 권력 속에 무방비로 노출됨으로써 분노와 수치, 모멸감 등의 감정을 겪어야 했고 이러한 감정들이" 정치성을 "어떤 정치적 각성"에 이르게 했다고 말한다. 즉 정칠성 그 자체가 감정을 적극적으로 느끼고 표출하면서 사회 변혁을 위해 앞장서는 주체의 경험을 지니고 있었던 것이다. 노지승, 앞의 논문, 2016.

[39] 황신덕, 「일 년간 운동의 교훈: 단체 훈련이 대단 부족, 반항 의식도 박약」, 『동아일보』, 1928.1.1, 24쪽.

그 사진은 더욱이 교양에 힘써서 사상에 확실한 근거를 잡는 것이 긴요하다고 생각합니다. 그리하여 주의에 충실한 한 걸음 더 나아가서 사람의 참된 행복을 위하여 투쟁하는 전사가 되어야 할 것입니다.[40]

그렇다면 여성 사회주의자들에게 '교양'이란 무엇이었는가. 교양 습득에 대한 강조는 민족주의계나 기독교계 여성운동가들에게도 중요하게 이루어졌기에[41] 사실상 그러한 의제 자체가 새로울 것은 없다. 그보다 중요한 것은 여성 사회주의자들과 민족주의계·기독교계 여성운동가들이 '어떤' 교양을 중심에 두었는가를 살피는 데 있다. 1920~1930년대 농촌 여성들을 중심으로 문맹 퇴치를 위한 교육, 직업 교육, 상식 교육을 진행한 기독교계 여성운동가들에게[42] 운동의 핵심적 목표는 여권신장과 남녀평등이었다. "가정의 한 분자로서나 사회의 한 분자로서나 책임감이 있는 상당한 사람 노릇을 하게"되는 것을 목표한다는 김활란의 서술을 통해 알 수 있듯,[43] 이는 기본적으로 사회의 일원으로 여성을 규범화하는 온건한 지향을 담고 있는 것이었다. 이들에게 교양은 사회 질서의 유지를 위해 그 구성원이 갖춰야 하는 지적 능력에

---

40 허정숙, 「신년과 여성운동: 선구자는 수양에 더욱 노력」, 『조선일보』, 1926.1.3, 7쪽.
41 그 대표적 인물인 김활란은 '교양운동'의 중요성에 대해 다음과 같이 직접적으로 언급했다. "우리 조선여자운동도 지금 출세하는 소수로는 근본적 해결을 찾을 수 없어 교양운동이 제일보라고 합니다. 참정, 경제, 이 모든 운동은 권위 있는 여자사회를 필요로 하기 때문에 금일 조선 여자계에 개인적, 단체적 모든 역량을 집중하여 소리없는 교양사업에 치중하자고 감히 부르짖습니다." 김활란, 「조선여자운동의 금후」, 『청년』 10(2), 1930.2, 4쪽.
42 김정인, 앞의 논문, 74~77쪽 참고.
43 김활란, 「조선여성의 장래(하)」, 『조선일보』, 1929.1.2, 2쪽.

가까웠다.

　반면, 여성 사회주의자들에게 교양은 사회 질서를 객관화할 수 있는 능력과 다르지 않았다. 교양을 강조하는 위 인용문에서 허정숙은 감각과 감정의 중요성을 말하면서도 "사상적 근저" 없이 기분에 들뜨는 것을 극도로 경계한다. 또 다른 글에서 그는 "무산계급에 속한 전 조선 여성은" "자기의 환경과 처지를 알도록 교양"이 필요하다고 말하기도 하는데,[44] 이를 통해 보건대 그에게는 감각과 감정 못잖게 그 원인과 방향을 설명할 수 있는 현실 인식이 중요한 것이며, 교양은 바로 이러한 인식 능력과 연결된다고 할 수 있다. 정칠성 또한 세계라는 "객관적 존재를 정당히 인식하는 세계관"의 필요를 강조하면서 맑스의 변증법적 유물론이 그 세계 인식의 지침이 될 수 있음을 말한다.[45] 즉, 조선의 여성 사회주의자들이 강조하는 '교양 습득'이란 자신이 놓여 있는 세계를 객관화할 수 있는 시선과 다르지 않으며, 이는 사회 질서를 변혁하기 위한 주체가 갖춰야 하는 능력인 셈이다.

　식민지의 여성운동가들이 진영을 막론하고 공통적으로 주장한 또 다른 한 가지는 바로 여성의 '경제 독립'이다. "우리는 우리 입으로 여자해방이라 하는 수치의 어구를 말하지 말고 우리의 손으로 일하여 경제상 해방과 인격상 평등을 말하며 버렸던 권리를 위하여 분투 노력합시다."라는 기독교계 유각경의 말은[46] 여성 사회주의자들의 경제 독립 주장과 표면적으로 그리 다르지 않다. 정칠성은 "우리들이 새로

---

[44] 허정숙, 「부인운동과 부인문제연구: 조선 여성 지위는 특수(3)」, 『동아일보』, 1928.1.5, 7쪽.
[45] 정칠성, 「여성으로서 본 세계관」, 『비판』 1(1), 1931.5, 91쪽.
[46] 유각경, 「여자해방과 경제자유」, 『청년』 6(4), 1926.4, 7쪽.

女性觀으로서본世界

정칠성, 「여성으로서 본 세계관」 삽화(『비판』 1(1), 1931.5)

운 양성 관계를 세우려면 무엇무엇 하여도 경제적 독립부터 얻지 않으면" 안 된다면서 "어떻게 하면 이 남성 중심의 가족제도를 뛰어넘어서 경제적 독립을 얻을까"에 대한 고민이 필요하다고 말한다. 그는 여성의 경제 독립이 중요하다는 것을 강조하기 위해 입센 『인형의 집』의 노라를 소환한다. "개인주의적 자각"에 의해서 노라는 '인형의 집'을 나서지만 "경제적으로 해방을 얻지" 못한 상태에서 "가두에 나가 굶어 죽고 얼어" 죽게 될 뿐이므로 그의 해방은 "공상"에 그친다는 것이다.[47] 여기에는 집을 나서자마자 삶을 영위할 수 없게 되는 여성의 현실에서 "모든 여성은 잠재적으로 혹은 이미 프롤레타리아"라는 점이 전제된다.[48] 2장에서 상술했듯 '여성이라는 계급'의 인식을 드러내는 이러한 지점은 여성 사회주의자들의 경제 독립과 관련해 주목해야 할 부분이 아닐 수 없다.

---

[47] 정칠성, 「『적연(赤戀)』 비판, 콜론타이의 성도덕에 대하여」, 『삼천리』 2, 1929.9, 7쪽.
[48] 노지승(2016), 앞의 논문, 34쪽.

더욱이 여성 사회주의자들은 경제 독립 자체를 넘어서 그 이후 여성의 노동에 대한 관심을 기울였다는 점에서 여타 여성운동가들의 주장과 변별된다. 여성들이 경제적 독립을 하더라도 그 과정에서 노동을 하게 되면서 겪게 되는 문제에 대해 이야기하는 것인데, 이는 '계급' 모순을 중시하는 사회주의자들로서는 당연한 강조이기도 했다. "공장 연돌로부터 나오는 흑연 중에는 얼마나 수많은 여공의 육체 및 정신의 희생이 포함되어 있는지", 즉 여성 노동자의 노동에 대한 의미를 지속적으로 상기했던 것이다.[49]

농촌의 여성들은 남들은 봄을 맞을 때 거룩한 차림차림으로 아버지는 아들, 어머니는 딸의 손목을 이끌고 공원으로 야외로 산보 구경으로 즐거움을 느끼는 대신 길고 긴 봄 여름날 새벽부터 온종일 논과 밭 노동으로 그들의 몸은 피곤하며 그들의 형체는 흑인이 부럽지 않게 타고 익었다. 그것뿐이랴. 밤이면 좀 편안히 쉬일 틈도 없이 시부모와 자녀와 남편의 시종 및 기타 가정 노동으로 닭이 울 때까지 잠잘 수도 없으며 그중에도 남편의 주정과 우월감에 트집까지 받지 않을 수 없는 운명이며 기계공업이 발달되었든 말든 태고의 수공업인 길쌈까지도 다 하지 않을 수 없는 형편이다. ……
그밖에 도시의 각 공장 및 기타 각 방면에 산재한 무산 여성을 보라. 어린 자식의 배고파 우는 소리, 어머니를 부르며 흙과 똥을 함부로 집어먹음에도 돌볼 틈도 없이 하루의 열두 시 내지 열 시간 노동을 하지 않고는 살 수 없는 공장부인이다. 게다가 공장의 해고란 선고에 떨어지지 않으려고 아첨과 화잠은 마침내 개성을 여지 없이 유린당하고 현대 경제 조직의 표현인 생산 과자란 병은 그들로 하여금 때때로 서리에 방황하게

---

49 이현경, 「사회인으로서의 부인의 사명(2)」, 『조선일보』, 1927.1.9, 3쪽.

한다. 여기에서 요 사이 세상에 자랑거리인 '룸펜 프롤레타리아' 대군을 보게 되는 것이다. 이와 같이 불행에 빠진 여성이 어찌 농촌과 공장뿐이랴. 유곽, 부잣집 하인, 기타 각 방면에서도 많은 여성의 비참을 잘 알며, 보지 않는가.[50]

신여성이란 "오직 연초, 제사, 방직공장 등 흑탄 연돌 속에서만 볼 수 있는 것"이라며[51] 줄곧 신여성에 대한 새로운 정의를 내려 왔던 정칠성은[52] 농촌의 여성들, 도시의 여공들뿐 아니라 룸펜 프롤레타리아, 유곽과 부잣집의 하인 등을 모두 '여성 노동자'라고 칭했다. 위 인용문에서 특히 주목을 요하는 것은, 그가 생산 노동뿐 아니라 소위 '재생산 노동'으로 분류되는 일을 노동의 일종으로 여기고 있다는 사실이다. 이는 "육아와 재봉과 음식과 세탁 등의 일로 아침부터 저녁까지 거의 촌분의 여유가" 없는 가정의 여성, "학교 교원, 전화교환수, 간호부, 의사, 사무원, 회사원"부터 여공에 이르는 직업 부인들의 노동을 모두 언급했던 허정숙에게서 또한 확인할 수 있는 바이다.[53] 이 시기 여성

---

50 정칠성, 「의식적 각성으로부터: 무산 부인 생활에서」, 『근우』 1(1), 1929.5, 36~37쪽.
51 정칠성, 「신여성의 신년 신(新)신호: 앞날을 바라보는 부인노동자」, 『동광』 29, 1932.1, 70쪽.
52 정칠성은 "참으로 엄정한 의미에 있어서 신여성이 있다고 하면 지식의 표준도 아니요, 문벌의 표준도 아니요, 형아(形兒)의 표준도 아니라 그는 구제도에 집착되어 남성 대 여성, 유산 대 무산의 착취에 굴종하는 구여성과는 정반대로 이 모든 불합리한 환경을 부인하는 강렬한 계급의식을 가진 무산여성으로서 새로운 환경을 창조코자 하는 열정 있는 새 여성일 것이니야말로 명실이 상부한 신여성"이라고 말한 바를 일관된 입장으로 지녀 왔다. 정칠성, 「신여성이란 무엇」, 『조선일보』, 1926.1.4, 6쪽.
53 수가이(秀嘉伊), 「여자해방은 경제적 독립이 근본」, 『동아일보』, 1924.11.3, 4쪽.

사회주의자들은 여성이 주로 담당한다고 여겨왔던 이른바 '재생산 노동'의 영역을 가시화하고 그 속에서 겪는 불평등성을 언급함으로써 생산 노동을 중심으로 이해되었던 '노동' 개념의 주류성으로 완전히 포섭되지 않는 사유의 궤적을 그렸다. 이들이 말하는 노동에는 무급의 가사노동을 비롯해, 유급의 여성 임금 노동이 포함되어 있었음을 물론이다. 이러한 사유에는 가정이 사적인 영역에 머무는 것이 아니라 사회적 생산의 단위일 수 있음이 전제되며, 나아가서는 '돌봄 노동' 등이 지니는 유의미성의 발견과 그것의 젠더화 양상에 대한 비판적 통찰로 향할 수 있는 가능성이 포함되어 있었다.

4. 맺으며

지금까지 이 글은 '식민지' '여성' '사회주의자'라는 위치성을 두루 염두에 두면서 조선 여성 사회주의자들의 여성해방론을 구성하고자 했다. 이들은 사유재산이 발생함으로써 여성의 억압이 시작됐다는 엥겔스와 베벨의 논의에 따라 젠더 모순을 역사의 이행 속에서 사유하는 한편으로, 식민지 조선이라는 특수한 사정을 인식하며 여성해방론을 펼쳤다. 생산력 발전이 충분히 이루어지지 않은 상황에서 세계적 자본주의의 물결이 밀어닥치고 더욱이 식민 상황을 통해 정세적 변화를 맞이하게 되면서, 조선에는 전근대적·자본주의적·식민주의적인 문제들이 교착해 있으며 이에 따라 조선의 여성들은 다층적 억압을 견딜 수밖에 없다는 점을 강조한 것이다. 그 과정에서 조선의 여성 사회주의자들은 계급적 기반과 상관없이 식민지 조선의 여성을 일종의 프롤레타리아 계급으로 보는 관점을 갖기도 했다. 이렇게 계급으로 포착된 여성들은 착취와 억압의 정도만큼 사회 변혁의 힘을 가진 주체로 포착되었으며, 그리하여 여성의 주체화를 위한 방식들이 도모되었다. 그 방식은 '감각 해방', '교양 습득', '경제 독립'으로 정리될 수 있는바, 이는 민족주의계·기독교계 여성운동가들이 내세우는 의제와 표면적으로는 차이가 없었으나 계급적 인식을 강하게 전제한다는 점에서 변별되는 것이었다. 이는 여성이 봉건적·자본주의적 규범에 젖은 감각을 해방하고, 자신의 계급적 상황을 인식할 수 있는 교양을 습득하며, 경제 독립을 통해 노동의 주체가 되어야 한다는 것으로 정리될 수 있다. 또한 여성 사회주의자들이 이미 재생산 노동의 사회적 의미를 충분히 발견하고 있었다는 점 또한 중요하게 언급되어야 할 것이다.

이러한 작업은 조선 여성 사회주의자들의 여성해방론을 사상의 일종으로 바라봐야 한다는 입장 속에서 이루어진 것이다. 완벽히 남성 지식인 편향성을 띠고 있는 식민지 사회주의 사상사 연구의 엄숙성에 거리를 두고, 파편화된 말들도 사상의 반영에서 논의될 수 있다는 점을 강조하고 싶었다. 그럼에도 불구하고, 왜 여성해방론을 굳이 남성 젠더화된 사상사의 좌표 위에서 봐야하냐는 질문이 제기될 수 있겠다. 이에 서론에서 언급했던 윤영실의 글을 다시 제시하고자 한다.

> 사상은 탈식민적 사유의 실천이다. 근대적 앎의 배치에서, '이론'은 대개 서양의 사유에만 부여되는 특권적 이름이다. '이론'은 보편을 자임하지만, '사상'은 보편의 균열들을 비춘다. 대개 사상(thoughts)이 이론(theory)과 달리 단편적이고, 불연속적이며, 비체계적인 것은 이런 까닭이다. 그렇다고 사상이 이론에 대해 '부정적'으로만 기능하는 것은 아니

다. 사상은 서구적 보편이 침묵하고 은폐하는 세계의 다른 단면들을 펼쳐 낸다. 설명할 이론을 갖지 못한 주변부의 다른 경험들을 숙고하며, 웅얼거리는 소음으로만 존재하는 것을 분절하며(articulate) 새로운 '말'을 구성한다. 정치적 해방 여부와 무관하게 사유와 말의 권리를 박탈당한 것이 식민지기와 포스트 식민지기를 관통하는 지적 식민화의 상황이라면, 이론이 되지 못한 주변부의 파편적 사유들에 귀 기울이는 사상연구 역시 일종의 탈식민적 실천이다.[54]

그동안 조선 여성 사회주의자들의 운동 자체는 관심을 끌었을지언정, 그들의 말은 "웅얼거리는 소음"으로 치부된 바 크다. 그러나 그 소음 속에는 그들이 운동에 이끌렸던, 혹은 그들의 운동을 이끌었던 사유가 분명 존재해 있었다. 이를 진지하게 듣기 위해서는 "사유와 말의 권리를 박탈당한 것"들에 정당한 자리를 마련하려는 노력이 필요하고, 이는 새로운 사상(말)을 구성하는 작업을 통해 가능할 수 있다. 조선 여성 사회주의자들의 말들이 전근대성, 자본주의, 식민주의를 벗어나고자 한 데서 발화되었던 것처럼, 이들의 '말'을 재구성하는 일은 서구 중심성과 남성 중심성을 벗어나게 하는 탈식민적 실천과 연결된다. 여러 여성 사회주의자들의 말을 엮는 과정에서, 그들의 개별성과 고유성을 충분히 살리지 못하고 때로는 그것에 눈 감기도 했다는 점은 이 글의 큰 한계라고 할 수 있다. 이를 시론 삼아, 향후의 연구들에서 여성 사회주의자들의 개별적 특징을 살릴 수 있는 사상연구를 진행하도록 하겠다.

---

54 윤영실, 앞의 글, 39쪽.

젠더로 문학 교과서 읽기

여성작가 작품의 교과서 수록 역사와 현황

고지혜

1. 들어가며: 교과서 정전과 젠더

정전(Canon)이란 문학장의 체제 내에서 느슨한 합의를 통해 '위대하다'고 간주되는 작품 및 작가를 의미하며, 특정 작품이나 작가가 정전으로 승인되는 사회적 과정을 정전화(canonization)라고 말한다. 일반적으로 정전은 사회적 의미의 생산을 조절할 수 있기에 해당 사회의 망탈리테를 잘 보여주고, 정전화 과정은 특정 작품에 가치를 부여하는 문화적 실천과정을 수반한다. 이러한 문학 정전의 형성 과정에 지대한 영향을 미치는 정전화의 주체로는 문학사·문학전집·문학 교과서 등을 꼽을 수 있다. 이 가운데 문학 교과서는 제재의 선별 및 지속적인 수록을 통해 정전화의 과정에 직접적으로 개입하며[1] 학습

---

1 정진석, 「문학교육에서 『무정』의 정전화 연구: 2차 교육과정부터 2009 개정 교육과정까지의 교재화를 중심으로」, 『현대소설연구』 67, 한국현대소설학회, 2017,

목표나 활동과 같은 다양한 파라텍스트를 통해 해석정전을 형성함으로써 정전화를 더욱더 공고히 하는 역할을 한다. 이러한 문학 교과서의 정전화 과정에 관한 기존 연구 중에서도 "젠더 프레이밍이 일어나는 결정적 장소로서 문학 교과서에 주목"하여 "교과서가 수행하고 있는 모종의 성정치"에[2] 대한 문제 제기는 교육과정이 개편될 때마다 계속해서 이어져 왔다.[3] 2015 개정 교육과정에 따른 고등학교 문학 교과서의 편찬상의 유의점에서도 "제재는 특정 시대, 지역, 분야, 작가(특정 성 포함) 등에 편중되지 않도록 균형 있게 선정한다"고 명시되어 있다. 그렇다면 고등학교 문학 과목이 생겨난 지 30여 년이 흐른 현재까지, 문학 교과서가 수행해 온 성정치의 양상은 어떻게 변화했을까. 이 글은 '젠더'를 중심으로 통시적 관점의 정전 연구를[4] 수행하

244쪽.
2 우신영, 「문학 교과서의 성별 편중성 분석: 젠더의 눈으로 문학 교과서 읽기」, 교육문화연구 25(1), 인하대학교 교육연구소, 2019, 745쪽.
3 제7차부터 2011 개정 교육과정기까지 각 교육과정마다 교과서에 수록된 여성작가 및 그 작품들을 살펴본 선행 연구는 다음과 같다. 김신정, 「교과서 수록 시와 여성 재현 양상: 제7차 교육과정 교과서를 중심으로」, 『한국문학이론과 비평』 28, 한국문학이론과비평학회, 2005; 박연하, 「문학교과서 수록 여성작가의 소설에 나타난 여성상과 그 교육방안」, 단국대학교 교육대학원 석사학위논문, 2011; 김혜원, 「여성 소설에 나타난 여성성 연구: 2009 개정 교육과정 고등학교 문학교과서에 수록된 현대소설을 중심으로」, 고려대학교 교육대학원 석사학위논문, 2012; 우신영, 「문학 교과서의 성별 편중성 분석: 젠더의 눈으로 문학 교과서 읽기」, 『교육문화연구』 25(1), 인하대학교 교육연구소, 2019.
4 '통시적 관점의 정전 연구'란 정전의 형성 과정이 역사적으로 어떻게 변화해 왔는지 규명하는 것을 목적으로 정전 형성 과정에서 작용한 "변화의 원인과 조건에 대해 묻는 한편, 개별 텍스트와 작가들의 정전화의 역사를 기술"하는 데 중점을 둔다. 통시적 관점의 정전 연구의 목적과 그 방법에 관해서는 고규진, 『정전의 해부: 정전현상·정전논쟁·정전이론』, 전북대학교출판문화원, 2016, 196쪽 참조.

기 위해, 한국의 고등학교 문학 교과서가 여성작가와 그 작품을 어떻게 다루어왔는지 살펴보고자 한다.

고등학교 '문학' 과목은 공교육 제도 내의 국어과 교육에서 시행되는 가장 높은 수준의 문학교육이 실현되는 장이다. 고등학교 국어과 교육에서 문학 교과가 독립된 과목으로 신설된 것은 제5차 교육과정기였고, 제4차 교육과정기에 있었던 '국어 Ⅱ'의 '현대문학'은 그 전신이라 할 수 있다. 1983년 7월 문교부 검정 심사를 통과하여 1985년 3월 초판을 발행한 『고등학교 현대문학』 교과서는 모두 5종이었다. 이들의 전체적인 집필 방향 및 교과서 체제는 "한국 현대 문학의 대표적 작품을 통해 현대 문학의 여러 양상을 이해하고, 한국 현대 문학의 흐름을 체계적으로 이해"하는 데에 초점이 맞춰져 있지만[5] 본문 제재로 수록된 여성작가의 소설은 1편도 없었으며, 시나 수필의 경우에는 각각 1편씩 실려 있다. 다만, 문학사적 지식을 설명문으로 제시한 부분이나 부록으로 실린 '한국 현대 문학 연표'에서 몇몇 여성작가의 소설을 언급하고 있다. 여성작가의 작품들 중 시와 수필이 먼저 교과서에 수록된 점이나 문학사 단원에서 여성작가의 소설에 대해 서술하는 양상 등은 1980년대까지 문학교육의 장에서 여성작가를 어떻게 인식했는지, 여성작가의 작품이 정전화되는 과정의 코드를 보여준다는 점에서 주목을 요한다.

교학사판 『고등학교 현대문학』 교과서는 노천명의 시 「오월의 노래」를 "현대시의 표정"이라는 대단원의 본문 제재로 수록하면서, 이 작품을 "작가의 고독과 거기서 헤어나지 못하는 내적 갈등"을 잘 보여

---

[5] 구인환, 『고등학교 현대문학』, 금성교과서, 1985, 1쪽.

주는 작품으로 소개하고 있다.[6] 이우출판사판은 노천명의 수필「설야 산책」을 수필의 서술 방식을 주제로 한 중단원의 본문 제재로 싣고 있으며, 1894년부터 1950년까지의 "한국 현대 문학사 연표"에서는 1933년 모윤숙의「빛나는 지역」, 1938년 노천명의「산호림」, 1940년 임옥인의「후처기」를 해당 연도의 대표 작품으로 기록하고 있다. 또한 동아출판사판은 한국 현대 문학의 내면성에 관해 설명하는 과정에서 강은교의「풀잎」을 예로 들고 있고, 시적 화자의 특징을 설명할 때에는 노천명의「귀뚜리」와「푸른 오월」을 부분 인용했다. 학연사판 역시 문학사 단원에서 1930년대의 특징으로 "여류 시인의 본격적인 등장" 을 꼽으며, 모윤숙과 노천명의 시집을 예시로 들었다.[7] 즉, 이 시기 본문 제재로 수록된 시와 수필은 모두 노천명의 작품이었으며 문학사 단원의 서술에 있어서도 유일하게 여러 종의 교과서가 공통적으로 거론하고 있는 여성작가라는 점에서, 노천명은 문학교육장에서 가장 먼저 정전화된 여성작가라 할 수 있다.

소설과 관련해서는 먼저 금성교과서판 『고등학교 현대문학』의 경우 문학사 단원에서 "현대 문학의 새로운 국면"을 서술하면서 "순수성을 추구한 예"로 한무숙의「돌」과「감정이 있는 심연」, 강신재의「절벽」과「젊은 느티나무」를 언급하고 있다.[8] 특징적인 것은 교학사판이었다. 부록으로 수록된 현대 문학 연표는 1894년부터 1960년까지 주요 문학사적 사건과 각 시기 대표 작품을 정리하고 있는데 1932년

---

6 전광용·권영민, 『고등학교 현대문학』, 교학사, 1985, 145쪽.
7 이재선, 『고등학교 현대문학』, 학연사, 1985, 11~12쪽.
8 구인환, 앞의 책, 253쪽.

박화성의 「하수도 공사」, 1934년 강경애의 「인간 문제」, 1936년 강경애의 「지하촌」, 1939년 최정희의 「지맥」, 1940년 임옥인의 「후처기」, 1947년 박화성의 「고향 없는 사람들」, 1956년 임옥인의 「월남 전후」, 1957년 한무숙의 「감정이 있는 심연」, 박경리의 「불신시대」를 해당 연도에 나온 대표 소설로 기록하고 있었다. 무엇보다 이후 여러 차례 교육과정의 개편을 거치면서도 결국 정전의 지위를 획득하지 못하는, 일제강점기 대표적인 여성작가인 박화성과 강경애의 대표작이 여러 편 언급되고 있다는 점이 눈길을 끈다. 학연사판의 경우에도 1930년대 소설의 특징으로 "여류 작가의 현저한 등장에 의해서 여성다움의 요소가 제시"되었다며 "박화성, 강경애, 최정희, 백신애와 같은 여류 작가의 작품이 활발하게 등장"했다고 서술했고[9] 1950년대 전후 문학의 대표 작가들을 나열할 때에는 김남조와 박경리의 이름을 언급했다.[10] 주목할 지점은 한국 근대문학사에서 최초의 여성작가라 할 수 있는 '김명순'을 기록하고 있다는 것과 박경리의 작품을 세 편이나 언급하고 있다는 것이다.[11]

이후 고등학교 문학 과목이 신설되는 제5차 교육과정기부터 2015 개정 교육과정기까지 여성작가의 작품은 정전화–탈정전화–재정전화의 과정을 거치면서 교과서 정전으로서 자리를 잡아간다. 이에 이 글은 어떤 여성작가의 작품이 어떤 방식으로 수록되었으며, 교과서 정전으로 자리 잡은 여성문학은 어떤 맥락에서 정전화 과정을 거쳤는지

---

9 이재선, 앞의 책, 14쪽.
10 위의 책, 19~20쪽 참조.
11 1921년의 대표 작품으로 김명순의 「칠면조」를, 박경리의 작품으로는 1957년 「불신 시대」, 1962년 『김약국의 딸들』, 1964년 『시장과 전장』을 기록하고 있다.

논구해 보고자 한다.

⟨표 1⟩ 제5차~2015 개정 교육과정기 고등학교 '문학' 과목의 교과서 발행 사항

	제5차	제6차	제7차	2009 개정	2011 개정	2015 개정
교육과정 고시	1988년	1992년	1997년	2009년	2011년	2015년
교과서 유통 기간	1990 ~1994년	1995 ~2002년	2003 ~2011년	2012 ~2013년	2014 ~2018년	2019 ~2024년
교과서 종수	8종 8책	18종 36책	18종 36책	14종 26책	11종 11책	10종 10책

이를 위해 ⟨표 1⟩에서 보는 바와 같이 제5차 교육과정기부터 2015 개정 교육과정기까지 약 30여 년간 편찬된 고등학교 문학 교과서 전체를 대상으로, 본문 제재로 수록된 여성작가의 현대소설을 실증적으로 고찰해 볼 것이다. 교과서가 문학 작품을 수록하는 방식은 다양한 편인데, 특히 본문으로 수록되는 주 제재의 경우 학습 목표에서부터 활동까지 해당 작품을 중심으로 단원 구성이 이루어질 뿐 아니라 부분적으로라도 학습자는 본문의 작품을 실제적으로 감상하게 된다는 측면에서 해당 작품은 정전화에 용이한 위치에 놓이게 된다. 또한 본문 제재로 선별되는 작품의 수는 매우 한정적이기에 같은 성취 기준이나 학습 목표를 두고 여러 교육과정기를 거치는 과정에서 '경합하는 텍스트들'을 통시적으로 살펴보는 작업은 작가의 성별 편중에 따른 정전화 과정을 비롯하여 여성작가와 여성문학 내부에서 작동하는 위계화와 서열화의 논리를 규명하는 데에도 도움이 될 것이다.[12]

2. 제5차~제7차 교육과정기: 여성작가의 저자성 승인과 '박완서'라는 정전의 발견

제5차 교육과정기에 고등학교 '문학' 과목이 신설됨에 따라 해당 과목에서 교재로 사용할 『고등학교 문학』 교과서 8종이 검인정 체제로 발행되었다. 8종 전체에 주 제재로 실린 현대소설은 총 89편이었고, 이 가운데 여성작가의 소설은 강신재의 『젊은 느티나무』 1편뿐이었다. 다만, 주 제재로 수록된 현대수필 41편 중 박경리와 최정희의 작품이 각각 1편씩 수록되었고, '작자 소개'에서는 사진과 함께 이들을 '여류 소설가'로 소개했다. 즉, 강신재, 박경리, 최정희는 고등학교 '문학' 과목의 신설 후 문학교육장에 처음 기입된 여성 소설가라 할 수 있다. 제5차 교육과정기 『고등학교 문학』 교과서에 실린 이들의 작품을 작가 이름순으로 정리해 보면 〈표 2〉와 같다.

---

12 김양선은 일제 말기부터 1950년대까지 시기별 문학전집의 체제와 여성작가 및 그 작품 수록의 양상을 살피며 여성작가의 정전화 문제 및 젠더와 관련된 정전 형성의 논리에 대해 규명한 바 있다. 김양선에 따르면, 여성작가와 여성문학 내부에서 작동하는 위계화와 서열화의 논리는 "정전의 확립, 여성(성)을 의미화하는 다양한 담론 전략"과 밀접하게 연관되어 있으며, 이는 "젠더와 관련하여 정전 형성의 원리"를 규명하는 데에 중요한 역할을 한다. 김양선, 「근·현대 여성문학 정전의 형성과정 연구」, 『한국 근·현대 여성문학 장의 형성: 문학제도와 양식』, 소명출판, 2012, 233쪽.

〈표 2〉 제5차 교육과정기 『고등학교 문학』 8종에 수록된 여성작가의 현대산문

구분	순서	작가	작품명	단원명	교과서/저자 (출판사)
현대 소설	1	강신재	젊은 느티나무	Ⅰ. 문학이란 무엇인가 3. 문학과 작가·독자 (1) 문학과 작가	김동욱 외 (동아출판사)
현대 수필	2	박경리	거리의 악사	Ⅳ. 한국 문학의 흐름과 감상 11. 감수성의 개발과 산업화의 진전 ■ 1960년대의 문학	김윤식 외 (한샘교과서)
	3	최정희	푸른 계절에 꿈을	Ⅵ. 생활의 기록과 성찰 □ 기록 문학과 수필 2. 수필의 세계	김흥규 (한샘교과서)

제5차 교육과정기에서 발행된 『고등학교 문학』 8종 교과서 중 유일하게 여성작가의 소설을 주 제재로 수록한 동아출판사판 문학 교과서는 강신재의 『젊은 느티나무』를 수록하는 데 있어, "그에게서 언제나 비누 냄새가 난다"는 소설의 첫 문장부터 '비누 냄새'에 관해 서술되는 1쪽 정도의 분량을 본문으로 수록하고, 이 장면을 통해 짐작해 볼 수 있는 서술자의 느낌과 생각을 묻는 학습 문제를 제시했다. 아울러 이 소설이 실린 단원이 "문학과 작가"인 만큼, 작품 해설에서는 "작가가 그의 마음속 세계를 응시하면서 깊은 안의 세계를 표현"하는 것이 문학이라는 설명과 함께, 『젊은 느티나무』가 그러한 섬세하고 감각적인 내면세계를 잘 보여주는 작품이라고 상정했다.[13]

여기서 주목할 지점은 섬세한 시선, 예민한 감성, 일상적 생활 감각 등의 특질이 성별화되어 '여성적인 것'으로 전제되고 있다는 점이다. 이는 제5차 교육과정기 『고등학교 문학』 교과서에 수록된 여성작가

---

13 김동욱 외, 『고등학교 문학』, 동아출판사, 1990, 32쪽.

의 현대시 2편인 김남조의 「정념의 기」와 허영자의 「자수」를 설명하는 파라텍스트에서 보다 직접적으로 드러난다. 김남조의 「정념의 기」를 "시의 심상과 회화성"을 학습하는 소단원에 수록한 금성교과서판의 경우, 시 전문의 감상에 들어가기에 앞서 이 작품을 "여성 특유의 섬세한 감성으로" 순수한 삶을 갈망하는 시라고 설명하며[14], 김남조를 "모윤숙과 노천명의 뒤를 이어 1960년대 여류 시인의 계보를 잇는 대표적인 시인"으로 소개했다.[15] 한샘교과서판은 허영자의 「자수」를 "생활과 서정"이라는 소단원의 주 제재로 수록하면서, 감상의 방향을 잡아주는 '이해의 길잡이'에서 이 시가 "여성의 섬세한 시선과 생활 감각이 어울려서 작품 전체의 온화한 균형을 이루고 있다"고 평가하며, "이 작품이 지닌 여성적 특질을 소재와 내용에서 찾아보자"는 연구 문제를 제시했다.[16]

흥미로운 것은, 제5차 교육과정기 『고등학교 문학』 교과서 8종에 주 제재로 수록된 여성작가의 현대문학 작품 5편 중에서 박경리의 수필 「거리의 악사」만이 유일하게 '서정', '내면', '생활' 등 '여성적'인 주제를 다루는 단원이 아닌 문학사 단원에 수록되었다는 점이다. 한샘교과서에서 발행된 이 교과서는 전체의 3/4 정도를 마지막 대단원인 "Ⅳ. 한국 문학의 흐름과 감상"으로 구성하고 있다. 문학사 단원이라 할 수 있는 이 단원은 상고시대부터 1960년대까지 총 11개로 시대 구분을 하여 각 시대의 대표작들을 통시적으로 배치했는데, 현대문학

---

14 박동규 외, 『고등학교 문학』, 금성교과서, 1990, 128쪽.
15 위의 책, 130쪽.
16 김흥규, 『고등학교 문학』, 한샘교과서, 1990, 114쪽.

의 경우 개화기부터 1960년대까지 10년 단위로 총 7개의 중단원을 구성하였다. 각각의 중단원은 시, 소설, 수필의 순서로 작품을 배치했고 각각의 시대마다 적게는 3편에서 많게는 10편까지 그 시대의 대표작을 수록했다. 현대문학사를 다루고 있는 7개의 중단원에서 주 제재로 작품을 수록한 작가는 총 40명이었고, 이 중 박경리는 유일한 여성 작가였다.

또한 한샘교과서판 문학 교과서는 작가 소개에서 박경리를 '여류소설가'로 표시하고 있긴 하지만 작품 설명 및 학습활동 등에서 '여성적인 것'을 전제하지 않고 "삶의 현장이 곧 예술의 시간과 공간인 거리의 악사들"을 통해 깨닫게 되는 "참된 예술가"의 조건이라는 주제에 대해서만 충실하게 설명한다.[17] 그러나 "감수성의 개발과 산업화의 진전"이라는 1960년대 문학의 특질을 설명하는 단원의 시작 부분에서는 어디에도 박경리를 비롯한 여성작가의 작품이 거론되지 않으며, 이 단원 전체를 통어하는 60년대 문학사에 대한 설명이 박경리의 「거리의 악사」와는 직결되지 않는다.[18] 즉, 박경리라는 작가는 1960년대 문학사에 배치되긴 했으나, 맨 마지막 자리에 소설이 아닌 수필로, 60년대 문학의 대표성을 담보하지도 못한 채 이름만을 올린 것이다.

제6차 교육과정기의 고등학교 문학 교과서는 18종 36책이었는데, 본문 제재로 실린 한국 현대소설은 신소설을 포함하여 총 208편이었고, 현대수필은 95편이었다. 이 가운데 여성작가의 소설 4편이 교과서 4종에 각각 1편씩 수록되었고(1.92%), 여성작가의 수필은 3편이 4종에

---

17 김윤식·김종철, 『고등학교 문학』, 한샘교과서, 1990, 407쪽.
18 위의 책, 382쪽.

수록되었다(4.21%). 제6차 교육과정기 고등학교 문학 교과서에 수록된 여성작가의 현대산문을 소설과 수필로 구분하여 작가 이름순으로 정리해 보면 아래와 같다.[19]

〈표 3〉 제6차 교육과정기 『고등학교 문학』 18종에 수록된 여성작가의 현대산문

구분	순서	작가	작품명	단원명	교과서/ 저자(출판사)	비고
현대 소설	1	강신재	젊은 느티나무	Ⅱ. 한국 문학의 흐름 4. 우리 시대의 문학	문학(상)/ 우한용 외 (동아출판사)	5차 수록
	2	박경리	불신시대	Ⅲ. 작품 세계와의 만남 3. 현실과 서사의 세계	문학(하)/ 우한용 외 (동아출판사)	첫 수록
	3		풍경A	Ⅱ. 문학 이해의 실제 2. 소설과 서사의 세계 1) 서사 문학의 구성	문학(상)/ 이문규 외 (선영사)	첫 수록
	4	박완서	나목	Ⅴ. 한국 문학의 흐름과 감상(2) 4. 산업화와 민족 문학의 새로운 단계 ■ 1960·1970년대 문학	문학(하)/ 김윤식 외 (한샘출판)	첫 수록
현대 수필	5	박경리	거리의 악사	Ⅲ. 문학 작품의 이해와 감상(1) -갈래에 따른 이해와 감상 4. 생활의 여적(餘滴) (2) 수필의 세계와 주제	문학(상)/ 구인환 외 (한샘출판)	5차 수록
	6			Ⅳ. 문학과 인간 꿈과 소망의 세계 (4) 거리의 악사	문학(상)/ 한계전 외 (대한교과서)	
	7		조화	Ⅴ. 수필의 감상 2. 사색과 예지	문학(하)/ 박경신 외 (금성교과서)	첫 수록

---

19 참고로 제6차 교육과정기 『고등학교 문학』 18종에 수록된 여성작가의 현대운문은 총 3편으로, 현대시는 노천명의 「사슴」과 김남조의 「정념의 기」가 수록되었고, 현대시조로는 이영도의 「신록」이 수록되었다.

현대 수필	8	전혜린	먼 곳에의 그리움	V. 한국 문학의 흐름과 감상(2) 4. 산업화와 민족 문학의 새로 운 단계 ■ 1960·1970년대 문학	문학(하)/ 김윤식 외 (한샘출판)	첫 수록

〈표 3〉에서 정리한 작품들은 제6차 교육과정기의 『고등학교 문학』 교과서 18종에 실린 현대산문 전체에서 2.64%에 불과한 수치이며[20], 희곡 및 시나리오 장르에 수록된 현대문학 작품 중에서 여성작가의 작품은 단 한 편도 없었다. 여성작가의 작품이 매우 한정적으로 수록된 만큼, 수록된 작가와 작품은 가장 먼저 정전화되었을 가능성이 크기에 〈표 3〉에서 눈여겨보아야 할 점은 무엇보다 어떤 작가의 작품이 수록되었는가이다. 강신재, 박경리, 박완서, 전혜린 등 이 4명의 작가 중 강신재를 제외한 3명의 작품은 이 시기 이후로 최근까지 교과서 정전의 지위를 누린다.[21] 즉, 교과서 정전으로서 박경리와 박완서의 소설 및 전혜린의 수필이 처음 정전화되기 시작하는 시기가 제6차 교육과정기라 할 수 있다. 무엇보다 〈표 3〉에서 특기할 점은 현대소설과 현대수필을 통틀어 수록된 여성작가의 작품이 총 8편인데, 그중 박경리의 작품만 5편이나 수록되었다는 것이다. 제6차 교육과정이 1992년에 고시되고 그에 따른 고등학교 문학 교과서가 1995년에 출간되기 시작했음을 고려해 본다면, 1994년 『토지』의 완간으로 한국문학/문화사에

---

20 출판사별로 살펴보았을 때, 두산에서 출간된 『고등학교 문학』이 상권에 강신재의 『젊은 느티나무』를, 하권에서는 박경리의 『불신 시대』를 수록하면서 상·하권에 각각 여성작가의 소설을 1편씩 배치했다는 점이 눈길을 끈다.
21 강신재의 작품은 『젊은 느티나무』 1편만이 2009 개정까지 1종의 교과서에만 수록되다가 2011 개정 교과서부터는 실리지 않는다.

큰 화제가 되었던 박경리의 작품들이 다양하게 교과서 안으로 들어오게 된 까닭은 쉽게 짐작할 수 있다.[22]

> 박경리는 한국 현대 문학사의 거봉(巨峯)처럼 솟아오른 작품 '토지' (1969~1994) 전 16권을 완결한 작가이다. 박경리는 이 작품에서 시간적·공간적으로 광범위하고도 복잡한 사건들을 다루면서 헤아릴 수 없이 많은 인물들을 등장시키는 기량을 보여주었다. 여기에 수록한 작품 '풍경 A'는 박경리의 그 기량에 이르는 길의 일단(一端)을 보여준 것이다. …… '풍경 A'에서 볼 수 있듯이 치밀한 관찰과 구성의 힘을 키우면서 아마도 박경리는 그의 대작 '토지'에 다가갈 수 있었을 것이다.[23]

선영사판 『고등학교 문학(상)』 교과서는 갈래별로 책 전체가 구성되어 있는데, 박경리의 단편소설 「풍경 A」는 이 교과서를 통해 맨 처음 배우는 현대소설이다. 선영사판 교과서는 본문으로 「풍경 A」를 싣고, 본문이 끝난 후 이어지는 "이해의 길목"에서는 인용한 것과 같이 작가와 작품에 대한 소개를 싣고 있다. 즉, 「풍경 A」를 통해 『토지』의 작가 박경리를 보여주고 있는 것이다. 금성교과서판 교과서도 박경리의 수필 「조화」를 실으면서 "소설을 통해 역사성과 사회성 짙은 작품 세계를 추구해 온 지은이의 세계관과 인생관의 편린을 엿볼 수 있는 작품"으로 수록작을 소개하고, 지은이 설명에서는 박경리가 "역사의식이 뚜렷하

---

22 제6차 교육과정기에 국정으로 발행되었던 『고등학교 국어』 교과서에는 『토지』 1부의 서두 부분이 본문 제재로 수록되기도 했다. 『토지』의 완간과 제6차 교육과정기의 맞물림은 박경리 작가의 정전화 과정과도 밀접한 연관성을 가진다고 할 수 있다.
23 이문규·권오만, 『고등학교 문학(상)』, 선영사, 1995, 149쪽.

며 의식성 짙은 주제를 주지적이고 명료한 문체로 형상화"한 경향을 보이는 작가라고 소개한다.[24] 즉, 당시 남성작가의 전유물로 간주되었던 '역사의식' 혹은 '역사성'을 『토지』가 선취하였고, 이것이 여성작가들 중 가장 먼저 박경리가 교과서에 등재될 수 있었던 이유이기도 했다.[25]

아울러 이 시기 고등학교 문학 교과서에 수록된 여성작가는 모두 해방 이후에 활동한 이들이며, 대개 1950년대 후반에서 1970년대 초반에 발표된 작품이 수록되었다는 점도 주목할 만하다. 이는 이광수, 김동인, 염상섭 등 교과서에 수록된 남성작가 대부분이 해방 이전 식민지기에 활동한 문인들이라는 점과 대조적이다. 특히 문학사 단원의 경우 현대문학의 기점에서부터 형성기까지 모두 남성작가의 활동을 중심으로 설명하고 있으며, 이들의 작품을 '한국 현대문학사의 대표작품'으로 학습하도록 이끌고 있었다. 제5차~제6차 교육과정기에 발행된 『고등학교 문학』 교과서가 1990년부터 2002년까지 교재로 사용되었다는 점을 감안할 때, 해방 후 2000년대 초반까지 약 반세기에

---

[24] 박경신 외, 『고등학교 문학(하)』, 금성교과서, 1995, 270쪽.
[25] 두산동아판 『고등학교 문학』 교과서는 상/하권 모두 합쳐 18편의 현대소설이 소단원 본문으로 수록되었지만, 이 가운데 여성작가의 작품은 한 편도 없었다. 이 교과서의 특징적인 면은, 상권의 "공동체와 문학"이라는 중단원에서 "가계와 여성"이라는 소단원 주제로 김정한의 「수라도」를 수록하고, "온갖 시련 속에서도 집안을 지켜나가는 한 여성의 삶에 대해 생각하며 읽자"고 읽기 전 일러두기를 제시했다는 점이다. 또한 「수라도」의 학습활동에서는 이 작품의 주인공인 가야 부인과 박경리의 『토지』의 최서희가 "각각 사회적 변화 속에서도 자신의 집안을 어떻게 지탱하고 있는지 비교해 보"는 활동을 싣고 있다. 즉 파라텍스트를 통해 『토지』의 수용을 이끌되, 감상의 초점을 "자신이 소속된 가족 공동체를 지키는 역할을 수행해" 온 여성인물에 두고 있다는 점에서 남성중심의 독법과 논리가 『토지』의 정전화 과정에 작동하고 있음을 확인할 수 있다. 김열규·신동욱, 『고등학교 문학(상)』, 두산동아, 1995, 99쪽·107쪽.

걸쳐 중고등학교 문학교육 현장에서는 남성작가 중심의 문학사 서술이 보편적 지식으로 받아들여졌음을 알 수 있다.

제7차 교육과정에 따라 개정된 고등학교 문학 교과서는 카프 및 월북 작가의 작품뿐 아니라 90년대 이후 작품, 학생이나 비전문인의 작품, 조선족 작가와 북한 작가의 작품 등을 수록했다는 점에서 당시로서는 가장 다양한 작가 및 경향의 문학 작품을 수록한 것으로 특기할 만하다. 수록된 여성작가의 작품 수도 크게 늘었는데, 현대소설 부문에 한정해서 살펴보자면 제7차 교육과정기의 고등학교 문학 교과서 18종 36책에 본문 제재로 실린 현대소설은 총 318편이며 이 중 여성작가의 작품은 아래와 같다.

〈표 4〉 제7차 교육과정기 『고등학교 문학』 18종에 수록된 여성작가의 현대소설

순서	작가	작품명	교과서/ 저자(출판사)	비고
1	강경애	인간 문제	문학(하)/ 박갑수 외(지학사)	첫 수록
2	강신재	젊은 느티나무	문학(상)/ 한계전 외(블랙박스)	5~6차 수록
3	강석경	숲속의 방	문학(상)/ 우한용 외(두산)	첫 수록
4	박경리	김약국의 딸들	문학(상)/ 한철우 외(문원각)	6차 수록
5		불신 시대	문학(상)/ 박호영 외(형설출판사)	
6		토지	문학(하)/ 김창원 외(민중서림)	
7			문학(상)/ 최웅 외(청문각)	

8	박경리	토지	문학(상)/ 한계전 외(블랙박스)	6차 수록
9	박완서	그해 겨울은 따뜻했네	문학(하)/ 김병국 외(포넷)	6차 수록 / 7차 최다 수록 작가 (7편, 12회)
10		나목	문학(하)/ 김창원 외(민중서림)	
11			문학(상)/ 오세영(대한교과서)	
12			문학(하)/ 한계전 외(블랙박스)	
13		세상에서 제일 무거운 틀니	문학(하)/ 우한용 외(두산)	
14		엄마의 말뚝1	문학(하)/ 권영민 외(지학사)	
15			문학(상)/ 김대행 외(교학사)	
16			문학(상)/ 오세영(내한교과서)	
17		엄마의 말뚝2	문학(하)/ 한철우 외(문원각)	
18			문학(하)/ 최웅 외(청문각)	
19		우황청심환	문학(하)/ 김윤식 외(디딤돌)	
20		황혼	문학(상)/ 박갑수 외(지학사)	
21	서영은	먼 그대	문학(하)/ 김창원 외(민중서림)	첫 수록
22	신경숙	감자 먹는 사람들	문학(상)/ 한계전 외(블랙박스)	첫 수록
23		외딴 방	문학(하)/ 구인환 외(교학사)	
24			문학(하)/ 김창원 외(민중서림)	

25	양귀자	원미동 시인	문학(하)/ 강황구 외(상문연구사)	첫 수록
26			문학(상)/ 오세영(대한교과서)	
27		한계령	문학(하)/ 구인환 외(교학사)	
28			문학(상)/ 박경신 외(금성출판사)	
29	오정희	중국인 거리	문학(상)/ 김창원 외(민중서림)	첫 수록
30	최명희	혼불	문학(하)/ 구인환 외(교학사)	첫 수록
31			문학(하)/ 김창원 외(민중서림)	
32			문학(하)/ 최웅 외(청문각)	
33	최윤	푸른 기차	문학(상)/ 김창원 외(민중서림)	첫 수록

〈표 4〉에서 알 수 있듯이 18종 고등학교 문학 교과서에 여성작가의 현대소설은 총 33회 수록되었는데, 이는 현대소설 전체에서 9.48%를 차지한다. 제6차 교육과정기의 경우 수록된 전체 현대소설 중 여성작가 작품의 수록 비율이 1.92%를 차지했던 것과 비교해 본다면 여성작가의 소설이 5배 가까이 늘었다고 할 수 있다. 그러나 남성작가의 작품이 차지하는 비중이 여전히 90%에 육박하고 있음을 고려할 때, 2000년대 중·고등학교 교수-학습 현장에서 사용된 교과서에서도 남성작가 중심의 성별 편향이 매우 심각한 편이었다고 할 수 있다. 그럼에도 불구하고 제7차 교육과정기의 여성작가 작품 수록 양상에서 고무적인 것은 일제강점기의 강경애, 1980년대의 강석경과 양귀자, 1990년대의

신경숙과 최윤 등 여러 시기에 활동했던 다양한 여성작가의 작품이 수록되었다는 점과 이러한 소설들이 다루고 있는 주제 및 여성 주인공의 면면도 훨씬 다채로워졌다는 점이다.

이 시기에 고등학교 문학 교과서에 본문 제재로 현대소설이 수록된 여성작가는 총 11명으로, 이들 중 제7차 교육과정기에서 처음으로 수록된 여성작가는 8명이었고, 이들의 작품은 모두 15회 수록되었다. 강신재, 박경리, 박완서 등 제6차에 이어 제7차 교육과정기에서도 연속하여 현대소설이 수록된 이 세 명의 여성작가의 작품들은 모두 18회 수록되었다. 즉, 새롭게 이름이 등재된 여성작가의 수는 기존 작가의 수에 비해 2.7배 정도 많았지만, 수록된 작품은 기존 작가의 것이 1.2배 많았다는 점을 고려할 때 제7차 교육과정기에 이르면 새롭게 교과서에 등재되는 여성작가의 저변도 확대되었을 뿐 아니라 기존에 수록된 여성작가의 작품들 또한 폭넓게 정전화되기 시작했음을 확인할 수 있다.[26] 이와 관련하여 수치를 좀 더 가시화하기 위해 이 시기 여러 종의 교과서에 현대소설이 수록된 여성작가를 최다 수록순으로 〈표 5〉와 같이 정리해 보았다.

〈표 5〉 제7차 교육과정기 현대소설 최다 수록 여성작가 5인

	박완서	박경리	양귀자	신경숙	최명희
작품 수	7	3	2	2	1
수록 횟수	12	5	4	3	3

---

26 이는 제6차에 이어 제7차에서도 수필 작품이 수록된 전혜린의 경우에도 마찬가지이다. 제7차 교육과정기에 와서 전혜린의 수필은 「사치의 바벨탑」이 금성출판사판 1종에, 「먼 곳에의 그리움」이 디딤돌판과 포넷판에 각각 수록되면서 전혜린의 수필은 총 3종의 교과서에 수록된다.

무엇보다 〈표 5〉에서 눈여겨보아야 할 점은 고등학교 문학 교과서 18종 중 박완서의 작품이 12종에 수록되었다는 것이다. 즉, 이 시기부터 문학교육장에서는 박완서의 소설들이 본격적으로 정전화되기 시작했다고 할 수 있다. 최근 한 연구에서는 박완서의 문학사적 위상이 국문학계에서 본격적으로 주목받기 시작한 시기를 2010년대로 밝힌 바 있는데,[27] 박완서의 문학에 관한 박사학위논문이 2001년부터 발표되었음을 고려한다면 2002년 7월에 검정 심사를 통과하여 2003년부터 발행되기 시작한 제7차 교육과정기의 문학 교과서는 다른 어떤 정전화 주체보다 먼저 박완서 문학의 정전화를 이끌었다고 할 수 있다.[28] 이 시기 문학 교과서는 박완서의 작품 세계가 분단 문제, 여성 문제, 중산층 문제를 다루고 있다고 설명하면서 "주로 가족사를 통해 분단의 비극과, 그 속에서 성장한 뿌리 없는 중산층의 모습을 여성의 시각을 통해 보여주고 있"음을 상찬했는데[29], 작품별 수록 횟수를 고려할 때 이러한 박완서의 문학 세계를 대표할 작품으로 『나목』, 「엄마의 말뚝1」, 「엄마의 말뚝2」를 상정했다고 볼 수 있다.[30] 지학사판 문학 교과서

---

27 최진석·최새흰·김병준·허예슬·최주찬·황호덕, 「두 박완서, 제도와 젠더 혹은 디지털 작가 연구의 시좌: 2010년대 『여성문학연구』를 중심으로」, 『개념과 소통』 34, 한림대학교 한림과학원, 2024.
28 국문학 연구자의 일반적인 생애 주기를 떠올려 본다면, 제7차 교육과정기에 고등학생 시절을 보낸 연구자는 2000년대 중후반에 대학교에 입학하여 2010년대에 대학원 석박사 과정을 거치게 된다. 2011년 박완서의 타계, 2015~2016년 페미니즘 리부트 등 동시대 문학장의 사건들과 2010년대 박완서 문학 연구의 활성화가 밀접한 연관을 가지는 것은 분명한 사실이지만, 2000년대 초반부터 문학교육장에서 본격화되었던 박완서 문학의 정전화 과정이 연구자들의 의식적/무의식적 저변에 있음 또한 고려해야 할 사항이다.
29 김대행 외, 『고등학교 문학(상)』, 교학사, 2004, 38쪽.

는 「엄마의 말뚝1」을 문학사 단원에 수록하면서 광복 이후 새로운 흐름을 보여주는 작품의 예로써 최인훈의 『광장』 다음에 배치하고 있기도 하다. 이는 그만큼 이 시기 박완서 소설의 정전화 과정이 빠르고도 확고하게 이루어졌음을 확인할 수 있는 대목이다.

3. 2009~2015 개정 교육과정기: 동시대 여성작가의 작품 수용과 정전의 다변화

2007 개정 교육과정기부터 수시 개정 체제로 개편되면서 고등학교 문학 과목의 교과서는 2009년과 2011년 개정 교육과정에 따라 각각 2012년과 2014년에 발행되었다. 교육과정의 역사상 가장 짧은 시간 안에 개정이 이루어졌고, 문학 교과서의 역사상으로는 2011년 개정 교육과정기부터 교과서의 단권화가 추진되면서 기본적으로 수록될 수 있는 문학 작품의 수가 크게 줄어들었다. 그럼에도 불구하고 여성작가 작품의 수록 비율은 꾸준하게 증가한다. 2009 개정 교육과정에 따른 고등학교 문학 교과서 총 14종 26권에 본문으로 수록된 현대소설은 총 236편이었으며 이 가운데 여성작가의 작품은 44편으로 그 구체적인 목록은 아래와 같다.

---

30 제7차 교육과정기에서는 『나목』과 「엄마의 말뚝1」이 각각 3회씩, 「엄마의 말뚝2」는 2회 수록되었다. 그러나 2009, 2011, 2015 개정을 거치는 과정에서 『나목』과 「엄마의 말뚝1」보다 「엄마의 말뚝2」가 더 많은 교과서에 실리면서 좀 더 확실한 정전의 지위를 누리게 되었음도 부기해 둔다.

〈표 6〉 2009 개정 교육과정기 『고등학교 문학』 14종에 수록된 여성작가의 현대소설

순서	작가	작품명	교과서/ 저자(출판사)	비고
1	강경애	인간문제	문학(Ⅱ)/ 최지현 외(지학사)	7차 수록
2	강신재	젊은 느티나무	문학(Ⅰ)/ 윤여탁 외(미래엔)	5~7차 수록
3	공선옥	명랑한 밤길	문학(Ⅱ)/ 정재찬 외(천재교과서)	첫 수록
4	공지영	무소의 뿔처럼 혼자서 가라	문학(Ⅱ)/ 박종호 외(창비)	첫 수록
5	김재영	코끼리	문학(Ⅱ)/ 김윤식 외(천재교육)	첫 수록
6			문학(Ⅱ)/ 박종호 외(창비)	
7	김중미	거대한 뿌리	문학(Ⅱ)/ 박영민 외(비상교육)	첫 수록
8	박경리	토지	문학(Ⅱ)/ 권영민 외(지학사)	6~7차 수록
9			문학(Ⅰ)/ 고형진 외(천재문화)	
10		토지	문학(Ⅱ)/ 김윤식 외(천재교육)	
11			문학(Ⅱ)/ 박종호 외(창비)	
12			문학(Ⅱ)/ 윤석산 외(교학코퍼레이션)	
13			문학(Ⅰ)/ 최지현 외(지학사)	
14	박옥남	마이허	문학(Ⅱ)/ 윤여탁 외(미래엔)	첫 수록

15		그 많던 싱아는 누가 다 먹었을까	문학(Ⅰ)/ 정재찬 외(천재교과서)	
16		부끄러움을 가르칩니다	문학(Ⅰ)/ 이숭원 외(신사고)	
17		꿈꾸는 인큐베이터	문학(Ⅱ)/ 고형진 외(천재문화)	
18			문학(Ⅱ)/ 김윤식 외(천재교육)	6~7차 수록 / 2009 개정 최다 수록 작가 (8편, 10회)
19	박완서	나목	문학(Ⅰ)/ 권영민 외(지학사)	
20			문학(Ⅱ)/ 조정래 외(해냄에듀)	
21		아저씨의 훈장	문학(Ⅱ)/ 윤여탁 외(미래엔)	
22		엄마의 말뚝1	문학(Ⅰ)/ 유병환 외(비상교평)	
23		우황청심환	문학(Ⅱ)/ 윤석산 외 (교학코퍼레이션)	
24		해산 바가지	문학(Ⅰ)/ 박영민 외(비상교육)	
25		감자 먹는 사람들	문학(Ⅱ)/ 유병환 외(비상교평)	
26		외딴 방	문학(Ⅱ)/ 박영민 외(비상교육)	
27	신경숙	외딴 방	문학(Ⅱ)/ 정재찬 외(천재교과서)	7차 수록
28			문학(Ⅱ)/ 최지현 외(지학사)	
29		엄마를 부탁해	문학(Ⅰ)/ 박종호 외(창비)	

젠더로 문학 교과서 읽기   353

30	양귀자	길 모퉁이에서 만난 사람	문학(Ⅰ)/ 윤여탁 외(미래엔)	7차 수록
31		비 오는 날이면 가리봉동에 가야 한다	문학(Ⅰ)/ 이승원 외(신사고)	
32			문학(Ⅱ)/ 정재찬 외(천재교과서)	
33		원미동 시인	문학(Ⅰ)/ 윤석산 외(교학코퍼레이션)	
34		한계령	문학(Ⅰ)/ 박영민 외(비상교육)	
35	오정희	새	문학(Ⅱ)/ 윤석산 외(교학코퍼레이션)	7차 수록
36		유년의 뜰	문학(Ⅱ)/ 박영민 외(비상교육)	
37			문학(Ⅰ)/ 최지현 외(지학사)	
38	윤영수	착한 사람 문성현	문학(Ⅱ)/ 박종호 외(창비)	첫 수록
39	은희경	날씨와 생활	문학(Ⅰ)/ 윤여탁 외(미래엔)	첫 수록
40		내 고향에는 이제 눈이 내리지 않는다	문학(Ⅰ)/ 고형진 외(천재문화)	
41	이남희	허생의 처	문학(Ⅰ)/ 권영민 외(지학사)	첫 수록
42			문학(Ⅰ)/ 김윤식 외(천재교육)	
43	최윤	회색 눈사람	문학(Ⅰ)/ 윤여탁 외(미래엔)	7차 수록
44			하나코는 없다	

　2009 개정 『고등학교 문학』에 주 제재로 현대소설이 수록된 여성 작가는 총 14명이었는데, 이 가운데 새롭게 교과서에 수록된 여성작

가는 공선옥, 공지영, 김재영, 김중미, 박옥남, 윤영수, 은희경, 이남희 등이다. 강신재, 박경리, 박완서는 제6차부터 2009 개정까지 연속하여 등재되었고, 박경리의 경우 기존에는 여러 편의 소설이 수록되었다면 2009 개정 시기에 와서는 『토지』 한 작품으로 수렴된다. 즉, 개별 작가 작품의 정전화 과정을 살펴본다고 했을 때, 박경리의 경우 2009 개정 시기부터 『토지』로 교과서 정전이 확정된다고 할 수 있다. 또한 이 시기 처음으로 수록된 여성작가들의 면면을 살펴보면 이 무렵 달라진 문학교육장의 두 가지 흐름을 짐작할 수 있다. 첫째, 2009 개정 교육과정 전반에서 강조되었던 '다문화시대'와 관련된 주제를 다루고 있는 공선옥의 「명랑한 밤길」, 김재영의 「코끼리」, 김중미의 「거대한 뿌리」가 수록되었다는 점이다. 둘째, 공지영, 신경숙, 양귀자, 은희경 등 1990년대를 대표하는 여성작가의 작품들이 대거 수록되었다는 것인데, 이는 1990년대 문학사에 대한 평가가 어느 정도 완료되면서 문학교육의 장에도 이것이 반영되기 시작했음을 나타낸다.

〈표 7〉 2011 개정 교육과정기 『고등학교 문학』 11종에 수록된 여성작가의 현대소설

순서	작가	작품명	저자 (출판사)	비고
1	공선옥	명랑한 밤길	정재찬 외 (천재교과서)	2009 수록
2	김려령	완득이	김대용 외 (상문연구사)	첫 수록
3			한철우 외 (비상교육)	
4	김재영	코끼리	우한용 외 (비상교과서)	2009 수록

5	김선영	시간을 파는 상점	조정래 외 (해냄에듀)	첫 수록
6	박경리	토지	박종호 외 (창비)	6차~2009 수록
7			김대용 외 (상문연구사)	
8	박완서	그해 겨울은 따뜻했네	권영민 외 (지학사)	6차~2009 수록 / 2011 개정 최다 수록 작가 (5편, 6종)
9		나목	김대용 외 (상문연구사)	
10		부끄러움을 가르칩니다	한철우 외 (비상교육)	
11		엄마의 말뚝2	이숭원 외 (신사고)	
12		해산 바가지	김윤식 외 (천재교육)	
13			김창원 외 (동아출판)	
14	신경숙	엄마를 부탁해	박종호 외 (창비)	7차~2009 수록 / 『엄마를 부탁해』는 2011 개정 최다 수록작 (4종)
15			우한용 외 (비상교과서)	
16			윤여탁 외 (미래엔)	
17			정재찬 외 (천재교과서)	
18		외딴 방	김대용 외 (상문연구사)	
19			한철우 외 (비상교육)	

20	양귀자	길모퉁이에서 만난 사람	윤여탁 외 (미래엔)	7차~2009 수록
21		비오는 날이면 가리봉동에 가야 한다	이숭원 외 (신사고)	
22			정재찬 외 (천재교과서)	
23	윤영수	착한 사람 문성현	박종호 외 (창비)	2009 수록
24	은희경	서정시대	권영민 외 (지학사)	2009 수록
25		소년을 위로해 줘	조정래 외 (해냄에듀)	
26	이남희	허생의 처	우한용 외 (비상교과서)	2009 수록

  2011 개정 교육과정기의 고등학교 문학 교과서는 이전 시기에 비해 11종 11권으로 그 규모가 크게 줄어들었지만, 수록된 여성작가의 현대소설은 모두 26편으로 비율상으로는 더 늘었다고 할 수 있다. 2009 개정 교과서와 2011 개정 교과서가 발행된 시기의 시간차가 얼마 되지 않는 만큼 김려령과 김선영을 제외하고는 2011 개정 교과서에 새롭게 수록된 작가는 없었고, 수록된 현대소설의 면면도 크게 다르지 않은 편이다. 다만, 새롭게 수록된 김려령의 『완득이』와 김선영의 『시간을 파는 상점』은 각각 제1회 창비 청소년문학상과 제1회 자음과모음 청소년문학상 수상작으로, 2010년을 전후하여 아동청소년문학장에서 형성되기 시작하는 청소년문학에 대한 논의가 문학교육장으로 빠르게 유입되고 있음을 확인할 수 있는 지점이다. 이는 '교과서에 수록되는 문학 정전'이라는 그 견고한 상(像)에도 변화가 일어나고 있음을 짐작

해 볼 수 있는 대목이기도 하다. 또한, 매체 환경의 변화에 따라 박경리의 『토지』의 수록 비율이 줄어든 만큼 이 작품을 원작으로 한 오세영의 만화 『토지』의 수록 비율이 늘어났다는 점, 여전히 박완서의 작품이 가장 다양하게 가장 많이 수록되었다는 점, 신경숙의 경우 『외딴 방』보다 『엄마를 부탁해』가 이번 개정에 와서 더 많이 수록되었다는 점 등을 주목할 만하다. 『엄마를 부탁해』의 수록 비율이 늘어난 것을 통해, 이전 시기에 비해서 문학사적 평가나 출판문화사의 흐름이 큰 시차 없이 문학교육장에 반영되고 있음을 짐작해 볼 수 있다.[31]

2015 개정 교육과정에 따른 『고등학교 문학』 교과서 총 10종에 실린 여성작가의 현대소설은 20편이었다. 이 시기 문학 교과서에 본문 제재로 수록된 현대소설은 총 77편이었고, 이 중 여성작가의 작품은 26%를 차지했다.

〈표 8〉 2015 개정 교육과정기 『고등학교 문학』 10종에 수록된 여성작가의 현대소설

순서	작가	작품명	저자 (출판사)	비고
1	공선옥	명랑한 밤길	이숭원 외 (신사고)	2009 수록
2	금희	세상에 없는 나의 집	최원식 외 (창비)	첫 수록
3	김숨	뿌리 이야기	김동환 외 (천재교과서)	첫 수록

---

[31] 2011 개정과 2015 개정 사이 신경숙의 표절 사건이 문학장에서 큰 파장을 불러오면서, 2015 개정 교육과정기에는 신경숙의 작품이 한 편도 수록되지 않는다. 신경숙의 작품들은 제7차부터 2011 개정까지 폭넓게 정전화의 과정을 거듭하고 있었는데, 2015 개정에 와서 교과서 정전의 지위를 상실하게 된다.

4	김애란	도도한 생활	김창원 외 (동아출판)	첫 수록
5		두근두근 내 인생	정재찬 외 (지학사)	
6		입동	최원식 외 (창비)	
7	박완서	그 여자네 집	류수열 외 (금성출판사)	6차부터 매번 수록 / 2015 개정 최다 수록 작가 (5편, 5종)
8		그해 겨울은 따뜻했네	방민호 외 (미래엔)	
9		겨울 나들이	정호웅 외 (천재교육)	
10		엄마의 말뚝2	최원식 외 (창비)	
11		해산 바가지	김창원 외 (동아출판)	
12	서유미	스노우맨	방민호 외 (미래엔)	첫 수록
13	양귀자	비 오는 날이면 가리봉동에 가야 한다	류수열 외 (금성출판사)	2015 개정 최다 수록작 (3종)
14			정재찬 외 (지학사)	
15			정호웅 외 (천재교육)	
16	은희경	소년을 위로해 줘	조정래 외 (해냄에듀)	2009~2011 수록
17			한철우 외 (비상교육)	
18	최은영	씬짜오, 씬짜오	류수열 외 (금성출판사)	첫 수록
19	한강	내 여자의 열매	방민호 외 (미래엔)	첫 수록
20		채식주의자	김동환 외 (천재교과서)	

무엇보다 2015 개정 교육과정기에서 눈에 띄는 변화는 김숨, 김애란, 서유미, 최은영, 한강 등 현재 한국문학장에서 활발하게 작품 활동을 하고 있는 젊은 여성 작가들이 새롭게 등장했다는 것이다. 기존에도 작품을 수록했던 작가와 새롭게 교과서에 들어간 작가들의 비율은 4:6이며, 제7차 교육과정기와 더불어 2015 개정 교육과정기는 새로운 여성작가가 가장 많이 처음으로 수록된 시기로 볼 수 있다. 즉, 여성작가가 문학교육장에 대거 새롭게 유입되는 시기가 2000년대 초와 2010년대 말이라고 할 수 있는데, 이러한 2015 개정 시기의 변화는 2010년대 중반 페미니즘 대중화와 여성작가의 약진으로 인한 문학장의 변동과 연동되는 것으로 볼 수 있다.

그러나 2015 개정 교육과정기에 교과서에 처음으로 등장한 여성작가의 수는 기존 작가들에 비해 많지만 수록작의 수에서는 기존 작가의 작품들이 더 많았다. 이는 박완서, 양귀자, 은희경 등 여러 번에 걸쳐 계속해서 작품을 수록했던 작가들이 안정적으로 정전화되었음을 뜻하는데, 이와 관련해서는 기존 교육과정기에서는 다른 여러 작품을 수록했던 양귀자와 은희경의 경우 이번 개정에 와서는 각각 「비 오는 날이면 가리봉동에 가야 한다」와 「소년을 위로해 줘」만이 여러 종에 수록되면서 이들 작가의 정전화 과정이 하나의 방향으로 고정화되는 단계에 들어선다. 이에 반해 박완서의 경우에는 2015 개정 교육과정기에도 가장 많은 작품을 가장 많은 교과서에 수록한 작가로 기록된다. 이 개정에서 박완서의 작품은 모두 5편이 5종에 실려 있는데, 『고등학교 문학』 교과서가 전체 10종임을 감안한다면 박완서의 작품을 실은 교과서는 50%에 달한다고 할 수 있다. 이는 2015 개정에 작품이 수록된 남성작가들과 비교해 보았을 때에도 가장 높은 비율이다.

4. 나가며: 2022 개정 교육과정기를 시작하며

제5차 교육과정기부터 2015 개정 교육과정까지, 즉 1990년대부터 2010년대까지 30여 년 동안 고등학교 문학 교과서에 수록된 여성작가의 현대소설은 〈표 9〉에서 보는 바와 같이 점점 더 확대되었다. 아울러 〈표 10〉에서 보는 바와 같이 여성작가들 중 박완서가 가장 오래, 가장 확고하게 정전의 지위를 누리고 있음을 확인할 수 있다.

〈표 9〉 제5차~2015 개정 교육과정기 『고등학교 문학』의
현대소설 수록 여성작가 및 작품 비율

	제5차	제6차	제7차	2009 개정	2011 개정	2015 개정
현대소설 작품 수	89편	208편	318편	236편	113편	77편
여성작가 작품 수	1편	4편	33편	44편	26편	20편
비율	1.12%	1.92%	9.48%	18.64%	23%	26%

〈표 10〉 제5차~2015 개정 교육과정기 『고등학교 문학』의
현대소설 수록 여성작가의 수와 최다 수록작

	제5차	제6차	제7차	2009 개정	2011 개정	2015 개정
수록 여성작가 수	1명	3명	11명	16명	11명	10명
최다 수록 여성작가 (수록 횟수)	강신재 (1회)	박경리 (2회)	박완서 (12회)	박완서 (10회)	박완서 (6회) / 신경숙 (6회)	박완서 (5회)

최다 수록작 (수록 횟수)	젊은 느티나무 (1회)	젊은 느티나무 (1회)	토지 (3회)	토지 (6회)	엄마를 부탁해 (4회)	비 오는 날이면 가리봉동에 가야 한다 (3회)
		불신시대 (1회)	나목 (3회)			
		풍경A (1회)				
		나목 (1회)	엄마의 말뚝1 (3회)			

2022 개정 교육과정 총론에서는 "인공지능 기술 발전에 따른 디지털 전환, 감염병 대유행 및 기후·생태환경 변화, 인구 구조 변화 등"으로 인해 빚어진 "미래 사회의 불확실성에 능동적으로 대응할 수 있는" 역량을 함양하는 데 교육과정 구성의 중점을 두고 있음을 밝히고 있다.[32] 디지털 대전환, 기후 위기, 인구 소멸 등은 이미 한국문학장에도 큰 영향을 미쳤고, 2015 개정 교육과정과 2022 개정 교육과정에 따른 각각의 문학 교과서가 발행된 2019년과 2025년 사이 한국문학장에서는 페미니즘 대중화 및 SF 붐과 같은 큰 변동을 겪기도 했다. 또한 이는 자연스럽게 문학교육장과도 영향을 주고받아, 고등학교 문학 과목이 생겨난 지 30여 년 만에 처음으로 2022 개정 문학 교과서에서는 한국 여성작가의 SF 작품을 수록하기도 했다. 2022 개정 교육과정에 기반한 문학 교과서가 시중에 나온 지 얼마 되지 않은 시기이기에 이번 시기의 교과서에 수록된 여성작가와 작품의 면면을 세세하게 분석할

---

32 교육부, 『초·중등학교 교육과정 총론(교육부 고시 제2022-33호[별책1])』, 교육부, 2022, 4쪽.

수는 없었지만 김초엽의 SF 작품의 수록과 같이 미래 세대를 위한 새로운 흐름이 만들어지고 있음은 분명하다고 할 수 있다. 2022 개정 교육과정에 기반한 고등학교 문학 교과서 7종에 관한 분석은 후속 연구를 기약하도록 하겠다.

참고문헌

제1부 문학 속 여성들의 목소리

삼설기본 〈노처녀가〉의 서술 전략과 웃음의 기능 | 이형대

1. 기본자료

김기현 역주, 『박씨전 임장군전 배시황전』, 고려대 민족문화연구소, 1995.
소혜왕후 저, 이경하 주해, 『내훈』, 한길사, 2011.

2. 국내외 논저

고성혜, 「〈노처녀가〉에 드러난 우울과 애도: 감정의 치유 과정을 중심으로」, 『우리문학연구』 17, 우리문학연구회, 2021.
고순희, 「〈노처녀가1〉 연구」, 『한국시가연구』 14, 한국시가학회, 2003.
고정희, 「조선시대 규범서를 통해 본 사설시조의 희극성」, 『국어국문학』 159, 국어국문학회, 2011.
권순형, 「조선시대에도 이혼을 했을까」, 『조선시대 사람들은 어떻게 살았을까 1: 사회·경제생활 이야기』, 한국역사연구회 저, 청년사, 1996.
김경화, 「장애여성의 육체와 정체성의 형성」, 『한국여성학』 15-2, 한국여성학회, 1999.
김기림, 「19세기 혼인 습속에 대한 고찰·친영례 및 '친영적 의식' 중심으로」, 『한국고전여성문학연구』 26, 한국고전여성문학연구회. 2013.
김도현, 『장애학의 도전』, 오월의 봄, 2022.
김성숙, 「조선시대 혼인법의 주혼자 제도에 관한 연구: 조선왕조실록을 중심으로」, 『가족법연구』 25-2, 한국가족법학회, 2011.
박상영, 「〈노처녀가〉 이본의 담론 특성과 그 원인으로서의 '시선'」, 『한민족어문학』 73, 한민족어문학회, 2016.

박일용, 「『삼설기』에 나타난 율문적 문체와 그 의미」, 『장르 교섭과 고전시가』, 김병국 외, 월인, 1999.
박희병, 「병신에의 시선: 전근대 텍스트에서의」, 『고전문학연구』 24, 한국고전문학회, 2003.
서지영, 「규범과 욕망의 틈새: 조선시대 소설 속의 섹슈얼리티」, 『한국고전연구』 15, 한국고전연구학회, 2007.
성무경, 「'노처녀' 담론의 형성과 문학양식들의 반향」, 『한국시가연구』 15, 한국시가학회, 2004.
손앵화, 「삼설기본 〈노처녀가〉의 치유 텍스트적 접근: 수용미학적 관점에서 바라본 감정적 유대를 중심으로」, 『한국언어문학』 105, 한국언어문학회, 2018.
수전 웬델, 강진영·김은정·황지성 옮김, 『거부당한 몸: 장애와 질병에 대한 여성주의 철학』, 그린비출판사. 2021.
신희경, 「삼설기소재 〈노처녀가〉의 영웅 서사적 성격」, 『한국고전여성문학연구』 22, 한국고전여성문학회, 2011.
심승구, 「조선시대 장애의 분류와 사회적 처우」, 『한국학논총』 38, 국민대 한국학연구소, 2012.
앙리 베르그송, 정연복 옮김, 『웃음: 희극성의 의미에 관한 시론』, 세계사. 1999.
이은미, 「장애여성의 섹슈얼리티: 여성주의적 고찰」, 『아시아여성연구』 44-1. 숙명여대 아시아여성연구원, 2005.
전영민, 「〈노처녀가〉의 장르적 변환과 꼭두각시전」, 대전대 석사학위논문, 2000.
정미숙, 「『삼설기』〈노처녀가〉에 나타난 장애 인식과 그 의미」, 『한국시가문화연구』 52, 한국시가문화학회, 2023.
정지영, 「조선시대 '독녀(獨女)'의 범주: '온전치 못한' 여자의 위치」, 『한국여성학』 32-3, 한국여성학회, 2016.
_____, 「조선시대 혼인장려책과 독신여성: 유교적 가부장제와 주변적 여성의 흔적」, 『한국여성학』 20-3, 한국여성학회, 2004.
정창권, 『역사 속 장애인들은 어떻게 살았을까』, 글항아리, 2011.
_____, 『세상에 버릴 사람은 아무도 없다』, 문학동네, 2005.
정환국, 「19세기 문학의 '불편함'에 대하여: 그로테스크한 경향과 관련하여」, 『한국문학연구』 36, 동국대 한국문학연구소, 2009.
킴 닐슨 지음, 김승섭 옮김, 『장애의 역사』, 동아시아, 2022.

열녀와 좀비 | 이은우

1. 기본 자료

박영준 편, 「향랑비와 향랑연」, 『한국의 전설』7, 한국문화도서출판사, 1972.
연상호, 〈서울역〉, 2017.
윤영·조정현·최웅범 편, 「향랑연」, 『조선민간전설』, 흑룡강조선민족출판사, 1990.
『일선읍지』, 디지털장서각.
『조선왕조실록』, 국사편찬위원회.
조구상, 『유현집』, 한국역대문집총서, 한국역대문집DB.

2. 국내외 논저

강명관, 『열녀의 탄생: 가부장제와 조성 여성의 잔혹한 역사』, 돌베개, 2010.
김세라, 「「향랑전」에 나타난 죽음의 의미」, 『국어문학』 56, 국어문학회, 2014.
김현경, 『사람, 장소, 환대』, 문학과지성사, 2022.
박명진, 「지옥에 나타난 파국적 상상력과 실재의 일상화」, 『우리문학연구』 76, 우리문학회, 2022.
박옥빈, 「향랑고사의 문학적 연변」, 성균관대학교 석사학위논문, 1982.
박혜숙, 「남성의 시각과 여성의 현실: 서사한시의 경우」, 『민족문학사연구』 9, 민족문학사학회·민족문학사연구소, 1996.
복도훈, 「빚짐의 도착적인 유대, 또는 속죄의 판타지 (없)는 '좀비민국'의 아포칼립스: 연상호 감독의 〈부산행〉(2016)과 〈서울역〉(2016)을 중심으로」, 『문학과 영상』 18, 문학과영상학회, 2017.
서신혜, 『열녀 향랑을 말하다』, 보고사, 2004.
염재철, 「'건축함'의 존재론적 해명: 하이데거 예술철학 논구(V)」, 『미학』 73, 한국미학회, 2013.
이윤경, 「계모형 고소설 연구: 계모설화와의 관련성을 중심으로」, 성신여자대학교 대학원 박사학위논문, 2004.
정창권, 『향랑, 산유화로 지다: 향랑사건으로 본 17세기 서민층 가족사』, 풀빛, 2004.
정출헌, 「〈향랑전〉을 통해 본 열녀 탄생의 메카니즘: 선산지방의 향낭이 "국가열녀"로 환생하기까지의 보고서」, 『한국고전여성문학연구』 3, 한국고전여성문학회, 2001.

정헌목, 『마르크 오제, 비장소』, 커뮤니케이션북스, 2016.

조혜란, 「"삼한습유" 연구」, 이화여자대학교 박사학위 논문, 1994.

최지녀, 「향랑을 형상화하는 두 가지 방식: 향랑전과 향랑전설」, 『국문학연구』 19, 국문학회, 2009.

한영현, 「절멸의 공포와 탄생의 이중주: 재난 영화 속 여성 재현의 사회 문화적 함의」, 『여성문학연구』 제54권, 한국여성문학학회, 2021.

가야트리 차크라보르티 스피박 외, 로절린드 C. 모리스 엮음, 태혜숙 옮김, 『서발턴은 말할 수 있는가? 서발턴 개념의 역사에 관한 성찰들』, 그린비, 2022.

마르크 오제, 이상길·이윤영 옮김, 『비장소: 초근대성의 인류학 입문』, 인문과지혜, 2023.

에드워드 렐프, 김덕현·김현주·심승희 옮김, 『장소와 장소상실』, 논형, 2005.

이-푸 투안, 윤영호·김미선 옮김, 『공간과 장소』, 사이, 2022.

3. 기타

「용산 참사 뒤엔 시공 3사가 있었다」, 한겨레신문, 2009.02.08.(2009.04.02.수정) https://www.hani.co.kr/arti/society/society_general/337592.html

I 전형적 인물의 비전형적 목소리 I 최빛나라

1. 기본 자료

『三國遺事』卷第一 紀異 太宗春秋公 db.history.go.kr/common/compareViewer.do?levelId=sy_001r_0020_0360_0080&type=ancient

안예은, 〈홍련(紅蓮) Official M/V〉, 2023 www.youtube.com/watch?v=39LsrOUWJOI (검색일: 2023년 11월 23일).

전규태 편, 「장화홍련전」, 『한국고전문학대계: 소설집 I』, 명문당, 1991.

〈티 머우 챌린지〉 www.tiktok.com/@msquynhthie/video/7208133863170706715 (검색일: 2024년 1월 5일)

Hà Văn Câu(Chủ biên), 『Kịch bản chèo』 quyển 1, Hội văn nghệ dân gian

Việt Nam, Nxb. Khoa học Xã hội, 2014.
Hòa Minzy, 〈Thị Mầu〉, 2023.
_____, 〈Thị Mầu-Official Music Video〉, 2023 www.youtube.com/watch?v= 0yHtYPeK2Jg (검색일: 2023년 11월 20일)

2. 국내외 논저

강대진, 『비극의 비밀』, 문학동네, 2013.
유득공, 「원일(元日)」, 진경환 옮김, 『서울의 풍속과 세시를 담다: 完譯 京都雜誌』, 민속원, 2021.
이만희, 「그리스 코러스 기능의 전복: 솔로르사노의 『신의 손』을 중심으로」, 『이베로아메리카연구』 20(1), 2009.
이윤경, 「고전의 영화적 재해석: 고전의 영화화 양상과 그에 대한 국문학적 대응」, 『돈암어문학』 17 암어문학회, 2004.
이정원, 「영화 〈장화, 홍련〉에서 여성에 대한 기억과 실제」, 『한국고전여성문학연구』 15, 한국고전여성문학회, 2007.
조현설, 「고소설의 영화화 작업을 통해 본 고소설 연구 과제: 고소설 〈장화홍련전〉과 영화 〈장화, 홍련〉의 사례를 중심으로」, 『고소설연구』 17, 한국고소설학회, 2004.
최귀묵, 『베트남문학의 이해』, 창비, 2010.
오스카 브로케트, 김윤철 옮김, 『연극개론 The Theatre an introduction』, 평민사, 2009[1966].

3. 기타

박세연, 「안예은, 음악으로 느끼는 공포…납량곡전 '홍련'」, 『매일경제』, 2023.7.28. www.mk.co.kr/news/musics/10795593 (검색일: 2023년 12월 1일)
Hoang Nguyen, 「Viral video creates new TikTok trends」, 『VnExpress International』, 2023.5.17. e.vnexpress.net/news/arts/viral-video-creates-new-tiktok-trends-4582571.html (검색일: 2024년 1월 5일)
Như Võ, 「'Thị Mầu' và màn tái xuất ấn tượng của Hòa Minzy」, 『Báo Thanh Niên』, 2023.3.6.
thanhnien.vn/thi-mau-va-man-tai-xuat-an-tuong-cua-hoa-minzy

-185230306010324033.htm (검색일: 2023년 12월 1일)

제2부 여성-자기서사화의 정치성

▍기지촌 여성의 자기서사와 반(反) 역사 | 장영은

1. 기본 자료

김연자, 『아메리카 타운 왕언니 죽기 오분 전까지 악을 쓰다』, 삼인, 2005.
김정자 증언, 김현선 엮음, 새움터 기획, 『미군 위안부 기지촌의 숨겨진 진실: 미군 위안부 기지촌여성 최초의 증언록』, 한울아카데미, 2013.
그레이스 M. 조, 주해연 옮김, 『전쟁 같은 맛』, 글항아리, 2023.
문동환, 『두레방 여인들: 기지촌 여인들과 치유와 회복의 시간, 두레방 신학 30년』, 삼인, 2017.
산드라 스더트반트·브렌다 스톨츠퍼스, 김윤아 옮김, 『그들만의 세상: 아시아의 미군과 매매춘』, 잉걸, 2003.
최현숙, 「구술생애사의 쓸모: 최현숙의 『할배의 탄생』」, 『작가들(66)』, 인천작가회의(작가들), 2018.
_____, 『두려움은 소문일 뿐이다』, 문학동네, 2023.
_____, 『막다른 골목이다 싶으면 다시 가느다란 길이 나왔어』, 이매진, 2014.
_____, 『억척의 기원: 나주 여성농민 생애사』, 글항아리, 2021.
_____, 『이번 생은 망원시장: 여성상인 9명의 구술생애사』, 글항아리, 2018.
_____, 『천당허고 지옥이 그만큼 칭하가 날라나?』, 이매진, 2013.
_____, 『할매의 탄생: 우록리 할매들의 분투하는 생애 구술사』, 글항아리, 2019.

2. 국내외 논저

김미덕, 「주한미군 기지 정치(Base Politics) 연구에 대한 검토」, 『아태연구』 21(1), 2014.
김은경, 「미군 '위안부'의 약물 중독과 우울, 그리고 자살: '위안'하는 주체의 (비)일상과 정동 정치」, 『역사문제연구』 40, 역사문제연구소, 2018.
박정미, 「한국 기지촌 성매매정책의 역사사회학, 1953-1995년: 냉전기 생명정치,

예외상태, 그리고 주권의 역설」, 『한국사회학』 49(2), 2015.
_____, 「'여자'가 '보호'를 만났을 때: 요보호여자시설, 기록과 증언」, 『아시아여성연구』 60(1), 2021.
백일순, 「왜 미군 위안부는 잊혀져야 했는가?: 기지촌의 로컬리티와 기억의 정치」, 『로컬리티 인문학』 25, 2021.
윤택림 편역, 『구술사, 기억으로 쓰는 역사』, 아르케, 2010.
이재경·윤택림·이나영 외, 『여성주의 역사쓰기: 구술사 연구방법』, 아르케, 2012.
장영은, 「회고록 너머의 진실 혹은 정의(正義): 그레이스 M. 조의 전쟁 같은 맛 한국어판 읽기」, 『문학인』 2024 여름호, 2024.
차미령, 「여성 서사 속 기지(촌) 성매매 여성의 기억과 재현: 강신재 박완서 강석경 소설과 김정자 증언록을 중심으로」, 『인문학연구』 58, 2019.
알라이다 아스만, 채연숙·변학수 옮김, 『기억의 공간: 문화적 기억의 형식과 변천』, 그린비, 2011.
피에르루이 포르, 유치정 옮김, 『어머니와 딸, 애도의 글쓰기』, 문학과지성사, 2024.
오카 마리, 이재봉·사이키 가쓰히로 옮김, 『그녀의 진정한 이름은 무엇인가』, 현암사, 2016.
자크 데리다, 진태원 옮김, 『법의 힘』, 문학과지성사, 2004.
주디스 버틀러·아테나 아타나시오우, 김응산 옮김, 『박탈: 정치적인 것에 있어서의 수행성에 관한 대화』, 자음과모음, 2016.
조르조 아감벤, 정문영 옮김, 『아우슈비츠의 남은 자들: 문서고와 증인』, 새물결, 2012.
Nayun Jang, Capturing Shadows of the Wars: Memories of Camp Town Women in South Korea and Japan, *Photographies*, Vol.14(1), Abingdon: Routledge, 2021.

이다의 일상툰에 나타난 젠더적 자기재현과 자아정체성 | 박재연

1. 기본 자료
권윤주, 『Snowcat Diary 1, 2』, 애니북스, 2003.

심승현, 『파페포포 메모리즈』, 홍익, 2002.
이다, 『이다의 허접질』, 이룸, 2003.
정철연, 『마린 블루스 1』, 학산문화사, 2003.
정헌재, 『포엠툰』, 청하, 2002.

2. 국내외 논저

구자준, 「변화하는 일상툰의 비판적 가족 재현: 웹툰 〈단지〉와 〈며느라기〉를 중심으로」, 『한국극예술연구』 65, 한국극예술학회, 2019.
김건형, 「일상툰의 서사 문법과 자기 재현이라는 전략」, 『대중서사연구』 24(4), 대중서사학회, 2018.
김예지, 「일상툰의 대중화와 감정 재현에 관한 연구」, 서울대학교 석사학위 논문, 2016.
김은하, 「젊고 아픈/미친 여자들과 자기 이론으로서의 글쓰기」, 『여성문학연구』 61, 한국여성문학학회, 2024.
김지연, 「'우리의 삶'은 '그녀의 삶'에 어떻게 응답하는가?: 여성 일상툰에 대한 디지털 독자의 자기성찰적 반응 양상을 중심으로」, 『작문연구』 58, 한국작문학회, 2023.
류유희, 「SNS웹툰에서 그려지는 사회적 약자의 스토리텔링에 관한 연구」, 『애니메이션연구』 17(3), 한국애니메이션학회, 2021.
류철균·이지영, 「자기 재현적 웹툰의 주제 의식 연구」, 『대중서사연구』 30, 대중서사학회, 2013.
_____, 「형성기 한국 웹툰의 장르적 특질 연구」, 『우리문학연구』 44, 우리문학회, 2014.
박인하, 「한국 웹툰의 변별적 특성연구」, 『애니메이션연구』 11(3), 한국애니메이션학회, 2015.
박재연, 「폭력을 재현하는 일상툰과 '공감'의 윤리학」, 『여성문학연구』 57, 한국여성문학학회, 2022.
소영현, 「일인칭 비평 시대: 발견하는, 비평하는」, 『오늘의 문예비평』 129, 오늘의 문예비평, 2023.
쏠, 「청년여성의 일상 문화정치: 비혼 여성의 '일상 웹툰' 소비와 수용을 중심으로」, 『여성이론』 43, 도서출판 여이연, 2020.

위근우, 「'페미니즘 리부트' 이후 웹툰의 여성 서사」, 『지금, 만화』 1, 한국콘텐츠진흥원, 2018.
이승진, 「웹툰에 드러난 결혼, 출산, 육아 그리고 여성: 수신지 작가의 〈며느라기〉와 〈곤〉을 중심으로」, 『디지털영상학술지』 17(1), 한국디지털영상학회, 2020.
이행미, 「웹툰 〈웰캄 투 실버라이프〉의 노년 재현과 스토리텔링 연구」, 『리터러시 연구』 13(1), 한국리터러시학회, 2022.
조경숙·조익상·박범기·성상민, 『웹툰 내비게이션』, 이김, 2022.
최민지, 「인스타툰, 정동하는 진정성의 일상」, 『대중서사연구』 28(3), 대중서사학회, 2022.
한혜원·김유나, 「한국 웹툰의 아이러니 연구」, 『만화애니메이션연구』 33, 한국만화애니메이션학회, 2013.
비비언 고닉, 이영아 옮김, 『상황과 이야기』, 마농지, 2023.

미군 '위안부' 재현과 자기서사의 틈새 | 허윤

1. 기본 자료

김연자, 『아메리카 타운 왕언니, 죽기 오 분 전까지 악을 쓰다』, 삼인, 2005.
김정자 증언, 김현선 엮음, 『미군 위안부 기지촌의 숨겨진 진실』, 한울아카데미, 2013.
안일순, 『뺏벌』, 공간미디어, 1995.

2. 국내외 논저

권창규, 「기지촌 성판매여성을 둘러싼 억압 구조와 그 균열 양상」, 『비평문학』 91, 한국비평문학회, 2024.
김수진, 「트라우마 재현과 구술사: 군위안부 증언의 아포리아」, 『여성학논집』 30, 이화여대 한국여성연구원, 2013.
김은경, 「1950년대 '결혼허가신청서'를 통해 본 한인 여성과 미군의 결혼과 이주: 미국의 이주통제정책과 타자의 '은밀한' 연대」, 『한국 근현대사연구』 91, 한국근현대사학회, 2019.

김청강, 「좌절하는 '남자다움': 섹스영화, 임포텐스, 그리고 '성' 치료담론(1967-1972)」, 『역사문제연구』 40, 역사문제연구소, 2018.
나영 편역, 『레즈비언 페미니즘 선언』, 현실문화, 2019.
박정미, 「한국 기지촌 성매매정책의 역사사회학, 1953-1995년」, 『한국사회학』 49(2), 한국사회학회, 2015.
박혜숙, 「여성 자기서사체의 인식」, 『여성문학연구』 8, 한국여성문학학회, 2002.
변광배, 「오토픽션의 이론: 기원과 변천 및 글쓰기 전략」, 『세계문학비교연구』 36, 세계문학비교학회, 2011.
송상덕, 「기지촌 공동체의 재발견: 안일순의 『뺏벌』을 중심으로」, 『민족문학사연구』 65, 민족문학사연구소, 2017.
심선옥, 「자서전의 역사와 원리, 그리고 자서전 쓰기 교육의 새로운 방향」, 『반교어문논집』 53, 반교어문학회, 2019.
안미선, 『당신의 말을 내가 들었다』, 낮은산, 2020.
한국여성의전화 편, 『한국여성인권운동사』, 한울, 2015.
모니크 위티그, 허윤 옮김, 『모니크 위티그의 스트레이트 마인드』, 행성B, 2020.
이진경, 나병철 옮김, 『서비스 이코노미』, 소명, 2015.
최정무 외 편, 박은미 옮김, 『위험한 여성』, 삼인, 2001.
필립 르죈, 윤진 옮김, 『자서전의 규약』, 문학과지성사, 1998.

제3부 젠더 정치 담론의 안과 밖

조선후기 여훈서의 아내 윤리와 '아내-주체' 구성의 가능성 | 성민경

1. 기본 자료

班昭, 『女誡』.
徐應淳, 「內儀」, 『達城世稿·伊岡逸稿』.
宋時烈, 『우암션싱계녀셔』.
申叔舟, 〈敎女第六〉, 「家訓」, 『保閑齋集』 권13.
李趾秀, 「嫁女戒辭【十三條○辛巳】」, 『重山齋集』 권5.
林喬鎭, 「十毋閨訓解」, 『荷汀草稿』.

田愚, 「戒孫婦鄭氏, 權氏」, 『艮齋集』 권15.
朱熹, 『小學』.
韓元震, 「韓氏婦訓」, 『南塘集』 권26.
정병섭 역, 『(譯註)禮記集說大全』, 學古房, 2017.
成炳禧 編著, 『民間誡女書』, 형설출판사, 1980.
허미자 편, 『韓國女性詩文全集』 3, 국학자료원, 2004.

2. 국내외 논저

강명관, 『열녀의 탄생』, 돌베개, 2009.
박영민, 「金三宜堂 한시의 텍스트비평」, 『한국한문학연구』 61, 한국한문학회, 2016.
성민경, 「조선후기 젠더의식의 복합성에 대하여: 『三宜堂稿』를 중심으로」, 『민족문학사연구』 77, 2021.
_____, 「女訓書의 편찬과 역사적 전개: 조선시대~근대전환기를 중심으로」, 고려대 박사논문, 2019.
이숙인, 『동아시아 고대의 여성사상』, 도서출판 여이연, 2005.
_____, 「유교의 관계윤리에 대한 여성주의적 해석」, 『한국여성학』 15, 1999.
정우봉, 「金三宜堂의 산문 세계」, 『한국한문학연구』 61, 한국한문학회, 2016.
진동원, 송정화·최수경 옮김, 『중국, 여성 그리고 역사』, 도서출판 박이정, 2005.
거다 러너, 강세영 옮김, 『가부장제의 창조』, 당대, 2004.
주디스 버틀러, 강경덕·김세서리아 옮김, 『권력의 정신적 삶』, 그린비, 2019.
미셸 푸코, 박정자 옮김, 『"사회를 보호해야 한다"』, 동문선, 1998.

| '일사/유사' 편집의 정치성과 젠더 정치성의 무/의식 | 최기숙

1. 기본 자료

『일사유사』, 회동서관, 1922(연세대학교 도서관 소재).
장지연, 김석회 외 옮김, 『조선의 숨은 고수들, 장지연의 〈일사유사〉』, 청동거울, 2019.
『매일신보』 연재 「송재만필」 중 〈일사유사〉, 빅카인즈 고신문 아카이브 사이트

(https://www.kinds.or.kr/v2/news/oldNews.do).
한국고전종합DB사이트(https://db.itkc.or.kr).

2. 국내외 논저

강명관,「조작된 연보, 장지연의 경우」,『연보와 평전』 2, 부산대 점필재연구소, 2009.
김도형,「張志淵의 變法論과 그 변화」,『한국사연구』 109, 한국사연구회, 2000.
노관범,「장지연」,『한국사시민강좌』 47, 일조각, 2010.
서신혜,「逸士遺事 여성 기사로 본 韋庵 張志淵의 시각, 그 시대적 의미」,『한국고전여성문학연구』 8, 한국고전여성문학회, 2004.
안대회,『한국시화사』, 성균관대출판부, 2024.
차철욱,「진주지역 논개 재현방식의 다양성」,『지역과역사』 31, 부경역사연구소, 2012.
최기숙,「이념의 근대와 분열/착종되는 근대 여성의 정체성과 담론:『제국신문』 논설·기서(별보)·서사의 여성 담론과 재현」,『여성문학연구』 31, 한국여성문학학회, 2014
_____,「전통과 근대의 '부정교합', 표류하는, 서사의 근대성: 제국신문(1898.8-1907.10) 소재 서사와 담론의 근대성 재성찰」,『고소설연구』 37, 한국고소설학회, 2014.
_____,「여성문학(사)의 '역사/문화' 공간 생성과 '디지털' 창의: 생산을 위한 시론」,『여성문학연구』 43, 한국여성문학학회, 2018.
_____,「조선시대 지식인의 글쓰기 실험과『어우야담: 서사의 포용성으로 본 '야담' 양식의 재성찰」,『동방학지』 187, 연세대 국학연구원, 2019.
_____,『이름 없는 여자들 책갈피를 걸어나오다』, 머메이드, 2022.11.
첸비샹(陳必祥), 심경호 옮김,『한문문체론』, 이회문화사, 1995.
조르주 디디-위베르만, 김홍기 옮김,『반딧불의 잔존』, 길, 2012.
_____, 김병선 옮김,『잔존하는 이미지』, 새물결, 2022.
_____, 여문주 옮김,『민중들의 이미지』, 현실문화A, 2023.
자크 랑시에르, 유재홍 옮김,『문학의 정치』, 인간사랑, 2011.
베르너 하마허, 조효원 옮김,『문헌학, 극소』, 문학과지성사, 2022.

식민지 조선 여성 사회주의자들의 여성해방론 | 최은혜

1. 기본 자료

「여자 운동선에도 방향전환의 필요: 성적 해방에서 계급 해방으로(1)」, 『동아일보』, 1927.4.20.
견원생(鵑園生), 「조선 여성운동의 사적(史的) 고찰: 여성운동의 선구와 현역」, 『동아일보』, 1928.1.6.
김활란, 「조선여성의 장래(하)」, 『조선일보』, 1929.1.2.
_____, 「조선여자운동의 금후」, 『청년』 10(2), 1930.2.
박원희, 「우리들의 진로: 승리는 단결에 있다」, 『조선일보』, 1927.1.6.
_____, 「제국주의 시대의 민족운동과 사회운동(1)」, 『조선일보』, 1927.5.20.
_____, 「미래사회와 부인(5)」, 『노동운동』 1(5), 1927.9.
수가이(秀嘉伊), 「여자해방은 경제적 독립이 근본」, 『동아일보』, 1924.11.3.
유각경, 「여자해방과 경제자유」, 『청년』 6(4), 1926.4.
유영준, 「수절 못함이 당연」, 『삼천리』 10, 1930.11.
이현경, 「사회인으로서의 부인의 사명(2)」, 『조선일보』, 1927.1.9.
정칠성, 「신여성이란 무엇」, 『조선일보』, 1926.1.4.
_____, 「참 자유의 길」, 『여자계』 속간4, 1927.1.
_____, 「의식적 각성으로부터: 무산 부인 생활에서」, 『근우』 1, 1929.5.
_____, 「『적연(赤戀)』 비판, 콜론타이의 성도덕에 대하여」, 『삼천리』 2, 1929.9.
_____, 「부재중은 의식적 행동하라」, 『삼천리』 10, 1930.11.
_____, 「여성으로서 본 세계관」, 『비판』 1, 1931.5.
_____, 「신여성의 신년 신(新)신호: 앞날을 바라보는 부인노동자」, 『동광』 29, 1932.1.
_____, 「여류문장가의 심경타진: '현실'을 응시하려드는 여류평론가」, 『삼천리』 7(11), 1935.12.
최의순, 「십년간 조선 여성의 활동(1)」, 『동아일보』, 1929.1.1.
허정숙, 「감정을 살리라」, 『신여성』 3(11), 1925.11.
_____, 「우리 여성의 번민을 논하여: 여성은 번민과 해결책」, 『신여성』 3(11), 1925.11.
_____, 「신년과 여성운동: 선구자는 수양에 더욱 노력」, 『조선일보』, 1926.1.3.

_____, 「부인운동과 부인문제연구: 조선 여성 지위는 특수(2)」, 『동아일보』, 1928.1.4.

_____, 「부인운동과 부인문제연구: 조선 여성 지위는 특수(3)」, 『동아일보』, 1928.1.5.

_____, 「미주(美洲) 여성을 들어 조선 여성에게!(3)」, 『조선일보』, 1928.1.5.

_____, 「근우운동의 역사적 지위와 당면 임무」, 『근우』 1, 1929.5.

황신덕, 「일 년 간 운동의 교훈: 단체 훈련이 대단 부족, 반항 의식도 박약」, 『동아일보』, 1928.1.1.

_____, 「조선부인운동은 어떻게 지나 왔나?」, 『신가정』 1(4), 1933.4.

2. 국내외 논저

강윤정, 「1920년대 김정희의 여성운동: 가부장제 공동체에서 여성공동체로의 전환 사례」, 『대구사학』 155, 대구사학회, 2024.

김경일, 「1920~30년대 한국의 신여성과 사회주의」, 『한국문화』 36, 서울대학교 규장각한국학연구원, 2005.

김영희, 「코민테른의 여성조직」, 『여성과 사회』 1, 창작과비평사, 1990.

김정인, 「근우회 여성운동가들의 교육계몽론」, 『교육철학연구』 41(4), 한국교육철학학회, 2019.

노지승, 「젠더, 노동, 감정 그리고 정치적 각성의 순간: 여성 사회주의자 정칠성의 삶과 활동에 대한 연구」, 『비교문화연구』 43, 경희대학교 글로벌인문학술원, 2016.

_____, 「사랑과 돌봄, 사적 영역의 변혁 시도와 한계: 식민지 시기 콜론타이즘 수용의 유산들」, 『한국근대문학연구』 23(1), 한국근대문학회, 2022.

박상철, 「레닌의 혁명 사상과 민족자결주의: 제1차 세계대전 시기를 중심으로」, 『역사학연구』 77, 호남사학회, 2020.

박정은, 「일제 식민지 시기 사회주의 여성단체의 정치사회화에 대한 내용 분석」, 『한국정치외교사논총』 38(1), 한국정치외교사학회, 2016.

박혜란, 「1920년대 사회주의 여성운동의 조직과 활동」, 이화여자대학교 석사학위논문, 1993.

배상미, 「식민지 조선에서의 콜론타이 논의의 수용과 그 의미」, 『여성문학연구』 33, 한국여성문학학회, 2014.

백숙현, 「사회주의 여성운동가 허정숙(1903~1991)의 활동과 사상에 대한 재고찰: 콜론타이와의 비교를 중심으로」, 서울대학교 석사학위논문, 2020.
송연옥, 「야마카와 기쿠에와 황신덕: 제국일본과 식민지 조선의 여성 리더의 만남과 엇갈림」, 『여성과 역사』 15, 한국여성사학회, 2011.
안미경, 「1920년대 박원희의 여성해방운동과 여성해방사상」, 『한국민족운동사연구』 74, 한국민족운동사학회, 2013.
오인용, 「감각작용의 정치성: 랑시에르 미학에서의 민주주의와 평등의 기입」, 『비평과 이론』 26(2), 한국비평이론학회, 2021.
윤영실, 『육당 최남선과 신민지의 민족사상』, 아연출판부: 고려대학교 아세아문제연구소, 2016.
이소희, 「'나'에서 '우리'로: 허정숙과 근대적 여성주체」, 『여성문학연구』 34, 한국여성문학학회, 2015.
이희재, 「유영준의 생애와 활동: 신여성 의사에서 좌익 여성운동 지도자까지」, 『한국문화연구』 42, 이화여자대학교 한국문화연구원, 2022.
장원아, 「근우회와 조선여성해방통일전선」, 『역사문제연구』 42, 역사문제연구소, 2019.
장인모, 「근우회를 통해 본 일제시기 사회주의 여성의 여성운동론」, 고려대학교 석사학위논문, 2007.
전상숙, 「'조선여성동우회'를 통해서 본 식민지 초기 사회주의 여성지식인의 여성해방론」, 『한국정치외교사논총』 22(2), 한국정치외교사학회, 2001.
조경미, 「1920년대 여성단체 운동에 관한 연구: 사회주의 여성단체를 중심으로」, 숙명여자대학교 석사학위논문, 1989.
진선영, 「기름에 젖은 머리를 턱 비어 던지고: 사회주의, 여성주의, 지역주의, 혁명가 정칠성의 겹서사 연구」, 『한국문화연구』 37, 이화여자대학교 한국문화연구원, 2019.
차하순, 「사상사란 무엇인가」, 『한국사상사학』 52, 한국사상사학회, 2016.
루이 알튀세르, 김진엽 옮김, 『자본론을 읽는다』, 두레, 1991.
아우구스트 베벨, 이순예 옮김, 『여성론』, 까치, 1990.
자크 랑시에르, 양창렬 옮김, 『정치적인 것의 가장자리에서』, 도서출판 길, 2013.
칼 마르크스, 강유원 옮김, 『1884년의 경제학-철학 수고』, 이론과실천, 2006.
프리드리히 엥겔스, 김대웅 옮김, 『가족, 사유재산, 국가의 기원』, 두레, 2012.

젠더로 문학 교과서 읽기 | 고지혜

1. 기본 자료

구인환, 『고등학교 현대문학』, 금성교과서, 1985.
김열규·유시욱, 『고등학교 현대문학』, 동아출판사, 1985.
문덕수·김시태, 『고등학교 현대문학』, 이우출판사, 1985.
이재선, 『고등학교 현대문학』, 학연사, 1985.
전광용·권영민, 『고등학교 현대문학』, 교학사, 1985.

구인환, 『고등학교 문학』, 한샘교과서, 1990.
김동욱 외, 『고등학교 문학』, 동아출판사, 1990.
김봉군·한연수, 『고등학교 문학』, 지학사, 1990.
김용직·박민수, 『고등학교 문학』, 학습개발, 1990.
김윤식·김종철, 『고등학교 문학』, 한샘교과서, 1990.
김흥규, 『고등학교 문학』, 한샘교과서, 1990.
박동규 외, 『고등학교 문학』, 금성교과서, 1990.
우한용 외, 『고등학교 문학』, 동아출판사, 1990.

구인환·김흥규, 『고등학교 문학(상·하)』, 한샘출판, 1995.
권영민, 『고등학교 문학(상·하)』, 지학사, 1996.
김대행·김동환, 『고등학교 문학(상·하)』, 교학사, 1996.
김봉군·최혜실, 『고등학교 문학(상·하)』, 지학사, 1996.
김열규·신동욱, 『고등학교 문학(상·하)』, 동아출판사, 1995.
김용직·박민수, 『고등학교 문학(상·하)』, 대일도서, 1995.
김윤식·김종철, 『고등학교 문학(상·하)』, 한샘출판, 1995.
김태준 외, 『고등학교 문학(상·하)』, 민문고, 1996.
남미영 외, 『고등학교 문학(상·하)』, 동아서적, 1995.
박갑수 외, 『고등학교 문학(상·하)』, 지학사, 1996.
박경신 외, 『고등학교 문학(상·하)』, 금성교과서, 1995.
성기조, 『고등학교 문학(상·하)』, 학문사, 1996.
오세영·서대석, 『고등학교 문학(상·하)』, 천재교육, 1996.

우한용 외, 『고등학교 문학(상·하)』, 동아출판사, 1995.
윤병로 외, 『고등학교 문학(상·하)』, 노벨문화사, 1996.
이문규·권오만, 『고등학교 문학(상·하)』, 선영사, 1995.
최동호 외, 『고등학교 문학(상·하)』, 대한교과서, 1995.
한계전 외, 『고등학교 문학(상·하)』, 대한교과서, 1996.

강황구 외, 『고등학교 문학(상·하)』, 상문연구사, 2003.
구인환 외, 『고등학교 문학(상·하)』, 교학사, 2003.
권영민, 『고등학교 문학(상·하)』, 지학사, 2004.
김대행 외, 『고등학교 문학(상·하)』, 교학사, 2004.
김병국 외, 『고등학교 문학(상·하)』, 포넷, 2003.
김상태 외, 『고등학교 문학(상·하)』, 도서출판 태성, 2004.
김윤식 외, 『고등학교 문학(상·하)』, 도서출판디딤돌, 2003.
김창원 외, 『고등학교 문학(상·하)』, 민중서림, 2003.
박갑수 외, 『고등학교 문학(상·하)』, 지학사, 2004.
박경신 외, 『고등학교 문학(상·하)』, 금성출판사, 2003.
박호영·한승주, 『고등학교 문학(상·하)』, 형설출판사, 2004.
오세영 외, 『고등학교 문학(상·하)』, 대한교과서, 2004.
우한용 외, 『고등학교 문학(상·하)』, 두산, 2003.
조남현 외, 『고등학교 문학(상·하)』, 중앙교육진흥연구소, 2003.
최웅 외, 『고등학교 문학(상·하)』, 청문각, 2004.
한계전 외, 『고등학교 문학(상·하)』, 블랙박스, 2003.
한철우 외, 『고등학교 문학(상·하)』, 문원각, 2003.
홍신선 외, 『고등학교 문학(상·하)』, 천재교육, 2003.

고형진 외, 『고등학교 문학(Ⅰ·Ⅱ)』, 천재문화, 2012.
권영민 외, 『고등학교 문학(Ⅰ·Ⅱ)』, 지학사, 2012.
김윤식 외, 『고등학교 문학(Ⅰ·Ⅱ)』, 천재교육, 2012.
박영민 외, 『고등학교 문학(Ⅰ·Ⅱ)』, 비상교육, 2012.
박종호 외, 『고등학교 문학(Ⅰ·Ⅱ)』, 창비, 2012.
우한용 외, 『고등학교 문학(Ⅱ)』, 두산동아, 2012.

유병환 외, 『고등학교 문학(Ⅰ·Ⅱ)』, 비상교과서, 2012.
윤석산 외, 『고등학교 문학(Ⅰ·Ⅱ)』, 교학코퍼레이션, 2012.
윤여탁 외, 『고등학교 문학(Ⅰ·Ⅱ)』, 미래엔, 2012.
이숭원 외, 『고등학교 문학(Ⅰ·Ⅱ)』, 좋은책신사고, 2012.
정재찬 외, 『고등학교 문학(Ⅰ·Ⅱ)』, 천재교과서, 2012.
조남현 외, 『고등학교 문학(Ⅰ)』, 교학사, 2012.
조정래 외, 『고등학교 문학(Ⅰ·Ⅱ)』, 해냄에듀, 2012.
최지현 외, 『고등학교 문학(Ⅰ·Ⅱ)』, 지학사, 2012.

권영민 외, 『고등학교 문학』, 지학사, 2014.
김대용 외, 『고등학교 문학』, 상문연구사, 2014.
김윤식 외, 『고등학교 문학』, 천재교육, 2014.
김창원 외, 『고등학교 문학』, 두산동아, 2014.
박종호 외, 『고등학교 문학』, 창비, 2014.
우한용 외, 『고등학교 문학』, 비상교과서, 2014.
윤여탁 외, 『고등학교 문학』, 미래엔, 2014.
이숭원 외, 『고등학교 문학』, 좋은책신사고, 2014.
정재찬 외, 『고등학교 문학』, 천재교육, 2014.
조정래 외, 『고등학교 문학』, 해냄에듀, 2014.
한철우 외, 『고등학교 문학』, 비상교육, 2014.

김동환 외, 『고등학교 문학』, 천재교과서, 2019.
김창원 외, 『고등학교 문학』, 동아출판, 2019.
류수열 외, 『고등학교 문학』, 금성출판사, 2019.
방민호 외, 『고등학교 문학』, 미래엔, 2019.
이숭원 외, 『고등학교 문학』, 좋은책신사고, 2019.
정재찬 외, 『고등학교 문학』, 지학사, 2019.
정호웅 외, 『고등학교 문학』, 천재교육, 2019.
조정래 외, 『고등학교 문학』, 해냄에듀, 2019.
최원식 외, 『고등학교 문학』, 창비, 2019.
한철우 외, 『고등학교 문학』, 비상, 2019.

2. 국내외 논저

고규진, 『정전의 해부: 정전현상·정전논쟁·정전이론』, 전북대학교출판문화원, 2016.

교육부, 『초·중등학교 교육과정 총론(교육부 고시 제2015-74호[별책1])』, 교육부, 2015a

_____, 『국어과 교육과정(교육부 고시 제2015-74호[별책5])』, 교육부, 2015b.

김신정, 「교과서 수록 시와 여성 재현 양상: 제7차 교육과정 교과서를 중심으로」, 『한국문학이론과 비평』 28, 한국문학이론과비평학회, 2005.

김양선, 『한국 근·현대 여성문학 장의 형성: 문학제도와 양식』, 소명출판, 2012.

김혜원, 「여성 소설에 나타난 여성성 연구: 2009 개정 교육과정 고등학교 문학교과서에 수록된 현대소설을 중심으로」, 고려대학교 교육대학원 석사학위논문, 2012.

박연하, 「문학교과서 수록 여성작가의 소설에 나타난 여성상과 그 교육방안」, 단국대학교 교육대학원 석사학위논문, 2010.

우신영, 「문학 교과서의 성별 편중성 분석: 젠더의 눈으로 문학 교과서 읽기」, 『교육문화연구』 25(1), 인하대학교 교육연구소, 2019.

정진석, 「문학교육에서『무정』의 정전화 연구: 2차 교육과정부터 2009 개정 교육과정까지의 교재화를 중심으로」, 『현대소설연구』 67, 한국현대소설학회, 2017.

최진석·최새훤·김병준·허예슬·최주찬·황호덕, 「두 박완서, 제도와 젠더 혹은 디지털 작가 연구의 시좌: 2010년대『여성문학연구』를 중심으로」, 『개념과 소통』 34, 한림대학교 한림과학원, 2024.

찾아보기

ㄱ

가부장 25, 58, 59, 65, 69, 70, 84, 86, 187, 309
가부장 이데올로기 21
감각 해방 317, 329
강경애 335, 345, 347, 351
강석경 146, 345, 347
강신재 146, 334, 337, 338, 341, 342, 345, 348, 351, 354, 360
계모 62, 65, 67, 68, 84, 86, 91-94, 96, 102, 107, 112, 114
고등학교 209, 211, 332, 333, 335, 337, 340-342, 344, 345, 347-350, 356, 360, 361
골계 35, 44, 45, 46, 52
공선옥 351, 354, 357
공지영 351, 354
교과서 331-334, 336-338, 340-344, 347-350, 353, 356, 357, 359, 361
교과서 정전 331, 335, 342, 354, 357
교양 207, 265, 272, 317, 322-324, 329
구술생애사 139, 145, 146, 150-154, 156, 158, 161, 162
금희 357

기지촌 145
기지촌 여성 139, 140, 143-146, 148-151, 154, 156, 161, 184, 185, 187, 190, 191, 196, 200, 204, 206, 213
김남조 335, 339, 341
김려령 354, 356
김명순 335
김삼의당 225, 244, 253, 254
김선영 355, 356
김숨 357, 359
김애란 358, 359
김재영 351, 354
김중미 351, 354
김초엽 362
「꽌 엄 티 낑(Quan Âm Thị Kính, 觀音氏敬)」 107-109, 117-119, 121, 127-130, 135
끼어드는 소리 119, 128-130
낑 떰(Kính Tâm, 敬心) 108, 117, 119, 133

ㄴ

노숙자 63, 72-77, 90, 94, 95, 99
〈노처녀가〉 21-23, 25-28, 30, 33-36, 40-42, 44, 46, 47, 49-52

노천명 333, 334, 339, 341

ㄷ, ㄹ
다문화 354
레즈비언 183, 210, 212-215, 217

ㅁ
『매일신보』 257-263, 265-271, 273, 276, 278-280, 282, 284-286, 292-299
모델하우스 59, 63, 77-80, 82, 83, 85-87, 96, 100
문학교육 333, 345, 354
문학 정전 331, 356
미군 위안부 140, 143, 145, 146, 157

ㅂ
박경리 335, 337, 339-343, 345, 348, 351, 354, 355, 357, 360
박옥남 351, 354
박완서 146, 337, 341, 342, 346, 348, 349, 352, 354, 355, 357-360
박원희 302, 309, 311, 314, 315
박화성 335
반(反) 역사 139, 149, 150, 161
베르그송 40
베벨 301, 307-311, 328
〈부산행〉 57, 58, 75
비전형 105, 110, 117, 121, 124, 127, 134, 135

ㅅ
사상 225, 288, 301, 303-306, 312, 313, 323, 329
서발턴 98, 146, 187
서영은 347
서울역 55, 57-59, 63, 64, 70-75, 77, 81, 88, 94, 95, 99-101
서유미 358, 359
선인 108, 109, 115, 117
성정치 332
섹슈얼리티 24, 26, 32, 33, 48, 51, 163, 171, 173, 181, 194, 204, 210-215, 217
소학 225-227, 229-232, 245, 253, 254
송사(訟事) 108, 118
「송재만필(松齋漫筆)」 257-260, 298
신경숙 346, 348, 352, 354, 355, 357, 360
신원(伸冤) 108, 118

ㅇ
아버지 27, 38, 58-60, 62, 64, 65, 68, 83, 84, 86, 90-94, 96-102, 120, 142, 187, 188, 207, 209, 228, 229, 237, 242, 248, 263, 274, 276, 291, 295, 296, 310, 326
악인 91, 92, 108, 109, 115, 117, 121
양귀자 347, 348, 353, 354, 356,

358, 359
어머니 60, 68, 84, 90, 91, 93, 94, 96, 97, 102, 120, 140-144, 159, 160, 207, 208, 211, 223, 261, 274, 286, 289, 293, 299, 310, 326
에드워드 렐프 60, 61, 64, 69, 76, 78
SF 361, 362
엥겔스 307-311, 314, 328
여성문학 335, 336
여성 사회주의자 301-303, 306, 307, 310, 311, 313-317, 319, 320, 322-328, 330
여성작가 331, 333-336, 338, 340, 342, 344, 345, 347, 348, 350, 353, 354, 356, 357, 359-361
여성주체 222, 223
여성해방론 301, 304, 306, 311, 328, 329
여훈서 221, 225, 231-233, 238, 244, 246, 247, 249, 253, 254
연대 77, 90, 121, 123-127, 135, 140, 153, 158, 184, 195, 196, 201, 217
연상호 57, 58, 99
열녀 25, 55, 56, 59, 62, 65, 94, 96, 98, 101, 102, 222, 264, 281, 284, 290
예기 225-227, 230-232, 245, 253, 254

예속화 221
오정희 347, 353
웃음 21, 24, 30, 35-38, 40, 45, 46, 50-52, 81, 92, 95
원귀(冤鬼) 108
유사(遺事) 262, 266, 270, 272
윤영수 353, 354, 356
은희경 353, 354, 356, 358, 359
이-푸 투안 60, 61
이경민 262, 264
이남희 353, 354, 356
이다(2da) 163, 164, 168, 169, 171-181
〈일사유사〉 257-265, 268, 270, 272-276, 277-280, 282, 285, 289, 291-295, 297-300
일상툰 163-173, 178-182
임옥인 334, 335
2009 개정 교육과정 331, 332, 350, 354
2011 개정 교육과정 332, 354, 356
2015 개정 교육과정 332, 335, 336, 350, 357, 359-61
2022 개정 교육과정 360, 361

ㅈ
자기서사 48, 139, 145, 149, 151, 161, 163-165, 169, 179-181, 183, 186, 204, 215, 217
자기재현적 캐릭터 164, 168, 170-172, 174, 178, 179

장소성 55, 61, 66
장애 21-24, 27, 31, 33, 34, 38, 41, 43, 44, 48-50, 52, 53, 183, 197, 201
장애인 23-25, 27, 28, 30, 33-35, 37, 39-43, 47, 48, 51, 52, 196
장재식 258, 260, 263, 266
장지연 257-259, 262-270, 272, 277, 278-280, 284, 285, 287, 290, 291, 293, 294, 298, 300
장화 107, 108, 111, 112, 114, 115, 122-125
「장화홍련전(薔花紅蓮傳)」 107-109, 111-115, 117, 126, 135
전형(典型) 79, 106, 108, 121, 135
전혜린 342, 348
정전(Canon) 331, 332, 335, 337, 342, 350, 354, 357, 360
정전화(canonization) 185, 331-336, 342, 348, 349, 350, 354, 359
정칠성 302, 303, 307, 317-319, 321, 324, 325, 327
제5차 교육과정 333, 335-338, 360
제6차 교육과정 340-342, 344, 347
제재 331-334, 336, 338-340, 343, 345, 348, 353, 357
제7차 교육과정 332, 337, 345, 347, 348, 350, 359
젠더 32, 163, 167, 171, 181, 183, 194, 222, 226, 227, 231, 257, 261, 262, 270, 279, 284, 285, 288, 292, 293, 297-300, 306, 307, 311, 315, 317, 322, 328, 331, 332, 337
좀비 55, 57-59, 71, 74, 87-89, 101, 102
주체화 221, 224, 244, 247, 251, 253, 301, 306, 329

ㅊ
청소년문학 356
최명희 347, 348
최윤 347, 348, 353
최은영 358
최정희 335, 337
최현숙 139, 150-158, 160-162

ㅌ
티 낑(Thị Kinh, 氏敬) 108, 117-119
〈티 머우(Thị Mầu, 氏牟)〉 105-111, 117-121, 127-136

ㅍ
파라텍스트 332, 339, 344
페미니즘 대중화 166, 180, 181, 359, 361

ㅎ
한강 358
한무숙 334, 335
해석정전 332
행록(行錄) 270, 272

허영자 339
허정숙 302, 313, 314, 316, 318, 320-322, 324, 327
홈리스 72, 74, 76, 77
〈홍련(紅蓮)〉 105-107, 109-111, 113, 114, 116, 117, 121, 122, 124, 126, 127, 134-136
홍희 263
회동서관 258, 260-263, 266, 268, 279, 282, 293
희극성 36, 37, 40-42, 44, 46, 47, 50, 52
『희조일사』 262, 264

수록 논문 출처

이형대
「삼설기본〈노처녀가〉의 서술 전략과 웃음의 기능」, 『민족문화연구』 106, 고려대학교 민족문화연구원, 2025.

이은우
「〈향랑전〉과 〈서울역〉에 드러나는 '집'의 장소성과 가부장제의 폭력성」, 『인문과학연구』 48, 성신여자대학교 인문과학연구소, 2023.

최빛나라
「전형적 인물의 비전형적 목소리 — 〈홍련(紅蓮)〉과 〈티 머우(Thị Mầu, 氏牟)〉를 중심으로」, 『인문과학연구』 49, 성신여자대학교 인문과학연구소, 2024.

장영은
「기지촌 여성의 자기서사와 반(反)역사 — 최현숙의 구술생애사를 중심으로」, 『민족문화연구』 104, 고려대학교 민족문화연구원, 2024.

허윤
「미군 '위안부' 재현과 자기서사의 틈새 — 안일순의 『뺏벌』(1995)·김연자의 『아메리카 타운 왕언니, 죽기 오 분 전까지 악을 쓰다』(2005)를 중심으로」, 『민족문화연구』 104, 고려대학교 민족문화연구원, 2024.

성민경
「조선 후기 여훈서의 아내 윤리와 '아내-주체' 구성의 가능성」, 『동방한문학』 No.95, 동방한문학회, 2023.

최기숙

「'일사/유사' 편집의 정치성과 젠더 정치의 무/의식 — 1916년 『매일신보』 연재 〈일사유사〉를 중심으로」, 『민족문화연구』 104, 고려대학교 민족문화연구원, 2024.

최은혜

「식민지 조선 여성 사회주의자들의 여성해방론 — 역사 인식 양상과 주체화 방식을 중심으로」, 『한국여성철학』 42, 한국여성철학회, 2024.

저자 소개

고지혜	신라대학교 국어교육과 조교수
박재연	고려대학교 국어국문학과 박사과정
성민경	부산대학교 여성연구소 전임연구원
이은우	고려대학교 민족문화연구원 연구교수
이형대	고려대학교 국어국문학과 교수
장영은	성균관대학교 동아시아학술원 초빙교수
최기숙	연세대학교 한국학협동과정 교수
최빛나라	고려대학교 민족문화연구원 연구교수
최은혜	고려대학교 민족문화연구원 연구교수
허 윤	이화여자대학교 국어국문학과 부교수

호모 아토포스 라이브러리 04
여성 문학과 담론, 그 경계와 지층들

2025년 6월 20일 초판 1쇄 펴냄

지은이 고지혜·박재연·성민경·이은우·이형대·장영은
　　　　최기숙·최빛나라·최은혜·허윤
펴낸이 김흥국
펴낸곳 보고사

등록 1990년 12월 13일 제6-0429호
주소 경기도 파주시 회동길 337-15 보고사
전화 031-955-9797
팩스 02-922-6990
메일 bogosabooks@naver.com
http://www.bogosabooks.co.kr

ISBN 979-11-6587-859-7 94800
　　　979-11-6587-696-8 94080 (세트)
ⓒ 고지혜·박재연·성민경·이은우·이형대·장영은
　 최기숙·최빛나라·최은혜·허윤, 2025

정가 28,000원
사전 동의 없는 무단 전재 및 복제를 금합니다.
잘못 만들어진 책은 바꾸어 드립니다.